트렌드 싱킹
TREND SYNCING
새로운 미래와 교감하다

———

트렌드 싱킹
TREND SYNCING
새로운 미래와 교감하다

———

한스미디어

김상배 연구소장님과 METATREND 모든 독자님들에게

이 책을 바칩니다.

트렌드와 동기화하라
디지털, 상품 그리고 트렌드

과학과 기술의 세기인 21세기에도 여전히 사주나 타로 카드 등 점성술이 사람들에게 받아들여지는 이유는 무엇일까? 4대 문명은 어째서 교통과 통신이 발달하지 않았던 고대에 전세계의 다른 지역에서 거의 동시에 발생했을까? 하늘 아래 새로운 것은 없다는 서양 속담을 비웃듯이 세상을 뒤흔드는 혁신적인 신제품들은 어디로부터 나타나는 것일까? 궁극적으로 그것을 내가 만들어낼 수는 없을까?

미래 트렌드와 동기화하는 것은 이 모든 질문에 대한 해답을 찾는 지름길이다. 사람들은 불확실성이 증가할수록 미래에 대해 더욱 집착한다. 히트상품을 내놓고 승승장구하던 기업들이 하루 아침에 선두 자리에서 밀려나 존망의 기로에 선다. 아직까지는 100년을 이어온 기업들을 심심치 않게 찾을 수 있지만, 앞으로 100년 후에는 박물관에서나 그들의 제품을 구경할 수 있을지도 모른다. 이 모든 것은 기업을 둘러싼 환경, 복잡한 이해관계, 끝없이 변화하는 소비자 욕구에서 그 원인을 찾을 수 있다. 많은 노력을 들여 신상품을 개발하고 마케팅 계획을 세우는 동안 어느 새 경쟁사가 먼저 동일한 제품과 서비스를 선보이며 시장을 선점해버린다. 트렌드를 따라갈 것인가, 무시할 것인가 아니면 어떻게 하면 이끌어갈 수 있을 것인가. 이것이 바로 상품을 만들어 판매하는 모든 기업들의 고민거리다.

트렌드는 흐름이다. 멈추어 있지 않고, 끊임없이 살아 움직인다. 따라서 끈기를 갖고 지속적으로 관찰함으로써 미래 트렌드에 대한 작은 징후들을 포착할 수 있다. 이와 같은 방법으로 존 나이스비트(John Naisbitt)는 각종 신문을 스크랩하는 일을 하다가 정보화, 글로벌 경제, 분권화, 네트워크 조직 등을 예견한 〈메가트렌드(1982)〉라는 책을 발간하고 앨빈 토플러 다음으로 유명한 미래학자가 됐다.

트렌드를 만드는 흐름은 짧게는 유행처럼 3개월 만에 끝나기도 하고, 어떤 것들은 거대한 물결이 되어 10년 이상 지속되는 메가트렌드로 발전하기도 한다. 하나의 징후가 트렌드라고 하는 흐름에 부합하느냐 그리고 공동체 안에서 일정한 공감을 이끌어낼 수 있으냐, 있다면 얼마나 이끌어낼 것이냐에 따라 트렌드의 영향력과 범위, 지속 기간이 결정된다.

전세계에는 트렌드를 연구하는 많은 기업과 개인 그리고 연구소가 있다. 그런데 그들이 바라보는 미래의 모습은 상당히 다르다. 왜냐하면 연구하는 주체에 따라 '미래'로 산정한 시점이 제각각이며, 미래의 분야도 모두 다르기 때문이다. 일찍부터 트렌드라는 단어가 사용되기 시작한 패션과 디자인 분야에서는 프랑스와 이탈리아를 중심으로 매 시즌마다 색깔, 소재 등에 대한 다음 시즌의 패션 스타일을 제안한다. 독일과 미국의 일부 미래연구소에서는 라이프스타일을 중심으로 10년 이상의 장기적인 미래를 전망하여 발표하기도 한다. 이들과 달리 메타트렌드는 디지털 라이프스타일과 상품에 주목한다. 컴퓨터와 인터넷의 등장 이후로 디지털은 인간의 의식주 전반에 영향을 주고 있다. 그리고 자본주의의 꽃이라 불리는 상품은 쓸모를 가진 도구의 위치에서 자아를 반영하는 대리물로 그 위상이 격상 중이다. 디지털 라이프스타일의 연구하는 데 있어 10년은 너무 멀고, 상품을 생산하는 여러 기업들에게 직접적인 도움이 되기에 1년은 너무 길다는 것이 바로 메타트렌드연구소의 판단이다. 따라서 메타트렌드는 3년 정도의 기간을 두고 현실화될 미래 트렌드를 연구하며, 연구 분야에 있어서도 상품 개발을 위한 기술, 디자인, 마케팅, 라이프스타일 등으로 한정하여 전세계 트렌드 리포트로는 최초로 매달 정기적으로 발행하고 있다.

트렌드라는 용어가 제대로 정립되기 이전부터 상품은 만들어져 왔고, 많은 사람들에게 유용하고 만족스럽게 사용돼왔다. 이렇게 처음에는 상품 자체에 집중하는 것만으로도 충분했던 것이 점차 소비자의 마음을 알기 위한 노력으로 발전해갔다. 왜냐하면 상품간 경쟁이 치열해지고, 필요뿐 아니라 유희를 위해서도 상품을 구매하는 등 소비자 욕구가 다양해지면서 소비자의 선택을 받기가 더욱 어려워졌기 때문이다. 이에 대한 대책으로 거의 대부분의 기업들이 소비자 패널조사나 FGI 등을 실시하고 있다. 그런데 미래에는 이것만으로는 충분하지 않다. 바로 하루가 멀다하고 급격하게 변화하는 트렌드와 동기화 되는 기업들만이 소비자의 마음은 물론, 상품의 경쟁력까지도 확보할 수 있기 때문이다.

소비자 조사의 맹점은 소비자들이 상품을 실제로 손에 쥐어보기 전까지 무엇을 원하는지 뚜렷하게 알지 못하며 설사 알고 있다 하더라도 정확하게 표현하지를 못한다는 점이다. 더 나아가 요즘은 상품이 소비자가 가지지 않았던 욕구를 만들어 내는 시대이다. 기존의 방법으로는 미래에 변화될 라이프스타일과 미래의 경쟁제품에 대한 고민은 간과된 채 과거와 현재 기준으로만 판단하기 때문에 피상적인 분석이 이루어질 수 밖에 없다. 이러한 방법으로 만들어진 제품들은 트렌드를 쫓아가며 시장에서 안정적으로 받아들여지는 제품은 될 수 있어도, 결코 시대와 트렌드를 이끌어가는 혁신적인 제품이 될 수는 없다. 단적으로 애플은 대규모 시장 조사나 소비자 조사를 하지 않는 것으로 유명하지만 시장을 리드하는 아이코닉한 제품을 만들어내고 있다. 그 이유는 바로 애플이 트렌드의 속성을 잘 알고 있기 때문이다. 그들은 과거와 그 결과물인 현재에 머무르지 않고 미래의 트렌드와 동기화하여 그 흐름을 이용해 공감을 이끌어내고 마침내 성공해낸다.

트렌드는 미래를 연구하는 학문이다. 하지만 지금까지는 과거의 자료를 분석함으로써 미래를 예측하려는 결과론적인 분석에 매달리거나 아니면 단순히 트렌드의 작은 징후만을 무분별하게 나열하는 수준에 그쳐왔다. 이것이 바로 데이터 중심의 트렌드 분석의 한계이다. 물론 이러한 과정을 통해 얻은 결과물은 학문적인 목적에서는 충분히 의미를 갖는다. 하지만 유기적으로 변화하는 실제 시장에서는 한계를 가질 수 밖에 없다. 트렌드는 생명체와 같이 다른 트렌드, 사람들의 삶의 방식 등과 서로 관계를 맺고 영향을 주면서 탄생하고, 성장하며, 소멸된다. 메타트렌드연구소는 이러한 트렌드 분석의 한계를 극복하기 위해 관계 중심의 컨텍스트 분석을 통해 트렌드를 예측하는 새로운 시도를 하고 있다. 단편적인 데이터만으로는 밝힐 수 없는 트렌드와 다른 요소 사이의 상호작용을 도식화하고 그들간의 관계를 분석함으로써 트렌드의 징후를 파악하고, 미래의 모습을 제시한다.

예컨대 최근 가장 큰 변화를 보이고 있는 트렌드는 모바일이다. 모바일을 통해 항상 연결되어 있는 환경은 지금까지의 삶의 방식 자체를 뒤흔드는 거대한 트렌드를 만들고 있다. 중요한 것은 이것이 수많은 작은 트렌드들을 같이 만든다는 점이다. 항상 연결돼 있기에 소유보다는 경험에 초점을 맞춘 무수히 많은 제품과 서비스가 쏟아져 나오며, 연결을 통해 사람들의 삶이 온라인에 동기화됨에 따라 더 강화되고 확장된 개인화된 경험이 등장한다. 또한,

모바일을 통해 온라인과 오프라인이 그리고 가상과 현실이 서로 교차하고 만나게 됨에 따라 사람들의 경험은 기존의 직선적이고 평면적인 방식에서 벗어나 다양화되고 입체적인 것으로 강화된다. 이번 ≪트렌드 싱킹≫에서 보여주고자 하는 것도 바로 이것이다. 이 책이 이러한 신세계를 향해 나서는 탐험가들을 위한 안내자의 역할까지는 무리더라도, 어두운 앞길을 밝혀주는 등대나 신세계가 가까워옴을 알려주는 갈매기의 역할이라도 해줄 수 있다고 믿는다.

　상품 트렌드를 연구하는 일은 대상을 객관적으로 바라보는 분석력 외에 예술가적인 상상력, 인문학적인 소양이 필요하다. 또한, 학제간 경계를 넘어 모든 분야에 관심을 갖는 폭넓은 관찰력과 무엇보다도 상품에 대한 뜨거운 애정이 필요한 분야이다. 지금까지 디지털 라이프 스타일과 상품 트렌드를 연구하면서 신제품 개발에 영감을 얻었다는 제품 디자이너와 제품 전략 수립에 도움이 되었다는 기업들에게서 큰 보람을 느껴왔다. 앞으로도 글로벌 트렌드를 이끌어 가는 상품을 개발하려는 기업과 개인 그리고 그들을 지원하는 기관, 단체, 연구소 등을 위하여 미래 트렌드와 동기화할 수 있도록 더욱 연구에 매진할 것이다. 지난 1년 동안 발간된 12권의 리포트를 통합하고 요약하여 정리하다보니 부분적으로 문맥이 자연스럽지 않거나 문체가 일관적이지 않아 일독하기에 불편한 점이 있다면 양해를 부탁드린다. 전 연구원들이 노력의 결과물을 소개하는 데 대해 자부심과 부끄러움을 동시에 느끼면서 지금도 미래의 히트상품을 만들어내기 위해 노력하는 모든 기업들이 트렌드 싱킹하는 데 이 책이 일말의 도움이 되기를 바란다.

2011년 2월 22일
유인오
메타트렌드연구소 연구위원

" 트렌드는 과거를 통해 보는 것이 아니라
미래에 대한 영감과 동기화되어 만들어지는 것이다 "

AFTER AND CHANGE

CHAPTER 2.
EXPERIENCE—강화된 경험, 새로운 경험

CHAPTER 3.
EXPERIENTIAL CONSUMPTION−경험 소비

CHAPTER 4.
CONTEXT-맥락 중심의 개인화

CONNECTED
연결이 만드는 새로운 가치

01

연결된 환경이 모든 것의 기반이 된다. 10년 전만 해도 연결되지 않은 단말, 혹은 필요할 때만 연결하는 단말이 대부분이었지만, 이제는 모든 것이 연결되어 있으며, 또 서로 연결되고 있다. 스마트폰이나 태블릿과 같이 기본적으로 커뮤니케이션을 위한 도구들뿐 아니라 자동차나 가전제품과 같이 전혀 다른 기능을 갖고 있는 제품들도 연결을 통해 새로운 가치를 창출한다. 이런 연결은 새로운 삶의 방식을 제시한다. 항상 연결되어 있는 단말은 사람의 모든 행동을 모니터링하고 기록하며, 필요한 부분을 즉시 해결해주는 만능의 열쇠가 되며, 이를 통해 사람들은 경험을 강화하고 또 심리스하게 경험을 이어간다. 또한, 항상 연결된 단말은 사람들 간의 연결을 더욱 긴밀하게 함으로써 사람을 더 사회적으로 만든다. 연결을 통해 강화된 사람들 사이의 관계, 사람과 사물 사이의 관계는 또 다른 가치를 창출하는 기반이 된다.

이제는 관계도 예전과 같은 단락적인 연결에 의지하지 않고, 항상 연결되어 있는 Connected 환경에 의존함으로써 사람과 사람 사이, 사람과 기계 사이, 그리고 기계와 기계 사이가 항상 연결되어 있는 관계를 만들어 간다.

SNS가 그토록 열풍을 일으키고, 스마트폰이나 태블릿과 같은 커넥티드 단말이 각광을 받는 이유는 바로 연결된 환경이 조성되었기 때문이다. 이들은 항상 연결되어 있는 환경과 함께 이동성을 갖춤으로써 언제 어디서나 연결을 이룰 수 있게 된 것이다.

모바일과 항상 연결된 환경이 만남으로써 또 하나 새로운 트렌드로 등장한 것이 바로 온라인과 오프라인의 경계가 무너지는 현상이다. 온라인 중심의 SNS는 이제 거리로 나가 사람과 사람의 직접적인 만남을 이끌고 있으며, 사람과 기계의 직접적인 인터페이스를 통해 온라인의 삶을 현실에 투영하고 있다.

CONNECTED

ALWAYS CONNECTED
언제 어디서나 웹과 연결되는 삶

무선을 통해 생활 속까지 파고드는 인터넷을 통한 연결이 인간의 삶을 변화시킨다. 이렇게 항상 연결되어 있는 Always Connected 환경이 인터넷을 통해 원하는 정보를 언제 어디에서나 접할 수 있게 하며 전세계를 하나로 연결해 사람들 간의 거리를 좁힌다. 항상 인터넷에 연결되어 있는 새로운 환경이 정보 가치의 변화와 함께 사람들의 생활과 행동방식에 변화를 가져온다.

무선 인터넷은 3G의 등장, 그리고 아이폰과 AT&T의 무제한 요금제 등에 힘입어 급격한 보급이 이뤄졌다. 그 전에도 인프라는 갖춰져 있었지만, 이를 사용해 무엇을 할 것인가에 대한 그림을 그려 보여준 것이 바로 이것이었다. 이것을 통해 끊임없이 새로운 변화가 무선 인터넷 분야에 등장하고 있으며, 무엇보다도 큰 변화는 항상 인터넷에 연결되어 있는 삶을 통한 우리 생활 자체가 변화하게 된 것이다.

제한 없이 인터넷에 연결되는 것 자체가 더 많은 정보 교류를 이끌어내므로 장기적인 경제 발전과 기술 향상이 이뤄진다. 그러나 실제로 가장 큰 변화를 겪고 있는 쪽은 바로 '사람들'이다. 인터넷과 항상 연결되어 생기는 모든 일들이 인간의 삶에 직접적으로 영향을 준다. 멀리 떨어져 있는 사람들이 인터넷으로 연결되어 끊임없이 교류하며, 언어와 문화가 다른 상황 속에서도 무선 인터넷을 통한 실시간 번역을 사용해 대화를 나눌 수 있다. 또한 낯선 곳에서도 모바일 단말을 통해 지도를 확인하고, 궁금한 일이 있으면 기다리지 않고 즉시 확인하게 된 것이다.

앱의 미래, PA(Personal Agent)

언제 어디서나 인터넷과 연결된 상태를 유지하려면 항상 켜져 있어야 한다. 스마트폰을 대표로 한 모바일 기기들은 사람의 곁에서 늘 켜진 채로 도움을 줄 준비(Always Ready)를 하고 있다.

애플의 아이폰(iPhone)이 세계인들의 라이프스타일을 바꾸게 된 주 원인은 애플리케이션(Application, App)에 있다. 실상 애플은 간단하고 직관적인 사용법의 기기를 전달했을 뿐이며 나머지는 사용자가 직접 고르는 앱(App)을 통해 여러 형태의 만족으로 발전된다. 앱 중 일부는 사용자의 생활에 밀착하여 한 번 사용을 시작하면 떼어두기가 힘들 정도의 편의를 제공한다. 항상 인터넷과 연결되며 사람의 몸에 가장 가깝게 위치하는 스마트폰, 그 속에서 활동하고 있는 앱에 주목하자.

앱은 단순한 위젯 기능들을 가지고 사람이 작동시켜주기를 기다리는 것이 아니라 사람의 여러 가지 패턴들을 이해하고 분석한 후 그것을 토대로 실질적인 편의를 제공한다. 이것이 퍼스널 에이전트(Personal Agent)다. 앱이 사용자를 보조하고 챙겨주는 든든한 개인 비서, 동반자가 된다. 직접 제안하고 챙겨주고 빈틈을 메우며, 건강까지도 책임진다. 앱이 퍼스널 에이전트에 가까워질수록 사용자는 더 많은 여유 시간을 확보하게 되며 그만큼 삶을 풍요롭게 꾸려나갈 수 있다. 퍼스널 에이전트화 된 앱이 갖는 장점은 '개인에게 밀착된다'는 것이다. 필요한 일을 더 잘 처리할 수 있도록 편의와 가속을 더한다. 곁에 대기하고 있다가 내가 부르면 언제든 다가와 내 생활의 요소를 해결해주는 대리인이다. 예를 들면, 건강을 모니터링 해주는 것은 기본이다. 앱으로 단어 암기를 할 게 아니라 알아서 진도에 맞춰 좋은 인터넷 강의를 찾아주는 앱도 좋겠다. 더 나아가 마치 개인 교사처럼 학생과 인터랙션 하는 것도 퍼스널 에이전트 앱에 속한다. 이들을 경제 분야(가계부, 금융 관리, 부동산, 보험 등)에 사용한다면 그 효과는 더욱 강력해진다. 바쁜 일정 속에서 생기는 아주 작은 실수 한 번이 큰 손해로 이어지기 마련이다. 그러한 부분을 챙겨주는, 사람보다도 정확한 퍼스널 에이전트는 앱의 궁극적 발전 방향인 것이다.

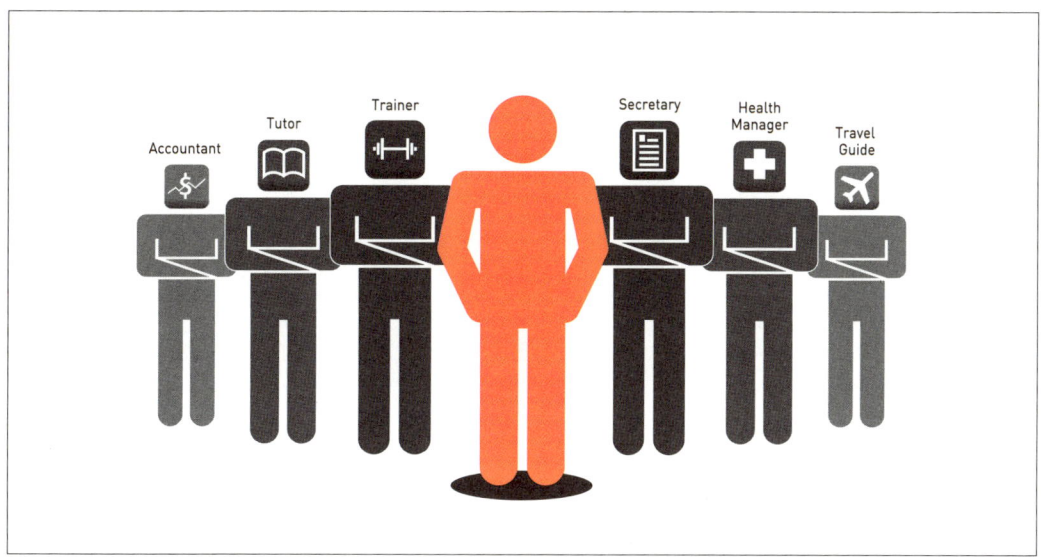

—**METATREND Vol.2** Always Connected

모바일의 급류를 타는 클라우드 컴퓨팅

   클라우드 컴퓨팅은 사용자들의 모바일 단말기를 통해 쉽고 편리한 컴퓨팅 환경을 제공한다. 별도의 저장 공간과 관리가 필요없을 뿐 아니라 통합된 서버에 자신의 작업 환경까지 모두 보존하기 때문에 지금까지와는 달리 하나의 단말에서 사용하던 앱과 콘텐츠를 동일하게 다른 단말에서도 사용할 수 있게 된다. 이것은 바로 여러 단말들 사이에서 동일한 경험을 유지할 수 있게 된다는 것이며, 콘텐츠와 앱이 바로 단말에 얽매이지 않게 됨으로써 콘텐츠가 별도의 생명력을 갖고 독립하는 '콘텐츠 독립'을 이루게 된다는 것이다.

   항상 인터넷과 연결되는 환경은 무선 인터넷의 끊김 없는 연결(Seamless Connection)에 기반을 둔다. 예를 들면, 유선 인터넷을 사용하다가 케이블을 빼더라도 그대로 무선으로 전환되어 '단절'이 없어야 한다. 현재 스트리밍 방식이 끊김 없는 연결의 과도기 단계를 맡아 주고 있으나 사람들의 계속되는 무선 인터넷 사용은 끊김 없는 연결에 대한 수요를 키워갈 것이다. 스마트폰을 필두로 하는 모바일 인터넷의 급류를 타고 클라우드 컴퓨팅이 일반 개인에게까지 도달할 수 있다. 사람들은 계속해서 쌓여가는 정보와 복잡한 구조의 단말기에서 벗어나 단순한 모바일 기기를 다루는 것만으로 대부분의 업무를 처리하게 된다.

무선 인터넷이 '공기'와도 같다면 클라우드 컴퓨팅 환경은 공기들 속에 생성된 구름 덩어리처럼 사용자 각자의 취향과 정리 방법에 맞춰진 상태로 항상 곁에 존재한다.

클라우드 컴퓨팅을 위한 단말기의 또 다른 형태로 태블릿 PC, 스마트 리모컨 등을 들 수 있다. 저장장치가 거의 필요 없고 내부가 단순하며 얇고 가벼운 모양과 단순한 유저 인터페이스를 가진다. 업무에서도 편리하게 쓰일 수 있는데, 클라우드 컴퓨팅으로는 자신의 데이터뿐만 아니라 작업하던 환경까지 그대로 웹 서버에 저장할 수 있다. 연결되지 않으면 존재조차 없어지는, 항상 인터넷과 연결되는 환경에서 태어나는 가치 기준을 단적으로 보여주는 기술이다.

소셜 네트워크에서 리얼 커넥션으로

사람들은 신뢰할 수 있는 현재의 정보를 원한다. 그리고 정보를 많이 소유하는 것보다 원하는 정보가 어디에 있는지 정확히 아는 것으로 충분하다. 소셜 네트워크 속에는 실시간 정보들이 끊임없이 생산되어 물결치고 있다. 구글이 여러 SNS와 제휴를 맺고 2009년 12월부터 실시간 검색 서비스를 시작한 것은 소셜 네트워크 속의 사람들에게 '정보 찾기' 통로를 터준 셈이다.

미디어에게 실시간 SNS는 강력한 지원군이 될 수 있다. 글로벌 미디어 이코노미스트는 트위터 팔로워와 페이스북 이용자 수를 크게 늘리고 페이스북 커넥트 서비스를 자사의 웹사이트에서 제공하겠다고 밝혔다. 영국 방송사 BBC는 소셜 네트워크를 위한 전담반을 운영하고 있다. 이런 움직임 속에는 소셜 네트워크를 조직적으로 활용하여 독자들의 반응을 저널리스트들에게 제공하고 기사의 입소문 효과를 얻겠다는 내면적 이유가 깔려 있다.

흩어져 있던 SNS들이 개인을 중심으로 통합되어 하나의 방대한 체계를 만든다. 여러 가지 소셜 네트워크 계정을 가진 사용자들이 자신의 흩어진 분신들을 찾아 1명으로 만들 수 있다. 폐쇄적인 서비스를 지향하던 페이스북이 2009년 8월에 돌연 트위터와 손을 잡았다. 서비스 내용은 페이스북에 등록한 글을 트위터에 자동으로 발행해주는 것으로 SNS 통합이 가진 가능성을 보여주기에는 충분하다. 제휴 이후 크게 증가한 페이스북의 트래픽 수치가 그 증거다.

항상 연결되어 있는 SNS를 사용해 매순간마다 나 자신을 생생히 기록한다. 이 기록은 누군가가 볼 수도 있지만 보지 않아도 큰 상관은 없다. 다만 이 곳에 '내가 존재함'을 확인할 수 있는 도구로서 이용된다. 페이스북은 가족이나 친구의 요청이 있는 경우 죽은 사람의 모든 정보를 보존하고 열람할 수 있는 서비스를 선보였다. 더 이상 새로운 글을 작성하거나 또 다른 관계를 맺을 수는 없지만, 고인이 꾸준하게 남겨둔 소셜 네트워크 속의 추억들은 계속 살아 남는다.

CONNECTED DEVICE
연결이 생명을 부여하는 단말

———————

인간의 뇌가 인터넷에 직접 연결되기 전까지는, 우리를 인터넷과 항상 연결시켜주는 것은 커넥티드 디바이스(Connected Device)가 맡게 될 임무이다. 휴대할 수 있는 모든 기기들이 무선 인터넷 모뎀을 탑재해야 제 구색이 갖춰질 정도로 사람들의 연결에 대한 욕구는 강하다. 그 종류는 성능을 희생하는 대신 배터리 사용 시간과 휴대성을 높인 넷북부터 시작하여 최소형 PC의 형태를 가진 MID(Mobile Internet Device), 콘텐츠의 제작보다 '감상'과 '배포'에 집중한 태블릿이나 전자책으로까지 이어진다. 이 제품들은 사용자의 다양한 목적에 따라 서로 다른 형태를 보이지만, 항상 인터넷과 연결됨으로써 진정한 가치를 갖는다.

현재는 강력한 휴대성을 가진 스마트폰이 무선 인터넷을 주도하고 있으나, 여기에 태블릿 PC와 전자책이 더 많은 사용자층을 확보하면서 '항상 연결되어 있는 환경'을 빠르게 넓혀간다. 이 기기들은 단순성, 편리함, 아름다운 디자인을 장점으로 내세워 소비자들에게 어필하며, 새로운 비즈니스 모델의 배경을 구축해갈 것이다.

커넥티드 디바이스로 사람들은 인터넷의 정보들을 항상 사용할 수 있지만, 인터넷과 항상 연결되는 '센서'는 웹 자체를 변화시킨다. 2009년에 열린 웹 2.0 서밋(Web 2.0 Summit)에서 팀 오라일리(Tim O'Reilly)와 존 바텔(John Battelle)은 이 주장을 '웹 스퀘어드(Web Squared)'라는 이름으로 제시했다.

"…미래의 웹은 다양한 센서를 통해 정보들을 배우고 분석하는 수준에 이를 것이다. …우리가 사용하는 기기들에 부착된 카메라, 마이크는 웹의 눈과 귀가 된다. 모션 센서는 자기 수용 감각이 되고 GPS는 방향 감각이 될 것이다. 웹이 곧 세계가 된다"

센서들의 네트워크가 만들어내는 실시간 정보를 웹에 결합시키는 시대가 곧 온다는 것이다. 이는 지금까지 웹과 연결될 필요가 없다고 여겨졌던 수많은 센서 장비들에게 좋은 기회가 된다. 가속도계와 나침반을 내장하고 와이파이(Wi-Fi) 연결을 통해 위치 정보와 사진을 실시간으로 웹에 전송하는 스마트폰이 좋은 예다.

연결을 통해 강화되는 경험, Connected Experience

가전 제품들을 인터넷과 연결시켜 구성하는 '커넥티드 홈(Web Connected Home)'은 가전 시장 전체의 양상을 바꿀 수 있는 중요한 흐름이다. 항상 인터넷과 연결되는 환경은 사람들로 하여금 콘텐츠를 실물로 소유하지 않고 경험만 얻어가도록 이끌어간다. 언제든 인터넷에 저장된 콘텐츠를 불러와서 감상할 수 있기에 넓은 저장 공간을 준비하고 관리할 필요가 없게 된다. 그 콘텐츠들은 검색을 통해 쉽게 찾을 수 있으며, 자동으로 업데이트 되어 사람들에게 새로운 경험을 안겨준다.

인터넷과 연결된 TV, 비디오 게임 콘솔, 셋톱박스가 북미시장의 트렌드로 부상하고 있으며, 이제는 자동차까지 인터넷과의 연결을 시도하고 있다. 이런 유형의 커넥티드 단말은 인터넷을 통한 디지털 콘텐츠의 판매라는 수익 모델을 만들어내고 있다. 커넥티드 카(Connected Car)는 운전자와 탑승객들에게 TV만큼이나 많은 수의 콘텐츠를 보여줄 수 있으며 교통 정보와 날씨, 위치 파악 등 실용적인 측면에서도 인터넷과의 연결이 주는 플러스 포인트가 많다. 인터넷과 연결되어 새로운 가치를 만들어내는 것에는 엔터테인먼트가 중요하게 작용하므로 이와 관련된 다른 제품들로 시선을 넓혀야 할 때다. 쇼핑 방식도 바뀌게 된다. 인터넷을 통해 제품 평가(리뷰)를 공유하고 빠르게 최저가격을 찾아내는 소비자들의 쇼핑 방식이 모바일로 연결된다. 여기에는 스마트폰이 큰 역할을 하는데, 위치 정보와 무선 인터넷을 바탕으로 온라인, 오프라인 모두에서 현명한 구매가 가능하다. 바로 '항상 쇼핑(Always Shopping)'의 등장이다. 재미로 계속 물건을 구입하는 것이 아니라 진실하고 빠른 상품 평가 및 구매자와 판매자간의 피드백(Feedback)이 항상, 실시간 데이터로 전달됨을 의미한다. 세밀하고 소규모로 자주 발생하는 쇼핑들이 서로 연결되어 거대한 매출을 만들어낼 수 있다.

무선 인터넷의 보급이 커져 갈수록 기업은 제품의 평가와 인상을 실시간으로 관리하며 고객 피드백에 집중해야 할 것이다.

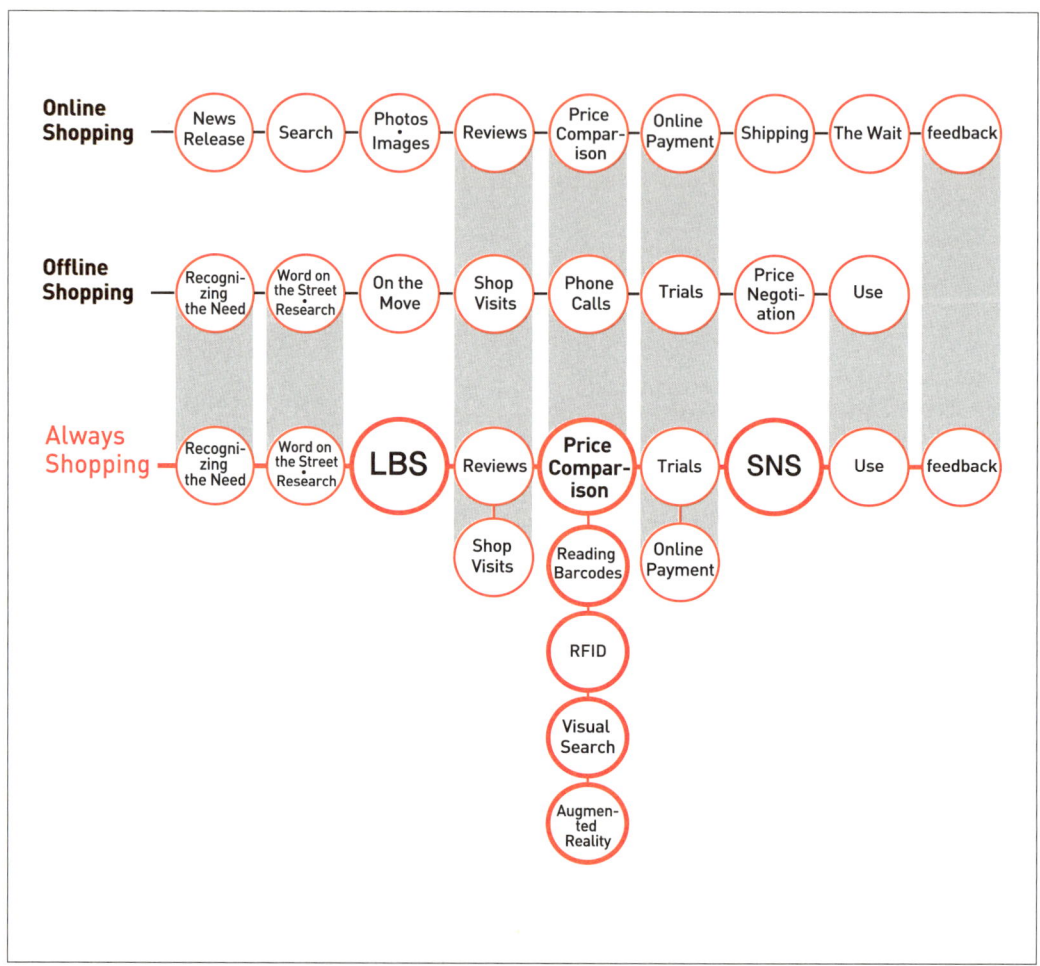

안드로이드 OS가 제시하는 커넥티드 가전의 미래

가전이 기능을 확장하고 유기적인 네트워크를 형성하여 커뮤니케이션의 게이트로 발전한다. 그 중심에 안드로이드 OS가 있다. 가전 기기는 빠르게 변화하는 인류의 생활 양식에 맞춰 변화를 모색한다. 가장 원초적이고 강렬한 생존의 욕구에서 벗어나게 된 인간은 그들의 생활에서 자유와 즐거움을 찾는다. 사람들의 관심은 항상 인터넷과 접속된 상태의 Always Connected와 그 속에서 이루어지는 자기 자신의 자유로운 삶과 맞닿아 있다. 개방성이 매우 높은 안드로이드 OS는 스마트폰에서 시작하여 이제는 가전으로 그 영역을 넓히고 이를 통해 점진적인 변화를 예고한다.

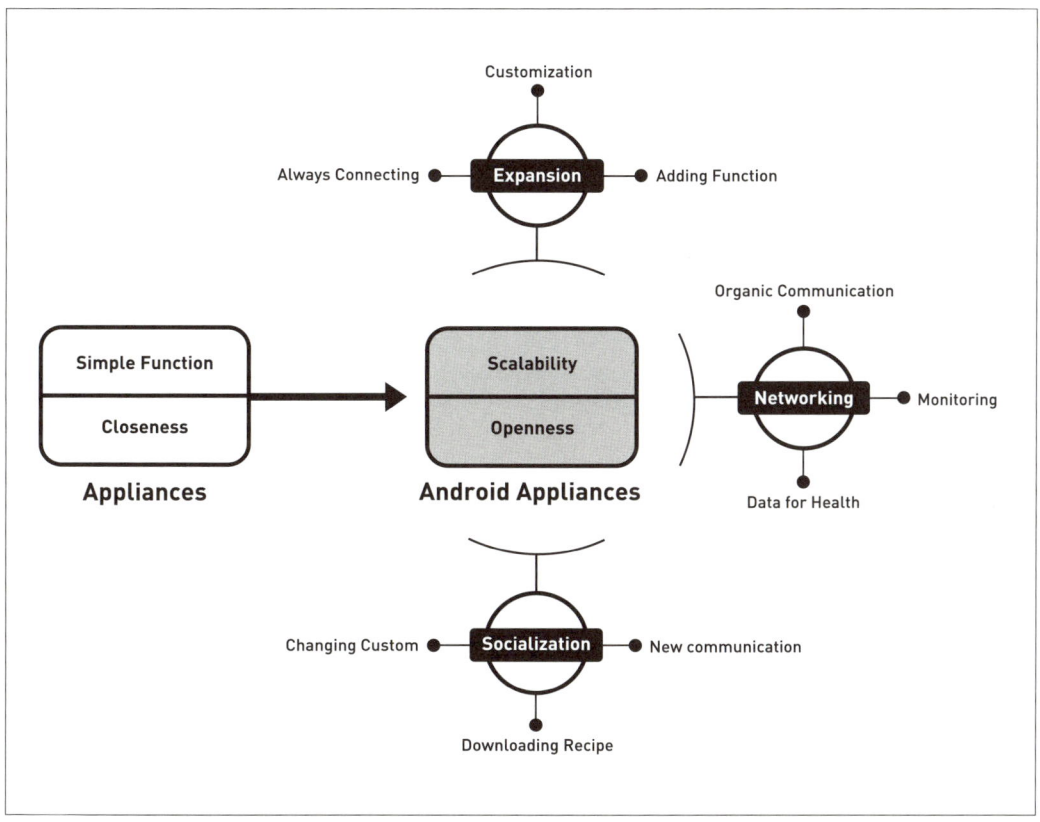

—**METATREND Vol.3** Open Appliance's Eye

인터넷으로 연결된 안드로이드 가전은 새로운 가능성을 제시한다. 정해진 기능만 제공하던 가전 기기들은 애플리케이션을 내려 받아 설치할 수 있고, 사용자들은 가전을 자신에 맞는 환경으로 꾸미는 일이 가능하다. 독립적으로 작동하며 연관성이 없던 가전들은 서로 네트워크를 형성하며 유기적인 환경을 갖춘다. 제조사의 영향력 아래에서 변하지 않던 가전의 영역이 모든 개발자들이 참여하여 무한한 상상력을 실현할 수 있는 새로운 장으로 거듭난다.

가전들은 안드로이드 OS라는 하나의 언어를 통해 소통하며 하나의 유기체와 같이 작동한다. 전력선통신(PLC)이나 와이파이(Wi-Fi)를 통해 하나로 묶인 안드로이드 가전들은 사람의 움직임을 추적하고 건강 상태를 모니터링한다. 토토(TOTO)의 인텔리전스 변기(Intelligence Toilet)는 사람이 앉아 있는 동안 혈압, 혈당과 같은 건강상태를 측정하는 것은 물론 와이파이(Wi-Fi)를 통해 PC로 데이터를 전송할 수도 있다. 하지만 안드로이드 가전은 이것 이상의 유기체적인 모니터링을 꿈꾼다. 침대는 심박수와 뇌파를 측정해 수면 중의 건강 상태를 검사하고 운동기기는 운동량을 측정하며 냉장고나 식탁은 영양 섭취량을 조사하는 등 사람의 건강 정보를 다각적으로 수집하고 분석한다.

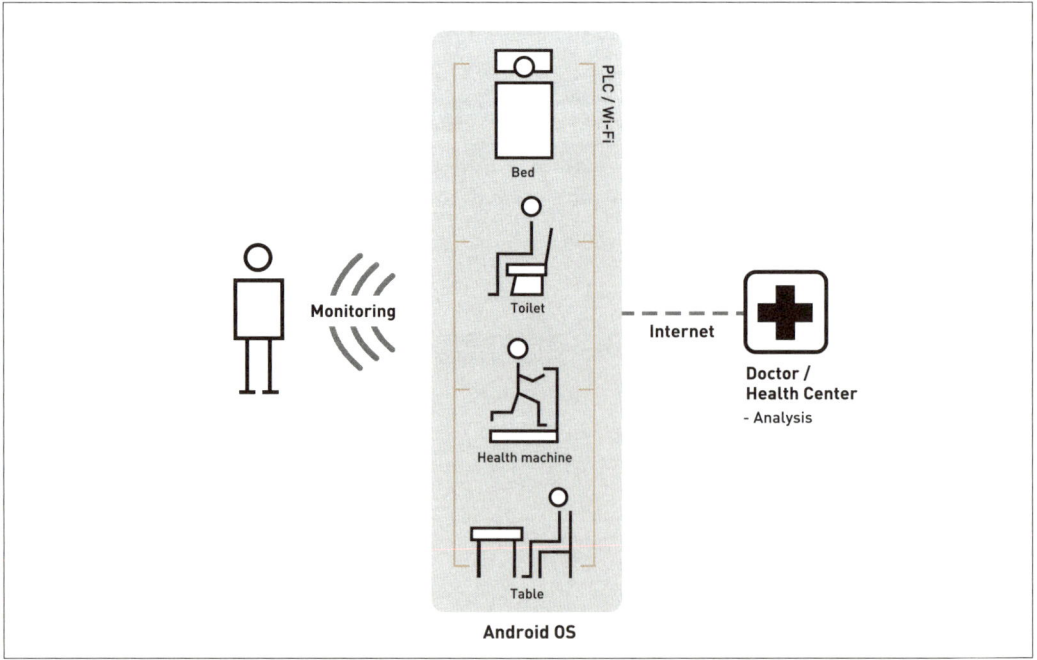

경제 주간지, 이코노미스트는 온라인 소셜 네트워크가 사람들의 소통과 일 그리고 놀이의 방법을 바꾸고 있다고 말했다. 이러한 변화의 흐름은 페이스 북으로 대표되는 인터넷에만 국한되지 않는다. 2010 라스베이거스 가전박람회에 공개된 터치 에볼루션(www.touchevolution.com)의 안드로이드 전자레인지와 인터넷 요리 사이트에서 요리법을 내려 받을 수 있는 데미(Demy)는 미래 가전의 방향을 짐작케 한다. 두 제품이 결합되면 전자레인지를 통해 요리법을 내려 받거나 자신이 만든 요리법을 올리는 것이 가능해지고, 요리에 어려움을 느끼는 사람도 전문가의 요리 솜씨를 경험해볼 수 있다. 이와 같은 소셜 가전은 새로운 커뮤니케이션의 통로가 된다.

인홈 모바일 라이프 이끄는 SOFA Devices

콘텐츠 감상에 최적화된 제 3의 디바이스가 온다. 집안 어디에서나 무선 인터넷을 통해 편리하고 쉬운 방식으로 자신이 원하는 콘텐츠를 즐길 수 있다. 이 둘의 결합은 지금까지 이어져온 패밀리 라이프스타일을 새로운 것으로 바꿔놓는다.

항상 웹과 연결되어 언제 어디에서나 정보를 얻고 공유하는 세상이다. 특히 다채로운 콘텐츠와 애플리케이션, 높은 연결성(Connectivity)을 갖춘 스마트폰은 무선 인터넷의 편의성을 대중에게 널리 전파하고 있다. 이것은 웹이 마치 공기처럼 사람들의 곁에 늘 존재하는 Always Connected 환경 덕분이다.

이러한 모바일 환경에 얼마 전 애플을 위시한 많은 업체들이 새로운 개념을 추가하기 시작했다. 아이패드(iPad)는 지금껏 접하지 못했던 제 3의 디바이스다. 새로운 태블릿 PC라기 보다는 콘텐츠를 간편하게 감상할 수 있는 일종의 모바일 단말기이며 그 활용 배경을 집(가정)으로 하고 있다는 점이 새롭다. 아이패드는 이미 준비된 대규모의 콘텐츠와 애플리케이션들을 넓은 연령층의 관객에게 배포하기 위한 도구인 것이다.

모바일 환경은 계속 그 범위를 넓히며 우리의 생활 깊숙한 곳까지 파고 든다. 사람들의 라이프스타일이 시작되는 그 곳, '집'에서 조차 침실에서 거실로, 주방에서 서재로 이동하면서 무선 인터넷과 콘텐츠에 최적화된 디바이스를 통해 '인홈 모바일 라이프(In-Home Mobile Life)'를 만들어가는 것이다. 그리고 그 중심에는 SOFA(See/Study, One handed, Family, Always connected) Devices가 있다.

See / Study

홈 모바일 디바이스는 다양한 콘텐츠를 '감상'하는 것에 최적화된다. 전자책, 사진, 영화, 잡지 등의 문화적 요소들을 충분히 넓고 선명한 디스플레이 속에서 자연스럽게 재생한다. 그리고 멀티미디어, 인터랙티브 콘텐츠를 담을 수 있는 교과서나 학습지로 인해 교육의 방식도 변화한다.

One handed

한 손으로도 쉽게 들고 사용할 수 있는 간편함을 가진다. 이 '간편함'은 빠르게 콘텐츠를 불러오고 재생하는 고성능, 멀티터치를 통해 누구나 쉽게 사용할 수 있는 유저 인터페이스, 별도의 조절이나 관리가 필요없는 단순함까지 포함하는 복합적 키워드이며, 가족 구성원 모두가 디지털 기기를 접할 수 있게 만드는 요소다.

Family

홈 모바일 디바이스는 가족 구성원별로 개인화된 콘텐츠를 제공하며, 게임이나 메일을 비롯한 여러 수단을 통해 가족 간의 커뮤니케이션을 담당할 수 있다. 이 기기는 각 가정에 1대가 아닌 1명 당 1대로 마련되어 가족들을 함께 묶어주는 따뜻한 통로가 될 것이다.

Always Connected

무선 인터넷은 이제 웹을 공기처럼 어디에서나 항상 존재하는 것으로 만들고 있다. 사람들은 집 안에서도 마이크로 단위의 이동을 하며, 이를 위한 모바일 디바이스를 사용한다. 홈 모바일 디바이스는 웹과 늘 연결되는 환경 속에서 끊임없이 콘텐츠를 전달하고 사람들 간의 지식 교류를 증폭시킨다.

SOFA Devices는 집 밖에서 사용하던 스마트 폰 등의 모바일 단말이 더 큰 화면을 갖춘 태블릿 형태로 진화하면서 집 안에서도 모바일 환경을 적극적으로 사용하게 될 것이라는 예측이다. 이 같은 예측을 반영하는 가장 좋은 예가 바로 애플이 선보인 아이패드(iPad)다. 애플의 CEO인 스티브 잡스는 아이패드를 발표할 때 평소와는 달리 강단 위에 올려진 소파에 앉아 진행했다. 이것은 스티브 잡스가 아이패드의 사용 환경을 보여주기 위한 잘 계획된 연출이었다. 스마트폰처럼 들고 다니면서 사용하는 것도, 컴퓨터처럼 책상 앞에 앉아서 사용하는 것도 아닌, 바로 소파에 편하게 앉은 상태에서 사용하는 모바일 단말, 바로 SOFA Devices라는 개념은 여기에서 출발한다.

SOFA Devices는 기존의 PC나 노트북, 혹은 태블릿 PC와는 완전히 다른 새로운 단말이다. 특히 기존의 가정용 컴퓨팅 단말이 콘텐츠 생산에 초점이 맞춰져 있었다면, SOFA Devices는 콘텐츠의 소비에 초점을 맞추고 있다는 점에서 큰 차이가 있다. 가볍고 쉽게 다양한 멀티미디어 콘텐츠를 보고 즐기며, 한 손으로 들고 사용할 수 있다는 점과 함께 누구나 쉽게 사용할 수 있는 직관적인 사용자 인터페이스 등은 SOFA Devices의 필수 조건이다. 여기에 가족을 위한 개인화된 콘텐츠와 게임이나 메일을 비롯한 다양한 커뮤니케이션 수단을 제공하기 위해 가족 구성원 각각이 별도로 소유하는 단말을 목표로 하고 있다. 여기에 집 안팎을 가리지 않고 언제 어디서나 인터넷에 연결해 콘텐츠와 애플리케이션을 활용할 수 있는 단말이 됨으로써 가족간의 커뮤니케이션 방식도 새롭게 정의한다.

SOFA Devices의 3대 필수 요소는 3A다. 항상 부팅된(Always Booted), 항상 연결된(Always Connected), 하루 종일 사용하는(All Day Use)이 그것이다. 항상 부팅되어 있다는 것은 원하는 순간 바로 사용할 수 있다는 것을 뜻하며, 항상 인터넷과 연결되어 있기 때문에 원하는 콘텐츠를 즉시 사용할 수 있다는 것을 의미한다. 여기에 집 안 이곳 저곳을 돌아다니면서 언제라도 사용하기 위해서는 최소한 하루 정도는 재충전없이 사용할 수 있는 수준의 배터리 시간이 필요하다.

SOFA Devices의 등장은 TV와 PC의 영향력을 크게 낮추는 결과를 낳게 된다. 온 가족이 거실에 앉아 TV를 시청하는 일은 점차 줄어들 것이며, 각자가 자신이 원하는 콘텐츠를 SOFA Devices로 즐기는 시대가 다가오고 있다. 또한 콘텐츠 생산과 소비를 같이 담당하던 PC는 이제 콘텐츠 생산을 위한 일부 사람들의 전유물, 혹은 고성능 PC 게임 머신으로 자리잡게 된다. 마치 휴대폰이 유선 전화를 집에서 몰아낸 것과 마찬가지로 SOFA Devices가 PC를 가정에서 몰아내는 것이다. SOFA Devices는 PC보다는 휴대폰에 가까운 파급 효과를 가져오는 단말이기 때문이다.

SOFA Devices는 사용자의 취향과 목적에 맞춰 구성할 수 있기 때문에, 단말 자체가 콘텐츠를 활용하기 위한 포털이 된다. 인터넷에서 무언가를 찾고, 보고, 즐기는 모든 것을 하나의 단말로 하게 됨으로써 각각의 가족 구성원을 위한 포털의 역할을 SOFA Devices가 하게 되는 것이다. 개인의 취향에 최적화된 환경을 구성함으로써 SOFA Devices의 첫 화면에 놓여진 콘텐츠와 애플리케이션 아이콘을 통해 단 몇 번의 터치만으로 원하는 모든 작업을 할 수 있는 것. 그것이 바로 SOFA Devices의 장점이다. SOFA Devices는 바로 개인의 인포메이션 포털이자 콘텐츠 허브다.

온 가족이 함께 즐길 수 있는 게임은 SOFA Devices를 수면 위로 끌어올리는 킬러 앱이 될 것이다. 이에 따라 가족들이 둘러 앉아 할 수 있는 보드 게임이나 모노폴리, 소셜 게임 등이 중요한 킬러 앱으로 등장한다. 이 같은 게임에서 SOFA Devices는 게임 콘솔이자 동시에 컨트롤러가 된다.

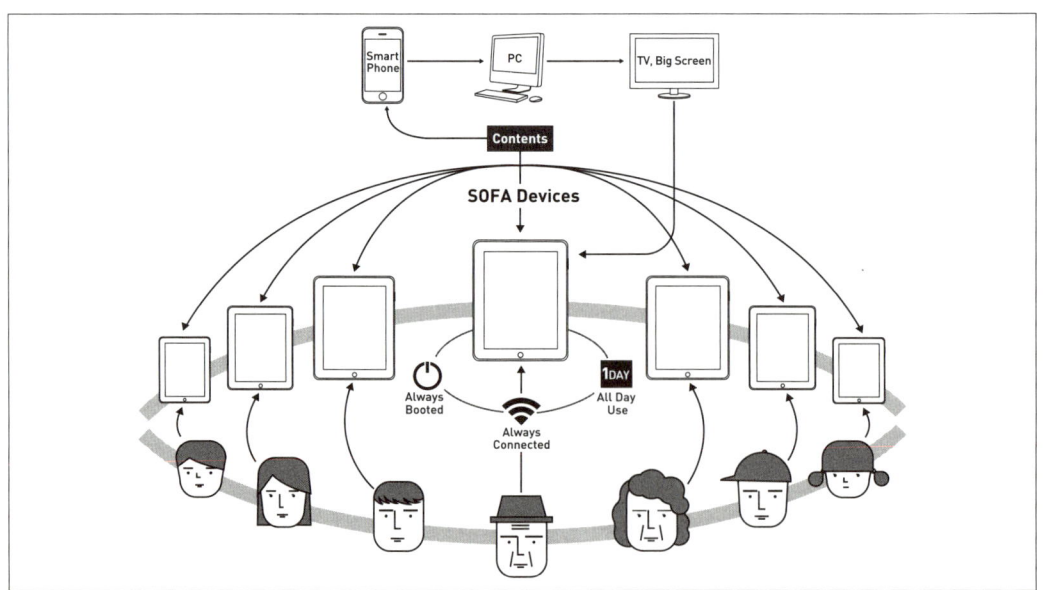

—**METATREND Vol.3** SOFA Devices

온라인을 향해 열려진 창, Social Networked TV

　소셜 네트워크는 이미 우리 주위에 바짝 다가와 있다. 이런 라이프스타일의 변화가 가전 제품과 소셜 네트워크의 결합을 이끈다. 특히 지금까지의 단방향 콘텐츠 전송에 매달려왔던 TV는 소셜 네트워크와의 결합을 통해 시청자들과의 적극적인 인터랙션을 이끌 뿐 아니라 TV 시청 방식 자체를 뒤흔드는 패러다임의 변화를 가져온다.

　스마트폰이나 전자책 리더, 태블릿과 같은 휴대 단말에서나 당연시되던 웹 접속 기능이 이제 가전제품에까지 적용되고 있다.

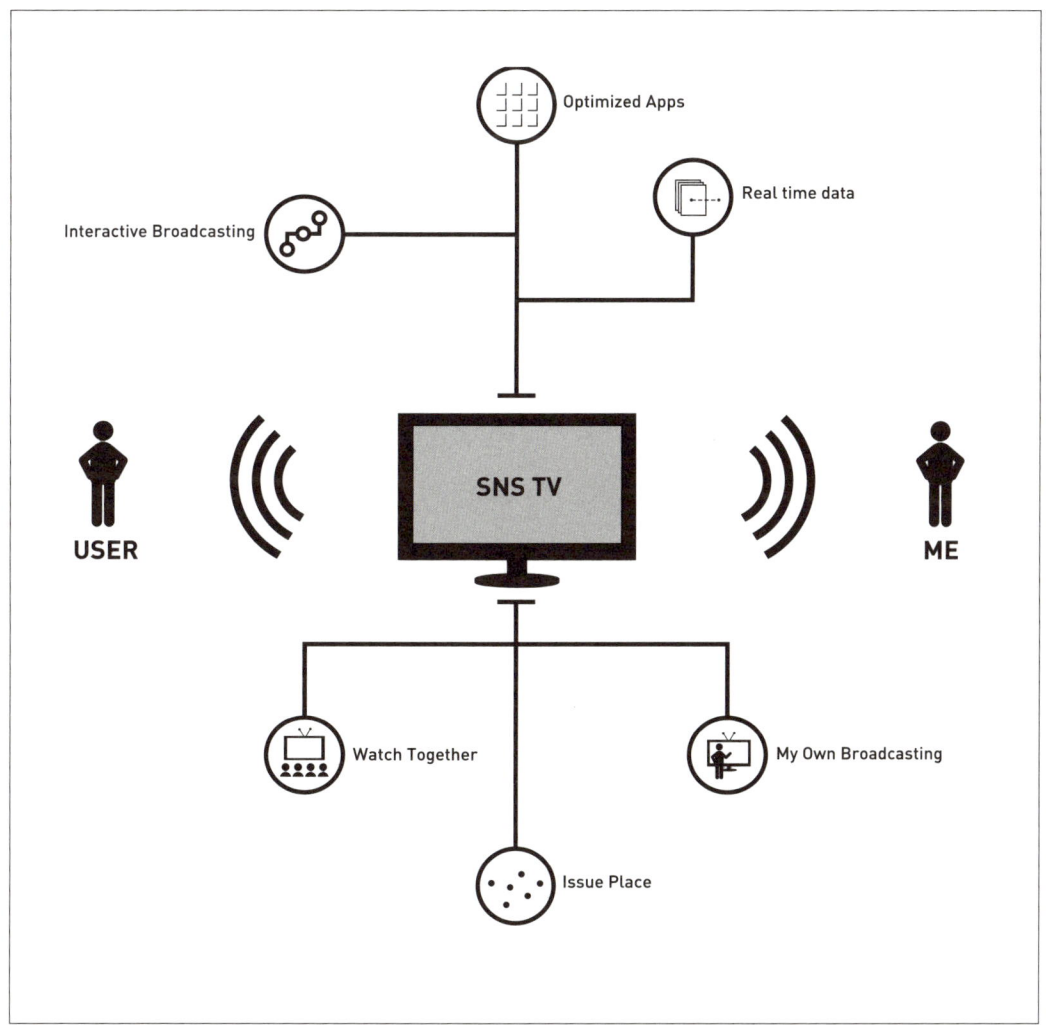

—**METATREND Vol.5** TV with SNS

CES 2010에서는 가전제품과 소셜 네트워크의 접목이 하나의 트렌드를 이루며, 게임 콘솔, 디지털 카메라, 캠코더는 물론 자동차까지도 웹과 SNS 서비스를 바로 이용할 수 있는 환경을 확인할 수 있었다. 이중에서 특히 주목할 만한 것이 바로 TV의 변화다.

소셜 네트워크는 이미 우리 주위에 바짝 다가와 있다. 이런 라이프스타일의 변화가 가전제품과 소셜 네트워크의 결합을 이끈다. 특히 지금까지의 단방향 콘텐츠 전송에 매달려왔던 TV는 소셜 네트워크와의 결합을 통해 시청자들과의 적극적인 인터랙션을 이끌 뿐 아니라 TV 시청 방식 자체를 뒤흔드는 패러다임의 변화를 가져온다.

지난 2010년 밴쿠버 동계 올림픽은 TV의 시청 형태에 새로운 변화를 가져오는 모습을 보여줬다. 많은 사람들이 올림픽 경기가 진행되는 동안 TV와 함께 한 손에는 스마트폰을 들고 SNS 서비스를 통해 다른 사람들과 경기에 대한 이야기를 주고 받으며 TV를 즐겼다. 그리고 TV 콘텐츠를 경험하는 새로운 방식을 찾아냈다. 2010년 미국의 슈퍼볼은 미국 역사상 최고의 시청률을 기록했다. 이는 트위터나 페이스북과 같은 SNS에서 그와 관련된 주제가 인기를 끌면서 많은 사람들이 시청했기 때문이다. 이는 경기장에 있지 않아도 경기장에 있는 듯한 즐거움을 주고 상호작용을 통해 다같이 보는 즐거움을 느끼고 싶어하는 욕구가 드러난 것이다.

이처럼 TV를 보면서 SNS를 이용하는 사람들이 증가하고 있는 것은 2009년 2월, ABI리서치(ABI Reaserch)의 조사를 통해서도 알 수 있다. ABI리서치는 SNS를 정기적으로 이용하는 이용자의 36%가 TV를 통해서도 SNS서비스를 이용하고 싶어한다고 밝혔다.

구글 안드로이드OS를 탑재한 TV인 피플 오브 라바(People of Lava)는 구글 크롬 브라우저는 물론이고, 유튜브, 구글맵 등 안드로이드의 다양한 기능을 제공한다. 여기서 주목해야 할 점은 트위터와 페이스북과 같은 SNS 애플리케이션이 중요한 위치를 차지하고 있다는 것이다. TV로 하는 SNS는 함께 보는 즐거움을 배가시킨다. 특히 스포츠나 음악방송, 토크쇼 등 많은 사람들이 같이 시청함으로써 SNS는 정보나 신변잡기가 아닌 즐거움까지도 나누는 커뮤니케이션 수단이 된다.

SNS는 기존의 검색으로 연결만 되어 있던 독립된 웹 서비스들을 새로운 방식으로 엮어간다. 기본적으로 열린 구조를 통해 서로간의 인터랙션에 초점을 맞추고 있어 블로그와는 달리, 모두가 함께 콘텐츠를 만들어 간다. 그렇기에 일방적인 콘텐츠 제공 방식인 기존의 TV

방송과 모두의 참여를 기반으로 하는 소셜 네트워크의 매시업은 TV 방송 콘텐츠의 제작, 그리고 즐기는 새로운 방식을 제시한다. 특히 단순히 방송과 SNS를 동시에 제공하는 것에 그치는 것이 아니라 SNS를 통해 사용자의 참여를 유도하는 새로운 방식의 콘텐츠, 그리고 다양한 애플리케이션과 방송 콘텐츠의 결합으로 TV 방송을 즐기는 새로운 방식에 대한 고민이 필요하다.

TV는 이제 일상 생활과 바로 접한 오래된 콘텐츠 소비 단말에서 온라인 세계를 향해 열려 있는 소통을 위한 창문이 된다. 유스트림(www.ustream.tv)이나 트윗온에어(twitonair. com), 트윗캠(twitcam.com)과 같은 SNS를 이용한 개인 방송은 SNS를 통해 방송 내용을 전파하고 시청자와 방송자가 서로 인터랙션하는 새로운 방식을 제공한다. 페이스북이나 트위터와 같은 SNS를 통해 방송 링크를 전달하고 이에 대한 얘기를 나누는 것만으로도 순식간에 엄청난 시청자를 모을 수 있다. 이처럼 웹에서의 개인 방송은 SNS의 기본 원리인 개방과 공유 그리고 양방향 커뮤니케이션을 통해 개인 미디어의 새로운 모델을 형성한다.

방송국은 SNS의 이점을 적극적으로 활용할 수 있다. 트위터의 타임라인을 효과적으로 보여주는 구글의 타임라인 뷰는 트위터를 비롯한 페이스북, 버즈, 마이스페이스 등에서 사용자들이 특정 토픽을 얼마나 자주 검색하고 이야기하는지 시각화하여 보여준다. 이를 이용하면 자사의 방송에 대해 얼마나 많은 이야기가 오가고 있는지 실시간으로 파악할 수 있으며, 이는 방송 콘텐츠와 광고를 위한 기초 데이터를 이전보다 훨씬 빠르고 편하게 수집할 수 있다.

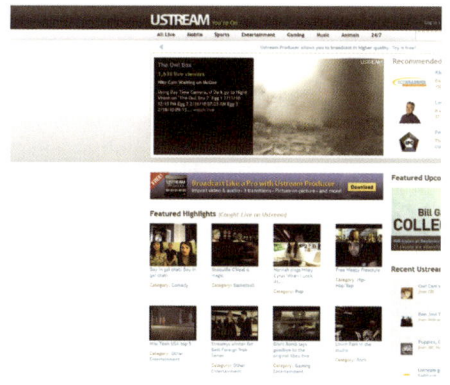

—Ustream

SNS는 일반 포털과 달리 초 단위, 분 단위로 검색되고 이야기를 만들어 가기 때문에 실시간으로 시청자들이 방송에 대해 어떤 생각을 갖는지 의견을 얻고 받아 들여 인터랙티브한 방송을 만들 수 있다. 즉, SNS TV는 청취자와 미디어의 접점을 넓히며 새로운 시대의 미디어를 만들어가는 기회의 창이다. 그렇다면 SNS와 연결되는 TV를 만들기 위해 TV 제조업체는 어떤 방식을 취해야 할까. 단순히 TV에 SNS 기능을 넣는 것만으로 충분하지 않다. 제조업체는 하드웨어 기술과 함께 애플리케이션과 콘텐츠 서비스를 연결하는 생태계를 마련하며, 방송과 SNS를 동시에 할 수 있는 UX에 대한 고민이 필요하다.

이제 집 밖에서는 스마트폰, 집 안에서는 태블릿과 같은 SOFA Devices나 TV와 같은 가전 제품이 온라인과의 연결을 위한 핵심 단말이 되기 위해서는 시청자들의 기존에 갖고 있던 TV라는 매체에 대한 고정관념을 바꿔야 한다. 시청자들이 수동적으로 보기만 했던 TV를 이제는 온라인과 연결하는 새로운 창으로 만들기 위해서는 지금까지 수동적인 위치에 있던 시청자들이 참여할 수 있는 기회를 제공해야 하는 것이다. 디스플레이 또한 변화가 필요하다. SNS를 하면서 동시에 TV를 시청해야 하기 때문에 디스플레이 비율이 지금까지의 4:3이나 16:9의 비율에서 필립스가 선보이고 있는 21:9과 같은 더욱 넓은 화면비가 해결책이 될 수 있다. 기존의 16:9 콘텐츠를 즐기면서도 넓어진 화면으로 인해 SNS를 사용할 수 있기 때문이다. 또한 이외에도 보조 디스플레이를 사용하거나 테이블탑 PC와의 연계된 사용 등 다양한 방법을 모색할 필요가 있다.

모바일 플랫폼으로 진화하는 Connected Vehicle

자동차는 이미 운송, 이동만을 위한 장비가 아니다. 사용자가 많은 시간을 보내는 또 하나의 장소, 그리고 오로지 사용자 혼자만을 위한 장소로써 사용자의 개성이 듬뿍 담기게 되는 장소이다. 자동차는 전자제품화라는 배경 속에서 사용자의 경험을 극대화시키는 방향으로 발전하고 있으며, 특히 실시간으로 인터넷과 연결됨으로써 새로운 모바일 공간인 Connected Vehicle로 재탄생한다.

자동차에 통신과 IT를 접목시키려는 시도는 이미 지난 1980년대에 텔레매틱스(Telematics)를 통해 시작되었다. 이제 강력하고 저렴한 모바일 단말기와 음영지역이 거의 사라진 무선 네트워크의 활성화로 인해 텔레매틱스라는 오래된 꿈이 현실화되고 있다. 이런 기술이 도입됨으로써 자동차는 점차 전자제품화되고 있다. 또한 친환경 이슈로 점차 각광을 받고 있는 전기자동차의 상용화가 내연 기관을 무너뜨림에 따라 가전이나 전자제품 업체들에게 자동차 시장 진입의 기회를 제공하고 있다.

자동차의 전자제품화는 궁극적으로 Connected Vehicle으로 발전해 나간다. Connected Vehicle은 자동차 산업에 혁신을 불러일으킬 것이며, 자동차와 관련된 라이프스타일에 있어서도 커다란 변화를 일으킨다. NG커넥트 프로그램(NG Connect Program)이 제안하고 있는 LTE커넥티드 카(LTE Connected Car)는 LTE 접속을 통해 자동차를 와이파이(Wi-Fi) 핫스팟으로 만들어 자동차 내에서 다양한 IT 기기를 활용할 수 있게 한다. 또한 차량 내에 4개의 디스플레이를 설치해 내비게이션, 비디오 및 음악감상, 멀티플레이어 게임, SNS 서비스 등을 할 수 있다. 이는 이동수단이었던 자동차가 새로운 디지털 경험을 위한 공간으로 재탄생됨을 뜻한다.

Connected Vehicle로의 진화를 가장 앞에서 이끌고 있는 전기 자동차는 근거리 이동을 위한 수단으로 부각되고 있다. 이로 인해 전기 자동차의 외형은 더욱 작아지고 수납 공간은

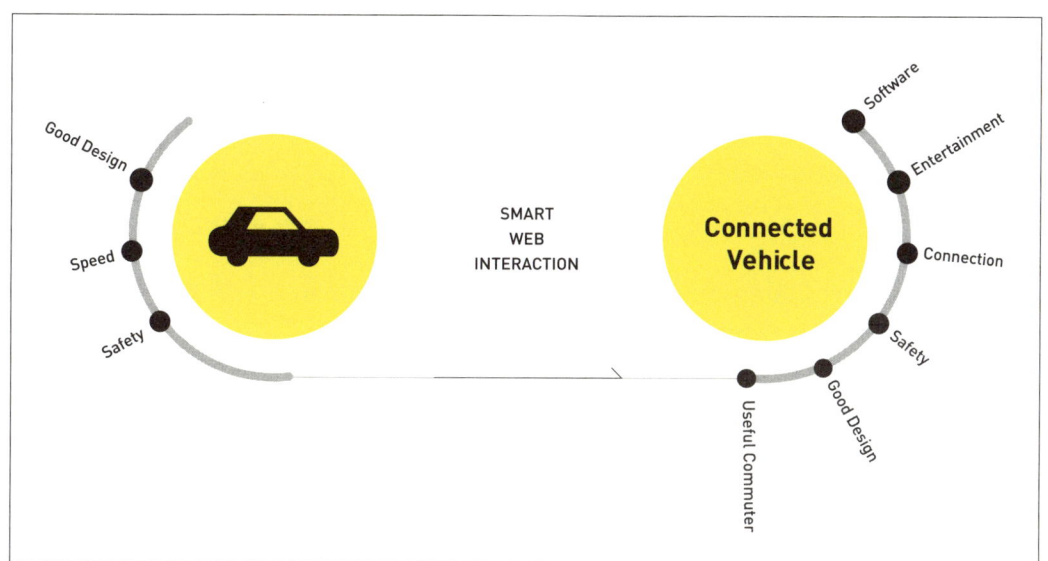

—**METATREND Vol.5** Connected Car

최소화되는 대신 편안하게 앉아서 엔터테인먼트를 즐기거나 간단한 업무까지도 볼 수 있는 방향으로 진화한다. 따라서 이제는 자동차를 평가하는 기준에 스마트, 자동화, 커넥션, 인터랙션과 같은 요소들이 추가된다. 이제 자동차의 목적인 단순한 이동에서 벗어나 IT 환경의 다양한 이점을 누릴 수 있게 된다는 것으로 확장됨에 따라, 자동차 안에서 무엇을 하고, 어떻게 즐길 것인가와 같은 사용자의 행동과 감정이 중요해지기 때문이다.

CES 2010에서 마이크로소프트는 자동차에 최적화된 윈도우 임베디드 운영체제를 공개했다. 차량 안에서 음악과 영상을 감상하는 것은 물론이며 음성 인식 컨트롤을 통해 휴대폰과 내비게이션 등을 제어할 수 있다. 이처럼 하드웨어가 아닌 소프트웨어 중심의 시장 발전이 Connected Vehicle의 핵심이다. 또한 이는 향후 Connected Vehicle을 위한 애플리케이션 시장이라는 새로운 기회를 만들어 갈 것이다.

Connected Vehicle을 통해 사용자들은 다양하고, 개인화된 서비스를 제공받을 수 있게 된다. 그 중 하나가 자동차에 최적화된 애플리케이션이다. 포드는 마이크로소프트와 함께 개발한 포드 싱크(Ford Sync)을 발표한 이후 이를 더욱 확장한 마이포트 터치(MyFord Touch)를 선보였으며, 미시간 대학과 함께 여기에 최적화된 애플리케이션을 개발 중에 있다. 또한 NG 커넥트 프로젝트의 LTE 시스템(LTE System)은 인터넷 라디오 스트리밍 서비스인 판도라와 연계해 운전자의 기호에 맞는 음악을 스트리밍 라디오로 서비스한다. 기호뿐만 아니라 자동차 습도, 온도 센서와 엔터테인먼트 애플리케이션이 결합하여 노래를 선곡해준다.

운전자 개인에게 최적화된 Connected Vehicle은 실시간 교통 정보 수집이나 자동차를 위한 전용 앱, 그리고 동승자를 위한 멀티미디어 콘텐츠 개발 등 운전자와 동승자를 위한 다양한 경험을 제공하며, 향후 다양한 비즈니스 모델을 통해 기존의 자동차 업계뿐 아니라 콘텐츠 업체와 소프트웨어 업체, 그리고 전자제품 업체 등 IT와 가전 업계에 새로운 기회를 제공한다.

사용자의 만족을 중심으로 새롭고 차별화된 콘텐츠를 개발하는 것이 중요하다. 엔터테인먼트 콘텐츠는 실시간 스트리밍 서비스 위주로 발전한다. 클라우드 컴퓨팅을 통해 저장된 사용자 정보에 맞춰 콘텐츠를 위치와 시간에 관계없이 제공할 수 있다.

Connected Vehicle은 Always Connected 환경을 기반으로 하기 때문에 클라우드 컴퓨팅이 빠르게 적용된다. 자동차에서 이동성만큼이나 중요하게 생각하는 것이 바로 안전이다. 특히 Connected Vehicle로의 발전을 통해 자동차 내에서 하는 활동이 증가할 경우 안전에 대한 욕구는 더욱 높아지게 된다. 포드의 마이 키(My Key)는 특정 연령대의 운전자가 운전석에 앉을 경우 속도와 카오디오를 제한한다. 더구나 Connected Vehicle의 경우 도로나 사고 상황, 그리고 주변의 차들과의 정보 교환을 통해 사고를 미연에 방지하고 안전 운전을 보장하는 것이 가능하다. 사르트르 프로젝트(Sartre Project, sartre-project.eu)는 자동차들을 하나의 팩(Pack)으로 연결하여 연비를 높이고 안전하게 주행할 수 있도록 하는 프로젝트다. 맨 앞의 차량이 무선 네트워크와 GPS를 이용하여 뒤따라 오는 차량의 속도와 움직임을 최대 8대까지 제어한다. 로드 트레인은 장거리 주행 시에 더욱 효율적이다.

자동차끼리의 연결, 또는 자동차와 주변 환경과의 연결은 다양한 편의를 제공할 수 있으며, 효율성도 크게 높일 수 있다. 린스피드(Rinspeed, www.rinspeed.com)의 UC(Urban Commuter)는 출퇴근용 전기 커뮤터로 도시 내 이동에 초점을 맞추고 있어 작은 크기로 인해 보다 작은 주차 공간만 있어도 된다. 그리고 짧은 이동 거리가 특징이며, 장거리 이동의 경우 기차를 통해 이동할 수 있는 연계까지도 고려한 디자인이다. 특히 Connected Vehicle의 특징을 살려, 기차 예약 등은 UC 내에서의 모바일 인터넷을 이용할 수 있다. 아직 UC외

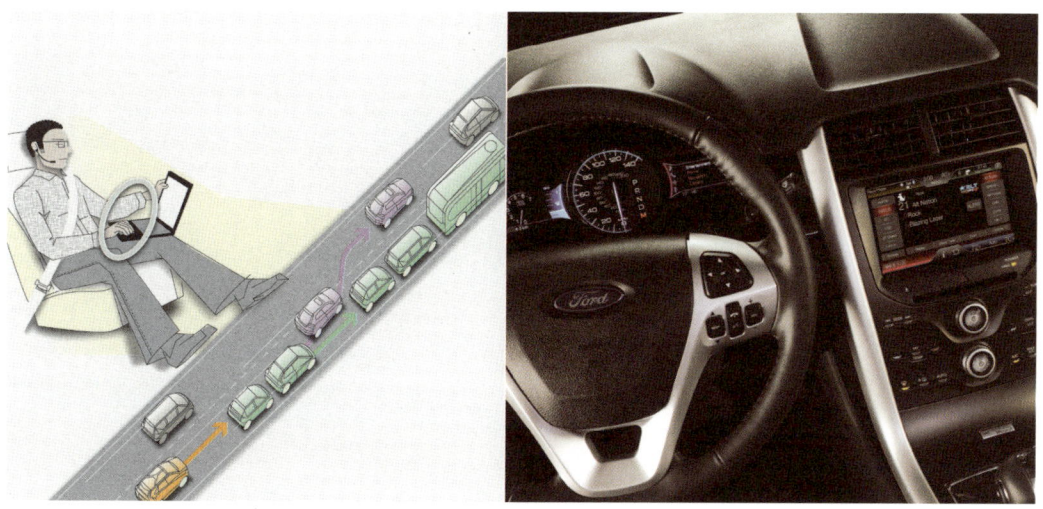

—**Road train,** Sartre Project　　　—**MyFord Touch,** Ford

에도 기차와의 연계 시스템 등 해결해야 할 문제들이 남아있지만, Connected Vehicle이 나아갈 방향을 가장 직접적으로 보여주는 예 중 하나다.

Connected Vehicle을 통해 가장 극적인 변화가 일어날 곳 중 하나는 바로 카쉐어링 서비스(Car Sharing Service)다. 스마트폰을 통해 주변에 사용할 수 있는 차량을 실시간으로 알 수 있으며, 카쉐어링 차량에 탑승하는 것과 동시에 사용자를 인식해, 내부의 운전석 위치나 백미러 위치 등을 평소에 운전자가 사용하던 설정으로 바꿔준다. 더구나 사용자가 평소에 주로 사용하던 서비스와 콘텐츠를 어떤 차량을 타더라도 사용할 수 있는 것이다. 자동차는 개인적인 공간이라는 인식 때문에 카쉐어링 서비스에 대한 반감을 갖는 경우가 많다. 하지만 이렇게 클라우드 컴퓨팅과 Connected Vehicle이 접목된 상황에서는 자동차를 직접 소유하지 않고도 항상 사용자에게 개인화된 환경과 서비스, 애플리케이션, 서비스를 사용할 수 있기 때문에, 공유와 개인화라는 두 마리 토끼를 모두 잡을 수 있다.

REAL CONNECTION
온라인과 오프라인의 결합으로 완성되는 실제적인 연결

사람과 사람간의 연결이 항시 이뤄지는 가운데, 온라인과 오프라인의 교류들이 융합되어 태어나는 새로운 연결인 Real Connection이 다가온다.

소셜 네트워크 서비스(Social Network Service)는 개인의 의사표현을 온라인으로 연결하여 타인들과 관계를 맺는다. 짧은 텍스트부터 사진, 영상 심지어는 엔터 키 한 번 누르는 행위까지 포함한 모든 데이터로 자신을 표현한다. 이렇게 개인적이고 세계적인 연결이 모바일 웹 환경을 만나면서 새로운 형태를 보이고 있다.

사용자 콘텐츠가 극히 소형화되는 마이크로 인터랙션(Micro Interaction)이 이런 변화의 주요 포인트다. 장소와 시간의 제한을 받지 않는 만큼 작고 즉각적인 표현이 많아진다. 세계적 범위를 가지면서도 검열이나 통제가 없다는 것도 특징이다. 예를 들면 보도통제를 피해 이란이나 이집트 등지에서 반정부 시위 소식을 빠르게 전파하고 많은 반응을 얻어낸 쪽은 세계적인 미디어들이 아니라 트위터와 페이스북이었다. 항상 인터넷과 연결되는 환경은 온라인의 소셜 네트워크를 실제 세계로 확장시켜 많은 이들의 마이크로 인터랙션을 유발한다. 마이크로 인터랙션의 주요 수단인 스마트폰 외에도 휴대가 가능한 대부분의 기기에 무선 인터넷 기능이 들어가면서 소셜 네트워크는 사람들의 피부에 와닿는 존재가 된다.

모바일 환경, 위치 정보, 소셜 네트워크를 통해 사람들이 장소와 시간의 한계를 뛰어넘어 직접 연결된다. Real Connection은 온라인, 오프라인의 교류가 융합된 새로운 형태의 연결이다. 온라인 교류가 가진 개방성, 자유로움과 오프라인 교류에서 나타나는 직접적 경험, 감정적 요소가 더해지는 것이다.

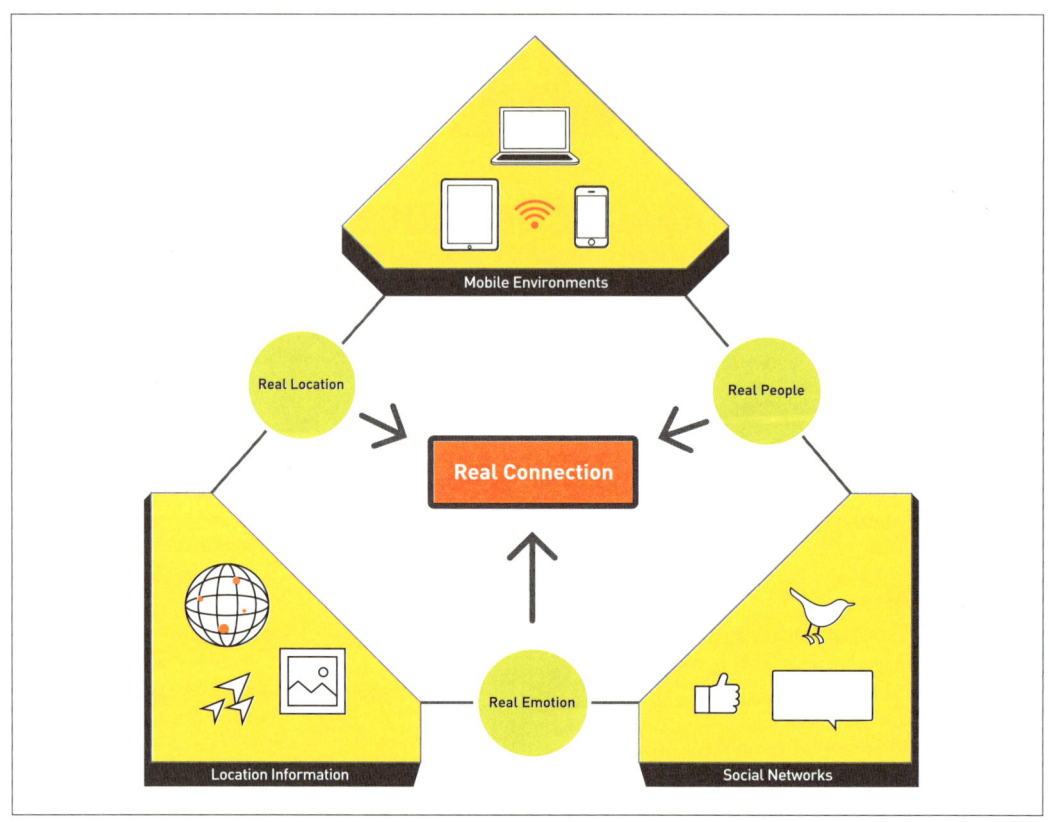

—**METATREND Vol.8** Real Connection

인터넷이 세계 속의 정보들을 연결했다면, 소셜 네트워크는 세계 속의 사람들을 연결한다. 모바일 환경과 위치 정보, 소셜 네트워크가 만날 때 사람들의 연결은 더욱 직접적이고 현실적으로 변화한다. 무선 인터넷과 모바일 디바이스로 구성된 모바일 환경은 사용자가 '본인'임을 증명하며, GPS를 통한 위치 정보의 활용은 그 사람이 지금 어떤 장소에 있는지 알려준다. 가상의 아바타가 아닌 실제 사람들끼리 만나게 되는 구조, 짧지만 쉴새없이 발생하는 인터랙션들이 소셜 네트워크 전체를 감정적으로 만든다. Real Connection은 실제 사람과 사람간의 실시간 연결을 뜻하며, 가상의 연결과 실제 만남의 요소를 모두 갖춘 새로운 형태를 보인다. 이 키워드는 곧 실제 사람(Real People), 실제 위치(Real Location), 실제 감정(Real Emotion)으로 세분화되어 사람들의 장기간에 걸친 라이프스타일 변화와 사회적, 산업적인 발전을 가져올 것이다.

투명성 요구하는 사람간의 실제적인 연결

소셜 네트워크 서비스를 사용한다는 것은 웹 커뮤니티 사이트에 회원 가입하는 것과는 전혀 다른 의미를 갖는다. 웹 커뮤니티 사이트의 회원은 그 웹사이트 속에서만 커뮤니케이션할 수 있다. 가상의 아이디를 통해 자신의 이름이나 나이, 심지어 성별까지 모두 숨긴 채 대화를 나눈다 해도 이상할 것이 없다. 그러나 어떤 사람이 소셜 네트워크 속에서 가상의 정보를 통해 자신을 숨긴다면 그는 자연스레 잊혀져 버릴 것이다. 새로운 사람과 연결될 수 없으며 아무도 자신의 말을 들어주지 않기 때문이다. 오로지 실제 사람만이 소셜 네트워크 속에서 활동할 수 있다. 프라이버시 문제에도 불구하고 페이스북 사용자가 5억 명을 돌파한 이유도, 140자 밖에 입력할 수 없는 트위터가 생활 속 필수 유틸리티로 사용되는 이유도 여기에 있다. 자신의 정보를 공개할수록 새로운 사람들과 연결되는 세상이 소셜 네트워크다.

Real Connection을 통해 만나는 사람들이 바로 실제 사람이다. 대부분의 사람들이 각자 보유한 모바일 디바이스로 접속하기 때문에 모바일 디바이스를 도난 당하지 않는 이상 소셜 네트워크에 글을 올리는 사람은 본인이 된다. 소셜 네트워크에서 만난 사람을 실제로 만나거나 어떤 위치를 알려주려면 자신의 위치 정보를 공유해야 한다. 자신의 개인 정보를 공개할수록 다양한 사람들과 어울리고 새로운 경험을 얻을 수 있으므로 스스로 개인 정보를 공개하여 '본인 인증'을 한다. 이런 방식으로 진짜 사람들이 서로 연결되면서 몇 가지 중요한 변화가 일어난다.

페이스북의 소셜 플러그인 배포와 더불어 소셜 네트워크는 특정 서비스가 아닌 웹 전체의 기본 요소가 되어가고 있다. 이 규모가 영어권을 시작으로 월드와이드웹 수준이 될 경우 글로벌 소셜 네트워크(Global Social Network)가 구성된다. 전세계 사람들이 참여한 거대한 공동체, 그것도 복제되지 않은 실제 개인들로 구성된 네트워크. 이것은 정부나 기업이 통제할 수 없는 자연의 힘과도 같다. 사람이 직접 매기는 소셜 랭킹(Social Ranking)이 글로벌 소셜 네트워크 속에서 상품, 서비스의 강력한 가치 기준으로 자리잡는다. 어떤 것에 대해 얼마나 많은 실제 사람들이 좋아하느냐를 체크하는 소셜 플러그인, 라이크(Like) 버튼이 그 예시다. 소셜 랭킹의 진정한 힘은 조작이 어렵고 전파 속도가 거의 실시간이며 높은 신뢰도를 갖고 있다는 것에 있다.

사람의 실제 모습과 소셜 네트워크 속의 모습이 동기화된다. 이렇게 자신을 공개하고 살아가는 소셜 네트워크 속에서 투명성은 반드시 필요한 것이다. 투명해진 필터 너머로 보이는 모습에 따라 사람들은 즉각 평가를 내린다. 이 현상은 곧 개인이나 기업들 모두가 본 모습을 깨끗하게 공개하고 좋은 평판을 만들어가도록 유도한다. 특히 기업은 그들이 광고로 알리는 행동과 현재 하고 있는 행동이 일치되도록 해야 한다. 실제 사람들로 구성된 소셜 네트워크는 기업들에게 있어서 냉정한 감시 시스템이며, 이것은 기업이 홍보하는 것과 실행하는 것의 차이를 쉽게 드러낸다. 기업의 투명성을 강조하는 또 하나의 방법은 잘못을 덮으려는 시도가 아니라 다른 긍정적인 것을 더하여 부정적인 것을 뒤로 밀려나게 하는 것이다. 기업이 직접 소셜 네트워크에 참여해서 그들이 행하고 있는 사회활동, 봉사, 친환경적인 생산 공정 등을 알리고 사람들의 여러 의견들에 대해 즉각적인 피드백을 주어야 한다. '의견을 듣는다'라는 기업의 행위 자체가 긍정적인 평판과 높은 소셜 랭킹을 만든다.

소셜 네트워크 속 평판 관리를 담당하는 임원(CRO, Chief Reputation Management Officer)을 두는 것도 좋은 방법이다. 기업 브랜드의 핵심이 되는 '평판'을 관리하기 위해서는 더 강한 권한을 지닌 직원이 필요하기 때문이다. 아우디의 영국 지점처럼 아예 투명한 공정 자체를 서비스로 제공할 수도 있다. 이들은 고객이 고장난 차량의 수리를 맡길 경우, 정비공이 직접 착용한 헤드 캠코터와 음성통신장비를 통해 정비 과정 전체를 보여준다. 이 서비스는 고객의 추가적인 클레임(Claim)을 줄일 뿐만 아니라, 아우디 브랜드가 가진 신용까지 끌어올리는 역할을 한다.

온라인 교류에 현실성을 더하는 위치 정보

Real Connection 속에서는 사람들이 물리적으로 떨어져 있으면서도 직접 만나는 것과 유사한 체험을 하게 된다. 소셜 네트워크의 사람들은 대부분 자신의 실제 사진을 프로필에 등록시켜두고 다른 이들의 말에 실시간으로 응답해오며 자신의 현재 위치를 알려 그 존재를 확인시켜주기 때문이다. 위치 정보 사용이 크게 활성화되면서 이러한 '현실성'이 더욱 강해진다. 각자 들고 다니는 모바일 디바이스에 GPS 기능과 디지털 맵이 탑재된 이후, 사람들이 자신의 위치를 스스로 알리고 새로운 장소에 대한 탐색을 늘려나가는 것. 이것이 실제 위치이다.

사람들은 이제 정보를 나눌 때 그 정보와 관련된 위치 정보도 함께 나눈다. 장소는 온라인의 연결이 언제든지 물리적 연결로 전환될 수 있게 한다. 또한 가상의 세계에서는 찾을 수 없었던 직접적이고 새로운 경험을 공유하게 해주는 매개체이기도 하다.

실제 장소로 직접 찾아가서 얻는 새로운 경험을 추구한다. 그리고 자신이 얻은 새 경험을 정확한 위치 정보와 함께 전파한다. 일상 속에서 정해진 장소를 계속 돌기만 하던 습관은 점점 사라지고, 새로운 장소를 향해 쉽게 발걸음을 내딛게 된다. 이는 어떤 이득이나 목적을 위한 것이 아니라 새로운 경험을 얻기 위한 모험으로 이어진다. 직접 걷는 골목길 여행처럼 작은 단위의 움직임이 많아지는 것이다. 소셜 네트워크 속에서 긴밀해진 사람들끼리 실제 만남을 실시간으로 갖는 경우도 증가한다. 인간 관계에 있어서 온라인의 만남보다 실제 만남은 훨씬 더 큰 모험으로, 온라인과 오프라인이 융합되는 Real Connection의 특성을 잘 보여준다.

워윅(Warwick) 대학교의 지도를 직접 걸어다녀서 그려낸 제레미 우드(Jeremy Wood)의 작품, 트래버스 미(Traverse Me)는 직접 실행하는 모험이 어떤 의미와 가치를 갖는지 보여주는 사례다. GPS 장비를 휴대한 채 17일 동안 238마일을 걸어다닌 결과, 위치 정보를 그대로 추적한 위성에 의해 한 줄로 그려진 1:1 축척의 지도가 완성됐다. 또한 제레미 우드는 지형을 그대로 옮기는 것으로 그치지 않고 지도의 이름과 자신의 서명을 넣기 위해 다른 길로도 걸어다녔다. 일부러 정해진 길이 아닌 곳으로 걸어다님으로써 각 지역의 특징을 표현한 것도 모험의 중요한 요소다.

—**Traverse Me,** Jeremy Wood

실제 사람과 실제 장소를 모두 활용하여 공공의 이익을 추구한다. 서로의 위치 변경을 알려주는 것만으로도 함께 편리해질 수 있는 사례는 충분히 많다. 자신이 주차장에서 차를 빼면서 빈 자리의 위치 정보를 소셜 네트워크를 통해 알려주면 근처의 다른 사람이 편리하게 주차할 수 있다. 번잡한 식당가에서 자신의 가게에 지금 얼마나 자리가 남아 있는지를 실시간으로 알려주는 것도 손님들에게는 무척 편리한 서비스가 될 것이다. 이처럼 대중의 자발적인 힘을 빌리는 크라우드소싱(Crowdsourcing)과 실시간으로 공유되는 위치 정보의 조합은 모두에게 이익을 주는 동시에 서로 가깝게 연결되어 있다는 감정도 느끼게 한다. 이것은 일종의 공동체 의식과도 비슷하다.

내적 교류를 만드는 실제적인 감정의 연결

소셜 네트워크를 통한 마이크로 인터랙션이 증가하면서 사람들의 감정 표현이 즉각적이고 실시간으로 이뤄진다. 걸러지거나 편집되지 않은 '진짜 감정'이 드러나는 것이다. 또한 실제 사람, 실제 장소에 대한 느낌을 통해 감정적 연결이 생겨난다. Real Connection이 완전히 새로운 형태의 연결임을 뒷받침하는 내면적 키워드가 바로 실제 감정이다.

전 지구 상의 사람들로부터 딱 하루 분량의 영상들을 수집해 한 편의 영화를 만드는 프로젝트, 라이프 인 어 데이(Life In A Day)를 살펴 보자. 2010년 7월 24일, 영화 감독 케빈 맥도널드(Kevin Macdonald)와 리들리 스콧(Ridley Scott)은 유튜브를 통해 최초의 글로벌 크라우드소싱 무비를 제작하기 시작했다. 총 감독을 맡은 케빈 맥도널드는 사람들에게 자신의 일상을 찍기 전에 4개의 질문을 스스로에게 던져보라고 말한다. 그것은 '내가 가장 사랑하는 것은 무엇인가?', '내가 가장 두려워하는 것은?', '무엇이 나를 웃음짓게 만드는가?', '내 가방 속에는 무엇이 들어있나?'인데, 이 중 3개가 사람의 감정에 연관되어 있음을 알 수 있다. Real Connection이 발생하기 전까지는 전 세계인들의 감정을 수집한다는 시도 자체가 거의 불가능한 것이었다. 자기 자신의 모습과 위치, 감정을 모두 공개하고 나누는 감정은 라이프 인 어 데이 프로젝트를 구축하는 밑거름과도 같다.

실제 감정의 집약체라고 할 수 있는 소셜 네트워크는 어떤 소재에 대한 감정적 반응을 찾기에 이상적인 소스(Source)다. 모바일 환경에서 이뤄지는 마이크로 블로깅을 통해 사람들은 자신의 감정적 메시지를 직접 연결된 다른 이들에게 전파한다. 이 전파 속도는 그 어떤 미디어보다도 빠르며 쉽게 흡수된다. 감정의 이런 면을 잘 활용한 것이 올드 스파이스(www.oldspice.com)의 바디 와셔 프로모션이다. 유머러스한 TV 광고가 방영되는 동시에 광고 속 모델이 트위터에 뛰어든다. 그 후 마케팅팀은 모델이 팔로워의 멘션(Mention)에 응답해주는 영상을 찍어 유튜브에 등록한다. 광고 속 모델이 시청자와 감정적으로 연결된다는 이유만으로 이 프로모션은 대성공을 거두고 있다. 그 어떤 교류보다도 감정적 교류가 갖는 힘은 강하다.

디지털 맵 위의 특정 장소에 직접 찍은 사진이나 낡은 과거의 사진을 덧씌우고 그 장소에 담겨진 스토리를 함께 나눈다. 이것은 감정적 연결이 실제로 드러나는 독특한 사례다. 공통된 감정은 사람들을 내적으로 연결하는 중요한 고리가 된다. 기술의 발전이 사람들의 편의를 위해 진행되는 반면, 사람들은 기술을 활용해 그들의 감정적 욕구를 채우려는 시도를 보인다. 실제 위치 속에서 숨겨진 것들을 찾아내고 그 속에 담긴 추억과 이야기들을 곱씹는 과정에서 사람들의 실제 감정들이 교차한다.

—Re: @TheEllenShow, Old Spice

EXPERIENCE

강화된 경험, 새로운 경험

02

Multiple UX

User Experience

Sense

Enrichment

Fusionistic

Non-Platform

Decategorization

Mash-up

Seamless

Natural User Interface

Touchpoint

Personal Cloud

Ser
Prod

디지털 기술은 사람들이 더 개인화된 경험, 더 빠르고 즉각적인 경험을 제공할 수 있도록 발전한다. 기존의 2D에 갇혀 있던 디지털 경험을 3D로 확장하는 것은 물론이고 이전에는 볼 수 없었던 가치를 눈에 보이고, 귀로 들을 수 있는 가치로 변화시킨다. 또한 경험은 디지털 기술에 힘입어 더욱 개인의 취향에 초점을 맞춰 나간다.

경험을 중시하는 새로운 라이프스타일은 제품을 사용하는 목적 자체, 즉 컨텐츠와 애플리케이션에 더욱 집중할 수 있도록 만들어져야 한다. 콘텐츠가 제품의 핵심이며, 제품은 이를 담는 그릇에 불과하다. 태블릿PC, 모바일 앱 등이 더욱 관심을 받고 있는 이유도 바로 이 때문이다.

경험은 더욱 개개인의 특성과 취향에 초점을 맞춘다. 서로 다른 개인의 취향과 기호를 파악해 제품이 적극적으로 개인화된 경험을 제공할 수 있도록 만드는 것이다. 이처럼 디지털 기술은 사용자들의 경험과 습관, 라이프스타일에 커다란 변화를 가져온다.

EXPERIENCE

01

경험의 극대화
AUGMENTED EXPERIENCE

———

    사용자의 경험을 어떻게 극대화할 것인가에 대한 고민은 모든 제품 디자이너, 마케터들에게 공통된 고민이다. 사용자 환경의 변화로 인한 인터페이스의 진화, 그리고 간단한 아이디어만으로도 사용성을 획기적으로 개선할 수 있는 넛지(Nudge) 디자인과 같이 사용자의 경험을 증폭시키고 강화할 수 있는 방안이 모색된다.

    단순히 제품의 판매가 끝이 아닌, 서비스 디자인을 통해 그것이 또 다른 사용자 경험을 제공하기 위한 시작이 되도록 만들기 위해 노력한다. 제품의 판매에서부터 관련 서비스를 제공하고, 이를 통해 사용자의 경험을 극대화해 나가는 나선형 구조의 발전 방향은 제품의 컨셉 개발 단계에서부터 완전히 새로운 방향을 향해 나가야 함을 의미한다.

    눈으로 볼 수 없는 가치를 볼 수 있도록 만들고, 귀로 들을 수 없는 가치를 들을 수 있게 만드는 비주얼라이제이션(Visualization)과 소니피케이션(Sonification)은 사용자의 경험을 새로운 차원으로 인도하는 아이디어를 제공한다. 이같은 시각화는 단순한 결과만을 보여주는 것이 아닌, 입체적인 경험을 제공함으로써 콘텐츠가 아닌, 컨텍스트 자체를 볼 수 있게 해준다.

3D 인터페이스의 미래, 3D UI

TV, 노트북, 모니터, 휴대폰 등 다양한 디스플레이가 3D, 혹은 입체 영상으로 가고 있다. 입체영상 시대로의 본격적인 진입이 시작되면서 많은 볼거리들이 입체로 옮겨가고 있지만, 점차 입체화되는 콘텐츠와 애플리케이션과는 달리 인터페이스는 여전히 2차원에서 벗어나지 못하고 있다. 점점 다양하고 세분화되는 입체 콘텐츠에는 이에 걸맞는 입체적인 인터페이스가 필요하다. 다시 말해 입체화된 콘텐츠와 환경에 최적화된 입체 인터페이스가 필요해진다.

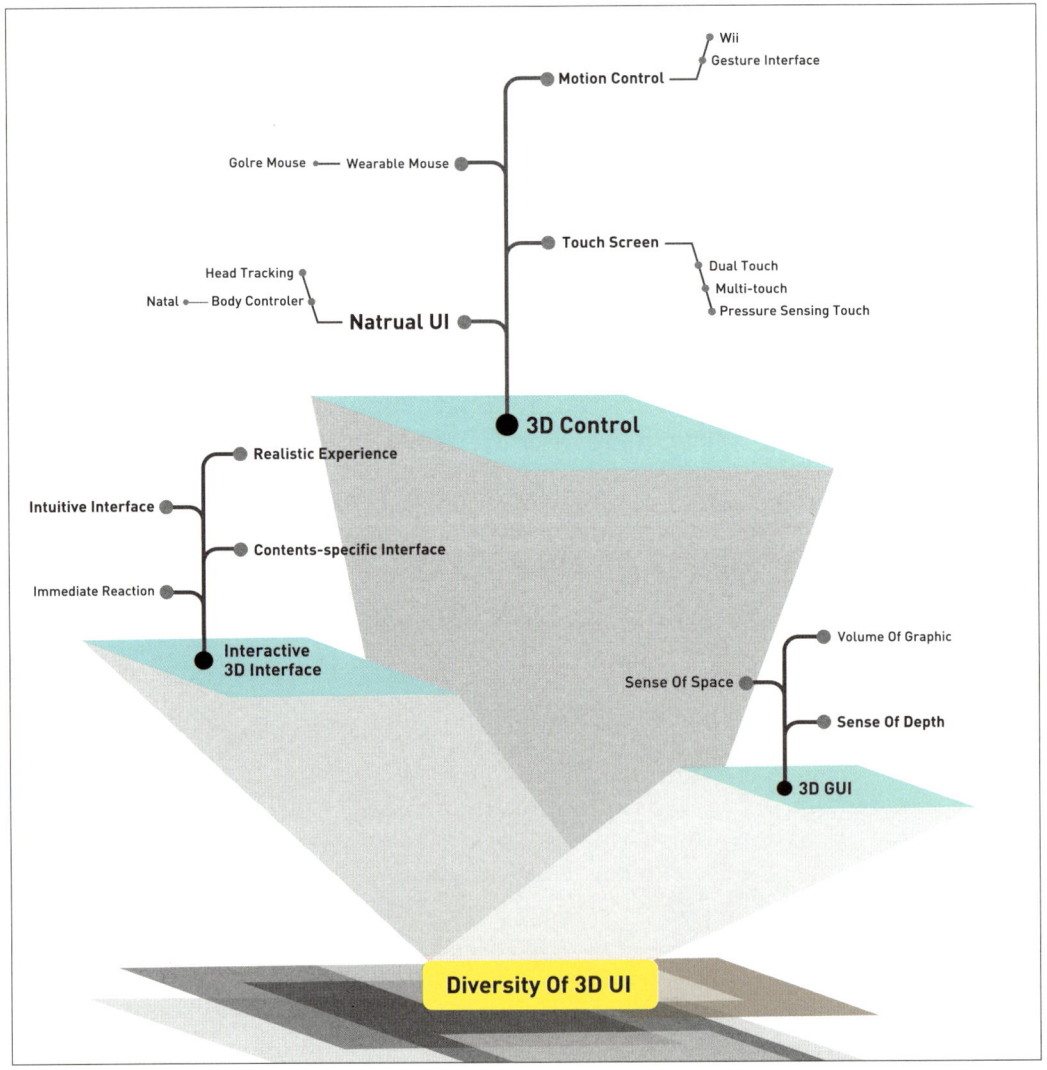

—**METATREND Vol.3** SOFA Devices

입체 영상을 직관적으로 컨트롤하기 위한 인터페이스로 터치스크린이 폭 넓게 사용되고 있다. 풀터치 스크린폰이나 태블릿 등 보는 콘텐츠가 중심이 되는 기기들이 이같은 터치 스크린을 적극적으로 수용하고 있으며, 더욱 정밀한 입체 인터페이스를 위하여 멀티 터치, 압력 감지 터치 및 후면 터치 방식에 대한 연구가 꾸준히 진행 중이다. 3D 데스크톱 UI인 범프탑(www.bumptop.com)은 멀티터치 인터페이스와 만나면서 진가를 발휘한다. 직접 손가락으로 파일들을 쓸어 모으고 펼치고 이동하는 과정은 디스플레이의 장벽을 뛰어 넘어 실제로 그 공간 안에서 작업을 하는 듯한 착각이 든다.

메타트렌드의 3D 터치 스마트폰(Touch Smartphone) 컨셉 디자인은 모바일 기기에서의 입체 UI를 효과적으로 사용하기 위해 후면 터치를 제안한다. 큐브 모양의 입체 아이콘은 전면과 후면의 양방향 터치가 가능해 더 복잡한 구조의 UI라도 손쉽게 접근할 수 있다.

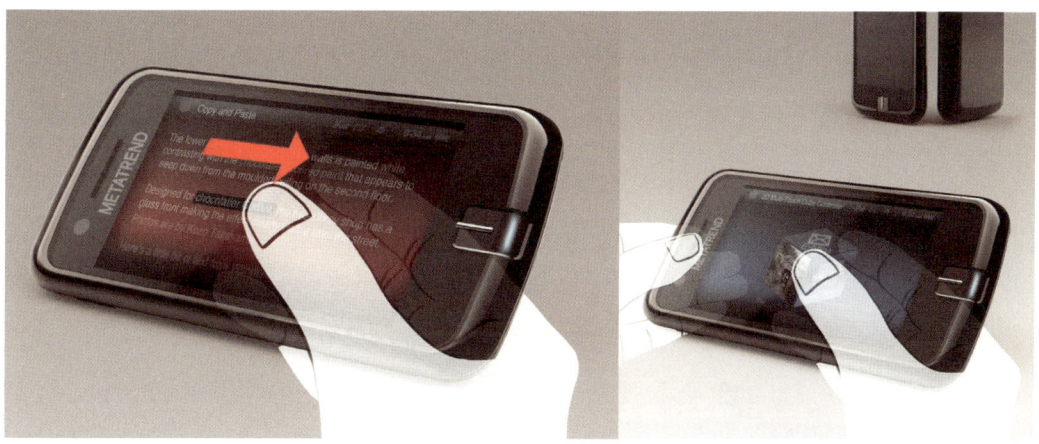

—**METATREND Vol.1** 3D Touch Smartphone

디스플레이를 벗어난 인터페이스는 사람과 대상 사이에 공간을 만든다. 그로 인해 우리는 실제의 공간 속에서 디스플레이 안쪽의 공간에 대한 경험의 연장선 상에 서게 된다. 이머전(www.immersion.com)의 큐브타일(Cubtile)은 입체 형태의 컨트롤러를 활용한 인터페이스의 가장 전형적인 형태다. 디스플레이에서 구현되는 입체 이미지의 부피감을 그대로 옮겨 놓은 것처럼 육면체의 큐브 컨트롤러 형태인 큐브타일은 밑면을 제외한 5개의 터치패널을 이용해 이미지를 자유자재로 회전시킬 수 있다.

모션 컨트롤은 더 보편적이고 사람에게 익숙한 입체 인터페이스다. 이것은 공간을 충분히 활용하면서 움직임을 통해 사용자의 오감을 만족시킬 수 있다는 특징을 갖는다. 이러한 면에서 닌텐도(www.nintendo.com)의 위(Wii)는 '인터페이스의 혁명'이라는 찬사를 붙일 만 하다. 기존의 콘솔 게임이 버튼을 누르는 것에 그쳤다면, 위는 신체의 움직임을 통해 게임 속 캐릭터와 연결한다. 위의 성공에 영향을 받아 경쟁업체인 소니, 마이크로소프트 등도 모션 컨트롤을 콘솔 게임에 적용하고 있다.

사람의 움직임을 통해 컨트롤하는 방식인 모션 인터페이스는 이제 '자연스러운 움직임'으로 관심이 이동한다. 문화나 언어의 영향을 덜 받는 신체적 움직임은 별다른 학습이 필요하지 않다. 다시 말해 사람의 자연스러운 동작에 기반한 인터페이스인 NUI(Natural User Interface)는 복잡하고 정교한 입체 영상을 누구나 쉽게 접근할 수 있다. NUI는 손이나 머리 등 신체 일부분을 넘어 전신을 컨트롤러로 사용하는 수준으로 확대된다. 데모 영상만으로도 폭발적인 반응을 불러일으킨 마이크로소프트(www.microsoft.com)의 키넥트(Kinect)는 게이머 스스로가 하나의 컨트롤러가 되도록 만든다. 별도의 컨트롤러 없이 언제든지 게임 속으로 들어갈 수 있는 이 기술과 함께 선보인 마일로 프로젝트(Milo Project)는 게임 속 캐릭터와 대화를 나누고 사용자가 직접 그린 그림을 전달하는 등 진정한 인터랙티브 인터페이스를 실현한다.

지금까지는 키보드와 마우스, 또는 태블릿과 같은 하나의 범용 컨트롤러로 적당히 어울리는 인터페이스를 구현할 수 있었다. 그러나 본격적인 입체영상 시대에 돌입하면 지금보다 더 다양하고 세분화된 콘텐츠들이 생산된다, 수많은 유형의 콘텐츠들을 하나의 컨트롤러로 조작하기란 상당한 혼란스럽다. 결론적으로 입체 인터페이스는 특정 콘텐츠에 특화된 인터페이스라는 방향으로 나아간다. 범용 컨트롤러를 특정 기능에 특화되도록 변신시켜 사용하는 것은 일종의 과도기적 현상일지도 모른다. 닌텐도의 위가 이러한 징후를 잘 드러낸다. 범용 콘트롤러인 위 모트에 핸들이나 인형 등의 액세서리를 결합해 각 게임에 어울리는 인터페이스 환경을 제공한다. 터치, 모션, 제스쳐 등의 다양한 방식 중 각각의 콘텐츠를 가장 직관적으로 컨트롤할 수 있는 방식을 찾아 인터페이스가 분화해 나간다.

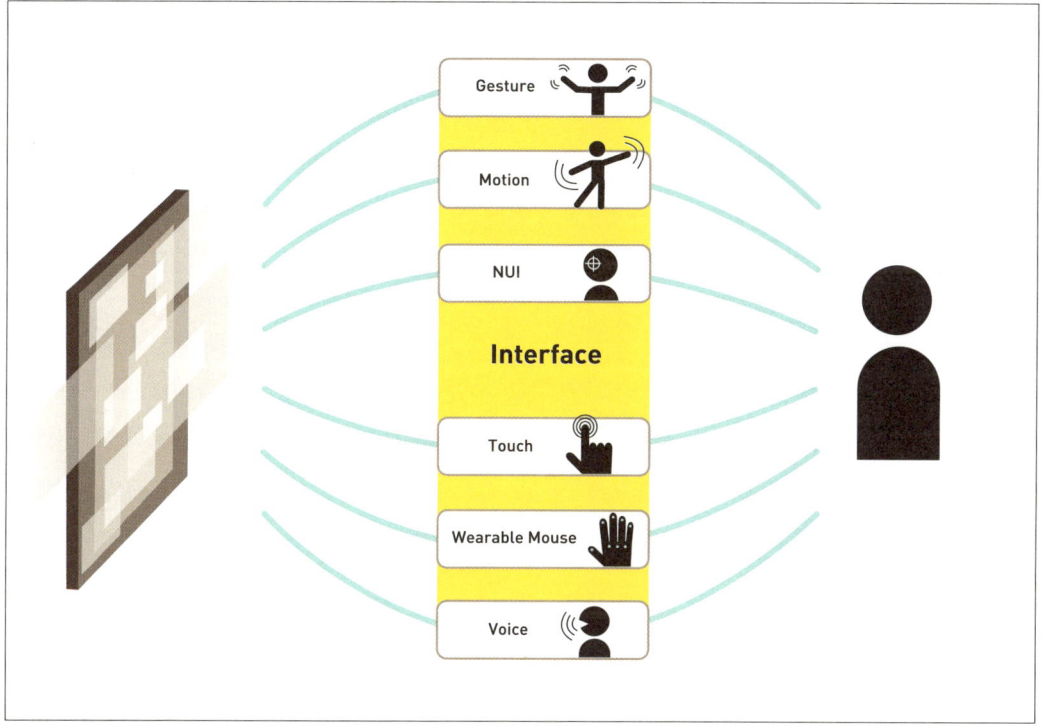

—**METATREND Vol.4** Diversity of 3D UI

사용성 개선을 위한 적절한 배치, Just Right Place

사용자는 각자의 욕구를 충족시키고 편의를 높이기 위해 여러 가지 도구를 사용한다. 또, 그 도구를 사용하면서 몇 가지 욕구가 더 생긴다. 이렇게 사용하면서 생기는 욕구를 충족하기 위해 적절한 자리를 찾아 정보, 기능이 들어온다. 정보, 기능은 적재적소에 배치되었을 때 더욱 가치가 있다. 주 사용도구와 그에 부속되는 정보와 기능이 어디에 배치되느냐에 따라 제품의 가치는 달라진다.

적재적소에 있는 특별한 도구는 사용자의 작은 불편함마저 놓치지 않는다. 닐스 호거 무어만(Nils Holger Moormann)의 워드로브(Wardrobe)는 의자에 앉아 쉴 때 착용했던 옷을 벗고 몸을 편안히 한 채 쉬고자 하는 작은 욕구를 채워준다. 바이타디자인(www.baitadesign.com) 역시 레인디어(Reindeer)라는 비슷한 컨셉의 디자인을 선보였다. 이 두 제품은 옷을 벗어야 할 지 말아야 할 지, 벗어둘 자리가 있는 지 찾아볼 필요가 없다. 등받이 부분에 있는 옷걸이가 '옷을 벗어두어도 좋다'는 말을 대신해주기 때문이다. 사용자는 옷을 둘 만한 곳을 찾아볼 필요 없이 의자가 디자인으로 보여주는 쓰임새 그대로 옷걸이에 걸어둔다. 특히 이 제품은 현관 앞에 있는 의자를 이미지로 제시해 눈길을 끈다. 레인디어는 밖에서 안으로 들어온 사람들에게 밖에서 필요했던 물건들을 행거에 걸어놓을 수 있도록 허락한다는 사용 상에서의 특성을 보여준다. 비공식 애플 블로그, TUAW(www.tuaw.com)의 독자, 앨런 달리(Alan Daly)는 부엌의 찬장 도어를 뚫어 아이패드를 둘 자리를 마련했다. 이는 아이패드에서 제공하는 각종 정보와 엔터테인먼트를 부엌에서도 즉시 활용하기를 바라는 사용자의 욕구

—**Reindeer,** Baita Design

를 반영하는 사례다. 제품 디자이너, 블레어 로스(Blair Ross)가 디자인한 코트 랙(The Coat Rack)의 기압 표시 장치는 옷걸이의 바로 위에 위치한다. 코트 랙의 기압계는 사용자가 옷을 입는 곳의 눈높이에 있어 옷을 입기 직전에 날씨를 확인하고 외부의 날씨에 맞춰 옷을 선택할 수 있다. 제품만 놓고 봤을 때 단지 웹의 날씨 정보를 출력하는 장치일 뿐이지만 웹에 있는 정보를 생활 속의 적절한 사용 상황으로 끌어 내 무척 편리한 실내 액세서리가 되었다.

사용자는 최소한의 동작으로 다양한 효과를 누리기를 바란다. 이를 위해 디바이스에 본연의 기능과 함께 보조적인 일련의 기능이 통합된다. 그 결과, 소품은 스마트해지고, 첨단 기능은 사용자와 가까워진다. 일렉트로룩스 디자인 랩 2010(www.electroluxdesignlab.com)의 세미 파이널리스트에는 옷장에 세탁 기능을 넣은 디자인이 다수 발표됐다. 옷을 보관만 하던 옷장에 세탁 기능을 더해 옷장 기능은 스마트해지고, 세탁기는 보관 기능을 더해 과정을 축소했다. 듀바왓 웡가나와(Duvawat Wonganawa)의 제피르(Zephyr)는 에어워시 기술로 박테리아 등의 오물을 청소하고, 스팀으로 주름을 펴는 옷장이다. 옷장에 세탁, 다림질 기능을 넣어 과정을 최소화했다. 마이클 페니우스(Michael Eenius)의 크린 클로젯(Clean Closet) 역시 세탁하는 옷장이다. 옷을 갈아 입으면서 크린 클로젯에 넣어 두면 섬유에 붙은 오물을 스캔해 분자 기술로 청소해 다음 날 깨끗이 세탁된 옷을 입을 수 있다.

—**Coat Rack,** Blair Ross

경험을 강화하는 서비스 디자인, Spiral Service Design

기업들은 사람들에게 뭔가 할 것을 더 만들어줄수록 매출이 늘어난다는 사실을 깨달았으며, 제품 디자인보다도 색다른 서비스 디자인에 역량을 투입하고 있다. 가까운 미래의 서비스 디자인은 사람들의 성향 변화를 그대로 반영하며 다양한 신기술들을 쉽게 흡수한다. 요컨대 서비스 디자인의 마이크로 트렌드는 고스란히 세계의 마이크로 트렌드를 담고 있다 해도 과언이 아니다. 서비스 디자인의 변화 양상을 살펴 보면 비중 있는 5개의 키워드를 추출해낼 수 있다. 사람들 간의 관계를 지향하며, 서로 쉽게 섞이는 한편, 복합적으로 제공되고, 제품 디자인을 변화시키며, 끊김 없이 이어지는 것이다. 이는 마치 사람들의 욕구 속에서 일어나는 강력한 소용돌이의 형상을 연상케 한다. 그것은 무한으로 뻗어나가는 나선형의 소용돌이-Spiral Service Design이다.

사람들의 사회적 교감이 강해지고 커뮤니티의 결속력도 더욱 강해짐에 따라 서비스 디자인의 방향도 사람들 간의 관계 중심으로 이동한다. 소셜 네트워크에서 생성되는 사람들의 온기, 휴머니즘을 서비스 디자인에 적용한다. 더욱 개인화된 무대와 누구나 주인공이 될 수 있는 시스템을 설계하여 사람들에게 가깝게 접근하는 한편, 그것을 오프라인과 연계시켜 새로운 사용자 경험으로 만든다.

특정 형태를 가진 제품 디자인과 달리 서비스는 무형의 것으로, 사람의 속성에 최대한 맞춰 설계된다. 3~5년간을 되돌아 보면 사람들의 속성 변화 중 가장 크게 다가오는 것이 소셜 네트워크로 대변되는 '관계 지향성'이다. 디지털 시대가 되면서 더욱 폐쇄적으로 될 듯 했던 인간 관계는 물리적 거리를 초월하는 사회적 교감(Social Communion)으로 인해 더욱 개방적으로 변화했다. 일부에서는 이것을 '세계를 뒤덮는 소셜 레이어(Social Layer)'라고 표현할 정도로 사람들의 관계 중심적인 사고와 행동이 확대되고 있다. 이에 따라 서비스 디자인 역시 관계 중심으로 이동한다. 사람의 속성이 변화하면 서비스의 속성 역시 변화하기 때문이다.

사회적 교감과 서비스 디자인이 겹쳐지는 또 하나의 지점으로 '개인화', '주인공 만들기'를 들 수 있다. 어떤 서비스를 통해 사용자를 무대의 주인공으로 만든다. 그 무대는 누구나 공감할 수 있으며 지극히 개인적인 이야기로 구성된다. 사용자가 무대에 서게 되는 과정은 매우 간단해야 하며 공연의 결과물은 사람의 온기를 품고 있을수록 좋다. 일본의 주류 업체, 다카

하시 슈조(Takahashi Shuzoh)가 공개한 시로 응원 시스템(Shiro Cheers System)은 사용자를 주인공으로 만드는 웹 서비스 디자인의 표본이다. 웹사이트에 개인의 트위터 아이디를 넣으면 자신이 주인공이 되어 사람들에게 따뜻한 응원 메시지를 퍼뜨려줄 수 있다. 이는 마치 사람들의 관계를 어떤 시스템이나 퍼즐로 만든 듯 하다. 또한 함께 한 잔 하자는 친근한 메시지로 인해 은근한 브랜딩 효과가 함께 전달된다. 사람들의 관계 속에서 각 개인은 모두 주인공이며, 이 개념이 서비스 디자인과 맞물릴 때 사용자에게 가장 가깝게 접근할 수 있는 서비스가 등장한다. 그리고 소셜 네트워크 속에 배어 있는 사람의 따뜻한 온기를 다른 상품들이나 체험 매장 등으로 연결시킬 수 있는 기회가 된다. 이 방식을 온라인뿐만 아니라 오프라인의 시스템과 연계시킨다면 새로운 사용자 경험을 만들고 그 경험의 강도를 올리는 것도 가능하다.

—**SHIRO Cheers System,** Takahashi Shuzoh

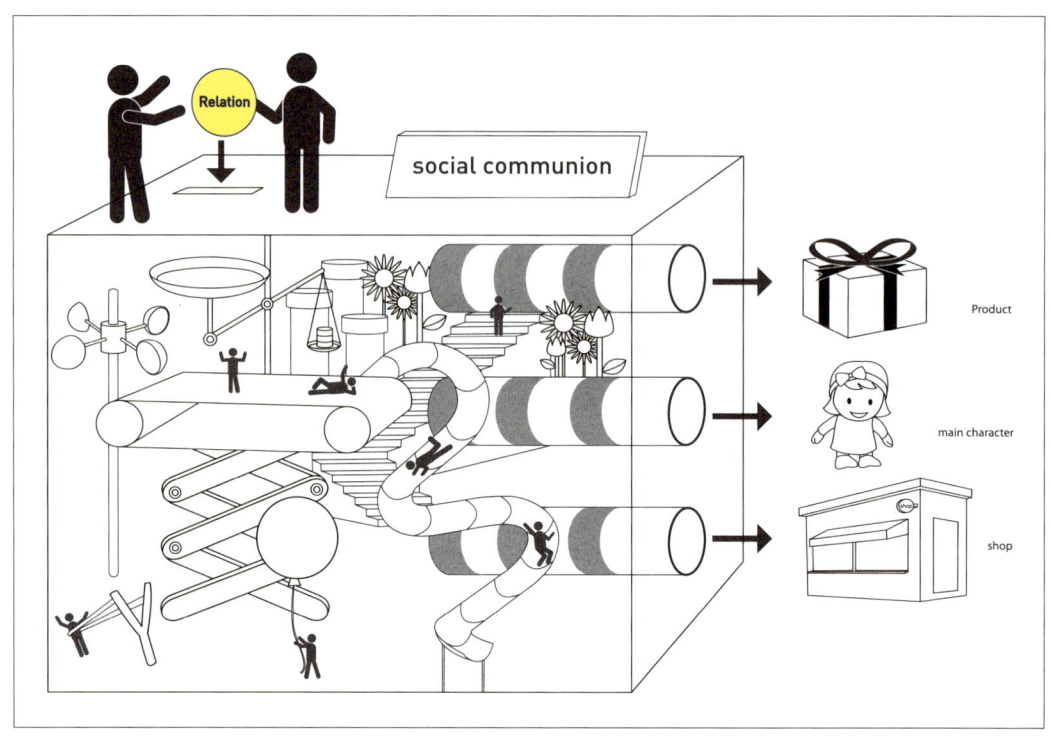

—METATREND Vol.10 Spiral Service Design

과거의 서비스가 사람들에게 편의를 제공했다면, 현재의 서비스는 '사용자 경험(UX)'을 제공하고 있으며, 가까운 미래의 서비스는 '복합적인 사용자 경험(Multiple UX)'을 제공해야 한다. 서비스 디자인에 있어 새롭게 추가된 부분으로 자극을 들 수 있다. 쓰기 쉽고 실용적인 서비스가 기본이라면 그것에 즐거움, 새로움을 더하는 것이 서비스 디자이너에게 주어지는 새 과제다. 복합적인 사용자 경험을 설계함에 있어 가장 먼저 접근할 수 있는 분야는 엔터테인먼트이지만, 또 하나의 방법은 전문적인 경험을 서비스로 만드는 것이다. Entertainment UX와 비교한다면 Professional UX 또는 Practical UX로 보아도 무방하다. 일반 소비자들이 쉽게 접하기 어려운 전문적 요소가 서비스로 변환된다면 그 자체가 새로운 사용자 경험이 될 수 있으며, 경우에 따라서는 기업과 고객을 연결하는 핫라인이 된다.

기업이 복합적인 사용자 경험을 서비스로 제공하는 궁극적인 목적은 그 기업 자체가 사용자의 필수 품목, 유틸리티로 정립되는 것이다. 구글(www.google.com)은 현재 30여 개의 서비스를 제공하며 수많은 추가 서비스들을 베타 테스트하고 있다. 처음에는 웹 검색과 메일, 지도 등 실용적인 서비스로 출발했지만 지금은 일반인들이 쉽게 할 수 없었던 3D 렌더링 서비스(스케치업)까지 추가된 상태다. 새로운 사용자 경험을 지속적으로 추가해나갈수록 구글 사용자는 다채롭게 제공되는 서비스에 빠져든다. 그리고 그 서비스 중 대부분은 사용자의 생활에 꼭 필요한 유틸리티로 자리잡는 것이다. 단일한 성격을 갖기보다 복합적인 서비스를 제공하는 기업 쪽으로 사람들은 움직여간다.

각종 분야가 융합된 서비스를 혼란스럽지 않고 편리하게 사용할 수 있게 해준다. 넌플랫폼 구조로 여러 서비스를 쉽게 접하도록 만드는 것 못지 않게 하나의 서비스를 여러 환경에서 동일하게 쓸 수 있는 것도 중요하다. 플랫폼의 제한을 없애는 일은 특히 콘텐츠 관련 서비스에서 효과를 발휘한다. 한번 전자책 콘텐츠를 읽기 시작하면 휴대용 전자책 리더, PC, 스마트 TV 어디에서나 계속 읽을 수 있어야 한다. 이는 사람들로 하여금 서비스 소비를 지속시켜 다양한 분야를 아우르는 생태계(Eco System)의 구축으로 이어진다.

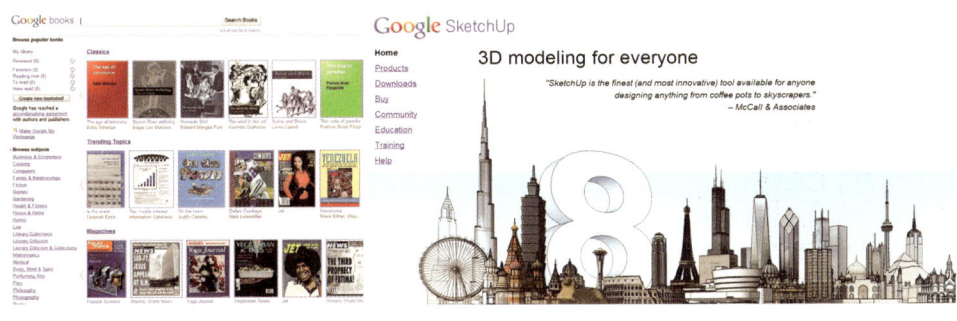

—**Google Books,** Google —**Google SketchUp,** Google

마이크로소프트(www.microsoft.com)는 자사의 게임 서비스를 통해 넌플랫폼 구조를 제시한다. 모바일 OS인 윈도우 폰 7 시리즈를 개발하면서 스마트폰 속에 엑스박스(Xbox) 360의 네트워크를 집어넣었다. 세계적인 규모를 가진 게임 네트워크에 포터블 게임 기기라고 할 수 있는 스마트폰들의 네트워크가 더해진 셈이다. 또한, 게임의 개발 시점에서부터 스마트폰과 엑스박스 360, PC 모두에서 동일하게 플레이할 수 있도록 설계하는 것도 플랫폼의 경계를 뛰어넘는 행위다. 엑스박스용 게임들은 이 방식으로 게임이 가능한 대부분의 플랫폼에서 지속적인 플레이가 가능하게 된다.

제품들은 특정한 사용 목적을 갖고 있으며 그에 따른 구상과 설계로 인해 제작되지만, 이후 완성된 제품을 사용하는 사람의 행위는 훨씬 더 다양하다. 이것은 디자인이 완성된 제품 속에도 아직 드러나야 할 서비스 포인트가 있다는 것을 암시한다. 사람의 행위에 초점을 맞추는 서비스 디자인은 무형의 서비스뿐만 아니라 이미 제작되어 있는 제품의 디자인도 변경시킨다. 제품의 깊은 곳에 숨겨진 맥락(Context)과 그것을 사용하는 사람들의 행위(Act)를 감지하는 순간부터 제품 디자인은 새로운 변환점을 맞이한다.

—**Xbox Live on WindowsPhone,** Microsoft

—**Toothbrush in Mail Back Pack,** Preserve, Inc.

제품에 서비스 디자인이 추가되면 제품의 목적과 디자인이 재창조된다. 100% 새로운 제품 아이디어를 기다리지 말고 기존 제품에 서비스를 더하여 갱신하라. 히타치(www.hitachi.com)는 라이프 스튜디오(Life Studio)라는 신규 외장 하드 디스크 제품을 통해 '서비스 디자인 기반의 제품'이 어떤 것인지를 알려 준다. 라이프 스튜디오는 외장 하드 디스크에 검색, 공유, 사용자 경험, 모바일이라는 4가지 서비스 키워드를 더한 제품이다. 디스크 속에 검색 엔진과 소셜 네트워크 서비스 연결 기능을 갖고 있다. 서비스 디자인이 침묵으로 일관하던 외장 하드 디스크를 순식간에 현명한 개인 비서로 승진시킨 셈이다.

생활 속에서 사용하는 서비스들에는 다양한 터치포인트가 존재한다. 미용실을 보면 입구로 들어올 때의 인사를 받는 순간, 순서를 기다리는 동안 휴식을 취하는 테이블, 머리를 다듬기 전에 샴푸를 하는 공간 등 서비스 제공자와 소비자가 만나는 지점은 무척 많다. 이 지점간의 연결에서 조금씩 생겨나는 지연과 거슬림은 소비자에게 고스란히 스트레스가 되어 돌아간다. Seamless라는 키워드는 서비스 디자인에 있어서 오랫동안 대두되어온 문제이지만 대개 비중이 높은 서비스의 퀄리티를 끌어올려 소비자의 자잘한 스트레스를 덮는 방식으로 처리된다. 그러나 서비스 디자인이 매우 복합적인 사용자 경험, 관계, 융합 등으로 발전되는 미래의 상황에서 이런 방식은 더 이상 유효할 수 없다.

Seamless가 잘 적용된 서비스 디자인으로 실제 수익과 브랜딩 효과를 내는 사례가 있다. 오로지 재활용된 플라스틱으로만 상품을 만드는 프리저브(www.preserveproducts.com)는 소비자가 실제로 편리하게 재활용 활동을 할 수 있도록 고려했다. 이들이 만드는 칫솔은 폐기된 요구르트병에서 나온 플라스틱으로 만들어지며 재활용이 가능한 포장지에 넣어서 판매된다. 이 포장지에는 수신자 부담으로 된 우편 마크가 붙어 있어 소비자는 칫솔을 다 쓴 후 포장지에 담아 우체통에 넣어 프리저브에게 반환할 수 있다. 재활용이라는 활동에는 한 번에 물품을 모아야 한다는 불편함이 있으므로 프리저브는 그것을 우편이라는 추가적 서비스를 통해 제거한 것이다.

과정과 맥락을 보여주는 시각화

일반적인 사람의 감각 기관 의존도는 시각 75%, 청각 11%, 촉각 7%, 미각 4%, 후각 3% 순이다. 이처럼 사람의 감각 기관 중 가장 큰 비중을 차지하는 것은 바로 눈이다. 소리나 냄새, 혹은 충격과 같은 자극이 있을 때 고개를 돌려 바라보는 행위는 자극의 원인을 눈을 통해 확인하고자 하는 자연스러운 반응이다. 그러나 눈으로 확인할 수 없는 부분도 분명히 존재한다. 사랑이나 교감, 증오나 무시와 같은 감정적인 요소는 직접 눈으로 확인할 수 없다. 그래서 사람들은 수많은 정보를 시각화하려고 노력을 해왔다. 눈으로 보고, 확인하고자 하는 원초적인 욕구에 따라 시각적으로 확인할 수 없는 가치를 시각화하려는 기술, 아이디어 등이 계속 등장하고 있는 것이다. 이것은 숨겨진 가치를 눈으로 볼 수 있게 만듦으로써 맥락 (Context)을 보여주고 만들어가려는 시도다.

기술의 발전은 우리가 흔히 볼 수 없다고 생각하던 것들까지 시각화한다. 제품 디자인에서 있어서도 기능뿐만 아니라 사용자 경험에 대한 고려가 중시되면서, 디자이너들은 지금까지 모두들 느끼고는 있었지만 특정한 형태로 보여줄 수 없었던 것들에 대해 관심을 갖기 시작했다. 즉, 사람의 마음 속에 존재하는 여러 요소들을 '볼 수 있는 것'으로 만들고자 하는 시도가 이어진다. 그렇다면 사람 간의 교감(Communion)은 어떻게 시각화할 수 있을까. 네덜란드에서 활동하는 디자이너 둘이 테이블과 찻잔을 통해 고요한 환경 속에서 일어나는 교감을 시각화했다. 테이블의 상판에 얇은 물의 막을 씌워 그 위에 찻잔을 띄운다. 사람이 차를 마신 후 잔을 놓으면 수면에는 잔잔한 파동이 일어난다. 파동이 퍼지면서 건너편의 다른 사람에게 전달된다. 그러면 반대편의 사람도 찻잔을 내려놓으며 파동으로 응답하게 된다. 차를 마시는 2명의 사람이 물의 파동을 통해 교감하는 모습이다. 리플 이펙트 티 테이블(Ripple effect tea table)은 찻잔을 내려놓고 물의 파동을 보는 사용자 경험을 만들어내는 동시에 사람 간에 이뤄지는 차분한 교감을 실제로 보여준다.

예술을 감상하는데 중요한 요인 중 하나는 예술가와의 마음의 교감이다. 예술을 감상한다는 것은 예술 작품 속에 숨겨진 예술가의 의도를 파악하는 것이다. 예술가의 심리 상태나 의도를 파악할 수 있다면 예술작품은 단순히 하나의 사물이 아닌 맥락을 갖는 이야기로 전달되기 때문이다. 이렇듯 예술가와 감상자간의 교감은 예술에 있어서 무척 중요한 요소다.

—**Ripple effect tea table,** Studio hanna & seo

—**8th of October 2009 at Steirischer Herbst in Graz Austria,**
Heart Chamber Orchestra

하트 챔버 오케스트라(Heart Chamber Orchestra)는 예술성보다는 오히려 예술가와 감상자 사이의 교감에 더욱 초점을 맞춘 음악을 연주한다. 오케스트라 멤버 전원은 가슴에 심박수 측정을 위한 센서를 부착하고 있다. 이들의 심박 패턴은 모두 무대 뒤편의 오퍼레이터에 의해 모니터링되며, 이들의 심박 패턴은 대형 스크린에 시각화된다. 또한 이같은 오케스트라 멤버들의 모아진 심박 패턴이 바로 이들이 연주하는 음악의 악보가 된다. 동시에 무대 뒤편에서는 심박수에 따라 다채롭게 움직이는 비주얼 효과를 스크린에 끊임없이 보여준다. 연주자의 심장 박동을 시각화(Visualization), 음악화(Sonification)하는 입체적인 경험을 관객들에게 제공하는 것이다. 하트 챔버 오케스트라의 연주에는 센서와 시각화 기술이 큰 비중을 차지한다. 특히 센서는 사람의 감정을 잡아내는 역할을 충분히 해낼 수 있으며 이것을 보여주는 방식으로 시각화 기술이 사용된다. 이러한 기술들은 결국 사람과 사람간의 심리적 장벽을 줄여 더 깊은 커뮤니케이션을, 그리고 단편적인 겉모습 외에 감춰진 가치를 시각화함으로써 맥락을 이해하는 커뮤니케이션을 이끌어낸다.

숨겨진 가치를 보여주는 것은 맥락(Context)을 보여주고 만들어 나가는 과정이며, 이를 위해서는 숨겨져 있는 가치를 찾아내고 확인하는 과정이 필요하다. 2010 인텔 개발자 회의에서는 스마트폰과 같은 모바일 단말이 사용자의 행동 패턴이나 사용자와 사용자 주변을 파악하고 이를 기반으로 사용자에게 필요한 서비스를 즉각 추천해주는 기술 즉 컨텍스트 어웨어 컴퓨팅(Context-Aware Computing)을 개발하고 있다고 발표했다. 다시 말해 모바일 단말은 보여지는 가치와 숨겨진 가치를 한꺼번에 파악하는 장비일 뿐 아니라 이를 통해 숨겨진 맥락을 보여주고 만들어 나가는 장비로써도 향후 우리 생활에 커다란 영향을 주게 될 것이다.

개인화와 새로운 경험을 향해 나가는 태블릿, Tablet 2nd Phase

태블릿 디바이스가 대중화되고 사람들의 생활 속으로 파고들기 시작한다. 현재의 사용자들은 1차 용도로 이메일이나 웹브라우징, 소셜 네트워크 서비스, 독서, 게임 등의 기본적 요소들을 꼽는데, 이것을 태블릿 디바이스의 1단계라고 한다면 2~3년 이후의 용도는 어떤 것이 될 것인가?

태블릿 디바이스의 하드웨어 발전 양상이 어느 정도 변수가 되겠으나 그보다도 사람들의 욕구와 사용 습관이 몇 가지 특정한 키워드를 만들어내고 있다. 태블릿 디바이스의 빠른 정착 이후 발생되는 2단계의 양상은 개인화와 새로운 경험으로 요약된다.

별도의 모바일 앱을 구입해서 담기 시작하는 순간부터 태블릿 디바이스의 기능이 늘어난다. 태블릿 디바이스는 실행되는 앱의 기능에 따라 자신의 역할을 바꾸는데, 결국 주인이 계속 사용하기로 결정한 앱들만이 태블릿 디바이스에 남는다. 이 단계까지 도달했을 때 태블릿 디바이스는 진정한 '개인용 올인원 디바이스'라고 할 수 있다. 태블릿 디바이스를 더욱 적극적으로 사용하는 사람들은 개인용 올인원 디바이스에서 만족하지 않고 그 다음 단계로 나아간다. 올인원 디바이스 상태를 그대로 유지하되 자신이 원하는 특정 사용자 경험(Specific UX)을 선택하고 그것을 강하게 증폭시키는 것이다. 초기에는 아이디어 상품이나 재미를 추구하는 펀 아이템(Fun Item) 정도였으나 점점 전문성이 강해져 이후에는 진정한 스페셜 아이템으로 정착된다. 이를 위해서 앱 자체의 기능과 완성도가 크게 향상되고 가격도 점점 높아지는 것은 물론 특정 사용자 경험을 위해 제작된 전문적 액세서리도 등장한다.

싸이킥 팩토리(www.psychicfactory.com)가 컨셉 디자인으로 제시한 누마크는 아이패드의 DJ 앱이 가진 음악적 경험을 최대한 증폭시키는 액세서리다. 기본적으로 아이패드의 큼지막한 디스플레이를 통해 음악 믹싱과 관련된 조작을 충분히 할 수 있지만 그것은 세미프로 수준이다. 누마크와 조합된 아이패드는 사실상 프로 수준의 믹싱을 가능하게 하며 사용자는 전문적인 사용자 경험까지 만끽할 수 있다.

태블릿 디바이스 사용자들이 증폭시키고 싶어하는 사용자 경험의 종류를 살펴 보면 공통적으로 물리적, 직접적인 것들이 많음을 알 수 있다. 특정 사용자 경험의 증폭은 태블릿 디바이스를 쓸모있게 만드는 것보다도 쿨(Cool)하게 만드는 것에 목적을 두기 때문이다. 더 강한

—**Numark,** Psychicfactory   —**USB Typewriter,** Jack Zylkin   —**iCade concept,** Thinkgeek

자극을 얻는 확실한 방법은 사람의 몸으로 바로 느껴지는 물리적 감각이다. 씽크긱(www.thinkgeek.com)이 만우절 농담으로, 그러나 매우 진지하게 만들어낸 아이케이드(iCade)는 옛날 게임들의 거친 감각을 증폭시키기에 딱 좋은 물건이다. 이 제품이 실제로 출시된다면 아이패드 사용자들은 왼손에 움켜쥔 동그란 조이스틱과 오른손으로 두들기는 버튼의 감촉을 느끼며 게임 할 수 있다. 유리 스크린을 탭(Tap)하는 감촉보다 더 강력한 물리적 감각이 생겨난다. 아이패드 출시 후 한동안 유튜브를 들끓게 했던 우치다 신야(Uchida Shinya)의 마술 영상도 태블릿 디바이스를 통해 물리적 감각을 극대화시킨 사례다. 그는 직접 제작한 몇 가지 앱과 실제 물건들(책, 지폐, 포크, 비둘기 등)을 사용해 마치 아이패드의 화면과 현실 세계가 연결된 듯한 마술을 선보인다. 아이패드 화면에서 연기가 나면 실제 아이패드로부터 연기가 피어오르고, 지폐 제조기가 화면에 나오면 실제 지폐가 우수수 쏟아져 나오는 것이다. 이 사례는 겉보기에는 간단한 마술처럼 보이지만 물리적 감각을 증폭시키기 위해 모든 역량을 투입한 연구의 결과물이기도 하다. 하나의 스토리 라인을 설계한 후, 그에 맞는 아이패드용 앱을 만들고 각 장면에 필요한 실제 사물들을 정확히 배치한 결과이다.

태블릿 디바이스를 액세서리와 도킹(Docking)하는 대신 전혀 다른 방식으로 사용자 경험을 얻는다. 터치 스크린 위에 실제 물건을 올려두거나 무선 액세서리를 사용하는 것으로, 특정한 앱과 특정한 사물 간의 연동을 뜻한다. 이 역시 사람들의 물리적 감각에 대한 추구에서 비롯된 것이지만 새로운 종류의 사용자 경험 생성과 응용이 가능하다는 점이 다르다. 볼류믹(www.volumique.com)이 제시한 아이포운((i)Pawn)은 마치 체스말같은 미니어처 캐릭터를 아이폰의 터치 스크린에 올려서 진행하는 인터랙티브 게임이다. 보드 게임을 하듯이, 화

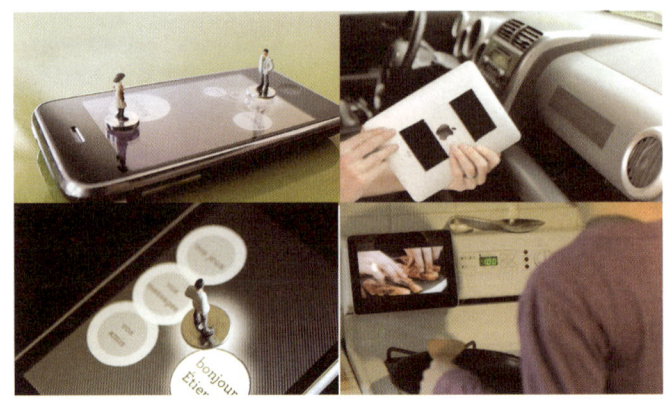

—(i)Pawn, Volumique   —The iPad and Velcro, a Match Made in Heaven

면에 미니어쳐를 하나 올려둘 때마다 대사가 떠오르고 미니어쳐를 움직여 원하는 대사를 선택한다. 또 하나의 미니어쳐를 두면 이제는 캐릭터들간의 대화가 시작된다. 이 게임을 태블릿 디바이스에 적용할 경우 교육 콘텐츠나 각종 엔터테인먼트에 어울리도록 응용할 수 있다. 예를 들어 역사 공부를 하는 아이가 책 속의 사진을 보는 것보다는 역사 속 인물의 미니어쳐를 태블릿 디바이스의 화면에 올려 지도를 펼치고 사건 속 대사들을 나레이션으로 접하는 쪽이 더욱 빠르게 이해될 것이다.

태블릿 디바이스를 스마트 TV 또는 PC와 연동시킴으로써 태블릿 디바이스의 또 다른 용도를 창조한다. 단순한 보조 스크린이 아니라 정보 채널로 활용하는 것이다. 태블릿 디바이스는 개인이 모니터를 여러 대 사용하는 것과는 전혀 다른 결과를 만들어낸다. 노션(www.designbynotion.com)이 제시한 컨셉, 메타미러(MetaMirror)는 TV에서 재생되는 방송 콘텐츠를 태블릿 디바이스에서 동시에 재생하며 방송 콘텐츠와 관련된 추가 정보들을 보여준다.

천상의 조합(A Match Made in Heaven)으로 불리는 아이패드와 벨크로(Velcro) 영상을 보면 언제든 떼었다 붙였다 할 수 있는 벨크로를 이용해 아이패드를 침실, 주방, 창문, 오토바이 할 것 없이 어디에나 설치하는 장면이 웃음을 자아낸다. 이 영상은 태블릿 디바이스가 사람의 라이프 스타일에 얼마나 깊이 들어올 수 있는지 직접적으로 보여준다. 태블릿 디바이스는 집 밖에서는 세상과 연결되는 창문 역할을 하며 집 안에서는 휴식과 편의를 제공하는 가전 제품과도 같다. 사람들은 태블릿 디바이스를 책상이나 소파는 물론 생활이 이뤄지는 어느 곳에서나 사용한다. 태블릿 디바이스는 전용 액세서리뿐만 아니라 사람의 삶과도 도킹하는 것이다. 사람의 생활 동선에 있는 대부분의 사물에 태블릿 디바이스의 도킹을 배려한 구조가 도입된다. 고정적으로 배치되는 가구들을 비롯해 인테리어의 이곳 저곳, 그리고 충전만 잘 시켜두면 어디로나 이동할 수 있는 거대한 도킹 스테이션-전기 자동차 등으로 적용범위는 방대하다.

가구 업체, 홀랜디아(www.hollandiainternational.com)가 공개한 2만 달러짜리 침대는 아이패드를 도킹해 둘 수 있는 단자와 스피커, TV 스크린을 탑재한 제품이다. 시작은 상당히 럭셔리하지만 더 대중적인 1인용 소파나 책상에 이 방식이 적용되는 것도 시간 문제다. 또한, BMW(www.bmw.com)는 패셔너블한 디자인의 미니 스쿠터 E(Mini Scooter E)를 통해 전기 차량과 태블릿 디바이스의 도킹을 예고한다. 컨셉 단계를 지나 양산을 앞두고 있는 이 전기 스쿠터는 계기판에 아이폰을 도킹하는 것으로 시동 걸기와 속도계, 내비게이션, 카오디오 모두를 해결한다.

사용자 경험의 증폭을 위한 Appcessory

액세서리가 진화하고 있다. 액세서리는 그동안 제품의 보호나 외형을 꾸며주는 역할에 만족해왔지만, 이제는 애플리케이션과의 결합을 통해 제품에 새로운 기능성을 제공하며, 사용자 경험을 극대화하는 Appcessory(Application+Accessory)가 된다. 애플리케이션은 지금까지 하드웨어의 물리적인 한계를 뛰어 넘는 것이 불가능하다고 인식하고 있었지만, Appcessory와의 만남으로 벽을 허문다. 이것은 애플리케이션이 제품에서 차지하는 비중이 커졌음을 의미함과 동시에 애플리케이션과 하드웨어 사이의 관계가 확장됨을 의미한다. 하드웨어의 한계에 갇혀 제한되었던 애플리케이션의 사용자 경험은 Appcessory를 통해 더욱 확장된다.

애플리케이션을 위한 액세서리인 Appcessory는 사용자 경험을 극대화하기 위한 유용한 수단이다. 애플리케이션과 통합된 액세서리는 애플리케이션의 사용성에 있어 한계를 극복할 수 있는 수단을 제공한다. 일본의 버드 일렉트론(www.bird-electron.co.jp)이 발표한 기타 모양의 스피커, 에지슨(Ezison)100에 아이폰을 꽂으면 아이폰의 디스플레이는 순간 일렉트릭 기타의 넥으로 변신한다. 이를 통해 사용자는 아이폰만으로는 할 수 없었던 확장된 경험을 누린다. 한 가지 명심할 것은 에지슨 100에 아이폰이 임베디드되었을 때 기타의 핵심부가 되는 것은 애플리케이션이라는 점이다. 애플리케이션은 하드웨어와 하드웨어의 결합을 통해 사용자에게 새로운 사용자 경험을 제공하는 순간, 일렉트릭 기타의 넥으로 변신한다. 이를 통해 사용자는 아이폰만으로는 할 수 없었던 확장된 경험을 누리게 된다.

—**Ezison 100,** Bird Electron

닌텐도(www.nintendo.co.jp)의 건강 관리 게임인 위 피트(Wii Fit)는 액세서리인 위 밸런스 보드(Wii Balance Board)와 애플리케이션으로 구성된다. 단순히 밸런스 보드나 애플리케이션만으로는 아무것도 할 수 없지만, 둘이 합쳐짐으로써 기존의 위에서 제공하지 못하던 새로운 기능성을 제공한다. 사용자의 체중을 감지하는 위 밸런스 보드 위에 있는 게이머는 화면 안의 캐릭터가 되어 서핑 보드를 타고, 요가를 하고, 골을 막는 골키퍼가 된다. 특히 게임에서 온 몸을 사용하면서 컨트롤이 가능한 밸런스 보드는 게임의 사실감과 재미를 느끼게 하는 요소이다. 닌텐도는 이미 밸런스 보드 컨트롤러 이외에도 위 스피크(Wii Speak), 위 모션 플러스(Wii Motion Plus) 등 다양한 하드웨어를 꾸준히 출시하며 Appcessory 분야를 이끌고 있다.

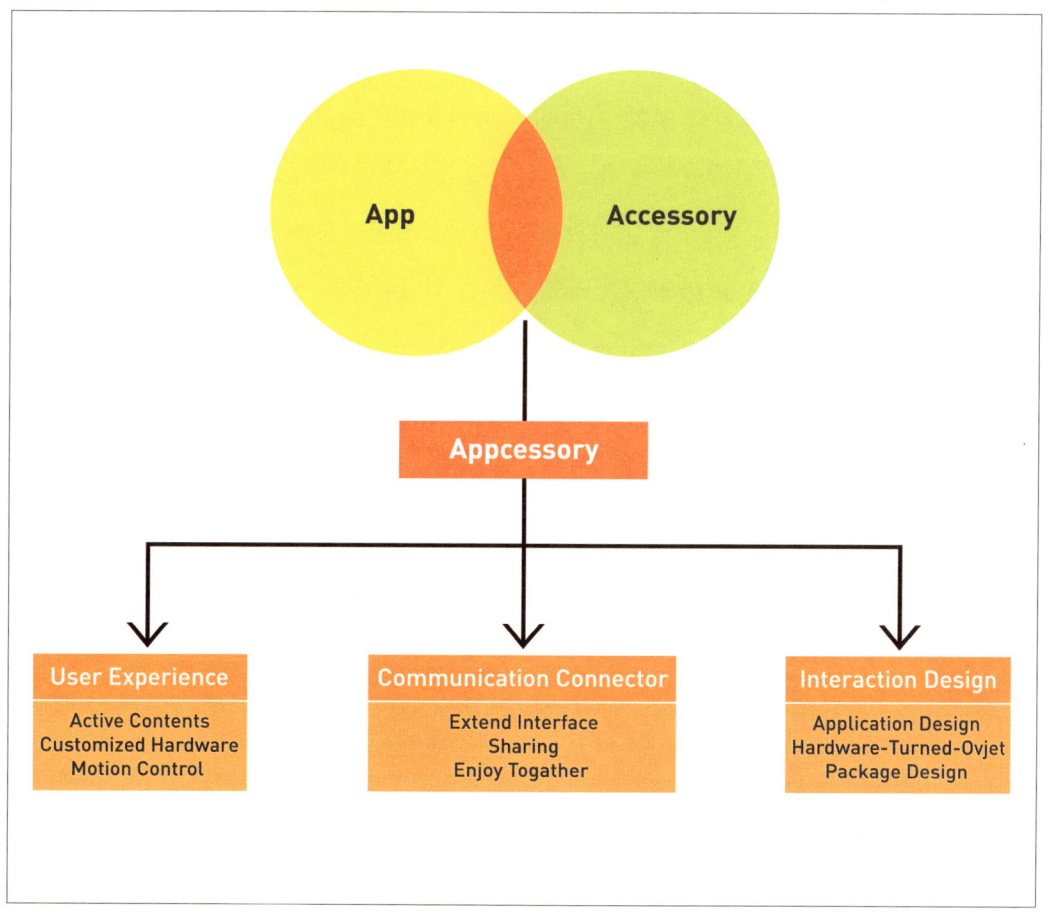

—METATREND Vol.5 Appcessory

애플리케이션과 액세서리 디자인은 마치 처음부터 하나의 세트로 구성됨으로써 일체화된 디자인을 만든다. 하나가 없으면 나머지 하나가 불완전한 상태이듯이 애플리케이션과 액세서리는 서로의 디자인을 공유하고, 인터랙션을 유지한다. 아이폰은 테이블 시계와 만나 하나의 완성품이 된다. 샤퍼 이미지(The Sharper Image)의 테이블 클락 독(Table Clock Dock)은 무료로 제공되는 애플리케이션을 다운로드받은 아이폰을 꽂아야 비로소 시계의 역할을 한다. 즉 액세서리인 시계와 애플리케이션인 시계 바늘이 하나가 됨으로써 완전한 시계가 된다. 이처럼 애플리케이션과 액세서리로 묶어지는 하나의 패키지는 상호작용을 이끌어 내는 디자인으로 확장된다.

Appcessory는 단순한 기능간의 결합을 넘어 기존의 기능이 하나로 합쳐짐으로써 새로운 기능을 탄생시키는 매시업의 좋은 사례다. L5테크놀러지(Technology)의 L5 리모트(Remote)는 아이폰 애플리케이션과 IR 전송 모듈로 구성된 Appcessory다. 애플리케이션은 리모트 컨트롤러의 디지털 버튼이 되며, 아이폰은 자체적으로는 보낼 수 없는 IR 신호를 IR 모듈을 통해 전송한다. 애플리케이션과 하드웨어가 결합한 형태의 Appcessory는 기존 하드웨어의 한계를 넘을 수 있는 가능성을 제시함과 동시에 사용자에게는 새로운 사용성과 경험을 제공하기 때문에 이같은 Appcessory에 대한 수요와 관심은 더욱 높아질 것이다.

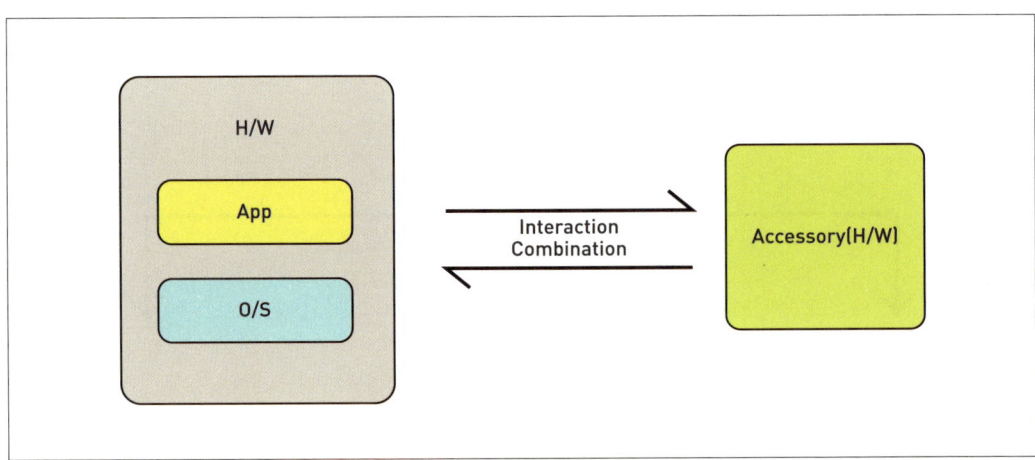

—**METATREND Vol.5** Appcessory

02

경험과 취향의 모듈화, 개인화
CAPSULIZING

────────

작지만 모든 내용을 함축적으로 포함하고 있는 캡슐이 이 시대의 요구에 따라 각광받는다. 일상 생활에서뿐 아니라 모바일 환경에서도 캡슐이 주는 가치는 동일하다. 바로 빠르고, 이동성을 갖고 있으며, 사용하기 쉽고 조합을 통해 새로운 것을 만들어 낼 수 있다는 것. 이것은 그 동안 간과되어온 대량 생산 체계에서의 개인의 취향을 적극적으로 살릴 수 있는 방법일 뿐 아니라 새로운 기능성과 가능성을 제공하는 밑거름이다.

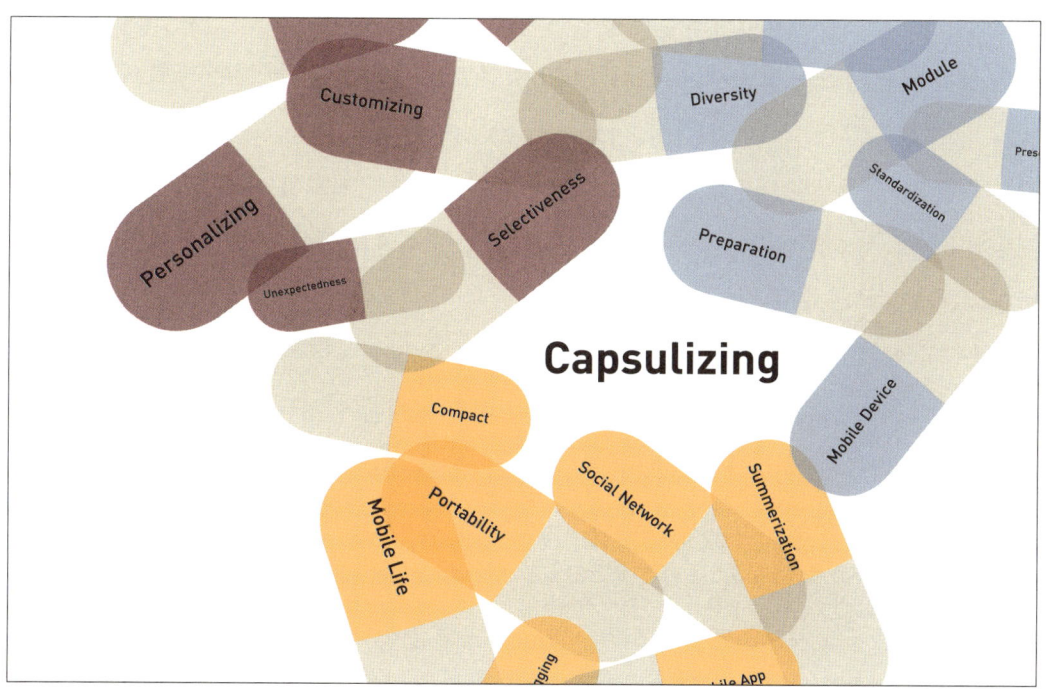

—**METATREND Vol.12** Capsulizing

캡슐은 정형화된 형태를 갖는다. 이런 정형화된 형태는 사용 방법을 별도로 익히지 않아도 될 수준의 간편성과 조합을 통한 다양한 기능과 취향, 경험을 제공한다. 이것은 개인의 취향과 개성의 존중이 중요한 가치로 떠오르면서 더욱 각광받는다. 정보의 홍수 속에서 빠르게 원하는 정보를 찾고, 또 정보를 제공하면서 다른 사람과 교류하기 위한 방법에 있어서도 캡슐은 새로운 방식을 제공한다. 정형화된 틀에 맞춰 제공되는 정보는 함축적인 의미를 갖고 개인의 현재 상태를 반영한다. Capsulizing의 시대는 이미 우리 주위에 성큼 다가와 있으며, 모바일 환경이 Capsulizing을 이끄는 견인차 역할을 한다.

캡슐은 수많은 사람들의 저마다 다른 취향을 반영하기 위한 취향의 최소 단위이다. 사람들의 취향은 다양한 스펙트럼을 갖고 있으며, 비슷한 취향은 찾을 수 있어도 완전히 동일한 취향이란 존재하지 않는다.

산업 혁명과 포드 시스템은 대량 생산을 통해 제품의 가격을 크게 낮춰 누구나 상품을 구매할 수 있게 했지만, 모두가 동일한 제품을 갖게 됨에 따라 사람들의 개인적인 취향을 살리기는 힘들었다. 사람들의 다양성에 대한 요구, 개인화에 대한 요구는 다품종 소량 생산이라는 새로운 물결, 그리고 커스터마이징과 핸드메이드에 대한 가치 상승으로 이어지고 있다. 산업화를 통한 대량 생산과 사용자의 다양한 취향 스펙트럼을 만족시키기 위한 방법으로 등장한 것이 바로 캡슐 커피가 보여준 방식, 바로 Capsulizing이다. 대량 생산을 통해 가격을 낮추는 것은 물론이고, 품목의 다양화를 통해 사용자들에게 선택의 기회를 제공하는 것이다. 이런 취향의 캡슐화를 통해 심지어 가족 구성원과 같은 소규모의 집단에서조차 각 개인의 취향을 반영하는 개인화를 추구한다.

캡슐은 이외에도 다양한 이점을 제공함으로써 새로운 트렌드를 이끌어 나간다. 우선 캡슐은 핵심만 응축한 것이라는 점으로 인해 정보의 홍수 속에서 원하는 정보를 찾고자 하는 사람들에게 더 빠르고, 쉽게 기록하고, 공유하며, 연결될 수 있는 방법을 제공한다. 모바일 환경이 생활 속으로 파고 들면서 하나의 콘텐츠나 작업에 집중하는 시간이 극적으로 짧아지고 있다. 이는 더 집약된 콘텐츠와 사용 환경으로 이어진다. 이에 따라 블로그는 텀블러나 트위터와 같은 마이크로 블로그로 변화하고 있으며, 짧은 순간에 자신의 감정과 상태를 전달할 수 있는 소셜 네트워크 서비스가 인기를 끌고 있다. 또한, 이제는 모바일 환경에서 정보를 찾기 위해 다목적으로 사용할 수 있는 웹이 아닌 특정 목적에 최적화된 모바일 앱을 이용한다. 이런 환경에서는 모바일 단말은 사용자의 모바일 라이프를 위한 각종 캡슐을 모아서 사용하기 위한 프레임워크의 자리를 차지한다.

캡슐은 사용자의 취향을 농축한 취향의 최소 단위

이제 생산 방식은 고대의 자급자족에서 가내수공업, 산업혁명을 거쳐, Capsulizing으로 나간다. Capsulizing이 대량 생산과 각 개인의 취향을 만족시키는 양쪽의 요구를 모두 만족시킬 수 있는 가장 간편한 방법이기 때문이다. 또한 취향의 캡슐화는 새로운 경험을 위한 가장 간편한 방법이다.

취향이 압축된 캡슐은 정형화된 형태를 통해 누군가에게 전달하거나 혹은 무작위적인 선택이 용이하다. 이를 통해 자신과 취향이 비슷한 사람, 혹은 자신과 가까운 사람과 취향을 공유할 수 있으며, 무작위적인 취향의 선택을 통해 새로운 경험을 쌓을 수 있는 기회를 제공한다. 자신의 취향에 대한 확신이 없을 때, 혹은 완전히 새로운 경험이 필요할 때, 누군가와 나의 취향을 공유하고 싶을 때 Capsulizing을 통한 취향의 정형화는 이전과는 달리 학습이나 복잡한 과정없이 간편하게 이를 가능하게 해준다.

사람의 취향은 다양한 스펙트럼으로 구성되어 있기 때문에 각각의 개인 모두를 100% 만족시킬 수 있는 제품은 없다. 하지만 Capsulizing을 통해 캡슐화된 취향의 조각을 조합함으로써 가장 근접한 취향을 만들어 갈 수 있다. 개인의 취향의 조각을 캡슐화해 이것들의 조합을 통해 나만의 취향을 완성해 나간다.

사람의 취향은 고정된 것이 아니다. 날씨에 따라 감정 상태에 따라 사람의 취향은 시시각각으로 변화한다. 이렇게 변화하는 사람의 취향은 각각의 기능, 혹은 제품, 서비스를 압축하고 개별적으로 포장해 캡슐화한다. 이 작은 캡슐화된 취향을 통해 더 많은 사람의 취향을 만족시킬 수 있다. 앞으로의 B2C 비즈니스는 이처럼 작게 농축된 취향의 조각에 초점을 맞춰야 한다. 모듈화를 통해 보여지는 Capsulizing은 하나의 제품에 다양한 사용성을 제공함으로써 적절한 장소와 시간에 정확히 부합되는 기능을 제공할 수 있으며, 사용자의 생활 패턴이나 현재의 상황에 따라 카멜레온같은 변화 능력을 보여준다. 소니에서 출시된 NEX 시리즈

카메라는 교환할 수 있는 렌즈와 스틸 카메라, 그리고 비디오 캠코더로 각각의 기능 모듈이 압축되어 있으며, 사용자들은 이들의 조합을 통해 원하는 기능을 상황에 맞춰 조합해 사용할 수 있다.

이동성과 즉시성이 Capsulizing을 요구하다

항상 시간과 정보의 홍수에 시달리고 있는 현대인은 단순하고 명확한 것을 선호한다. 그리고 이 단순명확함은 빠르고 작은 것을 의미한다. Capsulizing은 각각의 제품과 기능, 혹은 서비스를 농축하고, 단순화함으로써 작고 빠른 형태를 만들어 이같은 요구를 만족시킨다.

사람들이 만들고 사용하는 콘텐츠는 점점 짧아지며, 함축적인 내용을 갖는다. 이미 블로그는 텀블러나 트위터와 같은 마이크로 블로깅 서비스로 변화하고 있으며, 페이스북과 같은 소셜 네트워크 서비스나 유튜브와 같은 동영상 업로드 서비스도 콘텐츠의 길이에 제한을 둠으로써 더 함축적인 방식으로 내용을 전달하게끔 유도하고 있다. 그래서 사용자들은 정해진 길이에 맞춰 자신의 사상과 생각을 Capsulizing해 전달한다.

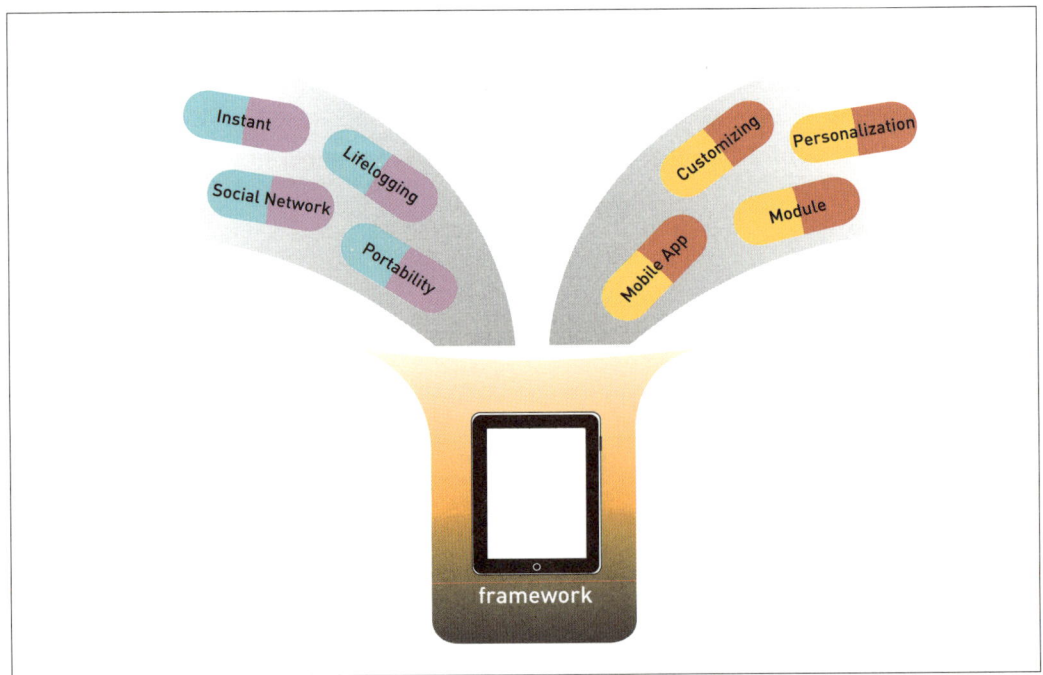

—**METATREND Vol.12** Capsulizing

인터넷이라는 드넓은 정보의 바다에서 사람들은 하나의 콘텐츠에 집중하지 않고, 수많은 콘텐츠 사이를 자유롭게 넘나든다. 특히 모바일과 같이 콘텐츠에 오랜 시간 집중하기 힘든 환경에서는 요약되고 정수만 뽑은 콘텐츠가 각광받는다. 모바일 환경에서 블로깅보다 소셜 네트워크 서비스가 더욱 사랑을 받는 이유가 바로 이것이다. 한정된 글자 수에 생각을 정리해 올리는 것은 소설이나 산문보다는 시에 가깝다. 또한 정형화된 크기의 트윗에 다양한 내용을 함축하기 위해 URL, 그림, 동영상 링크 등을 Capsulizing하는 다양한 방식이 등장하고 있다. 이처럼 Capsulizing에서는 간결함, 그리고 속도가 중요한 가치를 갖는다. 물론 이는 다양한 환경에 대한 적응성과 이동성에 대한 지원이 필요한 것은 두말할 필요가 없을 것이다. 이에 따라 모바일 환경에서 웹보다 앱이 더욱 각광 받는다. 중간 과정을 생략하고 핵심에 바로 집중할 수 있는 것. 바로 이것이 Capsulizing의 힘이다.

모바일 플랫폼은 Capsulizing 트렌드를 보여주는 좋은 예다. 짧은 시간의 집중에도 원하는 정보를 얻기 위해서는 무엇보다도 콘텐츠와 기능의 압축이 필요하다. 이렇게 압축된 기능과 서비스, 콘텐츠는 바로 모바일 플랫폼이라는 프레임워크의 구성 요소가 되면서 Capsulizing을 이끈다.

모바일 플랫폼은 정형화된 캡슐을 수용하는 프레임워크

　　Capsulizing은 정형화된 형태를 통해 핵심적인 특성만을 살린다. 이런 특징은 표준화된 프레임에 캡슐화된 특성을 모아 새로운 특성을 만들어낸다. 마치 약의 조제과정처럼 핵심만 정제된 기능이나 요소를 조합함으로써 필요한 무엇인가를 만들어 내는 것이다. 이를 위해서는 표준화, 그리고 캡슐을 조립하기 위한 프레임워크가 필요하다. 주위에서 이런 특징을 보여주는 가장 좋은 예가 바로 모바일 단말이다. 여기서 모바일 단말은 캡슐화된 기능과 요소를 쌓기 위한 프레임워크의 역할을 하며, 모바일 단말 내부의 콘텐츠와 앱이 캡슐과 같은 형태를 갖는다.

　　프레임워크에 조립되기 위해 캡슐은 모두가 같은 모바일 단말을 사용하더라도 그 안에 내제된 애플리케이션과 저장된 개인적인 정보들로 인해 완전히 다른 쓰임새를 갖는다. 각각의 기능과 요소들은 캡슐화를 통해 더 간편하게 사용할 수 있으며, 표준화를 통해 캡슐화된 기능과 요소는 자신의 개성을 가장 쉽고 편하게, 그리고 빠르게 표출할 수 있는 방법을 제공한다. 이를 가장 잘 보여주는 예가 바로 최신 스마트폰들이다. 윈도우폰 7의 라이브타일은 Capsulizing된 취향과 경험을 겉으로 드러내는 방식을 채택하고 있다. 또 소니에릭슨의 엑스페리아 X10의 타임스케이프 기능은 시간이라는 캡슐에 통화에서부터 SNS에 이르는 사용자의 모든 행위를 기록하고 이를 타임라인으로 관리할 수 있다. 또한 스마트폰의 수많은 모바일 앱은 웹으로 하던 많은 작업을 웹 브라우저를 통하지 않고 바로 연결할 수 있음으로써 중간 과정을 생략하고 핵심에 바로 접근할 수 있게 하는 접근성을 제공한다. 이처럼 캡슐은 정형화된 형태를 프레임에 끼워 맞춤으로써 더욱 큰 힘을 발휘하고, 무한한 확장성을 제공한다.

　　Capsulizing 과정을 거치면서 형태는 사라지고 기능만 남는다. 모바일 단말은 다양한 기능을 통합해 제공하는 단말이다. 이제 기존에 사용하던 무수한 제품과 기능, 서비스가 형태가 사라지면서 앱으로 Capsulizing되고, 프레임워크인 모바일 플랫폼을 통해 확장된 기능을 제공한다. 여기에서 중요한 것은 이렇게 모바일 단말을 통해 제공되는 기능은 기존의 기능을 그대로 복사한 것이 아니다. 기존의 기능들이 모바일 플랫폼 안에서 화학작용을 일으키며, 더욱 강화되고 확장된 기능을 제공한다는 것에 주목해야 한다. 이는 바로 매시업이 Capsulizing을 통해 이뤄진다는 것을 의미한다. 별도로 존재하던 GPS, 카메라 기능이 형태가 사라지면서 모바일 플랫폼으로 통합되고, 이것이 합쳐져 증강현실을 위한 인터페이스가 되는 것과 마찬가지로 Capsulizing은 모바일 플랫폼에 새로운, 그리고 무한한 가능성을 제공한다.

서비스나 기능도 마찬가지다. 스토리지는 형태는 사라지고 클라우드 앱으로 Capsulizing 되어 모바일 플랫폼에 적용되고 있으며, SNS와 위치 서비스, 검색 서비스 등도 하나의 앱으로 캡슐화가 시도되면서 다양한 기능성을 찾아가고 있다. 일상 생활은 물론이고 특히 모바일 환경에서 Capsulizing의 본연의 가치인 간편성과 즉시성, 그리고 보편성을 제공하면서 개인화를 이끌고 있다는 점에서 눈여겨봐야 한다. 점점 더 가속되고 있는 라이프스트림과 모바일 환경의 도입은 일상 생활에서도 Capsulizing의 가치가 점차 높아지게 되는 하나의 요인이 된다. 더구나 Capsulizing이 조합과 커스터마이징을 통해 개인화를 이끄는 촉매 역할을 할 뿐 아니라 매시업을 통해 새로운 기능성과 사용성을 제시할 수 있다는 측면을 간과해서는 안될 것이다.

03

콘텐츠 중심으로 변화하는 디지털 환경
CONTENTS CENTRIC

———————

하드웨어와 기술을 중심으로 발전해온 디지털 환경의 주도권이 콘텐츠로 넘어간다. LP에서 CD로, 비디오 테이프에서 DVD로의 발전과 같이 아날로그 콘텐츠의 디지털화는 전자책의 급격한 성장으로 또 한 번의 변혁기를 맞고 있다.

한 가지 명심해야 할 것은 전자책은 그릇에 담는 내용물, 즉 콘텐츠 자체이며, 이를 담는 그릇인 하드웨어가 무엇이냐에 따라 무한한 가능성을 제공할 수 있다는 것이다. 단순한 텍스트 형태의 아날로그 책은 디지털의 옷을 입고 멀티미디어가 접목되고, 생산자와 소비자의 구분이 사라지며, 일인 출판과 같은 새로운 트렌드를 이끌고 있다.

한편 모바일 앱은 새로운 마케팅 채널이 된다. 콘텐츠와 서비스가 통합된 형태의 모바일 앱이 제품의 판매자와 소비자를 이어주는 또 하나의 채널이 되지만, 소비자들은 이제 단순한 홍보물 이상의 것을 원한다. 따라서 실용성을 갖춘 브랜드 앱이 요구된다.

콘텐츠의 중요성을 인식하기 시작한 하드웨어 생산업체들은 하드웨어와 긴밀하게 통합되고, 한 몸처럼 동작하는 서비스와 콘텐츠에 주목하고 있다. 최적화된 사용자 경험을 제공하기 위해 한 몸처럼 움직이는 하드웨어와 서비스, 콘텐츠의 조합에 주목해야 한다.

새로운 마케팅 채널로 부상하는 Free Apps

고조되는 앱스토어 경쟁속에서 많은 기업들이 가격 인하나 라이트 버전을 통해 유료 구매를 유도하는 방안을 생존 전략으로 채용한다. 이러한 움직임 속에서 유료라고 해도 손색이 없을 정도로 가치 있는 애플리케이션을 무료로 제공함으로써 마케팅 효과를 창출하는 기업들의 행보는 Free Apps가 새로운 마케팅 수단임을 시사한다. 한동안 소강 상태였던 스마트폰 시장이 수면 위로 떠오르게 된 데에는 애플(www.apple.com) 앱스토어의 역할이 크다. 뒤이어 2010년에는 안드로이드 운영체제를 기반으로 한 스마트폰이 대거 출시되면서 구글(www.google.com)의 안드로이드 마켓이 애플 앱스토어에 견줄 만한 신흥시장으로 떠오르고 있다. 이러한 앱스토어의 영향은 비단 스마트폰에만 그치지 않는다. 넷북, 태블릿, 전자책, TV, 자동차 등 웹 기반의 기기들도 애플리케이션을 상품에 적용하면서 변혁을 꾀하는 중이다. 그야말로 앱스토어 전쟁이다.

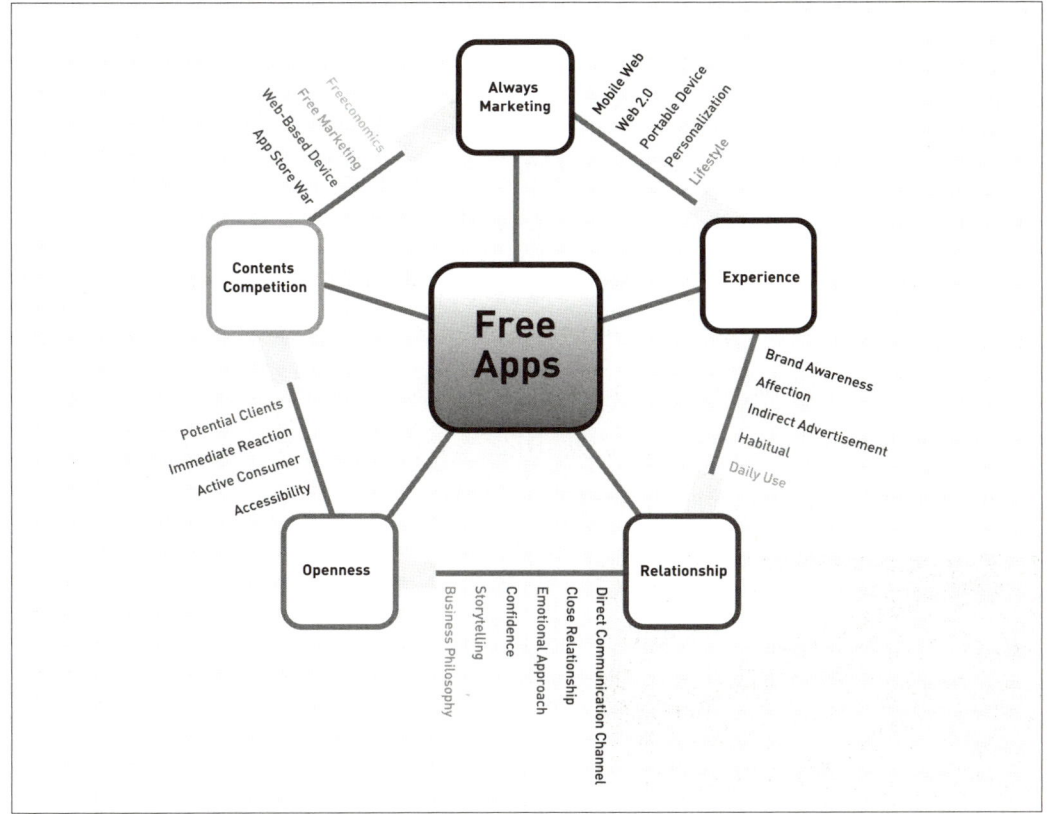

—**METATREND Vol.2** Free Apps

애플리케이션은 체험적인 요소에 바탕을 둔다. 사용자들은 체험을 통해 기업 혹은 브랜드에 대해 인지하고 주관적인 이미지를 형성한다. 단순히 즐기는 도구가 아니라 현실 속의 자극을 간접적으로 경험할 수 있는 도구로서의 Free Apps에 대한 새로운 접근이 필요하다. Free Apps는 쉽게 설치할 수 있는 만큼 쉽게 지울 수가 있다. 접근성이 뛰어나 전세계의 폭넓은 소비자를 확보할 수 있는 대신에 즉각적인 소비자 반응이 따른다. 제아무리 비용이 들지 않는다 하더라도 이용 가치가 뒤쳐지는 Free Apps는 외면당하기 쉽다. 흥미로운 경험과 함께 지속적으로 사용할 수 있는 애플리케이션은 만족을 넘어 라이프스타일에도 영향을 미친다.

독일의 자동차 브랜드, 폭스바겐(www.volkswagen.com)은 뛰어난 그래픽과 인터페이스를 갖춘 레이싱 게임을 애플 앱스토어를 통해 무료로 제공한다. 3.5인치의 디스플레이로 즐기는 레이싱 게임은 상용 게임에 버금가는 수준의 완성도를 보여준다. 사용자는 게임을 통해 폭스바겐의 자동차에 자연스럽게 친숙해지며, 현실 속에서도 경험하고자 하는 욕구를 느낀다. 레고(www.lego.com)도 제품의 특징을 잘 살린 사진 툴을 개발해 무료로 공개하고 있다. 앨범에 저장된 사진을 불러오면 화면을 터치하라는 메시지가 나온다. 터치할 때마다 블록들이 움직이는 경쾌한 소리와 함께 다채로운 색상으로 변한다. 모자이크 형식으로 변형되는 사진은 블록 놀이의 재미를 시각적으로 재현한다.

Free Apps는 기업과 소비자를 연결해주는 새로운 채널이다. 2009년 10월, 폭스바겐은 모터쇼나 기자회견장이 아닌 무료 게임 애플리케이션을 통해 2010년형 신차를 발표했다. 이는 Free Apps를 고객과의 직접적인 커뮤니케이션 수단으로 활용한 대표적인 사례다. 프라다와 샤넬과 같은 패션 브랜드들도 그들의 새로운 컬렉션이나 패션쇼 현장 소식 및 매장정보를 담은 애플리케이션을 무료로 제공하고 있다.

—**Scirocco R 24H Challenge & Polo Challenge,** Volkswagen

상품을 직접 소개하는 방법과 달리 브랜드나 상품을 연상할 수 있는 콘텐츠를 제공하는 간접적인 접근도 있다. 아디다스(www.adidas.com)에서 무료로 배포하는 아디다스 어반 아트 가이드(Adidas Urban Art Guide)는 베를린의 거리 예술을 보여주는 애플리케이션이다. 베를린을 방문하는 사람들은 단지 여행 콘텐츠로만 사용할 수 있다. 그러나 여기에는 오랜 역사 속에 젊음과 도전 정신이라는 기업 철학을 엿볼 수 있으며, 이러한 감성적 어필에 소비자들은 스포츠 브랜드 이상의 가치를 부여한다.

스마트폰으로부터 출발한 애플리케이션 시장은 TV나 게임분야와 같이 가정에서 사용하는 제품으로 확대된다. 지금 우리가 사용하고 있는 모든 제품이 인터넷을 자유롭게 사용할 수 있으며 각각의 앱스토어가 존재하는 가까운 미래를 상상해보자. 아침에 잠을 깨우는 알람 시계에서부터 TV, 노트북, 자동차에 이르는 모든 기기들이 개인의 라이프스타일에 꼭 맞는 애플리케이션으로 꾸며져 있는 일상이 머리 속에서 펼쳐진다. 앱스토어의 확산은 Free Apps가 개개인의 일상 속으로 파고 들어 기업과 소비자의 연결을 강화하는 올웨이즈 마케팅(Always Marketing)을 실현시킨다.

기업은 Free Apps를 통해 사용자들에게 표면적으로는 즐거움이나 경험 및 사실적 정보를 제공하는데, 이것들은 기업의 이미지, 신념, 가치 등을 기반으로 한다. 사용자들은 애플리케이션을 경험함으로써 기업에 대해 관심과 신뢰의 감정을 형성하거나 반대로 저평가할 수도 있다.

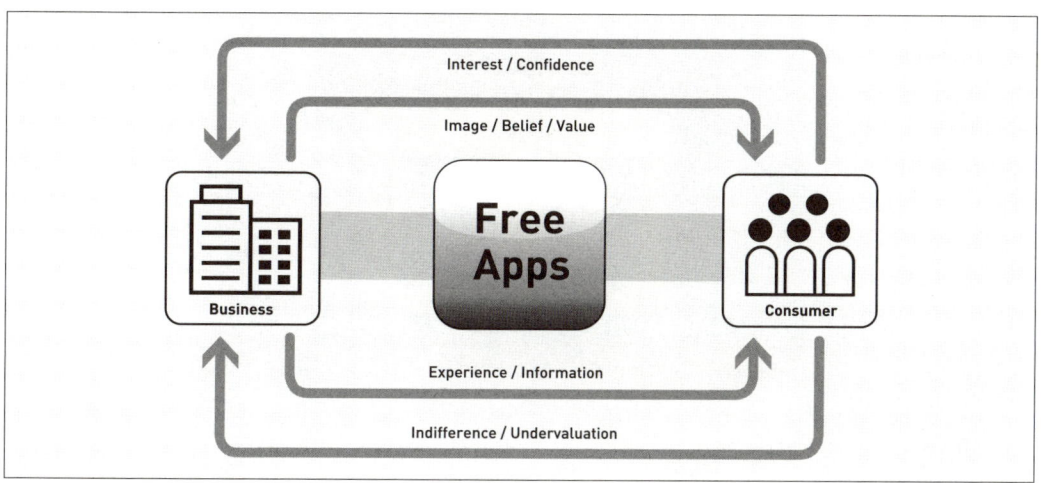

—**METATREND Vol.2** Free Apps

하드웨어에 최적화되는 서비스와 콘텐츠

하드웨어와 애플리케이션, 콘텐츠, 서비스 등 별도의 구분되던 시장이 하나로 통합된다. 콘텐츠나 서비스 업체가 자사의 콘텐츠에 최적화된 하드웨어를 직접 만드는 것도 이같은 흐름에 부합하는 움직임이다. 지금까지 서비스와 콘텐츠의 중요성을 간과한 채 제품 자체만을 부각시키던 기존의 모습과는 달리 이제는 콘텐츠와 서비스에 최적화된 하드웨어를 넘어, 마치 서비스, 콘텐츠와 마치 한 몸처럼 동작하는 하드웨어가 시장을 주도한다.

하드웨어 시장을 주름잡던 소니가 핵심 분야인 게임이나 MP3플레이어, 가전 등의 시장에서 콘텐츠, 서비스와의 연결고리가 취약함에 따라 전반적인 하향세를 면치 못하고 있다. 이같은 사실은 소비자들의 관심이 더 이상 하드웨어가 아닌, 콘텐츠와 서비스로 옮겨가고 있음을 인지해야 한다. 다시 말해 이제는 소비자들이 하드웨어가 마법의 지팡이가 아닌 콘텐츠와 서비스를 이용하기 위한 도구에 불과하다는 것을 인식하기 시작한 것이다. 이러한 시점에서 콘텐츠와 서비스라는 든든한 뒷배경을 이미 갖추고 있는 기업들이 이를 적극적으로 활용하기 위한 단말기 시장에 진입하려는 것은 당연한 수순이다. 기업 생태계 안에서 서비스와 콘텐츠에 최적화된 제품은 곧 기업 경쟁력과 직결된다. 사용자들은 하드웨어, 소프트웨어, 서비스를 아울러 제공하는 단일한 체계를 원하고 있으며, 최근 글로벌 기업들은 트라이버전스(Trivergence)와 같은 통합된 서비스를 핵심 전략으로 채택하고 있다.

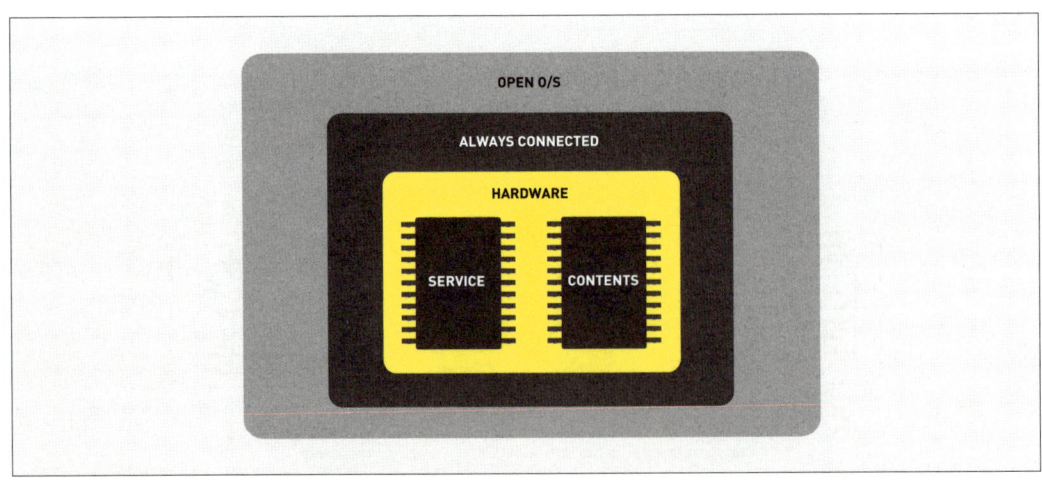

—**METATREND Vol.3** Embedded Hardware

사용자는 하드웨어와 콘텐츠, 서비스를 하나의 객체로 인식하고 경험하며, 서비스 업체들은 킬러 콘텐츠나 노하우를 바탕으로 이같은 통합된 사용자 경험을 극대화시키기 위한 제품을 선보이기 위해 노력한다. 이를 통해 업체들은 경쟁력을 키우기 위한 마케팅 수단을 확보하며, 사용자는 통합된 사용자 경험에 최적화된 환경을 누릴 수 있게 된다. 인터넷전화 업체인 스카이프(www.skype.com)는 LG전자, 파나소닉과 파트너십을 맺고 HDTV를 통한 영상 통화 서비스를 선보였다. HDTV에 스카이프가 탑재되면서 가입자간 무료 음성, 영상 통화, 휴대폰 통화는 물론 음성 메일을 주고 받으며 최대 24명과 음성 컨퍼런스 콜이 가능하다. 스카이프가 내장된 HDTV를 통해 사용자들은 별도의 하드웨어나 서비스를 사용할 필요없이 거실에서 가족이나 친구와 다양한 방식의 커뮤니케이션을 경험할 수 있다. 이처럼 기존의 제품에 서비스가 내장되면서 최적화된 사용자 경험을 제공하고 있음을 알 수 있다.

콘텐츠와의 연계가 무엇보다도 중요해질 미래 TV 산업에서는 개방형 콘텐츠 서비스에 대한 관심이 점차 증폭된다. TV 제조업체들은 앱스토어와 같은 콘텐츠와 애플리케이션 포털을 통해 개발자들을 끌어들이고 있으며, 이를 통해 사용자 경험이 점차 확장되기를 원한다. 하드웨어 업체들도 서비스와 콘텐츠를 자신의 제품에 임베드하기 위해 노력한다.

실시간 인터넷 방송, 아프리카 TV(www.afreeca.com)를 위한 삼성전자(www.samsung.com)의 캠코더, HMX-S16는 실시간 인터넷 TV 중계를 지원한다. 기존에 야외에서 방송을 하려면 캠코더, 노트북, 와이브로 단말기 등 다양한 장비가 필요했지만 삼성전자의 캠코더에는 와이파이(Wi-Fi)가 내장되어 있어 캠코더 하나만으로 촬영한 영상을 아프리카 TV로 생중계한다. 또한, 캠코더 액정화면을 통해 시청자들의 단문이 실시간으로 출력돼 방송 반응도 확인할 수 있다. 아프리카 TV에 최적화된 캠코더와 같이 서비스와 하드웨어가 통합된 제품을 통해 사용자들은 좀 더 편리하고 쉽게 서비스에 접근한다.

하드웨어는 그 자체로 다양한 수익원을 창출하기 때문에 시장 선점에서 중요한 요소다. 구글의 CEO, 에릭 슈미트(Eric Schmidt)는 "언젠가는 모바일 광고로 전화비를 벌게 돼 공짜로 통화할 수 있는 휴대전화가 나올 것"이라며, 하드웨어를 통한 서비스와 콘텐츠의 무궁한 수익 창출 가능성을 말한바 있다.

콘텐츠나 서비스 회사는 하드웨어 제조업체가 좀처럼 갖기 힘든 '관계'를 만든다. 제품이 구매되는 순간을 제외하면 업체와 구매자 사이의 유대가 느슨해지는 하드웨어 사업과 달리, 콘텐츠나 서비스 사업은 지속적인 유대를 형성하기 때문이다. 따라서 콘텐츠를 통해 고객을 잡아둘 수 있으면 그 콘텐츠와 연계된 제품 역시 지속적이고 다양한 구매로 이어질 가능성이 높다.

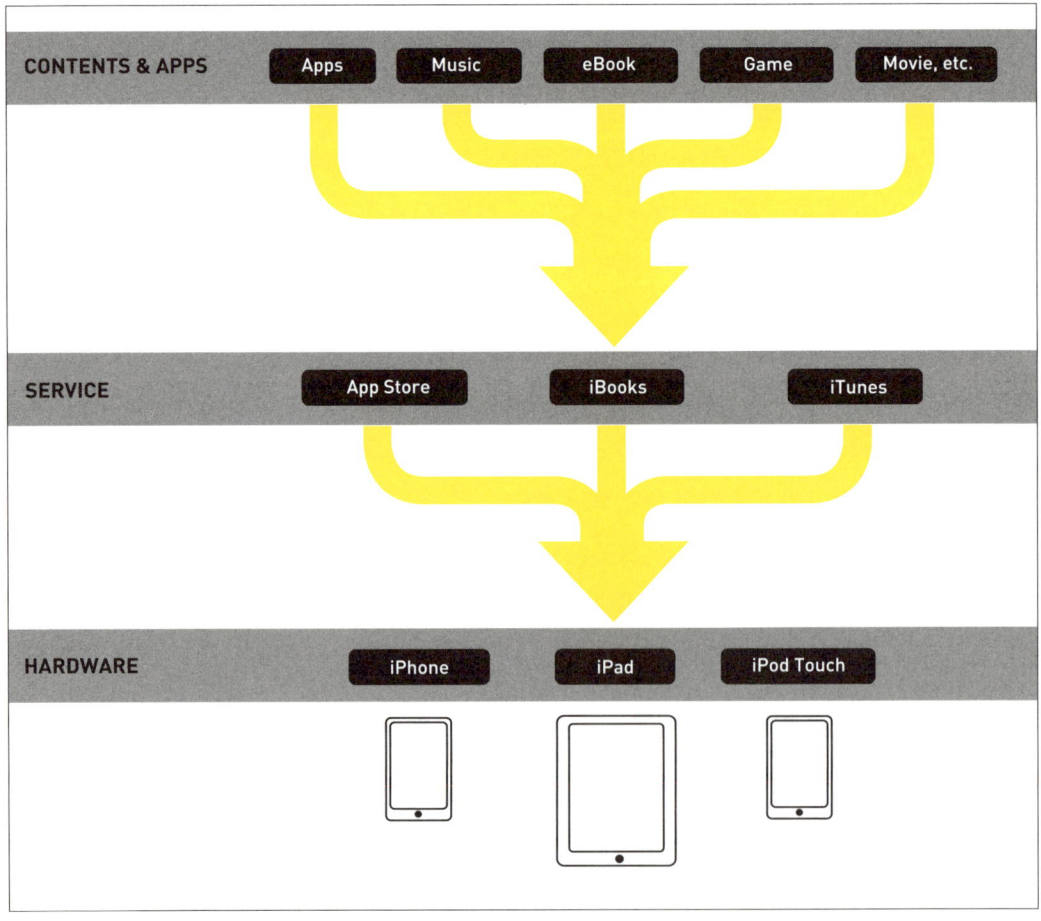

—**METATREND Vol.3** Embedded Hardware

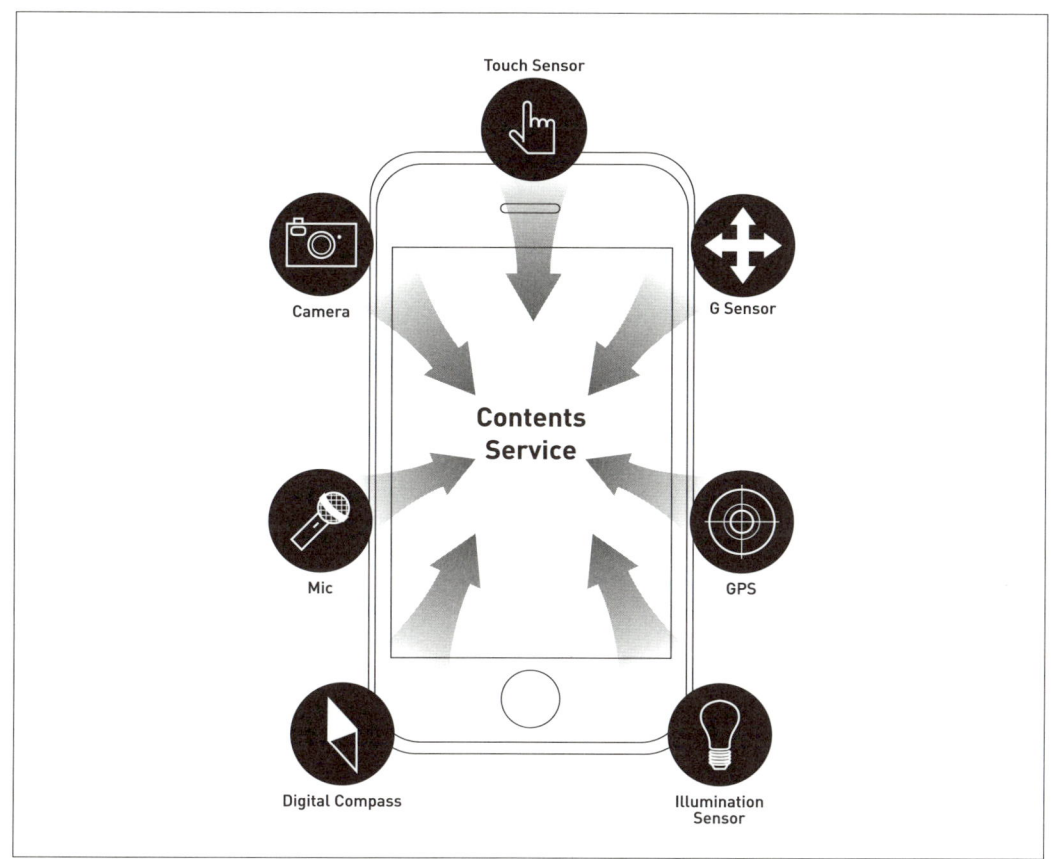

—**METATREND Vol.3** Embedded Hardware

　제품 구매의 순간은 매우 짧고 즉흥적이기 때문에 한 기업이 자사의 제품 구매를 소비자에게 꾸준히 보장받기가 어렵다. 하지만 서비스와 콘텐츠, 그리고 하드웨어가 결합된 비즈니스 모델은 소비자와의 유대 관계를 꾸준히 이어갈 수 있다. 따라서 하드웨어가 가진 성능을 최적으로 끌어내는 콘텐츠와 서비스가 중요하다. 기업은 서비스나 콘텐츠에 참여/기여하는 소비자의 행동에 주목하고, 그들에게 참여의 기회를 줌으로써 하드웨어 경쟁력을 확보한다. 하드웨어에 맞춰진 콘텐츠와 서비스는 사용자에게 최대한의 만족을 제공한다.

장소에 심어두는 콘텐츠

오프라인샵은 그 장소로 소비자가 찾아오도록 유도하는 특별함을 가져야 한다. 가격이 저렴하고 별도의 이동없이 제품을 쉽게 구매할 수 있는 온라인샵보다도 더욱 특별한 것이 있어야만 한다. 베스트바이(Best Buy) 등의 쇼핑몰이 사용하는 샵킥(www.shopkick.com) 시스템은 무료 모바일 앱과 실제 매장에 설치된 인식 시스템간의 연동을 통해 오프라인샵을 직접 방문해 체크인하는 고객들에게 쿠폰이나 할인 혜택을 준다. 포스퀘어(FourSqure)와 달리 샵킥은 실제 방문을 해야만 체크인 되며, 이 체크인 행위에 쇼핑몰은 실제 혜택과 보상으로 답한다. 그러나 쿠폰, 할인보다도 더 특별하며 다른 활용으로 추가적 효과를 낼 수 있는 실제 혜택은 어떤가. '콘텐츠'를 사용하는 것이다.

스타벅스(www.starbucks.com)는 스타벅스 디지털 네트워크(The Starbucks Digital Network)라는 서비스를 선보였다. 야후(www.yahoo.com)와의 제휴를 통해 미국 스타벅스 매장에서만 제공되는 디지털 콘텐츠를 준비한 것이다. 소비자는 스타벅스 오프라인 매장에 방문한 후 자신의 모바일 디바이스를 통해 뉴스, 엔터테인먼트, 건강 등과 관련된 다양한 콘텐츠를 접할 수 있다. 이 콘텐츠가 특별한 이유는 오로지 스타벅스 매장 안에서만 사용할 수 있기 때문이다. 또한, 스타벅스 디지털 네트워크에서 주목할 점은 이 콘텐츠의 대부분이 매장 밖에서는 유료로 판매되는 고급 콘텐츠라는 것이다. 스타벅스는 디바이스 플랫폼 종류를 계속 늘려서 매장 방문객이 모바일 디바이스의 제한으로 인해 특별 콘텐츠를 접하지 못하는 일이 없도록 고려한다. 이렇게 스타벅스가 가진 문화적 요소와 무선 인터넷 서비스, 그리고 특별한 콘텐츠가 조합되면서 스타벅스 매장은 '직접 찾아가면 반드시 부가적 이득을 얻을 수 있음'이라는 소비자들의 인식을 얻는다. 그리고 무형의 콘텐츠는 방문객에게 편리한 방식으로 제공되며 그 속에 또 다른 서비스나 광고 등을 넣을 수 있는 무척 효율적인 수단이다. 이를테면 야후와 함께 딸려온 링크드인(Linkedin), 자가트(Zagat), 아이튠즈의 뮤지션들 모두는 미국 스타벅스 매장 전체를 홍보 채널로 쓰는 셈이 된다.

오프라인샵의 장점은 직접 눈으로 보고 만져볼 수 있다는 것이며 소비자들에게 직접적인 체험을 제공할수록 그들의 만족감은 커진다. 특정 장소에서만 제공되는 콘텐츠의 효과를 더욱 강화시키는 방법이 여기에 있다.

—**The Starbucks Digital Network,** Starbucks

    장소와 연관된 인터랙션을 일으키는 콘텐츠, 즉, 특정 위치에서만 나타나는 인터랙티브 콘텐츠가 그것이다. 미국자연사박물관(www.amnh.org)은 최적화된 박물관 체험을 위해 AMNH 익스플로러(AMNH Explorer)라는 모바일 앱을 배포했다. 이 앱을 통해 방문객들은 면적이 500,000평방 피트에 달하는 박물관 내부를 효과적으로 관람할 수 있다. 무료 와이파이(Wi-Fi)를 통해 자신의 현재 위치를 확인하며 가까운 전시품 확인은 물론, 자신이 보고 싶은 전시품에 도달할 수 있는 경로까지 탐색한다. 또한, AMNH 익스플로러 앱은 모든 전시품들의 자세한 정보를 담은 콘텐츠다. 이 앱에 포함된 화석 보물 찾기(Fossil Treasure Hunt)라는 위치 기반의 게임은 장소에 특화된 인터랙티브 콘텐츠의 예시다. 정지된 사물들이 나열되어 있는 박물관이지만 그 속에는 신비한 역사와 이야기들이 숨어 있다. 전시된 공룡 뼈 화석을 스마트폰으로 비추면 살아움직이는 공룡의 영상이 재생되거나 포효하는 소리가 들려온다. 쇼핑에서도, 스포츠 관람에서도 현장에서만 접할 수 있는 인터랙티브 콘텐츠의 효과가 크게 나타날 수 있다. 증강현실 콘텐츠를 사용하기에도 좋은 방식이 아닌가.

실용성을 갖춘 브랜드 앱

모바일 앱 시장이 커질수록 기업의 광고와 브랜딩을 목적으로 하는 브랜드 앱도 증가한다. 다른 앱들과 달리 브랜드 앱은 대부분 무료로 제공되며 기업의 브랜드를 알리고 제품을 홍보하는 목적으로 쓰인다. 이런 앱들은 발매 초기에는 상당한 효과를 보이지만 사용자는 광고용 앱 속에 들어 있는 실제 기능이 너무 약하다는 이유로 곧 앱을 삭제해버리는 경우가 많다. 비율로 보면 앱 속에서 광고가 70~80%를 차지하고 나머지 20~30%가 실제 기능이기 때문이다. 최근의 브랜드 앱은 실생활에서 필요한 기능을 담은 실용적인 앱으로 변하고 있다. 광고가 많고 제품을 단순히 소개하는 브랜드 앱은 더 이상 환영받지 못한다. 충분한 사용자 경험을 제공하거나 킬러앱(Killer App) 수준의 기능을 갖춰야 하는 것이다. 사실상 광고와 기능의 비율을 완전히 뒤바꿔야만 소비자들의 모바일 디바이스 속에 담겨서 계속 활용될 수 있으며, 규모가 큰 기업일수록 이런 구조의 실용적 브랜드 앱 제작에 유리하다.

무지(www.muji.com)가 출시한 브랜드 앱 속에서는 광고를 찾아보기가 어렵다. 실용적 기능이 대부분을 차지하고 있기 때문이다. 여행객들을 위해 세계 시계와 환율 계산기 등을 탑재한 무지 투 고(MUJI to GO), 깔끔한 디자인과 뛰어난 활용성을 가진 무지 캘린더(MUJI Calendar) 그리고 유일하게 유료(4달러)로 판매되는 무지 노트북(MUJI Notebook)이 그것이다. 아이패드를 위해 만들어진 이 모바일 앱들은 외부 디자인과 색깔 모두가 무지의 아이덴티티를 나타내고 있으며, 또한 실용적이다. 사람들이 무지의 앱들을 생활 속에서 사용하는 행위 자체가 광고이며 브랜딩이다. 친숙하게 사용되는 문구류를 목표로 했기 때문에 무지가 추구하는 편안함, 간결함이 더욱 강조된다. 랑콤(www.lancome.com)의 브랜드 앱, 랑콤

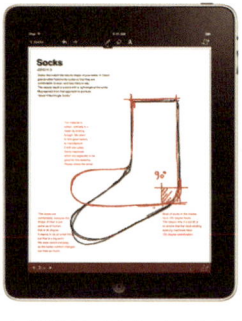

—**MUJI Calendar/ MUJI Notebook/ MUJI to GO,** Ryohin Keikaku Co.,Ltd.

메이크업(Lancome Make-Up)은 소비자들이 아이폰의 터치 인터페이스를 통해 다양한 메이크업을 미리 구성해볼 수 있다. 아이, 립, 네일 메이크업의 색깔을 조합해볼 수 있고 결과물을 저장한 후 페이스북으로 공유해 친구들의 평가를 받을 수 있다. 또한 메이크업 팁 동영상을 제공하므로 메이크업에 대한 정보를 얻을 수 있다. 랑콤 메이크업 앱은 신제품 색상을 체험해보는 것으로 그치는 것이 아닌 여성의 실제 화장에 사용될 수 있는 수준의 기능을 제공한다. 실용적인 브랜드 앱은 사람들의 생활 전반에 광고를 배치하며 그 속에 브랜드를 심는 존재다. 빠르게 짧은 인상을 남기기보다 긴 시간 동안 함께 하면서 친숙한 이미지를 구축해가는 것이다. 성공적인 브랜드 앱을 만들고 싶다면, 사람들 사이의 유행이 아니라 그들의 생활을 목표로 해야 한다.

04

취향과 경험의 극한을 추구하는 개인화
PERSONALIZATION

사람의 취향은 무지개 빛이다. 누구도 동일하지 않으며, 동일할 수 없다. 그래서 경험의 극한을 제공하기 위해서는 개인화가 반드시 필요하다. 개인의 취향과 기호를 세분화해 아주 작은 단위로 정형화함으로써 더 빠른 시간에 자신의 기호와 취향에 맞는 제품과 서비스를 디자인하려는 시도가 이어진다.

또한, 센서를 이용해 사용자를 인식하고 각각의 개별적인 사용자의 취향을 학습하며, 이를 통해 추천하고 자동화하는 리모트 컨트롤러는 사용자 경험에 있어 새로운 가능성을 제시한다. 사용자를 이해하고 사용자의 행동 패턴과 주변 환경의 변화를 이해함으로써 개인화된 리모트 컨트롤러는 개인의 기호를 적극적으로 반영할 수 있는 기반이 된다.

취향과 기호를 디자인한다, Code Design

손수 제품을 리폼하는 커스터 마이징이나 직접 디자인을 의뢰하는 퍼스널 오더는 개인의 기호를 나타낼 수 있는 가장 전통적인 방법이다. 부족한 시간 안에서 빠르고 간편하게 자신의 기호를 디자인하려는 사람들은 점차 기호의 최소 단위 제품을 선택한다. 그것을 소재삼아 자신의 기호를 모자이크하여 선보인다.

네스프레소(www.nespresso.com)의 캡슐 커피(Capsule Coffee)가 여기에 해당하는데, 농축된 에스프레소가 담긴 캡슐은 맛과 농도별로 다른 색깔로 포장되어 있다. 형형색색의 캡슐 커피를 주방 선반에 쌓아 놓는 것만으로도 훌륭한 나만의 기호 인테리어가 된다. 캡슐 커피는 매년 새롭게 리뉴얼되기 때문에 어떤 소비자들은 캡슐 커피 모음 액자를 만들기도 한다. 손쉽게 개인의 기호를 직접 디자인하는 즐거움을 주는 최소 단위의 제품은 계속 늘어나고, 이 매력적인 표현 방식은 빠르게 확산될 것이다.

점점 더 작은 소비자들에 관심을 갖게 되면서 소비자의 다양한 기호를 만족시키기 위한 제품들이 늘고 있다. 커스터마이징이나 퍼스널 오더를 즐기는 사람들 중에는 기호에 맞는 제품을 찾는 행위에 만족을 느끼면서도 동시에 시간이 오래 걸리는 것을 달가워하지 않는 경우가 있다. 그들은 사적이고 세심하게 분화된 취향이 제품에 직접적이고 단순하게 표현되길 원한다. 즉, 제품은 쉽게 이용 가능하고, 명료하고 정확하게 기호를 반영해야 한다. 동시에 기성품에서는 찾을 수 없는 나만의 취향을 편리하고 단순하게 표현할 수 있는 것이 바로 Code Design이다.

소비자가 직접 색과 외관을 변화시키는 것은 평면적이고 단순한 선에서 끝나기 때문에 완벽한 만족감을 느끼는 것에는 한계가 있다. 그래서 미묘한 기호의 차이를 제대로 경험하려는 소비자들은 그 분야의 전문가를 만나 맞춤 디자인된 기호를 손쉽게 선사받는다.

—**Capsule Coffee,** Nespresso

던힐 하우스 '1907'은 마치 슈트를 정교하게 디자인해 만들어 주는 사토리얼같은 토바코 소믈리에가 있어 나만의 담배를 찾도록 도와준다. 다양한 방식으로 블랜딩된 담배들을 시연하여 향과 맛이 적절히 배합된 담배를 찾고 나면 개성적인 맛을 내는 담배가 눈앞에 놓인다. 고농축된 전문 지식과 기술을 통해 사적이고 은밀하게 그리고 쉽게 기호를 담아내는 제품들은 소비자의 욕구를 충족시킨다.

방대한 데이터베이스를 바탕으로 사용자의 기호를 분석하고 그것을 통해 사용자에게 적합한 제품을 제안하는 것이 현명한 추천이다. 그로 인해 사용자들은 마치 오랫동안 교류하며 나에 대해 잘 아는 사람을 만난 느낌을 받는다. 뱅앤올룹슨(www.bang-olufsen.com) 베오사운드(BeoSound) 5의 오디오 시스템, 모츠(MOTS, More Of the Same)는 사용자가 즐겨 듣고 좋아하는 음악의 BPM을 기록하여 그와 비슷한 리듬과 음색의 음악을 사용자의 재생 목록에서 찾아내어 새롭게 구성한 후 추천해준다. 현명한 추천은 논리적인 분석을 통해 소비자들에게 만족감을 안겨 주고, 다양한 선택 앞에서 자신에게 맞는 기호를 선정하는 고민을 덜어 준다.

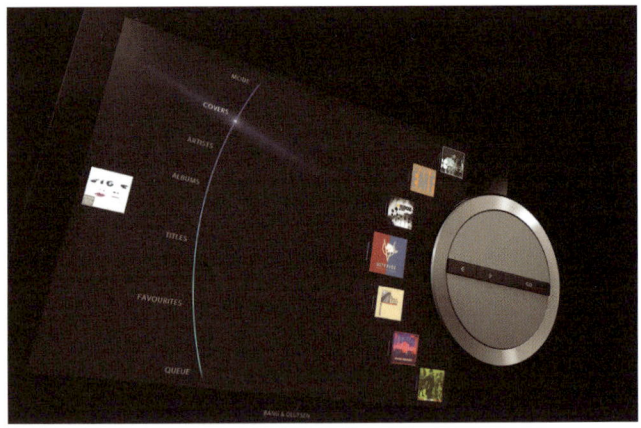

—**BeoSound5 MOTS**, B&O

취향에 따른 지속 소비, Taste Target

사람들은 저마다 소비 컬러를 가지고 있다. 소비의 기준이 되는 취향이라는 단어와 비슷한 의미로 정의할 수 있는 소비 컬러는 한 번 형성되면 쉽사리 변화하지 않으며 물리적인 시간의 흐름이나 공간의 제약을 넘어 상당기간 이어지는 연속성을 보인다. 따라서 기존의 인구통계학적인 정보에 근거한 목표 시장에 대해 재고하고, 소비 컬러의 특성을 이해할 필요가 있다.

나이, 성별, 지역, 인종 등의 정보는 목표 시장을 정의할 때 가장 기본적으로 사용하는 항목이다. 여성을 위한 제품이라는 타이틀에는 거의 반드시라고 해도 좋을 만큼 분홍색 제품 라인이 포함된다. 그 중에서도 나이는 가장 간단하게 목표 시장에 소구하는 방법 중 하나이다. 다만 마케터들이 깨닫지 못하는 것은 디지털 네이티브들에게 이러한 고정관념이 아무런 쓸모가 없다는 것이다. 온라인에서는 상대에 대한 사전정보가 완전히 차단되어 모든 사람들을 동등하게 취급한다. 이 때문에 취향을 공유하고, 유지하기에 부담이 없다. 또한 과거보다 개성을 중시하는 문화가 정착되어 타인의 독특한 소비 컬러를 인정하는 분위기가 마련돼 있다. 시간이 흐르면 자연히 나이를 먹듯이 주변 상황들이 시시각각으로 변화한다. 그에 반해 소비 컬러는 그것과 상관 없이 지속된다.

자각연령(Selfawaring Age)이라는 것은 신체 나이와는 별도로 본인이 스스로 느끼는 나이를 말한다. 최근에는 이렇게 나이를 새롭게 인식하고자 하는 경향이 있는데, 웹에 사진을 올리면 얼굴 나이를 알려주는 사이트(facesearch.tistory.com)가 인기를 끌고 있는가 하면 자신의 건강 나이를 측정해서 나이에 대해 다시 한 번 생각하게 하는 계기를 마련해주기도 한다. 소비를 하는 행위에 있어서도 소비 나이가 존재한다. 인간의 생애 주기에 따라 10대와 30대의 소비 행태는 분명히 차이가 있다. 그 배경은 각 시기별로 학업, 결혼, 출산, 육아 등 중요한 이슈들이 존재하기 때문이다.

Taste Target에서 관심을 갖는 것은 마인드(Mind)이다. 20대가 30대가 되었다고 해서 소비 패턴을 일거에 바꾸지는 않는다. 그런데 업계에서는 30대가 처음부터 30대인 것처럼 대하곤 한다. 20대에 좋아하던 브랜드를 30대에도 여전히 애용하는 것은 그들이 익숙한 스타일을 고수하려고 하기 때문이라고 단정하기에는 무언가 석연치 않다. 그보다는 그것이 그들에게 최선이기 때문이라고 하는 편이 맞겠다.

세련되고 멋지다라는 말은 대단히 상대적이다. 그리고 한 번 형성된 미에 대한 안목과 가치관은 인간의 본성이 거의 변화하지 않는 것처럼 그대로 유지된다. 소비 나이보다 중요한 것은 마인드이다. 10대와 50대가 같은 마인드를 가지고 있다면 그들의 장바구니 속에서 구체적인 아이템은 다를지언정 비슷한 스타일을 발견할 수 있다는 것이 그리 놀랍지 않다. 이처럼 마인드를 공유하는 집단에게 있어 소비 나이는 간단히 무시된다. 1903년에 설립된 할리데이비슨(Harley-Davidson)은 오랜 역사만큼이나 여러 연령층의 고객을 가지고 있다. 할리데이비슨을 타는 사람들의 모임인 할리 오너스 그룹(Harley Onwers Group, H.O.G.)은 전세계에 130만명 이상의 회원을 가진, 나이, 국적, 인종 등을 초월해서 할리데이비슨에 대해 같은 감정을 공유하는 공동체이다.

세대 구분은 취향으로 결정된다. 이것은 단지 젊은 시절을 추억하고 싶어서라거나 익숙해서가 아니다. 미국에서는 80년대 이전부터 활동했던 가수들이 여전히 사랑 받는다. 마돈나를 오마쥬한 레이디 가가(Lady Gaga)가 대중적인 인기를 끈 것만큼이나 이제 50대가 된 마돈나 역시 2009년 9월, 빌보드 댄스/클럽 플레이 송스 차트에서 마흔 번째로 1위를 차지할 정도로 화제의 중심에 서있다. 오늘날 팝 시장은 10대를 위한 시장이라고 해도 과언이 아니지만 마돈나의 주요 고객층은 10대가 아니다. 그녀의 고객은 10대에 마돈나의 노래를 들었던 사람들로, 40대에 들어서도 여전히 앨범을 사고 공연장을 찾는다. 나이가 들었다고 해서 컨트리 송 취향으로 변하지 않았다는 말이다. 그들의 취향에는 마돈나가 레이디 가가보다 끌리기 때문에 마돈나를 선택하는 것뿐이다. 그리고 이 취향은 더욱 확장된다.

—**Best of 2009 Top 25 Tours,** Billboard

나이와 같은 일차적인 정보는 소비자를 그룹핑하는 데 매우 쉬운 방법이다. 그리고 어느 정도 타당하다고도 볼 수 있다. 하지만 오늘날과 같이 급변하는 사회에서 매우 유동적이며 한정된 정보만으로 소비자를 구분하려는 행위는 자칫 새로운 고객에게는 장벽이 된다. 이미 패션계에서는 20대를 타겟으로 개발한 브랜드를 40대가 더 많이 찾는 사례가 종종 보고된다. 그렇다면 10대가 아니라 '화려한 컬러를 좋아하는' 사람들을 위한 휴대폰을 개발하는 편이 훨씬 유리하다. 고객들 중에는 단지 '10대를 위한 휴대폰'이라는 문구때문에 구매를 포기했다고 말하는 사람들이 있다.

한 번 받은 인상은 머릿속에 깊이 각인된다. 현재 시점에서 그 브랜드가 남들에게 어떻게 보이건 간에 처음 접했을 때 가졌던 나의 느낌을 더 소중하게 생각하는 사람들이 있다. 나를 드러내기 위해 쇼핑하는 사람들이 늘어나면서 이러한 경향은 더욱 커져간다. 한 번 형성된 소비 컬러는 오래도록 지속된다. 왜냐하면 그것이 바로 나의 정체성을 말해주기 때문이다. 취향에 기반한 소비 컬러는 인구통계학적인 정보에 우선한다. 따라서 취향에 주목한다면 목표 고객을 더욱 잘 이해할 수 있다.

05

모바일 환경의 건강 경험
MOBILE HEALTH

———

의료 기술의 발전으로 사람들의 평균 수명이 급격히 향상되고 있으며, 사람들의 건강에 대한 관심도 예전에 비해 상당히 높아졌다. 하지만 건강은 질병의 치료보다는 관리 측면에서 보아야 한다.

항상 사람과 함께하는 스마트폰은 건강 관리를 위한 가장 적합한 단말중 하나이다. 이미 스마트폰에 건강 관련 센서를 부착해 나온 제품은 물론이고 건강 관련 앱의 증가세도 확연하다. 모바일 환경에서의 건강 관리는 더 간편하고, 친근할 뿐 아니라 즐겁게 하는 것이 특징이다. 건강은 진지하고 어려운 것이 아니라 생활 속에서 즐기면서 자연스럽게 지키는 것이라는 새로운 바람이 모바일 환경을 통해 불고 있다.

스마트폰의 차세대 킬러앱 Health Apps

자신이 건강한가 확인하고 싶지만 번거로움이 싫은 소비자들에게 스마트폰은 모바일 헬스케어의 새로운 막을 예고한다. 24시간 손에서 휴대폰을 뗄 줄 모르는 현대인들에게 스마트폰은 친절한 건강 코치가 된다. 스마트폰은 사용자와 가장 가까운 곳에서 센서와 애플리케이션을 기반으로 본격적인 모바일 헬스케어 시대를 개척해나간다.

스마트폰에 다양한 센서가 접목되면 헬스케어 기기로서의 활용성이 확장된다. 하나의 실리콘 기판 위에 전자회로와 센서를 집적한 장치인 MEMS(Microelectromechanical Systems) 기술은 스마트폰을 센서 집약 장치로 만드는 데에 일조한다. MEMS 리딩 기업인 ST마이크로일렉트로닉스(STMicroelectronics)는 CES 2010에서 온도 센서가 포함된 가속도계를 공개했다. 이미 수많은 센서의 복합체인 스마트폰은 이제 온도까지 감지할 수 있게 된 것이다.

주변의 온도나 사용자의 체온을 측정할 수 있는 스마트폰은 사용자와 사용자 주변의 환경 변화를 세심하게 관찰하고 알려준다. 스마트폰 헬스케어의 가능성은 여기에서 끝나는 것이 아니다. 앞으로도 스마트폰에는 수많은 센서가 추가될 것이며, 이 중 많은 부분을 헬스케어를 위한 용도로 사용할 수 있을 것이다. 심지어 애초 의도와는 상관이 없더라도 센서를 건강을 모니터링하는 용도로 사용하기도 한다. 예를 들면 스마트폰의 가속도 센서는 휴대폰이 놓인 자세를 파악하기 위한 센서였지만, 이것은 사용자의 잠자리에서의 뒤척임을 인식해 수면 상태를 파악하는 용도로 사용된다. 또한 마이크는 사용자의 코골이 상태를 모니터링한다.

항상 사용자 곁에 있는 복합적인 센서의 집합체인 스마트폰, 언제 어디서나 인터넷에 연결할 수 있는 Always Connected, 여기에 스마트폰에 집적된 다양한 센서를 창의적으로 활용하는 Userism,이 세가지 요소가 스마트폰 헬스케어의 핵심이다. 단순한 진동 센서를 이용해 큰 충격 이후, 아무런 반응이 없으면 사용자의 신상에 문제가 있다고 생각하고 응급 구조 센터에 바로 연결을 하거나, GPS와 같은 위치 센서와 인터넷을 통한 기상 정보를 조합해 위험 지역에 들어가있는 사용자에게 경각심을 알려주는 등의 응용도 가능할 것이다. 더구나 블루투스와 같은 스마트폰의 근거리 무선 통신 기술은 새로운 응용도 가능하게 한다.

스마트폰에 바로 적용하기 힘든 심박계와 같은 센서는 근거리 무선 통신으로 연결되며, GPS를 통해 경로와 속도를 결합해 사용자의 운동량을 파악하고, 조언, 경고 등을 통해 운동 효과

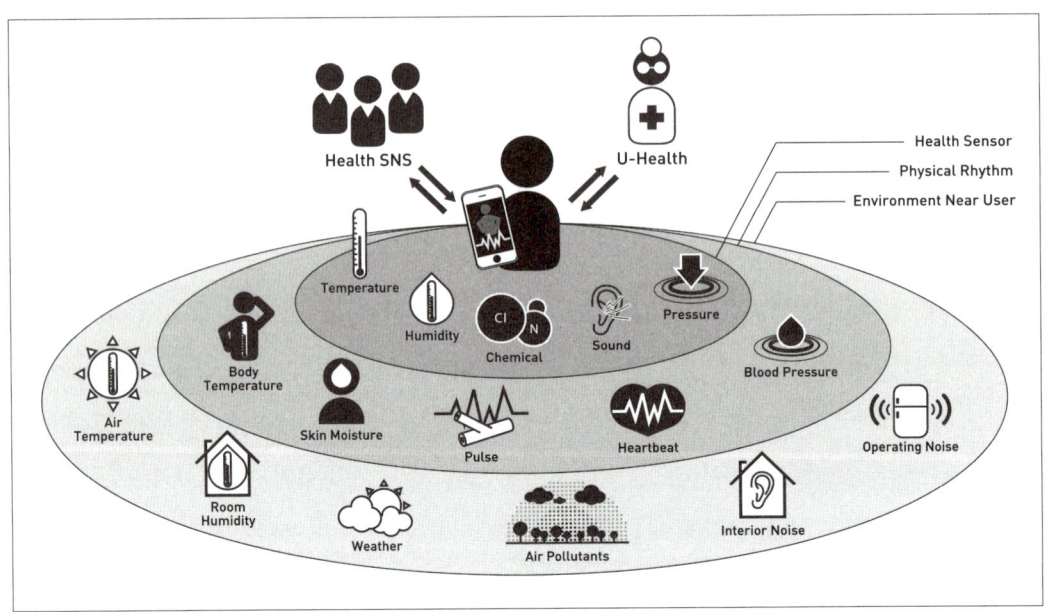

—**METATREND Vol.3** Health App

를 높이고, 위험 상황을 피할 수 있다.

　향후 스마트폰 헬스케어는 모바일 환경을 더욱 적극적으로 활용할 것이다. 언제 어디서나 인터넷을 통해 연결되는 Always Connected는 스마트폰 헬스케어의 응용 범위를 한 차원 높여 응급 의료, 혹은 원격 의료의 중요한 요소가 될 것이며, 이를 위해 고해상도 카메라와 혈당이나 혈압, 심박수, 혈류량 등 다양한 신체 정보를 정밀하게 측정할 수 있는 전용 단말, 혹은 당뇨나 고혈압과 같은 지속적인 관리가 필요한 환자를 위한 특화된 기능의 스마트폰 및 애플리케이션 등이 등장할 것이다

즐기면서 지키는 실용적인 건강 관리, Joyful Healthcare

헬스케어 분야에 게임적인 요소를 도입하면 마냥 어렵고, 귀찮은 것으로 여겨지는 건강관리가 좀 더 쉽게 다가온다. 특히 질병에 대해 무지하고, 진료 행위를 무섭게 생각하는 어린이들에게 유용하다. 2010년 5월 25일부터 27일까지 미국 보스턴에서는 건강을 위한 게임 컨퍼런스(Games for Health Conference)가 열렸다. 벌써 6회를 맞이하는 이 행사에서는 의료 및 게임 전문가들이 모여 건강을 위한 게임에 대한 정보를 교류했다.

바이엘 헬스케어에서 제조한 디젯(Didget)은 혈당 측정기로, 닌텐도 DS에 연결해서 넉엠다운즈(Knock'Em Downs)와 함께 사용한다. 어린이를 목표로 하는 이 제품은 혈당 측정이라는 귀찮고 번거로운 과정에 게임적인 요소를 추가하여 같은 조건의 아이들과 경쟁하고 교류할 수 있도록 만들었다. 닌텐도는 이전에도 체중 관리를 위한 마이 웨이트 로스 코치(My Weight Loss Coach)나 금연하기 쉬운 방법(Easy way to stop smoking)이라는 책으로 유명한 앨런 카(Allen Carr)와 함께 나의 금연 코치(My Stop Smoking Coach with Allen Carr)를 발매한 바 있다.

건강은 관리의 영역이다. 건강한 사람은 그것을 유지할 수 있도록 관리하고, 건강하지 않은 사람은 건강을 되찾을 수 있게끔 관리한다. 문제는 이것이 매우 지루하고 재미없다는 것인데, Joyful Healthcare에서는 건강을 지키는 것이 '몸에는 좋지만 쓴 약'이 아니라 즐겁고 흥미진진한 것으로 만들어준다. 질병을 감추기보다는 양지로 끌어내어 공론화함으로써 나 혼자만의 문제가 아니라 다른 사람도 겪을 수 있는 같은 고민이라는 점을 인식하고 편안하게 질병을 받아들이고 극복할 수 있도록 격려한다.

일본의 제약회사, 반유(www.banyy.co.jp)는 남자들의 골칫거리인 대머리에 대한 흥미로운 플래시 사이트를 만들었다. AGA30'S 오피니언(www.aga30s.jp)에 접속, 연령대를 선택하고 나서 대머리에 대한 다양한 질문에 답변을 하면서 대머리에 대한 기본적인 상식을 알아간다. 사용자는 연령대에 따라 일, 돈, 사랑, 머리카락 등 색상으로 구분되어 있는 이슈에 참여할 수 있다. 이 곳을 이용하는 사람들은 대머리 커뮤니티의 일원으로서 공감대를 느끼고, 같은 고민을 함께 해결해나갈 수 있다. 또한, 대머리에 대한 편견을 갖고 있는 사람들은 그들을 이해할 수 있는 기회를 제공한다.

EXPERIENTIAL CONSUMPTION

경험 소비

03

Short Experience

Semi-Professional Knowledge Message

Short Purchasing Cycle

Enjoy The Process

Exsumer

A Pleased Expression Of E

Social Security Payment Second Ha

Fresh Experience

User Experience

Resale Sensitivity Trend Enhe

Buying The Experience Continue Purchasing The Value Of Experience

Interaction Virus Marketing SNS Experience Sharing

디지털 기술은 사람들의 경험을 항상 새롭고 다채롭게 만든다. 숨쉴 틈 없이 발전을 거듭하면서 등장하고 사라져 가는 갖가지 기술과 제품, 서비스들로 인해 사람들은 소유보다는 경험에 초점을 맞춘다.

  이로 인해 사람들이 사고 파는 것의 본질이 물건에서 경험으로 이동하고 있다. 소비자들은 경험을 사고 팔기를 원하며, 판매자들도 이에 초점을 맞춘 마케팅을 시도한다. 또한 소셜 네트워크와 같은 새로운 마케팅 채널은 이와 같은 움직임을 더욱 가속화한다.

  스토리텔링 마케팅도 경험의 극대화를 위한 중요한 요소 중 하나다. 스토리텔링은 상품에 상품 이상의 가치를 부여하는 수단이며, 소비자가 상품과 함께 새로운 경험을 구입할 수 있게 하는 방법이다. 상품 자체가 목적이 되기보다는 상품이 제공하는 또 다른 가치인 경험의 중요성을 강조하는 것이다.

  제품을 통해 경험을 강화하려는 시도는 Userism으로 나타난다. 디자이너는 최소한만을 디자인하고, 이를 어떻게 사용하고, 어떤 경험을 얻을 것인가를 사용자에게 맡기는 것이다. 사용자의 사용성에 따라 변화되는 제품은 사용자의 경험을 개인화하고 강화하는 촉매가 된다.

EXPERIENTIAL CONSUMPTION

01

경험에 초점을 맞춘 새로운 소비자주의
DIGITAL CONSUMERISM

————

이제 소비의 목적은 제품이 아니라 경험이다. 소비자들은 경험을 사고 팔기 위해 제품과 서비스를 구매하고 판매한다. 이에 맞춰 판매자들도 경험에 초점을 맞춘 판매 방식, 경험을 소비하고자 하는 소비자들을 위한 서비스를 제공해야 한다.

제품 자체보다는 경험을 구매하려는 욕구로 인해 제품의 구매와 재판매 주기가 점점 짧아지고 있으며, 처음부터 재판매를 고려하고 제품을 구매하는 소비자들이 늘고 있다. 이들은 제품을 사용함으로써 느끼는 경험을 소중히 생각하며, 재판매나 중고 제품에 대해 유연한 마음가짐을 갖고 있다.

소비자들은 판매업체가 제품이나 서비스를 제공할 때까지 기다리지 않는다. 콘텐츠의 생산이 플랫폼의 발전을 따라가지 못하는 상황에서 이들은 필요로 하는 콘텐츠를 직접 변환하고 있으며, 이들을 위한 새로운 시장이 열리고 있다.

소비는 이제 경험이고 문화다. 특히 소셜 네트워크의 광범위한 확산은 소비 문화에 새로운 장을 연다. 소셜 네트워크에 고유한 문화코드로 묶인 소규모 집단은 소셜 커머스를 Cult Commerce로 변모시킨다.

오프라인 마켓의 성공전략, UX Mall

온라인 쇼핑이 스마트폰과 스마트TV로까지 영역을 확장하면서 위기 상황에 직면하게 된 오프라인 마켓이 '경험'을 성공 전략으로 내세우고 있다. 이는 우세한 접근성과 가격 경쟁력 등의 많은 이점을 갖추고 있는 온라인 쇼핑에서는 제공하기 어려운 요소로 오프라인 마켓의 특성을 잘 살릴 수 있는, 차별화된 비즈니스 모델로 이어진다. 다시 말해, 위축되는 오프라인 마켓이 주력해야 할 부분은 즉각적인 '상품' 판매보다는 '경험'의 제공에 있다. 사용자 경험을 판매하는 오프라인 마켓, 이것이 바로 UX Mall(User Experience Mall)이다.

샘플 랩(www.samplelab-international.com)은 경험이 곧 상품이 될 수 있음을 보여준 가장 성공적인 사례다. 2007년 10월, 일본 도쿄에서 첫 매장을 연 샘플 랩은 소정의 등록비와 연회비를 내면 매장에 진열된 모든 상품을 체험해보고 최대 5개 제품을 무료로 가져가서 테스트해볼 수 있다. 단, 무료로 샘플을 가져간 고객은 반드시 설문을 작성하거나 피드백을 돌려줘야 한다. 샘플 랩은 1년도 채 되지 않아 4만 여명의 유료 회원을 확보하는 대성공을 거두면서 전세계로 매장을 늘려가고 있다. 한국에서는 최근 디지털기기 구매 고객들을 목표로 한 체험 공간이 증가하고 있다. 픽스딕스(www.pixdix.com)는 일반 매장과 달리 판매 사원이 아닌 디지털 전문 상담원(DA, Digital Adviser)을 배치해 소비자들이 제품을 보고 만지는 것을 넘어 전문적인 정보까지 제공받을 수 있도록 총체적인 서비스를 지원한다. 소비자들은 제품을 바로 구입하거나 충분히 만져본 후, 온라인 쇼핑몰을 통해 최저가에 구입할 수도 있다. 결국, 픽스딕스가 추구하는 바는 판매점보다 디지털 놀이터에 더 가깝다.

UX Mall을 중심으로 기업과 소비자는 긴밀한 관계를 형성한다. 기업이 UX Mall에 상품과 함께 일정 비용을 제공하면 소비자들은 상품을 체험한 후 구매를 결정한다. 이 과정에서 자연스럽게 발생하는 소비자 의견을 반영할 수도 있다. 성공적인 UX Mall을 위해서는 판매 및 수익 구조의 혁신을 통해 소비자들에게 진짜 경험을 제공할 수 있어야 한다. RFID를 이용해 셀프 쇼핑 문화를 선도한 미국 컨테이너 스토어(www.containerstore.com)의 유통 및 판매 방식을 UX Mall에 적용하면 체험과 셀프 쇼핑을 결합한 형태로 나타날 수 있다. 매장에는 하나의 모델 당 하나의 제품이 진열되며, 소비자들은 그것을 아무런 제약 없이 충분히 체험해보고 마음에 들면 RFID 리더기로 태그를 스캔하기만 하면 결제, 포장 및 배송에 이르는 원스톱 쇼핑 시스템을 이용한다. 가까운 미래에 RFID 리더기가 장착된 스마트폰이 보급된다면 이 시스템은 모바일 쇼핑과 결합될 가능성이 높다.

결코 잊지 말아야 할 것은 UX Mall의 바탕은 경험을 제공하는 공간이라는 점이다. 따라서 소비자들에게 UX Mall은 상품을 파는 곳보다 상품을 체험할 수 있는 곳임을 더 강하게 어필해야 한다. 판매 사원의 눈치를 보거나 돈을 내야 할 필요 없이 마음껏 체험할 수 있는 곳이 바로 UX Mall의 이상적인 컨셉이다. 그렇다면 수익은 어디서 창출해야 하는가? 의외로 수익을 낼 수 있는 채널은 많다. 가장 쉬운 방법은 매장에서 직접 상품을 판매하는 것이다. 또는 온라인 쇼핑몰과 연계해 소비자들이 즉석에서 가장 합리적인 가격을 알아보고 구매할 수도 있다. 판매 경로가 전혀 없이 단순히 참여 기업들의 입점 비용으로도 수익을 낼 수 있다. 결론적으로 UX Mall이 추구하는 바는 소비자들에게는 공짜 체험을, 기업들에는 오프라인 마케팅 채널을 제공한다는 데 있다.

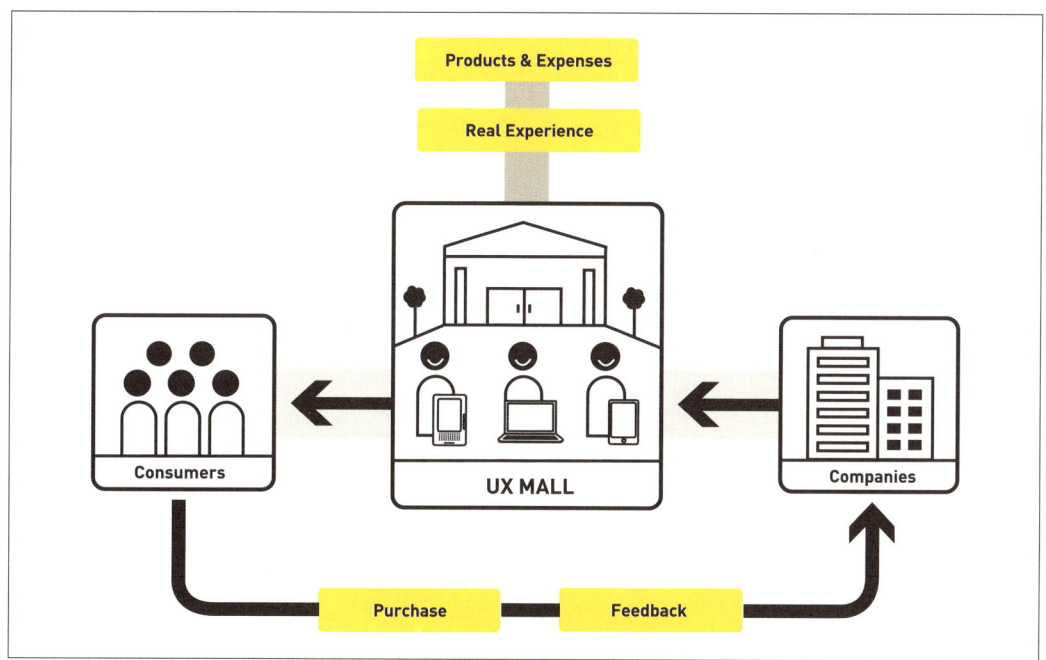

—**METATREND Vol.4** UX Mall

경험을 사고 파는 현대판 경험주의자, Exsumer

가치의 기준이 경험으로 옮겨간다. 현대판 경험주의자들은 새로운 제품과 기술을 직접 사용해보는 것에 만족감을 느낀다. 이들은 새로운 경험, 자신이 만족할 만한 경험을 찾기 위해 기꺼이 한 두 번 사용해본 신제품을 중고로 판매하고, 다른 중고 제품을 구매하기도 한다. 경험 자체에 목적을 둔 새로운 구매 패턴을 보이는 이들을 얼리 어댑터, 혹은 마니아라는 이름으로 부르기도 한다. 특히 전자제품과 같이 짧은 제품 사이클과 급격히 가속되고 있는 기술의 발전 속도는 이들의 구매 패턴을 더욱 짧게 만들고 있으며, 최근 특정 계층뿐 아니라 일반인들까지도 이들의 구매 패턴을 따라가고 있다. 디지털 시대의 트렌드 세터이자 오직 제품을 통한 경험에 집중하는 사람들, 제품의 경험을 통해 만족감을 느끼는 이들이 바로 Exsumer(Experience + Consumer)다.

전자제품의 짧은 라이프 사이클과 빠른 발전 속도는 소비자들을 계속 재촉한다. 한 달이 멀다 하고 쏟아지는 신제품들은 사용자들이 채 익숙해지기도 전에 또 다른 신제품이 밀려 구형 제품이 되고 만다. 이러한 현상은 소비자들의 전자제품 구매 주기를 짧게 만들고, 새로운 제품들의 기능에 눈을 돌리게 만든다. Exsumer는 전자제품의 짧은 라이프 사이클 속에서 제품을 사용함으로써 얻는 경험을 즐기는 사람들이다. 항상 새로운 기능과 기술에 관심을 보이며, 제품의 가치를 판단하고 이를 남에게 널리 알리는 적극적인 리뷰어인 이들은 자신들만의 커뮤니티를 통한 중고거래로 수많은 제품에 대한 경험을 쌓아간다. 제품은 어떤 기술에 대해 새로운 경험을 하고 싶어하는 사람들을 위한 하나의 출발점이자 도구가 된다. 하지만 같은

—**METATREND Vol.5** Exsumer

—**METATREND Vol.5** Exsumer

제품을 사용하더라도 개인이 느끼는 경험의 만족도에는 차이가 있다. 따라서 리뷰나 다른 사람의 평가만으로 제품을 대리 체험하는 것에 만족하지 못하는 사용자들이 바로 Exsumer가 된다. 이처럼 경험의 다양성을 즐기는 Exsumer들은 제품을 통해 경험의 과정을 즐긴다. 이들은 새로운 경험, 만족할 만한 경험을 얻기 위해 새제품과 중고제품을 구별하지 않고 자신이 경험해보지 못한 제품을 구매할 의사가 있는 사람들이다.

비즈니스 전문가, 톰 피터스(Tom Peters)는 "제품과 서비스가 다른 것처럼, 경험과 서비스는 다르다"라는 말로 시장이 제품과 서비스의 시대를 지나 경험의 시대로 진화하고 있음을 시사한 바 있다. 이것은 소비자가 제품을 구매하는 데 두는 가치의 기준이 오래 사용하기 위한 내구성에서 제품이 가진 기능과 성능 및 새로운 사용 경험으로 옮겨가고 있다는 것을 말해주고 있다. 소비자는 제품이 제공하는 신선한 즐거움과 제품을 사용하면서 얻는 경험을 원한다. 경험에 초점을 맞추고 있는 Exsumer들에게 최신 전자제품의 빠른 라이프 사이클은 축복이자 저주다. 숨막히는 속도로 쏟아져 나오는 수많은 제품들은 이들을 열광케 하지만, 이 많은 제품들로 인해 금전적 손해뿐 아니라, 기존에 보유하고 있는 수많은 전자제품의 처리에 골머리를 앓게 만든다. 더구나 이들이 열광하는 IT 가젯은 다른 상품과는 달리 시간이 지나면서 급격히 가치가 떨어지며, 긴 시간이 흐르면 아예 사용할 수도 없는 경우가 종종 발생한다.

Exsumer들은 새로 출시되는 제품의 라이프 사이클을 따라 더욱 짧은 구매 주기를 보인다. 또한, 이들은 새롭고 주기가 짧아지는 경험과 함께 남겨지는 제품에 대한 대비책도 마련한다. Exsumer들은 제품 패키지 박스부터 내부 부속까지 하나도 빠짐없이 보관하면서 재판매를 대비한다. 처음부터 제품을 오래 사용할 의도가 없기 때문에 최대한 물건을 깨끗하게 사용하면서, 짧지만 다양한 경험을 누리고자 한다. 이제 우리 사회는 필요한 물건만 구매하거나 혹은 하나의 제품을 평생 사용하는 것이 아닌 일시적 소유와 잦은 교체에 토대를 두는 세컨드 핸드 소비 문화로 접어들고 있으며, 이를 Exsumer들이 이끌고 있다. 때문에 평생보증과 같은 기존의 가치가 무용지물이 되고 있다. 최신 IT 가젯들은 평생 사용할 제품들이 아니다. 이미 제조업체들도 이같은 가치의 변화에 주목하고 있으며, 이를 고려한 디자인을 제품에 적용하고 있다. 가장 대표적인 것이 그 동안 소모품으로 취급되던 배터리가 제품에 내장됨으로써 배터리의 수명이 바로 제품의 수명이 되고 있는 것이다. 이를 통해 일반적인 사용 환경에서 3년에 불과한 배터리의 수명이 바로 제품의 수명이 된다. 배터리를 내장하는 제품 디자인은 애플을 선두로 많은 IT 가젯 제조업체들이 시도하고 있다. 이같은 제조업체들은 사람들의 상품 사용주기가 짧아지고 있다는 것을 간파한 것일까? 아니면 그것을 의도적으로 유도한 것일까? 중요한 것은 소비자들은 이미 중소형 기기를 평생 사용하고자 구매하지 않는다는 것이다.

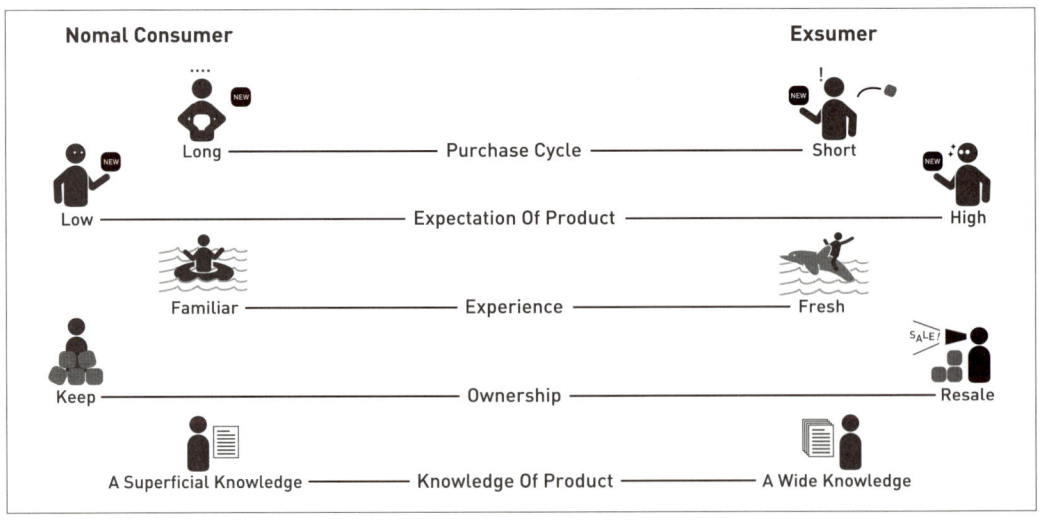

Exsumer들이 모이는 커뮤니티는 단순한 소비자 집단이 아닌 가장 까다로운 품질 평가단으로, 제조사들은 이들이 모이는 커뮤니티를 항상 모니터링한다. 경험이 자산이자 즐거움인 Exsumer들은 사람들에게 제품의 사용 경험을 알려주는 지식의 전달자 역할을 즐기며, 자진해서 그 역할을 감당한다. 또한 이들이 모이는 커뮤니티는 Exsumer가 경험을 위해 구매한 제품의 판매와 또 다른 제품의 구매를 위한 벼룩 시장이 된다.

온라인을 통해 서로 관계를 맺고 서로의 관심사와 경험을 공유하는 SNS 라이프 스타일 속에 Exsumer들의 영향력은 더욱 커진다. 그들은 SNS를 통해 자신과 비슷한 관심 영역을 가진 다른 Exsumer들과 자유롭게 경험을 나눈다. 특히 커뮤니티에서 활동하는 Exsumer들은 생산자의 의도가 담겨있지 않은 소비자로서의 의견을 제시함으로써 다른 소비자, 혹은 구매 예상자들에게 더욱 큰 영향을 준다. 이러한 사용자들의 솔직한 제품 사용 경험은 제조사의 의도와는 상관없이 여과없이 제품에 대해 알리는 새로운 커뮤니케이션 통로가 된다.

커뮤니티는 일종의 정보 장터이자, 중고품을 거래하는 장터이다. 일종의 인터넷 벼룩시장인 크레이그리스트(Craigslist.com)에 들어가면 각종 전자제품 및 자동차 등 분야별 게시판이 활성화되어 있다. 크레이그리스트는 자동차, 아파트, 구인구직, 각종 디지털 기기 등 전제품을 소개하고 판매하는 유명한 중고 장터이지만, 사람들은 이 곳에서 물건을 구매하는 것만이 아니라 자신의 경험까지 공유한다. 이렇게 Exsumer의 활동으로 중고거래가 활성화되면서 신뢰할 수 있는 결제방식도 중요해진다. 안전 결제 장치인 에스크로(Escrow)나 페이팔(Paypal) 계좌를 이용한 믿을 수 있는 온라인 결제 장치들이 커뮤니티 내에서 보장되어야 한다. 이러한 안전 결제 문화는 다수의 소비자 및 커뮤니티 신뢰도를 높이는 데에 일조한다.

Exsumer들이 경험을 하기 위해 물건을 구매할 때에는 신제품만 고집하지 않는다. 상대적으로 가격이 저렴한 중고 제품을 구매하는 경우도 있고, 다시 팔 때에도 중고시장을 통해 재판매를 하는 경향을 보인다. 만약 새제품을 사서 중고로 재판매할 경우, 소비자가 입는 손해는 경험을 위한 대가라고 생각한다. 다시 말해 이들은 제품을 사는 것이 아니라 경험을 사는 것이며, 제품의 가치는 물질적인 것이 아닌 경험이라는 추상적인 것에 있다고 믿는다.

즉각적인 생산형 소비자, Instant Prosumer

　제품의 생산과 개발에 직접 참여하는 소비자-프로슈머(Prosumer)의 다음 단계는 직접 생산활동을 하는 Instant Prosumer다. 이들은 기존의 프로슈머보다 더욱 스마트하며 까다로운 욕구를 갖고 있다. 또한, 원하는 것을 얻는데 걸리는 시간에 상당히 민감하다. 특히, 콘텐츠의 경우, 기업들은 디지털화되는 시장의 흐름에 뒤처지지 않도록 노력하지만 콘텐츠의 보급 속도는 소비자들에게 만족감을 주지 못한다. 기존 콘텐츠를 디지털화시키기 전에 기업은 저작권, 자본, 조직, 이해관계 등을 고려해야 하는데, 그 사이에 소비자들은 자신이 원하는 콘텐츠를 직접 디지털화한다.

　스마트폰과 태블릿 디바이스가 급속도로 보급됨에 따라 사람들은 자신이 원하는 콘텐츠를 바로 찾아서 볼 수 있는 즉시성에 점점 익숙해진다. 자신의 모바일 디바이스에 최적화된 디지털 콘텐츠를 최대한 빠르게 소유하려 한다. 그 속도의 수준은 '지금, 바로' 와 같은 단어에 준할 정도로, 기업은 그 속도에 대응하기가 어려우며 다양한 플랫폼들을 모두 포괄하기에도 상당한 시간이 걸린다. 사실상 콘텐츠의 디지털화를 늦추고 있는 일등공신은 저작권이

—**METATREND Vol.11** Instant Prosumer

라는 약속인데, 정작 콘텐츠를 소비하는 사람들은 기업에게 거침없는 개방을 요구한다.

소비자는 자신이 원하는 콘텐츠를 빠르게 얻기 위해 자연스럽게 Instant Prosumer로 변화한다. 예를 들어 TV를 통해 보급되는 방송 콘텐츠는 정해진 편성표에 따라 방송되며 그 시간을 놓치면 재방송을 보거나 웹에 녹화된 디지털 콘텐츠가 등록되기까지 일정 시간을 무조건 기다려야 한다. 방송 편성 시간에 맞추기 위해 자신의 생활리듬을 조절해야 하는 불편함, 그리고 방송 콘텐츠가 소비자의 디지털 콘텐츠가 되기까지 소요되는 시간-Instant Prosumer는 이 모든 것을 견뎌낼 생각이 없다. 그래서 등장한 것이 일본의 가라폰TV(www.garapon.tv) 서비스로, 철제 박스처럼 생긴 단말기를 통해 시청자가 방송 콘텐츠를 직접 디지털화시켜 여러 플랫폼에서 볼 수 있도록 한다.

가라폰TV의 단말기를 TV 안테나와 PC에 연결해두면 7개 TV 채널의 30일 분량을 녹화하고 스트리밍 영상으로 변환하여 아이폰, 아이패드, PC를 통해 시청할 수 있게 해준다. 이렇게 녹화된 디지털 방송 콘텐츠는 무선 인터넷으로 언제 어디에서나 다시 볼 수 있다. 이 서비스를 이용하면 방송 콘텐츠가 웹에 등록, 판매될 때까지 기다리지 않아도 되고 시청자가 가진 각종 디바이스에 맞는 형식으로 콘텐츠를 변환시킬 필요도 없다. 녹화된 방송 프로그램을 찾는 방법도 채널이 아닌 키워드 검색이므로 시청자는 보고 싶은 프로그램을 즉시 찾을 수 있다. 이것은 Instant Prosumer들이 추구하는 즉시성에 더욱 힘을 실어주는 요소다.

—**GaraponTV,** Garapon

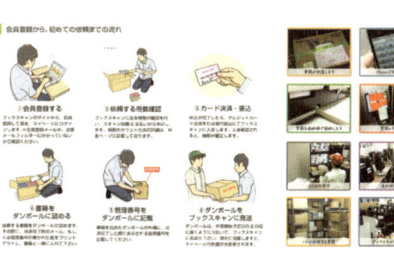

—**BOOKSCAN,** Yamato Printing

태블릿 디바이스와 전자책 리더의 보급이 늘어나면서 온라인 전자책 시장이 활성화되고 있으나, 모든 사람들이 그 편리함을 누리고 있는 것은 아니다. 출판사에서 책을 전자책으로 변환시켜 판매하기까지 긴 시간이 걸리는데다가 일부 책은 아예 전자책으로 나오지 않는 경우도 많다. 이에 따라 Instant Prosumer들은 자신이 소장하고 있는 책을 직접 스캔하여 전자책으로 변환한다. 이 변환 작업만을 전문적으로 대행해주는 서비스도 등장했는데, 북스캔(www.bookscan.co.jp)은 소비자에게 책을 배송받아 스캔해서 PDF 파일로 만들어 보내준다. 책 한 권당 100엔에 서비스 하며 스캔한 책은 반환하지 않고 폐기한다. 일본 아사히 신문(www.asahi.com)은 2010년 7월 18일자 기사에서 소장하고 있는 책을 직접 전자책으로 만드는 사람들에 대해 보도했다. 이 기사에서는 책을 스캔하기에 적합한 스캐너의 판매량이 크게 늘어나 출시 이후 100만대가 팔려나가는 히트 상품이 되었으며, 책의 페이지를 잘라 스캔하기 편하게 해주는 기업용 재단기를 개인이 구매하는 사례도 증가하고 있음을 알렸다.

기업이 소비자의 요구에 맞춰 빠르게 디지털 콘텐츠를 제공하기 어려운 환경 속에서, Instant Prosumer는 콘텐츠를 직접 디지털로 변환시키는 재생산 작업을 한다. 저작권과 개방 트렌드의 정면 충돌은 사람들의 모바일 라이프 스타일이 확산될수록 그 강도가 거세어진다. 플랫폼의 제약을 뛰어넘어 콘텐츠를 소비하는 행위 또한 Instant Prosumer의 주요 특징이다.

문화 중심의 소셜 커머스, Cult Commerce

문화를 중심으로 한 소셜 커머스(Social Commerce), Cult Commerce가 새롭게 등장한다. Cult Commerce는 다양한 사람들이 모인 SNS에서 고유한 문화코드로 관계를 맺은 집단을 대상으로 이루어지는 상거래 활동을 말한다.

사람들은 자신의 취향에 맞거나 필요한 제품과 서비스에 대해서는 관대하지만 무차별적인 상업 활동에 대해서는 무관심하거나 심지어 짜증을 낸다. 현재 그루폰(www.groupon.com)으로 대변되는 소셜 커머스는 단지 SNS를 마케팅 채널로 활용한 경우가 많다. 전통적인 공동구매 방식을 빠른 전파 속도를 가진 SNS를 활용해 구매자를 모집하는 방식으로, 광고나 이벤트를 개인이 보유한 네트워크를 통해 그대로 전파하도록 하는 것이 핵심이다. 그러나 여기에서 간과하고 있는 점은 SNS가 가지는 사람과 사람과의 관계성이다. Cult Commerce에서는 구매가 이루어지기 전에 관계를 구축한다. 같은 취향과 관심사를 가진 사람들을 엮어 제품의 생산과정에서부터 참여시키고, 자연스럽게 구매로 연결되게 함으로써 거부감 없이 다가간다. 따라서 SNS에서 고유한 문화를 매개로 모인 소수집단 컬트(Cult)에 주목해야 한다.

—**METATREND Vol.12** Cult Commerce

　Cult Commerce를 위해서는 거래자간의 동질감을 확보해야 한다. 구매할 제품과 서비스가 넘치는 시대에서 소비자들의 구매 기준이 상품 자체에 한정되지 않는다. 상품의 이면에 존재하는 감성적 가치와 판매하는 기업에 대한 신뢰성, 사용자와의 연관관계 등을 고려해 구매를 결정한다. 상품과 서비스에 반영된 감성적인 가치가 사용자가 보유한 감성과 일치한다면 상업적인 의도에도 불구하고 거부감 없이 상품을 구매할 것이다. 이 때 SNS는 유대감을 강화하고 유지시키는 가장 중요한 수단 중 하나가 된다. 고객들은 SNS를 통해 동질감을 느끼고, 이러한 관계를 맺고 있는 상품과 판매자를 선호한다.

　대표적인 SNS인 트위터(www.twitter.com)는 리스트(List) 기능을 이용해 같은 관심사를 가진 사람들이 자유롭게 대화할 수 있다. 여기서 한발 더 나아가 트위터에서 동호회처럼 활동할 수 있는 그룹을 만들 수 있는 서비스를 제공하는 사이트도 존재한다. 트위비(www.twibes.com)는 사용자들이 자유롭게 관심사에 대한 그룹을 만들어 운영할 수 있다. 그룹에 참여하는 사용자들은 그룹 멤버들이 주제에 맞는 포스트를 등록하면 타임라인에 나열한다. 트위비의 그룹 중 글루텐프리쿠킹(GlutenFreeCooking)은 전형적인 컬트다. 이들은 서로에게 GF(Gluten Free) 식품과 식재료, 조리법 등을 홍보한다. 회원은 GF상품 생산자이거나 소비자일 수 있다. GF상품을 생산하는 기업이 이들 그룹에 가입한다고 해서 어색하지 않고 이들에게 자사의 상품을 홍보한다고 해서 비난받을 일도 없다. 회원이 GF상품을 구매할 상황이 생겼을 때, 가장 먼저 구매를 고려할 대상으로 그룹에 존재하는 GF상품 생산자를 떠올린다고 해도 전혀 이상하지 않다. 컬트로 생산자와 소비자가 관계를 맺는다면 서로에게 동질감을 느끼는 관계가 되기 때문에 이상적인 상거래가 이뤄진다.

한국의 인터파크(www.interpark.com)의 서비스인 반니(Banni)는 자신의 문화 경험을 공유하는 SNS로 전형적인 컬트 오거나이저(Cult Organizer)다. 사용자는 책으로 표현된 영화, 전시, 공연, 책 등의 문화 콘텐츠를 메모와 함께 자신의 책장에 담고 다른 사용자와 공유하면서 다른 사람들의 메모를 확인한다. 또, 타인의 책장을 볼 수 있고 마음에 들면 구독할 수 있어서 동일한 취향의 사용자들과 지속적으로 관계를 맺는다.

브로스 문화(Bros Culture)는 보드카의 일종인 스미노프 아이스를 독특한 방법으로 마시는 젊은 층의 문화다. 미국의 대학과 파티하우스가 중심인 브로스 문화에서 스미노프 아이스를 마시는 방식을 아이싱(Iced or Icing)이라고 하여 한쪽 무릎을 바닥에 대고 쉬지 않고 한병을 단번에 마셔야 한다. 타임(www.time.com)은 2010년 5월 기사에서 이 문화를 유튜브와 페이스북과 같은 SNS를 통해 전염병처럼 퍼져나가는 새로운 소셜 마케팅 현상으로 설명했다. 이러한 문화 덕에 스미노프의 모회사인 디아지오(Diageo)의 의도와는 상관없이 스미노프 아이스의 판매량이 단기간에 늘었다. SNS에 제품을 이용한 문화가 생겨난다면 이처럼 제품의 판매량에도 절대적인 영향력을 행사할 수도 있다. 따라서 제품에 문화 코드를 반영하고 문화의 핵심적인 추종자이자 자발적 전파자인 Cult를 만들어가는 일이 중요하다.

컬트는 SNS를 통해 상품 생산에 참여한다. 쿠수닷컴은 개인의 아이디어를 제품으로 현실화해 판매하는 기업이다. 대표인 니시야마 고헤이(Nishiyama Kohei)는 제11회 세계비즈니스포럼에서 앞으로 사용자들의 아이디어로 만들어진 제품이 팔리는 소셜 매뉴팩처링(Social Manufacturing) 시대가 온다고 말했다. 이는 소비자가 생산에 참여하는 점에서 컬트

프로듀서(Cult Producer)와 비슷한 점이 있다. SNS는 개인뿐만 아니라 기업도 참여하기 때문에 컬트가 제품 생산에 참여하기 위한 인프라가 쉽게 구축된다. 예를 들어 세계적인 와인 감별사인 로버트 파커가 자신의 트위터에 이런 포스트 남겼다면 어떨까? "매년 질 좋은 와인을 생산하는 농장을 알고 있습니다. 제 팔로워(Follower)들께 소개하고 싶지만 생산량이 극히 적어 구하기가 쉽지 않습니다. 다행히 농장주께서 자금만 확보된다면 내년에는 제조량을 늘릴 생각을 가지고 계십니다. 제가 펀드를 구성해서 자금을 대고 미리 와인을 구매하려고 하는데 펀드에 가입하신 분들께 수익금으로 와인을 지급하는 것은 어떻습니까?" 이 포스트를 본 로버트 파커의 와인 애호가인 팔로워들은 생산되지도 않은 와인을 구매하고 SNS를 통해 생산되는 과정을 전해 들으면서 최종적으로 와인을 구매한다. 로버트 파커의 트위터를 중심으로 한 와인 애호가인 컬트는 선 구매한 와인을 똑같은 방법으로 다시 구매할 가능성이 높다. 생산에 참여해 받은 와인을 소비하는 것 자체가 컬트의 독특한 문화가 되었기 때문이다.

02

상품이 아닌 스토리에 집중하라
STORYTELLING MARKETING

상품에 내제된 스토리는 상품 이상의 가치를 제공한다. 독일 통일 선언문에 사인한 만년필, 유명 힙합 아티스트가 제작에 참여한 헤드폰 등 제품 자체뿐 아니라 인물과 역사, 기업의 철학은 사용자에게 제품을 사용하면서 느낄 수 있는 경험뿐 아니라, 소유하고 있는 것만으로도 독특한 경험을 제공한다.

디지털 기술의 발전으로 이제는 상품이 직접 소비자에게 말을 건네기 시작했다. 상품의 QR코드, 혹은 바코드는 소비자의 모바일 단말을 통해 메시지를 전달하고 제품의 상태와 역사를 이야기한다. 또한 이같은 코드는 자체로도 독특한 조형미를 통해 장식적인 요소와 함께 내제된 스토리를 제공하는 숨겨진 가치를 표현한다.

제품의 첫 개봉은 소비자의 기대감을 최고조에 이르게 한다. 여기에 한 발 더 나아가 첫 개봉의 기쁨을 더욱 특별한 경험으로 만들어 주고자 하는 시도가 이어지고 있다. 단 한 번밖에 할 수 없는 경험, 혹은 개봉 하면서 느끼는 따뜻하고 친절한 경험은 제품에 대한 첫 인상을 결정지을 수 있는 특별한 경험을 제공한다.

상품 이상의 가치를 제공하는 Stoduct

스토리텔링(Storytelling)과 제품(Product)의 합성어인 스토덕트는 단순하게 이야기하는 제품을 말하는 것이 아니다. 개인의 감성과 소통하는, 기업의 철학을 담긴 소비 이상의 이야기를 전달하는 제품이라는 뜻이다. 그에 반해 스투피덕트(Stupiduct)는 물건 이상의 가치를 증명하지 못하고 금새 잊혀지는 제품이다.

Stoduct는 상품의 가치와 자아를 동일시하는 소비자들이 감성적으로 제품을 구매하는 문화와 연관성을 갖는다. 이러한 배경 하에서 스토리텔링은 소비자들에게 더 큰 만족을 안겨줄 수 있다. Stoduct를 만들기 위해서는 기업 철학이 바탕이 되는 장기적인 안목의 종합적인 스토리 디자인 능력이 필요하다. 이 때, 인물(Charactor), 역사(History), 경험(Experience)은 훌륭한 스토리텔링 소재가 된다.

Stoduct는 기업에게 두 가지 이득을 가져다 준다. 첫째, 기업이 소비자에게 전달하고자 하는 메세지를 명확하게 하므로써 다른 상품과 구별되게 하며, 둘째, 소비자와의 상호작용을 개선시키고, 지속적인 관계를 형성할 수 있도록 도움을 준다. 궁극적으로 Stoduct는 소비자와 밀착된 감정을 공유함으로써 제품 생명력을 가지는 제품을 말한다.

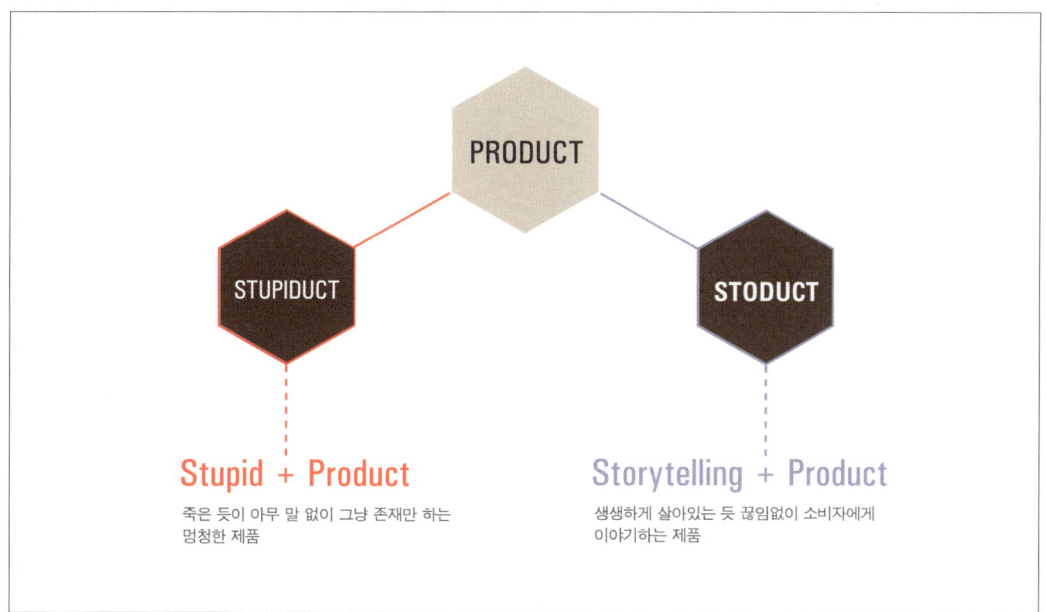

—**METATREND Vol.1** Stoduct

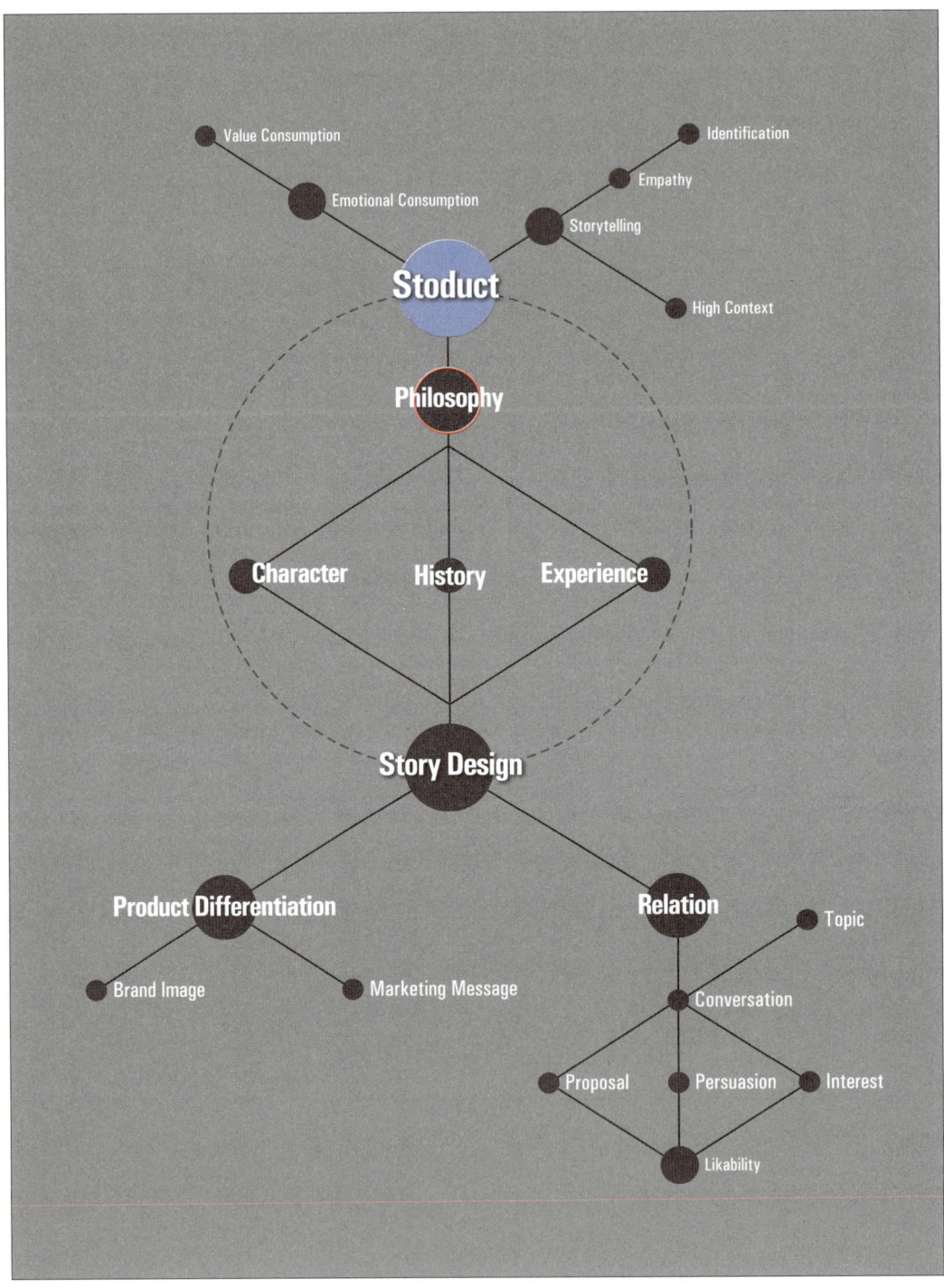

Stoduct

- Value Consumption
- Emotional Consumption
- Identification
- Empathy
- Storytelling
- High Context

Philosophy

- Character
- History
- Experience

Story Design

- **Product Differentiation**
  - Brand Image
  - Marketing Message
- **Relation**
  - Topic
  - Conversation
    - Proposal
    - Persuasion
    - Interest
    - Likability

'세계에서 가장 얇은 노트북'은 언제든지 바뀔 수 있다. 그러나 신뢰를 주는 이야기는 쉽게 만들어낼 수 있는 것이 아니다. 기술적 성취가 제품의 차별화로 바로 이어질 수 없는 지금, 나만의 가치라는 감성적인 이유로 구매 의사를 결정하는 소비자들을 주목하자. 오늘날 제품 디자인이 강조되는 것 역시 그것이 감성을 자극하기 때문이다. 사람들은 상품에 자신의 자아(Ego)를 투영한다. 이것이 주인에게 생명력을 부여 받은 Stoduct가 스테디셀러로 살아 남고 한낱 물건에 지나지 않는 스투피덕트는 잠깐 쓰이고 버려질 수 밖에 없는 이유이다.

신상품 개발의 첫 단추는 제품의 컨셉을 수립하는 것이다. 소비자의 욕구(Needs)를 반영하고 내부 역량과 시장을 분석해서 히트할 수 있는 상품을 만드는 것이 모든 기업들의 바람이다. 상품을 구성하는 요소 가운데 스토리는 그 상품이 Stoduct가 되느냐 스투피덕트가 되느냐를 가늠하는 기준이 된다. 왜냐하면 스토리에는 이전에는 무시되어 왔던 소비자와 밀착된 사용자 경험을 중요하게 다루기 때문이다. 소비자의 잠재욕구를 파악하고, 아이디어를 취합하는 단계, 여러 가지 스케치로 제품의 윤곽을 잡아가는 단계, 그리고 구체적으로 제품을 개발하면서 일어나는 복잡 다단한 수고의 과정은 모든 상품이 가지고 있는 공통적인 스토리이다. 상품 안에 기업 철학이 담겨 있는 스토리를 담아 상품을 구매하는 시점뿐만 아니라 사용하면서도 쌍방향으로 소비자와 대화하는 제품이 바로 Stoduct이다.

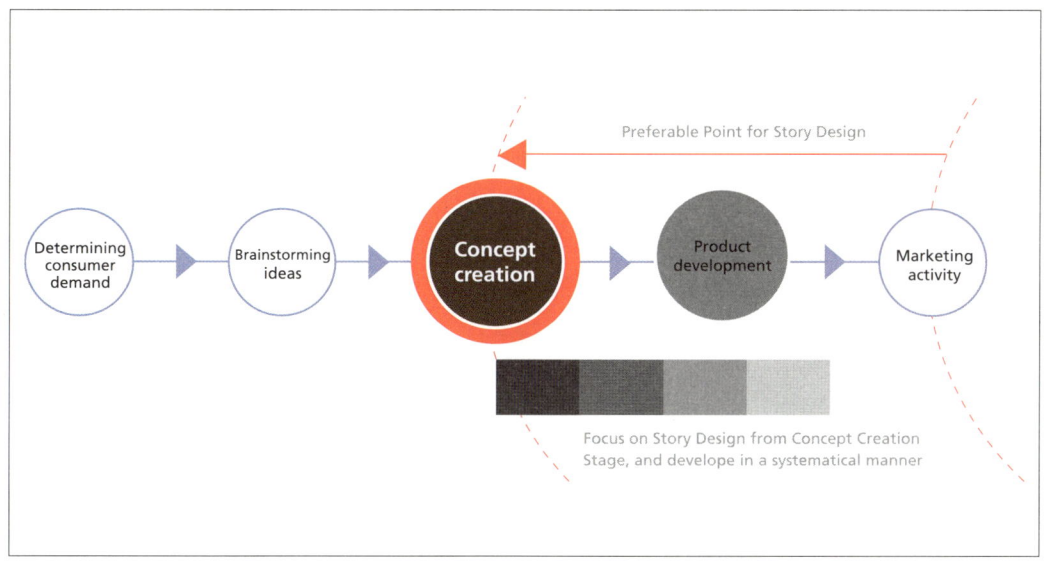

—**METATREND Vol.1** Stoduct

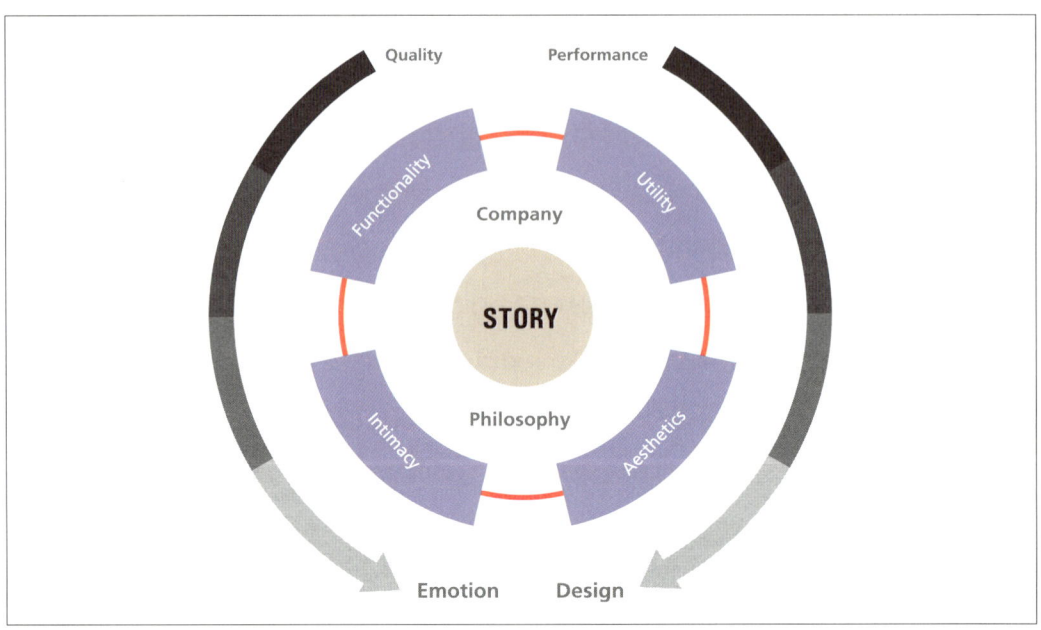

마케팅 단계에서 활용되는 홍보 목적의 일방적인 스토리텔링은 단기적인 효과밖에 기대할 수 없으며, 이야기가 쌓이면서 얻어지는 이득없이 매번 똑같은 노력과 비용이 든다는 측면에서 소모적이다.

갈수록 소비자의 목소리는 커지고 소비자 접점은 다채널화되고 있다. 타고난 스토리텔러보다는 지속적으로 소비자와 함께 스토리텔링할 수 있는 스토리 디자이너가 필요한 이유이다. 한 가지 주의할 점은 스토덕트 안에 내재된 스토리텔링의 진정성(Authenticity)이 상품의 생명력를 결정하게 될 것이라는 점이다. 단적으로 지금까지 스토리텔링을 활용하는 방법이 안일하였다는 것은 미국의 연방거래위원회(Federal Trade Commission)에서 현물, 현금 등의 대가가 있는 경우, 블로거가 그것을 명기해야 한다는 지침을 마련할 계획이라는 것만 봐도 알 수 있다.

공감은 스토리텔링의 자양분이다. 보스턴컨설팅그룹(BCG)의 연구 결과에 의하면 오늘날 소비자들은 자신에게 더 중요한 상품은 '트레이딩 업(Trading up)'하여 구매하지만 그렇지 않은 상품은 최대한 싸게 구매하려는 경향을 보인다. 사람들이 트레이딩 업 하는 이유가 무엇일까? 남는 시간을 활용하고 싶어서, 손이 많이 가는 일을 간편하게 하려고, 모양이나 색깔이 마음에 꼭 들어서, 무료한 자투리 시간을 활용하려고, 사회적 수준에 걸맞는 품위를 지키려고 등 공감하는 이야기는 물리적인 만족감 외에 정서적인 감흥을 불러 일으켜 스토리텔링을 강화시킨다.

포지셔닝, 마케팅 불변의 법칙의 저자인 잭 트라우트(Jack Trout)는 기업 스스로 더 좋은 스토리를 만들기 위해 노력하고, 브랜드 이미지를 향상시키기 위해 끊임없이 리포지셔닝(Repositioning) 해야 한다고 말한 바 있다.

요즘에는 하드웨어에 담긴 콘텐츠때문에 거꾸로 하드웨어를 구입하는 사람들이 늘고 있다. 이 콘텐츠가 바로 스토리텔링의 소재이다. 상품을 매개로 한 문화 현상은 소비자의 라이프스타일과 맞닿아 있으므로 가장 효과적이면서 오래 지속될 수 있는 장점이 있다. 세계적인 크리스탈 브랜드, 스와로브스키(Swarovski)는 영롱한 크리스탈 만큼이나 스토리텔링 마케팅에 있어서도 기억에 남는 기업 중 하나이다. 스와로브스키 크리스털 협회(Swarovski Crystal Society)는 전세계 40만 명 이상의 유료회원을 보유하고 그들만의 커뮤니티를 지원한다. 오스트리아에 방문하면 꼭 가봐야 할 명소 중 한 곳인 크리스탈 테마 파크, 스와로브스키 크리스털 월드(www.swarovski-crystalworlds.com)도 빼놓을 수 없다. 스와로브스키 크리스탈은 빛나는 물건일 뿐만 아니라 사람들과 대화하고, 추억을 만들 수 있는 제품이다.

상품을 구매하는 행위는 상품을 통해 무엇인가 다른 목적을 이루려는 의도를 담고 있다. 문화란 상품을 중심으로 벌어지는 여러 가지 라이프스타일 현상을 말한다. 사람들이 제품을 사용하면서 느끼는 감정, 인상적인 경험들은 그대로 제품에 스며든다. 누군가에게 자랑하고, 재미있게 얘기를 나눌 수 있는 환경을 조성하는 것이 바로 컬처 라이프스타일이다.

상품은 적극적인 이야기꾼, Code Storytelling

사람이 상품에 부여한 주관적인 의미에 따라 상품의 가치는 더해지거나 혹은 사라지기도 한다. 흔히 가격으로 대변되는 상품의 1차적 가치는 이성적인데 반해, 사용자의 의미가 더해진 2차적 가치는 감성이 개입된다. 여기에 Code Storytelling은 감성을 자극하기 위한 방법으로 디지털 코드를 상품에 적용한다. 디지털 코드는 상품을 설명하는 대변인이면서 동시에 디자인 요소로 사람들의 주목을 끄는 요소를 갖고 있다. Code Storytelling은 디지털 코드인 바코드나 혹은 QR 코드가 상품의 이야기를 전달하는 수단이며, 디지털 코드는 그 이야기를 알리는 적극적인 이야기꾼이 된다. 디지털과 연결된 Always Connected 환경에서 테크놀로지와 결합한 상품은 아날로그적인 상품보다 자신의 스토리를 알리는데 유리한 위치에 있기 때문에 Code Storytelling과 같이 사람들과 상품 사이에 생긴 소통의 창구는 앞으로도 늘어날 전망이다.

최근에는 다양한 소재와 크기의 디지털 코드가 등장하면서 정보를 전달하는 이전의 활용에서 벗어나 상품에 감성을 더하고, 동시에 사용자의 개성을 드러내는 수단으로써 활용되고 있다. 디지털 코드를 이용해 정보를 제공하는 아이디어 자체는 이전부터 있어 왔지만, 이제는 모든 사용자들이 주머니 속에 스마트폰이라는 개인용 바코드 스캐너를 가지고 다니면서 쉽게 상품의 이야기를 담고, 접할 수 있는 환경이 마련된 것이다. 스마트폰의 보급으로 디지털 정보와의 연결이 쉬워진 모바일 환경에서 온라인과 오프라인을 연결시켜주는 새로운 정보 메신저로써 디지털 코드가 다시 한 번 부상할 준비를 하고 있다.

디지털 코드는 상품을 대변하는 단순화된 아이덴티티다. 디지털 코드는 상품에 대한 스토리텔러의 역할을 자청하는데, 상품의 이야기를 듣고 싶다면 상품에 부착된 디지털 코드에 카메라를 대기만 하면 된다.

이야기가 담긴 상품은 디지털 코드에 사용자가 부여한 가치를 담고 있다. 상품은 사람의 기록을 통해 이야기를 시작한다. 더 테일즈 오브 씽즈(The Tales Of Things, talesofthings. com)에서는 내가 가진 물건을 사진으로 찍어 올림과 동시에 상품에 대한 나의 추억, 상품 정보 등이 함께 들어간 QR 코드를 만들 수 있다. 만들어진 QR 코드를 해당 상품에 붙이면 상품은 이야기를 가지게 된다. 이 사이트에서는 헬멧에서부터, 저금통, 신발까지 다양한 이야기를

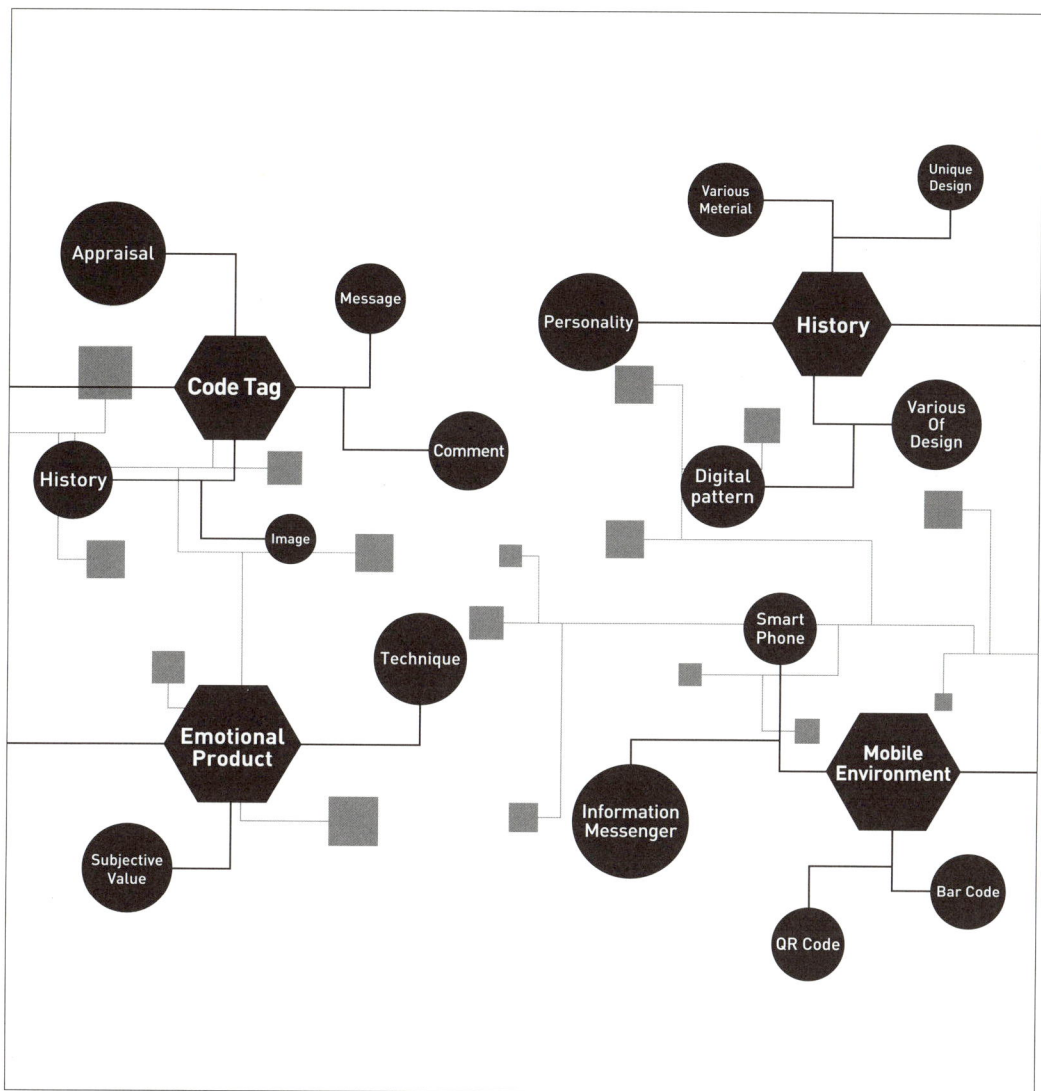

—**METATREND Vol.6** Code Storytelling

가진 상품들을 만날 수가 있다. 평범한 상품 속에 의미를 불어 넣는 디지털 코드는 사람들의 일상 생활 속에도 의미를 불어 넣는다. 얼마 전에는 아이폰 애플리케이션으로 출시되어 모바일을 이용해 나만의 QR 코드를 더욱 쉽게 만들 수 있다. 나를 잊지 마세요(Don't Miss Me)라는 메시지를 품고 있는 엔빌(Anvil)의 메시지 가방(Bullseye Messager Bag)은 디지털 코드를 통해 사람들에게 메시지를 전한다.

디지털 코드 스캐너를 가방 앞 QR 코드에 가져다 대면 메시지가 나타난다. 과녁 모양의 디자인 안에 있는 디지털 코드는 상품이 가지고 있는 메시지를 전하는 전달자이다. 상품에 역사가 새겨진다. 디지털 코드는 그것을 기록하는 태그가 되고, 소비자들은 디지털 코드를 통해 상품의 역사를 쉽고 빠르게 알 수 있다. 역사를 담고 있는 상품은 솔직함을 무기로 상품이 구매자에게 오기까지의 역사와 상품의 상세한 정보를 그대로 제공해준다. 이것은 신뢰감을 형성하는 계기가 되고, 동시에 상품을 평가할 수 있는 유용한 사실 자료이다. 또한, 상품에 담긴 역사는 사용자와의 커뮤니케이션을 시작하는 요소이다. 예를 들어 중고 상품을 구매할 때 그 상품이 언제, 어디에서 만들어졌는지, 상품의 전 주인은 누구인지 등에 대한 정보는 상품이 구매자에게 자신의 역사를 알리는 신호와도 같다.

구글(Google)은 최근 페이지 랭크(Page Rank)를 기초로 구글 맵(Google Map) 로고와 QR 코드가 붙은 스티커 10여 만 개를 미국에서 페이버릿 플레이스(Favorite Place)라고 불리는 사업체들에게 보냈다. 이 스티커가 창문에 붙어있는 가게 앞을 지나가다가 이 스티커의 QR 코드를 휴대폰 카메라로 보면 해당 가게에 대한 사용자 리뷰(User Review), 등급(Rating), 연락처, 관련 웹사이트, 할인 쿠폰 등의 다양한 정보를 얻거나 볼 수 있다. 가게의 역사는 평가의 자료가 되고, 사람들은 가게에 대한 자신의 의견을 얼마든지 추가할 수 있다. 디지털 코드는 디자인 패턴이 되기도 한다. 패턴 변형이 가능한 디지털 코드를 이용해 액세서리, 티셔츠 패턴 혹은 시계 다이얼 디자인까지 다양한 산업에서 활용할 수 있다. 일본의 QR

—**Bullseve Massager Bag,** Anvil   —**Favorite Place,** Google

코드 전문 제작사인 IT 디자인(IT Design)은 QR 코드 디자인을 강조한 디자인 OR 플러스 (Design QR Plus+)를 선보였다. 이곳에서 사용하는 QR 코드는 정방형의 검정색 디자인에서 벗어나 다양한 디자인과 색깔을 가지고 있다. IT디자인은 사용자가 희망하는 이미지를 QR코 드에 삽입해주므로 개인의 개성을 최대한 살린다.

QR 코드에 새겨진 개인의 이미지는 개인의 대표성을 나타내고, 기업 브랜드 마케팅에도 사용할 수 있는 훌륭한 아이템이다. 한 예로 루이 뷔통(Louis Vuitton)과 콜라보레이션을 선 보인 일본 아티스트, 무라카미 다카시(Murakami Takashi) 라인의 QR 코드는 무라카미의 디 자인 특징인 애니메이션 캐릭터와 멀티 컬러를 응용해 코믹하고 다소 엽기적인 QR 디자인 이다. 루이 뷔통이라는 브랜드가 QR 코드 디자인에 반영됨으로써 재미있고 흥미로운 브랜드 마케팅 소재로 사용되고 있는 것이다. 디지털 코드에 들어간 브랜드만의 패턴이나 로고 혹은 색깔을 이용해 브랜드 아이덴티티를 강화할 수 있다. 인상적인 메시지를 전달함과 동시에 디 자인의 미적인 부분까지 고려한 디지털 코드 디자인은 그 영향력을 넓힌다.

디지털 코드는 패션과 결합된다. 렌돌프 가와(lendorff.kaywa.com)의 스카프 끝자락에는 디지털 바코드 패턴이 그려져 있다. 목도리를 한 사람을 보면 바코드 디자인에 먼저 눈이 간 다. 평범한 사람이라면 시도해볼 수 없는 패션이지만, 독특하고 유니크한 디자인을 좋아하 는 사람에게는 베스트 아이템이다. 페브릭이나 실과 만난 디지털 코드 디자인은 좀 더 유연 하고 부드러운 인상을 준다. 색상과 패턴 그리고 신발의 솔기 디자인을 선택할 수 있는 맞춤 형 신발 케즈(www.keds.com)의 QR 코드 실내화는 QR 코드가 전체적인 인상을 좌우한다. 클래식 스니커즈로 대변되는 케즈의 미니멀한 디자인에 새겨진 디지털 코드는 사람들의 시 선을 끄는 포인트이다.

—**Design QR Plus+,** IT Design　　　—**QR Code Design,** Louis Vuitton

—**QR Code Keds Shoes,** Keds

상품과 만나는 첫경험, Joy of Unboxing

브랜드 마케팅에 있어서 첫 번째 과제는 브랜드를 기억시키는 일이다. 많은 경쟁 제품 가운데 선택되어 마침내 고객과 만나는 첫 번째 지점. 같은 제품을 재구매하지 않는 이상 제품을 개봉하는 순간은 딱 한 번 밖에 경험할 수 없기 때문에 이 때의 인상이 제품은 물론 브랜드에 대한 실질적인 이미지로 남는다.

'개봉의 순간'은 매우 특별한 지점에 위치한다. 사람을 처음 만났을 때 단 4초 만에 그 사람이 어떤 사람인지 판단하듯이 제품을 구매하여 내 손에 들어오기 전까지 제품은 추상적인 이미지로만 존재한다. 그러다가 개봉을 하는 순간 온전한 '나의 것'으로서 냉정하게 제품을 재평가하게 되고, 그 인상은 이후까지 제품 전반에 영향을 미친다. 심리학에서는 이것을 초두효과(Primary Effect)라고 하는데, 어떤 대상에 대한 첫 번째 인상이 나머지까지 전부 결정한다는 것이다.

상품을 사고 난 후에 작성하는 사용후기가 대세이긴 하지만 투박한 상자를 여는 것에서부터 시작하는 개봉기를 올리는 사람들도 많다. 개봉기는 가장 빨리 그 제품과 실질적으로 만나는 내용을 담고 있다는 이유로 사람들의 주목 받는다. Joy of Unboxing은 포장된 상자를 열어 내용물을 확인하고, 사용 설명서대로 첫 번째 조작을 시도하기까지의 일련의 과정을 포함한다. 이 첫 번째 경험은 제품의 이미지를 구체화하고, 브랜드를 각인하는 가장 중요한 순간이다. 잇츠 언박스드(itsunboxed.com)와 언박싱(www.unboxing.com)은 동영상으로 신제품의 개봉기만 올리는 사이트이다. 첫 화면은 대개 큰 상자를 보여주는 것으로 시작한다. 다음에는 상자를 열고 조심스레 내용물을 하나하나씩 꺼내서 보여준다. 맨 처음은 지극히 평범한 종이 박스일 뿐이지만, 무엇이 들어 있을지 알 수 없기에 집중하게 되고, 개봉하는 순간의 짜릿함을 함께 경험할 수 있다. 노키아(www.nokia.com)는 N900 프로모션을 통해 일명 해커박스로 불리는 상자를 독특한 방법으로 개봉하는 재미와 흥분을 제공했다. 이 상자는 실제로 해킹하는 것처럼 고객이 해커가 되어 USB를 컴퓨터에 연결, 해커박스 사이트(www.hackerbox.co.uk)에 접속해서 암호를 입력해야만 열 수가 있다. 성격 급한 고객이라면 답답해할 수도 있겠으나 스마트폰을 구매한 고객들의 취향에 걸맞는 이 흥미진진한 개봉 퍼포먼스는 분명좀처럼 잊을 수 없는 기억으로 남을 것이다.

개봉 퍼포먼스는 개봉을 앞두고 흥분된 심리 상태를 더욱 고조시켜 제품에 대한 인상적인 첫 경험을 제공한다. 쇼핑이란 일견 정글 속에서 보물상자를 찾아내는 것과 비슷하다. 오랜 시간을 들여 심사숙고해서 결정한 상품을 받아든 순간, 잘 결정했는지에 대한 걱정과 드디어 내 것이라는 안도의 감정이 교차한다. 특히, 최근에는 온라인으로 실물을 보지 않은 상태에서 구매하는 경우가 많은 만큼 제품의 특성을 살린 독특한 개봉 방법이나 패키징은 고객을 향한 기업의 성의를 반영하기 때문에 긍정적인 이미지를 심어주는 포인트이다. 파펠토크(Pappeltalks)는 증폭편직기를 악기 삼아 연주하는 이반 팔라스키(Ivan Palacky)와 해체된 피아노로 연주하는 안드레아 노이만(Andrea Neumann)이 2009년에 발표한 음반이다. 밀봉된 CD의 가장자리 씰을 떼어 내면 갑자기 하얀 표면에 얼룩 무늬가 생긴다. 개봉하는 사람의 다양한 테크닉에 따라 잉크가 번져 자연스럽게 얼룩지는데, 체코의 디자인 스튜디오, 휴베로 코로로(www.huberokororo.com)의 야로슬라프 유리차(Jaroslav Jurica)가 디자인했다. CD를 개봉하는 순간에 미처 예상하지 못한 퍼포먼스는 개봉하는 즐거움을 더욱 인상적으로 기억시킨다.

일단 개봉을 하고 나면 아무 것도 되돌릴 수 없다. 단순히 반품이 어렵다는 것이 아니라 그 제품을 사용하면서 다시는 처음과 같은 흥분을 경험할 수 없다는 말이다. 그래서 단 한 번만 느낄 수 있는 그 순간을 영원히 간직하고 싶다. 예를 들어 애플(Apple)의 맥북(Macbook)은 기기를 처음 부팅할 때 각 나라 언어로 환영 메시지를 보여준 다음, 사용자 등록 시에 사용자의 표정을 웹캠으로 촬영해 함께 등록한다. 이는 제품과 사용자를 일체화하여 각인하는 과정이다. 제품을 개봉하는 것은 롤러코스터(Roller Coaster)를 타는 것만큼이나 흥미진진해서

—**N900**, Nokia

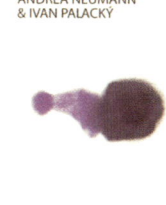

—**Pappeltalks**, Hubero Kororo

사진을 찍어둘 만한 가치가 있다.

Joy of Unboxing의 마지막 단계는 처음으로 제품을 조작해보거나 사용 설명서를 확인하는 것이다. 이 첫 번째 사용경험은 매우 중요해서 비록 직접 대면하지는 못하더라도 친절하고 자상하며 세심하게 진행되어야 한다. 대부분의 고객은 이미 제품에 대한 많은 정보를 가지고 있지만 직접 만져본 시간이 적고, 제품을 제대로 사용해본 것은 아니므로 모든 것이 낯설고 서툴다. 따라서 실질적으로 처음으로 제품을 대하는 이 순간의 친절한 사용경험은 제품에 대한 좋은 인상을 심어주기에 매우 효과적이다.

더 많은 사람들이 첨단제품을 사용한다. 예전에는 사용 설명서 없이도 간단하게 사용할 수 있었던 것이 언젠가부터 많은 기능을 탑재하게 되면서 점점 더 복잡해지고, 사용하기가 어려워졌다. 아웃 오브 더 박스-북(Out of the Box-Book) 컨셉은 처음 제품을 접하면서 겪는 낯섬을 최소화하는 패키징 디자인을 보여주는 훌륭한 사례이다.

삼성 디자인 유럽과 RCA 헬렌 함린 센터의 오랜 리서치 결과로 탄생한 이 컨셉은 새로운 기기를 처음 사용하는 데 두려움을 갖고 있는 고객들을 위해 고안됐다. 휴대폰이 담겨 있는 책 스타일의 케이스는 사용 설명서 기능을 함께 가지고 있어서 동화책처럼 한 장씩 페이지를 넘기면서 사용법을 간단하게 익힐 수가 있다. 제품 개봉과 함께 사용법을 익힐 수 있는 패키징으로, 제품을 더욱 가깝게 해주고, 개봉 후 흥분된 마음을 친절한 사용 설명서로 안정시킨다. 이제서야 제품을 마음껏 사용할 준비가 된 것이다.

—**Out of the Box-Book,** Samsung Design Europe & RCA Helen Hamlyn Center

03

사용자에게 더 많은 자유를 부여하는
USERISM

───────

　제품은 형태만 남고, 제품을 규정하는 것은 소비자가 된다. 따라서 디자이너는 더 많은 권한을 소비자 즉 사용자에게 이양한다. 최종 사용자(End User)란 여러 가지 의미를 가진다. 기업에서 만드는 제품을 가장 마지막에 구매하여 사용하는 소비자(Consumer)를 뜻하는가 하면, 역으로 제품을 처음 만드는 단계에서 모티브를 제공하는 동기 유발자(Motivator)이기도 하다.

　과거에 DSLR 카메라는 전문가용으로 분류되었지만 지금은 평범한 제품보다 약간 더 비쌀 뿐이다. 심지어는 평범한 카메라로도 약간의 열정과 전문가용 소프트웨어를 통해 전문가 못지 않은 결과를 만들어낼 수 있다. 아예 프로와 아마추어의 경계가 모호한 프로튜어(Proteur)라는 신조어가 생겨날 정도이다. 또한 사용자(User)가 제작에 참여하는 일이 더 이상 특별한 사례가 아니다. 오늘 날 프로페셔널리즘의 붕괴는 그대로 디자인의 위기로 이어지고 있다. 그 중에서도 터치 스크린의 발달로 촉발된 제품 디자인 환경의 변화도 Userism을 촉진시키는 원인 중 하나이다.

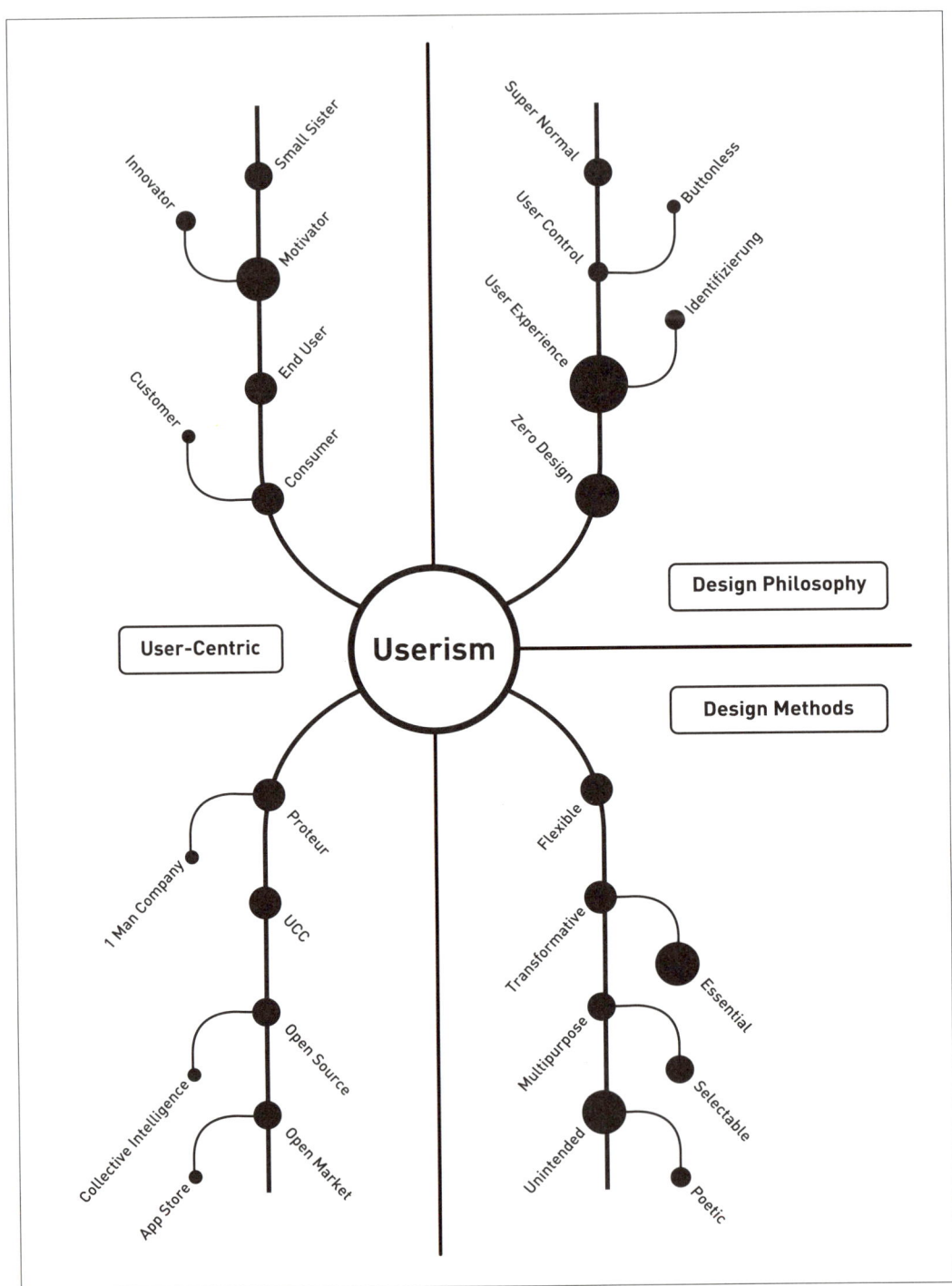

Userism

User-Centric

Innovator
Small Sister
Motivator
End User
Customer
Consumer

1 Man Company
Proteur
UCC
Collective Intelligence
Open Source
App Store
Open Market

Design Philosophy

Super Normal
Buttonless
User Control
Identifizierung
User Experience
Zero Design

Design Methods

Flexible
Transformative
Essential
Multipurpose
Selectable
Unintended
Poetic

선택하려는 자유 의지

　소비자들을 그룹화하기가 갈수록 어려워지고 있다. 소비자들은 더 작은 단위로 분화된다. 더욱 곤란한 것은 각기 다른 '나'를 강조하는 소비자들의 요구사항을 일일이 들어줄 수가 없다는 점이다. 이전에는 소수의 그룹을 무시하는 방법으로 이러한 문제를 넘겼으나 앞으로는 이마저도 쉽지 않다. 아무리 많은 기능을 제품 안에 넣는다 하더라도 한 사람의 소비자가 원하는 바로 '그것'이 없으면 그 제품은 무용지물에 불과하다. 구매 초기에 소비자들은 다른 소비자들의 평가에 민감하지만 최종 의사결정 과정에 이르러서는 '너는 너이고 나는 나'라는 생각으로 구매를 결정하곤 한다.

　소비자는 목표 시장이 아니라 구매 인격체이다. 개척해야 할 시장의 관점이 아니라 사람을 관찰하는 성의가 필요하다. 지금의 소비자들은 제품을 이용하면서도 전지전능의 자신의 힘을 과시하고 싶어 한다. 이것이 어떻게 하면 더 많은 권한을 줄 수 있는지를 고민 해야하는 이유이다. 유튜브는 움직이는 영상을 가지고 놀 수 있는 놀이터이며, 앱스토어는 개발자들이 실력을 뽐낼 수 있는 벼룩시장과 같다.

　사용자 모드는 사용자에게 더 많은 권한을 준다. 지나치게 복잡할 경우에는 가이드나 템플릿을 제공할 수도 있다. 무엇인가를 고정하기보다는 가변체를 활용한다. 그 중에서도 모듈처

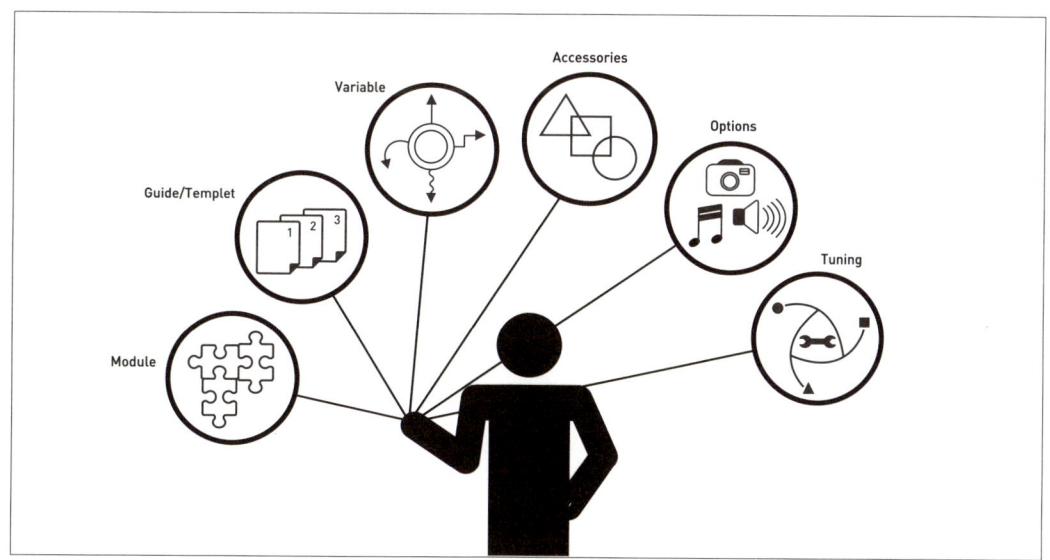

—**METATREND Vol.2** Userism

럼 분리되어 착탈 가능한 아이디어들은 소비자에게 환영받는다. 물체는 고정되어 있기보다 관절을 이용해 움직인다면 더욱 다양한 재미를 줄 수 있다. 그것이 쉽지 않다면 액세서리에 관심을 가져볼 만 하다. 튜닝은 귀찮을 수도 있지만 한 번 빠지면 시간 가는 줄 모르는 집중력 이 발휘된다. 다양한 옵션도 소비자들에게 커스터마이징된 느낌을 선사할 수 있다.

지정하지 않는, 여백의 디자인

우리는 자주 우리의 제품을 설명하기 위해 소설과 같은 방식을 선택한다. 기능 하나 하나 를 자세하게 이야기해야만 나의 의도를 충분히 전달할 수 있다고 생각한다. 그러나 Userism 에 입각한 디자인은 자칫 불친절하게 느껴질 수도 있다. 그것은 마치 깊은 생각을 담은 몇 줄 의 시처럼 간결하고, 담백하다. 그래서 더 많은 여운을 남긴다. 많은 것을 디자인하려고 하 기보다는 한 템포 천천히, 차라리 약간 떨어진 거리에서 관망한다. 소비자는 제품을 무슨 용 도로 사용할 것인지 생각하고, 자기만의 방식으로 사용할 수 있다. 제품은 그제서야 이름을 갖는다.

디자이너의 치밀한 의도에 따라 사용자가 제품을 이용할 것이라고 믿어왔다면 지금까지 UI가 그렇게 중요하게 취급되지도 않았을 것이다. 그리고 실제로는 디자이너의 의도를 거의 무시하는 사용자들이 대부분이다. 여백이 있는 디자인은 디자이너의 눈으로 본다면 무언가 채워져 있지 않은 것처럼 보인다. 그래서 자꾸 욕심이 생긴다. 하지만 사용자에게는 그것으 로 충분하다. 채워지지 않는 부분에 대한 걱정은 제품이 사용자의 손에 들어가는 순간 달라 진다. 그 나머지는 사용자의 몫이다.

후카사와 나오토(Fukasawa Naoto)와 재스퍼 모리슨(Jasper Morrison)이 제안하는 '슈퍼 노멀(Super Normal)'은 무언가 대단하게 디자인된 제품을 가리키는 말이 아니다. 오히려 슈 퍼 노멀한 제품은 제품의 우수성을 보이지 않도록 감춘다. 평범하면서 동시에 특별한 것. 극 도로 특별해서 일견 평범해보이는 것이 슈퍼 노멀이다. 심지어 그들은 "디자인을 아예 생략 해버리는 디자인이 더 바람직해보인다"라고까지 말한다. 평범함의 원형을 찾아서 오랜 시간 에 걸쳐 우리의 생활 속에서 공헌하는 제품을 디자인하려고 노력한다. 인간과 관계없이 디자 인되는 디자인에 대한 반발이다.

가구에 대한 고정관념은 튼튼하다는 것이다. 터키 이스탄불 소재의 데미르덴 디자인(Demirden Design)에서 만든 일리오 북웨이브(www.ilio.eu)는 펠트 패브릭(Felt Fabric)과 스테인레스 스틸 소재를 이용해 이것을 깨뜨렸다. 칸칸마다 무엇을 넣느냐에 따라 형태가 결정된다. 북쉘프이면서도 커튼이 되기도 하고, 공간을 구분하는 역할도 한다. 소비자들은 이러한 놀이에 즐거움을 느낀다. 지정하지 않기에 자연적으로 발생하는 여백은 우리 에게 자유로움을 안겨준다. 어떠한 방식으로든 응용할 수 있으며, 다양한 각도에서 바라볼 수 있는 여유가 있다. 소비자는 완성품에서조차 자기만의 사용성을 만들고 싶어 한다.

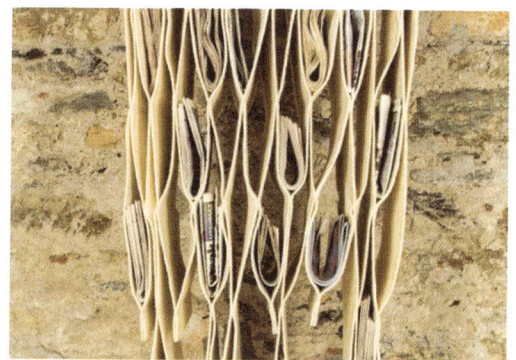

—**Ilio Bookwave,** Mehtap Obuz(Demirden Design)

사용자 경험을 중시하는 수용자 중심주의

사용자가 제품을 통해 획득하는 경험은 제품의 정체성을 결정한다. 제품은 처음부터 무엇으로 만들어지는 것이 아니라 사용되면서 그 존재 가치를 입증한다. 디자이너는 사용자들이 더 편리하게, 더 많은 것을 컨트롤할 수 있도록 디자인한다. 상품은 처음부터 계획대로 만들어지는 것이 아니라 사용자에 의해 나중에 역할을 부여받으며, 그것은 언제나 가변적이다. 디자이너의 의도보다 소비자의 사용 경험이 우선한다. 어떤 물체를 무엇으로 인식할 것인가, 혹은 대상에 대해 어떠한 감정을 갖고 느끼는가에 대한 대답은 순전히 사용자에게 있다. 이런 이유로 이 문제에 대한 정답은 결코 있을 수가 없다. 왜냐하면 백이면 백 전부 다르게 이야기할 것이기 때문이다.

—**METATREND Vol.2** Userism

제품들에 버튼이 사라지고 있다. 디스플레이는 기기 외부에 물리적인 형태로 존재하던 버튼과 각각의 제품들이 가지는 정체성을 삼켜버렸다. 더 많은 디자이너들이 형태가 없는 제품들을 디자인하는 데 적응해야 한다. 따라서 디자이너의 역할도 달라진다. 새로운 디자인은 모든 디자인 요소들이 고정되어 있지 않고 독립적이다. 그들은 어떤 식으로든 재배치될 수 있다. 이런 환경에서는 기존 제품 디자이너보다 형태에 대한 고정관념이 없는 시각 디자이너가, 편집 디자이너보다 유동적인 인터렉션에 강한 웹 디자이너가 유리하다. 최근 건축 디자이너가 제품 디자인 분야에서 두각을 나타내는 것 역시 3차원적인 공간을 이해할 줄 아는 그들만의 장점이 이전보다 유연한 환경에 더 적합하기 때문이다.

제품은 고유의 형태를 구분할 수 없게 될 것이다. 디자이너는 사용자가 기계와 원활하게 소통할 수 있는 툴을 디자인하기만 하면 된다. 이로써 디자이너의 권한은 상당수 사용자에게로 넘어간다. 디자이너가 늘어놓은 재료들로 소비자들은 그것의 용도를 결정한다. 4인치 네모난 기기를 휴대폰으로 사용할지, PMP나 전자사전으로 사용할 지는 소비자들의 몫이다. 사용자 경험은 제품의 정체성을 규정짓는 결정적인 요소가 된다.

CONTEXT
맥락 중심의 개인화

04

Closer to Human

Move to Human

Understanding Human

Remote Controller

Smartphone

Bluetooth

WIS

Watchdog

Wearable Sensor

Fitness

Healthcare

Digital Doctor

Emergency Medical Service

Military

Mobile & Remote Healthcare

Mobile Network

Public Welfare

From Emotion To Communion

Human

Emotion

Personality

Interaction

Communion

Network

Machine

각각의 개인에 초점을 맞춘 맞춤형 제품과 서비스는 일단 사용자의 성향을 파악하고 사용자가 처해 있는 상황을 인식하고 이에 맞춘다. 지금까지 개인화는 사용자가 미리 설정한 값에 따라, 혹은 사용자가 상황에 따라 지정해야만 가능했다.

이제는 각종 센서와 사용자에 대해 이해하기 시작한 제품과 서비스가 이같은 패러다임을 변화시킨다. 사용자의 주변에서 사용자와 주변을 인식할 뿐 아니라 감정적인 교감까지 이끌어내는 센서는 더 지능화된 개인화를 이끄는 기반을 마련한다.

기계들은 단순히 사용자의 입력만을 기다리지 않고, 능동적으로 사용자의 작업을 최소한으로 줄여줄 수 있도록 스스로 생각하고 판단하며, 심지어 추천까지 해준다. 이를 가능케 하는 것이 바로 맥락 중심의 개인화다.

단순히 사용자의 현 상태만 파악해서 결정하는 것이 아닌, 지속적인 사용자에 대한 모니터링과 현재의 위치, 주변의 상황, 기존의 행동 등을 기반으로 컨텍스트를 구성해 이를 통해 사용자에게 맞춘 개인화된 환경을 제공하는 것이다. 한 순간의 값이나 결과보다는 주변에 대한 파악, 관계 중심의 이해가 필요한 이유가 바로 이것 때문이다.

CONTEXT

01

이제 검색의 대상은 콘텐츠가 아닌 컨텍스트
CONTEXT SEARCHING

———

모바일 단말은 사용자에 대한 많은 정보를 갖는다. 사용자의 행동 패턴, 위치 그리고 스케줄 등을 항상 사용자의 곁에서 지켜볼 수 있다. 따라서 모바일 단말을 이용한 검색은 기존의 검색과는 다른 방향으로 진화한다.

하루에도 무수히 쏟아져 나오는 정보의 바다에서 원하는 정보를 바로 찾는 것은 점점 더 어려워지고 있다. 특히 책상 앞에서 데스크톱을 통해 느긋하게 정보를 찾는 것과 모바일 환경에서 이동 중에 급하게 정보를 찾는 것은 상당한 차이가 있다. 이때 필요한 것이 바로 컨텍스트 중심의 검색이다. 사용자의 현재 위치, 지금 하고 있는 작업은 물론, 스케줄과 현재 이동 경로 등을 파악하고 적절한 검색을 미리 제안하는 것은 물론이고 소셜 네트워크를 통해 나와 비슷한 성향을 갖고 있는 주변의 사람을 중심으로 검색하는 것이 바로 Context Searching이다.

또한, 시간의 흐름에 따라 변화하는 검색 결과를 통해 전후 관계를 쉽게 파악할 수 있는 것도 컨텍스트를 이용한 검색의 또 다른 활용이다.

사용자 중심의 검색, Surround Finding

Surround Finding은 검색 의도를 파악하기 위해, 다시 말해 내가 궁금해 하는 것을 더 잘 알기 위해 나의 생체 정보, 행동을 관찰하고 센서와 태그를 이용해 내 주변 정보까지 받아들인다. 또한, 검색어가 다양한 정보가 혼합된 DB와 매칭되기도 한다. 검색은 세상을 보여주는 창이자, 세상과 소통하는 길을 알려주는 실마리이다. 우리가 무엇을 검색한다는 것은 곧 우리가 세상을 어떻게 인식하고 있는가를 보여주는 창이다. Surround Finding은 나를 잘 알고 있어서 나의 주변으로부터 필요한 정보를 최적화하여 필터링하는 능력을 가진다.

검색이 이루어지기 위해서는 두 가지 전제 조건이 있다. 어딘가에 내가 찾는 것이 있을 것이다 혹은 누군가 내가 찾는 정보를 아는 사람이 있을 것이라는 확신이다. 기존에는 전자를 더 중요시했다면 Surround Finding에서는 후자가 더욱 사람들의 관심을 끈다.

검색에 대한 환경과 방법이 달라진다 해도 여전히 신뢰성, 정확성, 속도는 검색의 핵심 명제다. 그리고 이제 신뢰성은 소셜로, 정확성은 프로파일링으로, 속도는 모바일로 해결하려고 한다. Surround Finding은 언제나 나로부터 내 주변의 것들을 찾아내는 것에서부터 시작한다.

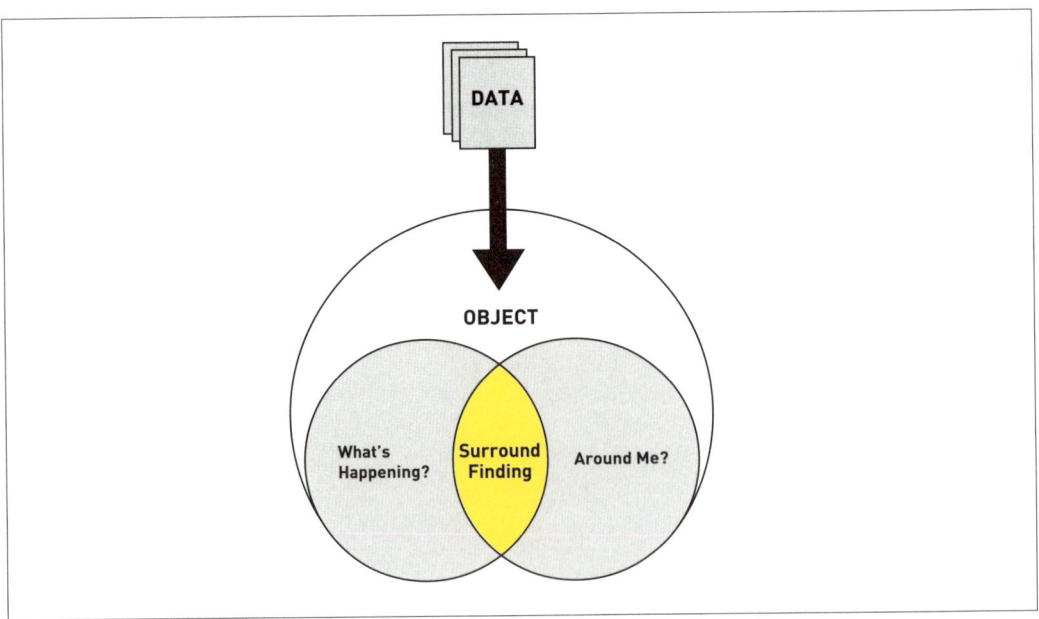

—**METATREND Vol.3** Surround Finding

24시간 나의 손을 떠나지 않는 휴대폰은 나의 라이프스타일을 전부 파악하고 있는 최초의 개인화된 기기로, 미래 검색의 핵심 수단 중 하나이다. 현재도 휴대폰은 매우 스마트해지고 있는데, 특히, 휴대폰에 내장된 GPS는 사용자의 위치 정보를 담고 있어서 현실세계를 검색하는데 매우 유용하다. 2009년 12월 7일, 미국 실리콘 밸리에서 소개된 구글(www.google.com)의 새로운 검색 서비스, 구글 서제스트는 위치 정보를 기반으로 같은 검색어에 대해 다른 검색 결과를 제시한다. 즉 'RE'라는 문자를 입력하면 보스턴에 있는 사용자에게는 보스턴의 유명한 야구 구단인 보스턴 레드삭스가 상단에 노출되고, 샌프란시스코에서라면 REI라는 아웃도어 용품 매장이 먼저 검색된다는 것이다.

미래의 검색엔진은 나를 중심으로 그 주변을 입체적으로 알려준다. 즉 '나'는 검색의 핵심이다. 문제는 질문에 합당한 답변을 찾기 위해서는 정확한 선행 정보가 필요하다는 것인데, 이것은 사용자 프로파일링으로 해결한다. 나의 취향, 습관, 주변 환경, 지인들은 24시간 나를 따라다니면서 항상 인터넷과 연결시켜주는 디바이스-휴대폰, 스마트북 혹은 그 밖에 작고 가벼우면서 저렴하기까지한 단말기-에 의해 저장되고, 분석된다. 이러한 사용자 프로파일은 더욱 정확한 검색 결과를 제안하는 수단이 된다. 우리는 사진을 검색할 때 분위기를 검색하고 싶어 하고, 음악을 검색할 때는 감정의 치유를 바란다. 이처럼 검색자의 욕구는 매우 심오하고, 복잡하여 쉽게 알아내기가 힘들다. 반대로 검색의 완성도를 높이기 위해서 나에 대한 학습이 충분하다면 검색에 대한 만족도는 그 만큼 높아질 것이다.

DigiSensus는 Surround Finding에서도 적용된다. 센서는 나의 환경을 이해하는 매우 중요한 도구 중 하나이다. 근래 가장 환영받고 있는 위치 센서는 사용자의 위치 정보를 담고 있으며, 웨어러블 센서는 사용자의 신체 변화는 물론 감정 상태까지 감지한다. 온도와 습도 센서는 건물 밖의 한 도시의 정보가 아니라 내가 생활하고 숨쉬는 내 방의 온도와 습도를 알려 준다. 센서는 기기가 나의 주변을 인식하는데 좋은 수단이다. 센서로 획득한 정보는 사용자 프로파일링 정보와 결합하여 더 정확한 검색을 위한 자양분이 된다.

온라인 상의 정보들이 URL을 갖고, 일부 정보들은 태그 정보를 갖듯이 이 세상에 존재하는 모든 사물들은 다른 사물과 구분되는 주소와 태그를 갖는다. 이 태그가 대상의 실체를 증명하는 증거가 된다. 이 때문에 태그는 검색자가 특정 대상을 찾는데 있어 더 빠르고 쉬운 길을

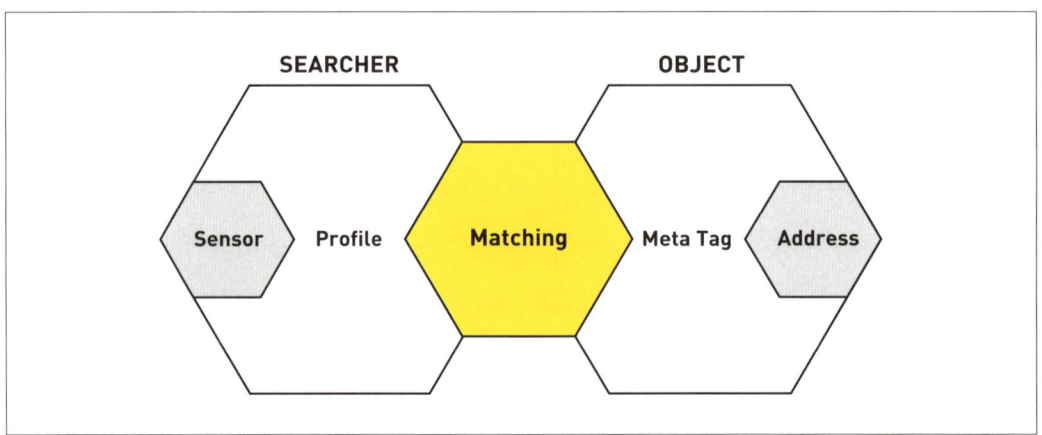

—**METATREND Vol.3** Surround Finding

제시해준다. 검색 로봇은 사물의 메타 태그를 읽어 들여 찾는 대상이 맞는지 확인한다.

검색 행위에 있어서 사용자의 의도보다 더 중요한 것은 없다. 인터넷의 아버지라 불리는 팀 버너스 리(Tim Berners-Lee)는 1998년 시맨틱 웹(Semantic Web)을 제안한다. 이것은 사람들이 세상을 이해하는 것을 컴퓨터가 다룰 수 있는 형태인 온톨로지(Ontology)로 표현하고 그것을 처리하겠다는 의지를 담고 있다. 시맨틱 검색은 이것의 연장선 상에서 자연어 검색, 비언어 검색 등으로 발전되고 있지만 여전히 사용자의 의도(Context)를 완전히 이해하는 데에는 어려움을 겪고 있는 것이 사실이다.

맥락 검색(Contextual Search)의 시작은 두 개 이상의 사용자 프로파일을 결합하여 검색 결과를 추출해내는 혼합 전략에 있다. 즉, 위치와 소셜이 결합되고, 센서와 프로파일이 합쳐져 검색에 활용되는 것이다. 검색을 위한 더 많은 정보가 제공되므로 더 개인화된 맞춤 정보를 제시하는 것이 가능해진다.

위치는 실존을 대변한다. 단순하게는 내 블로그에 방문자 위치 위젯을 덧붙이는 것만으로도 기껏 숫자로만 존재하던 방문자가 특정한 위치에 생존하는, 나와 같은 인간이라는 점에서 새롭게 인식되는 경험을 하게 된다. 우리의 삶이 갈수록 실존 자아보다는 디지털 자아로 더 많은 삶을 영위하고 있는 것이 사실이고, 아직은 검색의 대부분을 보이지 않는 정보에 치중되어 있으나 Surround Finding이 완성되는 순간 우리 주변에 실제로 존재하는 것들과 더 많이

Real Connection하게 된다.

　단적으로 온라인 상의 닉네임은 어떤 사람의 존재를 짐작케하기는 하지만 그것이 정말 실존한다는 것을 의미하지는 않는다. 장소도 마찬가지이다. 세컨드 라이프(Second Life)에는 무수한 건물과 인간관계가 있지만 그것은 가상의 공간에서 벌어지는 게임 아이템에 불과하다. 위치를 추적하는 GPS 기술과 호출기(Pager) 이후로 인간의 분신의 지위를 차지한 휴대폰. 이 둘이 만나면서 검색을 통해 가상의 URL이 아니라 실체와 만날 수 있는 통로로서 검색은 더욱 중요해질 것이다.

　온라인은 더 이상 온라인에 머무르지 않는다. 검색 역시 온라인을 넘어선 오프라인의 관계 구축을 위해 존재한다. 실존하는 무엇인가를 인식하는 데 있어서 위치만큼 확실한 정보는 없다. 가상과 현실의 거리를 넘나들며 검색 로봇은 나의 위치와 가장 가까운 거리에서부터 정보를 재구성해나간다. 여기에서 위치란 위도와 경도로 표시된 어떤 한 지점이면서 인간이 인식하는 모든 범위의 것들이 놓여 있는 주소를 의미한다. 물리적으로도 가깝고, 정서적으로도 가깝다. 과거와 달라진 점이라면 물리적인 위치정보가 더 많이 활용될 것이라는 점이다. 실세계를 살아가는 데에 필요한 검색이 Surround Finding에서 원하는 검색이다.

　위치란 내가 처한 환경을 말해주는 바로미터이다. 나의 생활 터전과 관심사, 그리고 나를 둘러싼 인간관계. 그리고 그것은 자꾸만 변화한다. 이 때문에 환경의 변화에 따라 나의 대한 정보는 전면적으로 수정되어야 한다. 최근에는 위치정보가 소셜과 결합되면서 더욱 위력을 발휘하고 있다. 포스퀘어(www.foursquare.com)는 음식점을 체크 인하며, 룹트(www.loopt.com)는 근처의 친구를 찾아 준다. 기존에는 오프라인의 위치와는 상관없이 온라인으로 정보

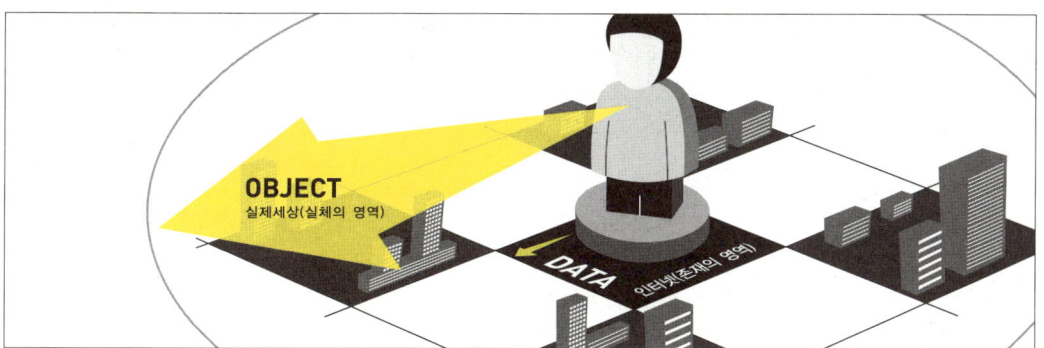

를 공유했다면 이제는 온라인을 통해 오프라인의 공간으로 이동한다.

　전세계적으로 소셜 네트워크 서비스가 각광받으면서 소셜 검색에 대한 관심이 덩달아 높아지고 있다. SNS의 특징은 간편하고, 빠르고, 믿을만하다는 것이다. 그 중에서도 기본적으로 믿음이 가는 사람들과 관계를 구축함으로써 일반 검색엔진보다 더 신뢰할만한 정보를 제공받을 수 있다는 점은 오랫동안 검색엔진이 풀지 못한 숙제를 해결할 것처럼 보인다. 검색의 최강자인 구글은 웹 페이지 안에서 링크의 양을 카운팅하여 정보의 가치를 가늠한다. 그리고 Surround Finding에서는 내 주변 사람들과의 밀착된 관계를 활용하여 검색자의 의도에 부합하는 신뢰성있는 정보를 빠르게 얻어 낸다.

　소셜 커뮤니티에서는 검색 행위를 기계적으로 접근하는 검색 로봇과는 달리 검색자가 처한 상황까지 입체적으로 이해하고 적절하게 조언해준다. 이것이 가능한 이유는 주변 사람들만큼 나를 잘 아는 사람은 없기 때문이다. 여기에서 주변이란 물리적인 거리상 혹은 심리적인 정서상의 주변이라는 말로, 아무리 잘 만들어진 검색엔진이라도 인간만큼 검색어에 대해 종합적으로 판단하는 검색로봇은 존재할 수 없다는 발상에서 시작한다.

　소셜 검색의 특성은 주변 사람들의 다양한 경험 정보를 찾을 수 있다는 데 있다. 이 세상의 모든 단어가 수록되어 있을 것 같은 사전. 그러나 의외로 단어를 찾다 보면 실제 사용되고 있음에도 불구하고 찾을 수가 없어서 당황하게 되는 경우가 많은데, 구글 사전은 사람들이 해당 단어를 사용하는 사례를 제시해줌으로써 정형화된 사전의 한계를 뛰어 넘어 이 문제를 해결할 수 있는 하나의 방법을 제시한다.

—**Augmented(Hyper)Reality,** Keiichi Matsuda

핵심 정보에 이르는 디지털 지름길, Micro Searching

웹 연결로 인해 활짝 개방된 문화, 자기 자신의 취향과 욕구를 우선시하는 라이프스타일이 수많은 아마추어 전문가를 만들었다. 신기술과 제품을 가장 먼저 입수하여 분석하는 얼리어답터, 독특한 물건만을 모으는 수집가, 맛집과 같은 명소들만 돌아다니며 평가를 매기고 블로그를 통해 알리는 여행자 등 그 분야도 다양하다. 이들은 자신의 1인 채널 말고도 수많은 커뮤니티에서 중심적인 역할을 하며 활동한다. 게시판에 글을 작성하고 질문을 받으면 그들은 자신이 직접 얻은 정보와 성찰을 통해 체득한 지식을 아무런 대가 없이 덧글로 답해준다. 정보의 소재가 새로 등장한 것이거나 매니악하고 사용법이 어려운 경우 이런 답변은 훨씬 높은 가치를 갖는다. 그러나 이러한 아마추어 전문가들, 즉 지식인들을 찾아내고 그들에게서 알짜 정보를 받아내는 것은 쉽지 않은 일이다. 이 과정을 쉽게 하기 위해 수많은 지식 답변 사이트들이 운영되고 있지만, 많은 참여를 위해 개방된 구조가 마케팅적인 의도로 작성되는 답변들까지 끌어 모으는 탓에 신용도가 떨어진다. 사람들의 커뮤니티 사이트에 대한 Micro-Searching은 여기에서부터 시작된다. 대형 커뮤니티 사이트가 아닌 특정 주제와 목적으로 개설된 소형 커뮤니티 사이트는 회원수가 제한되어 있거나 가입 후 일정 활동을 해야만 정보를 얻을 수 있다. 운영 방침 자체가 적당히 폐쇄된 울타리 속에서 주고 받기(Give & Take)를 성립시키는 방식이기 때문이다. 이 곳의 회원들은 단지 재미를 위해 커뮤니티 사이트 활동을 하는 것이 아니라, 활동 도중에 발견되는 지식인들의 블로그나 트위터 주소, 또는 덧글 정보를 얻기 위한 목적도 함께 추구한다. 키워드를 통해 덩어리가 큰 정보를 찾은 후 크기를 줄여가는 것이 과거의 방법이었다면, 그들은 커뮤니티 속을 돌아다니다가 정보를 아는 사람을 찾아 한번에 건져 올린다. 그리고 자신이 찾아낸 지식인이 웹 활동을 멈추지 않는 한, 그 정보는 계속 제공된다.

초급의 인터넷 사용자가 아니라면 대부분의 사람들은 노트북의 오프라인 가격이 온라인 가격보다 더 비싸다는 사실을 알고 있다. Micro-Searching은 이 부분에서부터 자신에게 맞는 노트북을 찾기 위한 가장 빠른 해결책을 제시한다. 커뮤니티 사이트에서 호평이 많은 노트북을 찾은 후, 그 모델명을 정확하게 블로그 검색창에 입력하면 되는 것이다.

많은 사람들이 직접 구입한 노트북에 대해 사용감과 디자인, 가격 등을 모아서 블로그 포

MICRO SEARCHING

Amateur-Intellects

Special Categories

Bulletin Board

Twitter Searching

Frequently Searched Words

Digital Maps

Shorcuts in Search Results

Main Gallery

Blog Searching

Detailed Reports

Concise Expressions

Checking Replies

Personal Satellite

My Own Journal

Review   Micro Trends

My Map, Google

Recipe Search in 'Bing'

Travel Search in 'Yahoo!'

Find 'The Person'

Activity

Small-Scale Maps

Give & Take

Street View

Real Life Experiences

Micro-Search Engine

Photo Map

LBS

Hashtags

Unexpected Information

Reliability

Customized Map

Community Website

Social Network

스트로 작성해둔다. 포스트를 작성한 사람은 노트북 전문가가 아닐 수록 좋다. 제품을 잘 모르는 입장에서 직접 접해보고 작성한 글이 진정한 '일반 소비자의 느낌'이기 때문이다. 이 부분을 파고 드는 블로그 마케팅도 활발해진 상황이라 사람들은 마케팅용 콘텐츠와 진짜 콘텐츠를 구별하는 방법(그래픽이 깔끔하게 작업되어 있거나 텍스트가 적은 리뷰를 피하기 등)까지 만들어 공유하고 있다. 무료로 공개된 제품 사용 보고서들이 가득한 블로그 속에서 '진짜'를 찾기 위한 또 다른 검색이 이뤄지는 것이다.

마이크로 블로그는 빠른 반응을 볼 수 있으며 현재의 흐름을 쉽게 확인할 수 있다는 것이 장점이다. 심도 깊은 콘텐츠는 드물지만 사람들의 사소한 감정, 느낌, 경험까지 검색할 수 있는 마이크로 트렌드의 생산자 역할을 한다. 특히 #으로 시작하는 해시태그(Hashtag)를 통해 규약처럼 변화된 키워드는 세밀하고 정확한 검색 결과를 내놓는다. 팔로워(Follower)로 연결되는 관계 속에서는 아는 사람으로부터 나온 정보라는 면에서 높은 신뢰도를 가질 수 있다. 마이크로 블로그 속의 Micro-Searching은 사실 여부보다는 빠른 속도에 더 비중을 두고 있으며, 검색하는 사람이 구축해둔 인맥의 질에 따라 정확도가 결정된다. 블로그와는 반대로, 제품에 경험이 많은 사람과 연결될수록 좋은 정보를 얻을 수 있는 것이다.

마이크로소프트의 검색 엔진, 빙(Bing)은 요리법(Recipe)의 특화 검색을 시작했다. 어떤 음식의 이름을 검색어로 넣으면 검색 결과 중 썸네일 이미지로 정리된 것이 보이는데, 이것은 그 음식의 요리법만을 모아둔 것이다. 검색창에 음식 이름을 입력할 때 사람들은 대개 음식에 얽힌 스토리보다는 요리법을 자주 찾는다는 것에 착안하여, 요리 전문 커뮤니티 사이트의 정보를 바로 정렬해주는 특화 검색 방식이다. 검색 서비스 속에 추가된 더 자세한 단축 경로라고 할 수 있다. 야후!(Yahoo!)는 특정 카테고리에 전문화된 사이트들의 검색 결과를 좌측 메뉴에 분류하여 보여준다. '여행'을 검색어로 넣으면 AOL, 오르비츠(Orbitz)등 관련된 웹 사이트의주요 검색 결과를 메뉴로 볼 수 있다. 1차 검색 후 여행사 홈페이지 사이를 방황할 필요 없이, 바로 2차 검색 결과를 얻는 것이다. Micro-Searching은 기존의 검색 엔진을 특화 검색 엔진으로 바꿔간다.

지도는 실제 지형을 그대로 투영하는 것뿐만 아니라, 사용하는 목적에 맞게 바꾸어 만들어진다. 공중 촬영된 지형 사진에 그대로 지하철 노선을 그린 것보다는 거리 정보가 정확하

—**Bing,** Microsoft　　　　　　　　—**Yahoo!,** Yahoo! Inc　　　　　　　　—**Google Maps,** Google

지 않더라도 지하철 노선의 교차점과 순서를 간결하게 표현한 그래픽 노선도가 더 유용할 때가 있다.

　Micro-Searching에 대한 사람들의 요구는 활용도가 점점 높아지고 있는 디지털 지도에도 깊이 반영된다. 약속 장소로 나가기 전, 웹에 등록된 디지털 지도를 통해 가장 빠른 길과 만날 장소를 정해두는 것은 1차적인 검색 행위다. 여기에서 더 나아가 약속 장소에서 탈 수 있는 대중 교통 수단과 이동 시간, 주변에 위치한 명소들을 찾아내고 스트리트 뷰를 통해 골목의 풍경까지 직접 살펴보는 것이 지도의 Micro-Searching이다. 지도를 자신의 목적이나 기록을 위해 커스터마이징하는 것도 특징이다. 구글 맵은 일정 지역의 지도에 위치를 찍고 설명을 추가하거나 경로, 면 등을 그려 자세한 정보를 추가할 수 있다. 여행지 이름을 검색하면 그 장소 곳곳에서 찍힌 사진이나 영상과 더불어 먼저 방문한 여행객이 남겨준 호텔 주소까지 보인다. 사람들은 자신이 방문한 길과 거리를 작은 지도로 만들어 공유한다. 새로운 체험과 영역의 확장을 위해 어디에서나 펼쳐 드는 디지털 지도는 사람들의 저널과도 같다. 지도 속의 Micro-Searching은 그 장소의 바로 앞까지 데려다주는 것은 물론, 그 곳에 담긴 여러 가지 경험까지 안겨준다.

시간을 따라 탐색한다, Timeline Search

소셜 네트워크 서비스 안에서 각 메시지들은 하나같이 '지금'을 외치고 있지만, 들여다보면 그 메시지들은 다양한 사람들이 다른 시간에 펼친 다른 이야기들이다. 다양한 사람들이 작성한 140자의 단문 메시지에서 시작된 정보는 시간의 흐름을 타고 거대한 정보로 탈바꿈한다. 소셜 네트워크 서비스는 개방되어 있기 때문에 소셜 네트워크 상의 정보는 시간이 지나면서 다른 사람들의 입을 타고 더 큰 지식으로 부풀려지기도 한다. 시간에 따라 달라지는 소셜 네트워크 속 정보를 수집하기 위해 정보 탐색자들은 정보를 시간대별로 단순화해 양적으로 분석하고, 당시의 시간대로 돌아가 질적인 정보를 얻는다.

소셜 네트워크에 쌓인 자료는 시간이 지나면 시야에서 멀어져 찾기 힘들 정도로 흐릿해진다. 같은 주제의 자료일지라도 소셜 네트워크 상의 자료는 시간이 지나면서 그 내용이 달라진다. 때문에 한 두 번의 클릭으로 지난 시간으로 돌아가 볼 수 있는 기능은 소셜 네트워크 정보를 검색하는 사람에게 매우 유용하다. 시간을 기준으로 자료를 카테고라이징함으로써 사용자는 손쉽게 당시의 시점으로 돌아가 SNS에서 생산된 정보를 줌 인(Zoom in)할 수 있다.

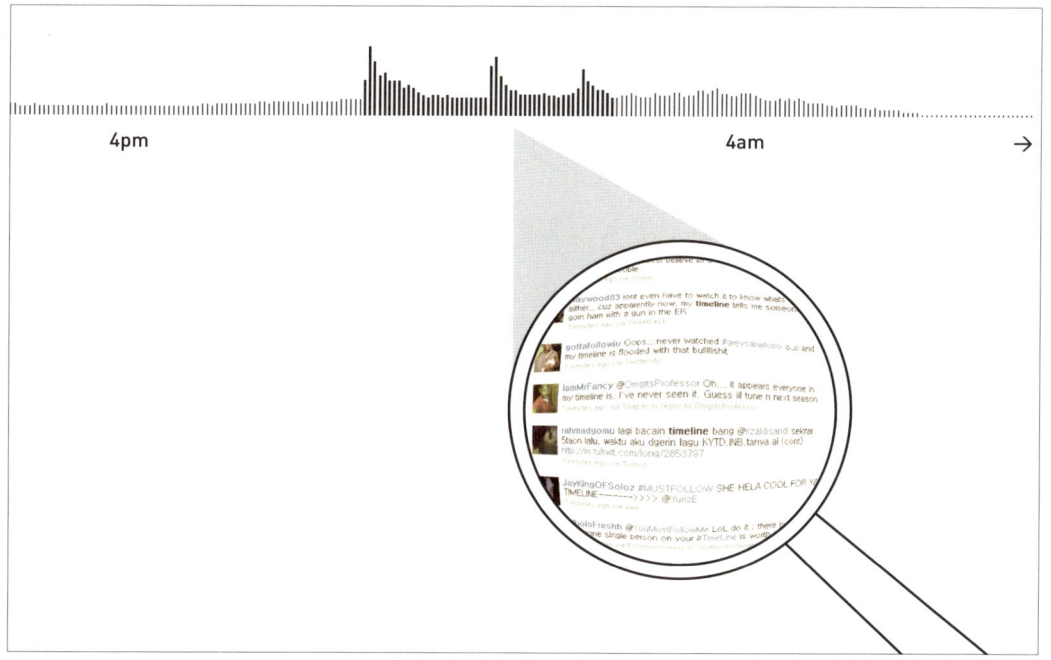

—**METATREND Vol.6** Timeline Search

사람들은 각자의 개성과 뉘앙스를 담아 이슈에 대한 자신의 생각을 말하고, 다른 사람에게 물어보기도 한다. 어떤 경우에는 질문에서 나온 키워드가 큰 이슈를 만들기도 한다. 사람들의 작은 움직임이 이슈를 만드는데 기여하는 것이다. 이 때문에 키워드가 확산되는 과정을 살피는 것이 중요하다. 이슈는 선택된 과거의 시간 범주 안에서 시간을 따라 순차적으로 흐른다. 당시에 실시간으로 등록된 정보들을 그대로 보여주는 것만으로 현재 시점에서는 생명력을 잃어버린 과거의 정보에 생동감을 준다.

소셜 네트워크에서 실시간의 정보를 입력하는데 열중하던 사람들은 시간에 따라 키워드가 언급되는 빈도수가 달라지는 모습을 보면서 키워드가 전 세계의 사람들에게 일으킨 파장의 거시적인 흐름을 안다. 구글은 2010년 4월 14일, 구글 공식 블로그를 통해 타임라인 뷰 (Timeline View) 서비스를 시작한다고 밝혔다. 이 서비스는 사용자가 검색한 키워드의 시간에 따른 분포를 한눈에 보여준다. 그래프로 보는 소셜 네트워크의 시간대별 키워드 빈도는 전 세계에 걸친 대중의 생각의 흐름과 일치한다. 키워드가 언급된 빈도를 통해 그 키워드에 대한 대중들의 관심이 흘러가는 모습을 보여주는 것이다. 따라서 어떤 키워드가 앞으로 이슈가 될 지도 알 수 있다. 시간이 흘러 SNS에서 잊혀진 키워드는 그래프의 동일 선상에서 되살아 난다. 따라서 지금은 이슈가 아닌 키워드라도 타임라인를 보고 언제든지 다시 이슈가 될 수 있다.

02

반응을 넘어 감성을 이해하는 교감
DIGISENSUS

───────

그 동안 기술의 발전은 정확성, 속도, 그리고 효율성을 앞세워왔다. 하지만, 이제는 패러다임이 바뀌고 있다. 감성과 교감, 소통이 바로 그것이다. DigiSensus(Digital Consensus)가 이같은 패러다임의 변화를 극명하게 보여주는 좋은 예이다. 센서를 통한 일방적인 데이터의 전달이나 지시가 인터랙션으로 바뀌고 있으며, 단순히 데이터를 주고 받는 것에서 교감을 나누는 방향으로 발전해나가고 있다.

이제 제품의 가치는 기술적인 우월성보다는 사용자에 대한 배려, 사용자와의 교감에 의해 평가된다. 이는 특히 항상 사용자의 손이 닿는 곳, 바로 옆에 위치해 있는 모바일 단말에서 극명하게 드러난다. 모바일 단말에서 사람과 기계가 교감하고 감각을 공유하기 위한 기반으로 자리잡고 있는 것이 바로 센서다. 요즘 등장하는 모바일 단말은 다양한 센서의 집합체. 마이크, 카메라 등은 기본이고, 가속도 센서, 중력 센서, 지자기 센서, 조도센서, GPS와 같은 위치 센서는 물론 터치 센서와 자이로 센서까지 집약되고 있는 센서의 집합체라고 해도 과언이 아니다. 이런 센서가 모바일 단말에 집약되고 있는 것은 센서를 통해 사용자를 인식할 뿐아니라 사용자의 각종 행동이나 감정 상태까지 파악하는 방향으로 발전해나갈 수 있기 때문이다. 센서의 발전과 대중화는 기계와 사람이 감각을 공유하고 교감하기 위한 기반이 되며, 이 같이 기계와 사람이 감각을 공유함으로써 감성을 강조하는 DigiSensus라는 새로운 트렌드의 등장을 예고한다.

단순히 외부의 자극을 사용자에게 일방적으로 전달하는 데 주력해온 센서가 사용자와 교감하기 시작한다. 이처럼 센서가 자극을 인식하고 반응하는 것을 넘어 기계의 감각을 인간과 공유하고 같이 느끼는 기계와 인간의 교감이 바로 DigiSensus를 이끄는 힘이다. 센서와의 교감은 인터페이스, 사용자 인식/인지, 그리고 사용자의 주변 환경 인지 등 여러 부분에서 혁신을 이끌면서 인간과 주변 환경, 인간과 기계, 그리고 인간과 인간 사이의 상호작용을 강화시켜주는 역할을 한다.

지금까지는 하나 혹은 몇 개의 센서가 독립적으로 각각의 정보를 제공하는 것이 일반적이었다. 하지만 앞으로는 인간 주위의 수많은 센서가 유기적으로 네트워크를 구성해 서로 통신하면서 인간의 신체, 주위 환경 정보를 취합하며, 이같은 정보에 기반해 인간의 건강과 감정 상태를 인식하고 이에 맞춰 주위 환경을 구성해준다. 바로 지금까지의 단순한 인터랙션이 아닌 스마트폰과 사용자간의 일치감, 혹은 교감을 이뤄나가는 것을 의미한다.

DigiSensus는 기술 발전의 패러다임이 감성과 교감, 그리고 소통으로 가치의 기준이 이동하고 있기에 더욱 중요해지고 있다. 센서를 통한 정량적인 측정 데이터의 정확도가 아니라 센서를 어떻게 사용해서 사용자가 편안함을 느끼고, 감성적으로 반응할 수 있는가가 중요하다는 것이다. 이를 통해 구현된 센서와의 교감은 인터페이스, 사용자 인식/인지, 그리고 사용자의 주변 환경 인지 등 여러 부분에서 혁신을 이끌면서 인간과 주변 환경, 인간과 기계, 그리고 인간과 인간 사이의 상호작용을 강화시켜주는 역할을 한다.

속도와 기능의 다양성보다는 재미와 반응성, 자연스러움 등이 더욱 높은 가치를 부여받으며, UI에 대한 관심이 UX로 옮겨간다. 기술적인 측면에서 이런 트렌드의 중심에 서 있는 것이 바로 센서다. 사용자가 누구인지, 사용자가 지금 어디에서 무엇을 하고 있는지, 기분이 좋은지 혹은 나쁜지 등의 다양한 정보를 취합해 사용자에게 기술적인 접근이 아닌 감성적인 접근을 시도하는 것은 센서가 없이는 불가능한 일이다. DigiSensus는 이런 센서와 감성의 만남을 이어주는 새로운 흐름의 역할을 하고 있으며, 점점 다양하고 많은 센서가 인간의 주위로 다가와 지금까지와는 다른 감성적인 접근을 시도한다.

사용자를 중심으로 다가오는 센서

　DigiSensus의 영향으로 센서는 점점 인간 주위로 다가온다. 인간의 몸에 직접 닿거나 바로 주변에서 인간과 주위 환경을 인식하고 감시한다. 웨어러블 센서(Wearable Sensor)가 대표적인 예다. 사용자의 신체적인 변화를 감지, 알려주는 센서에서부터 사용자의 주위 환경을 감지하는 센서, 그리고 사용자의 감정 상태까지 고려하는 센서로 진화한다.

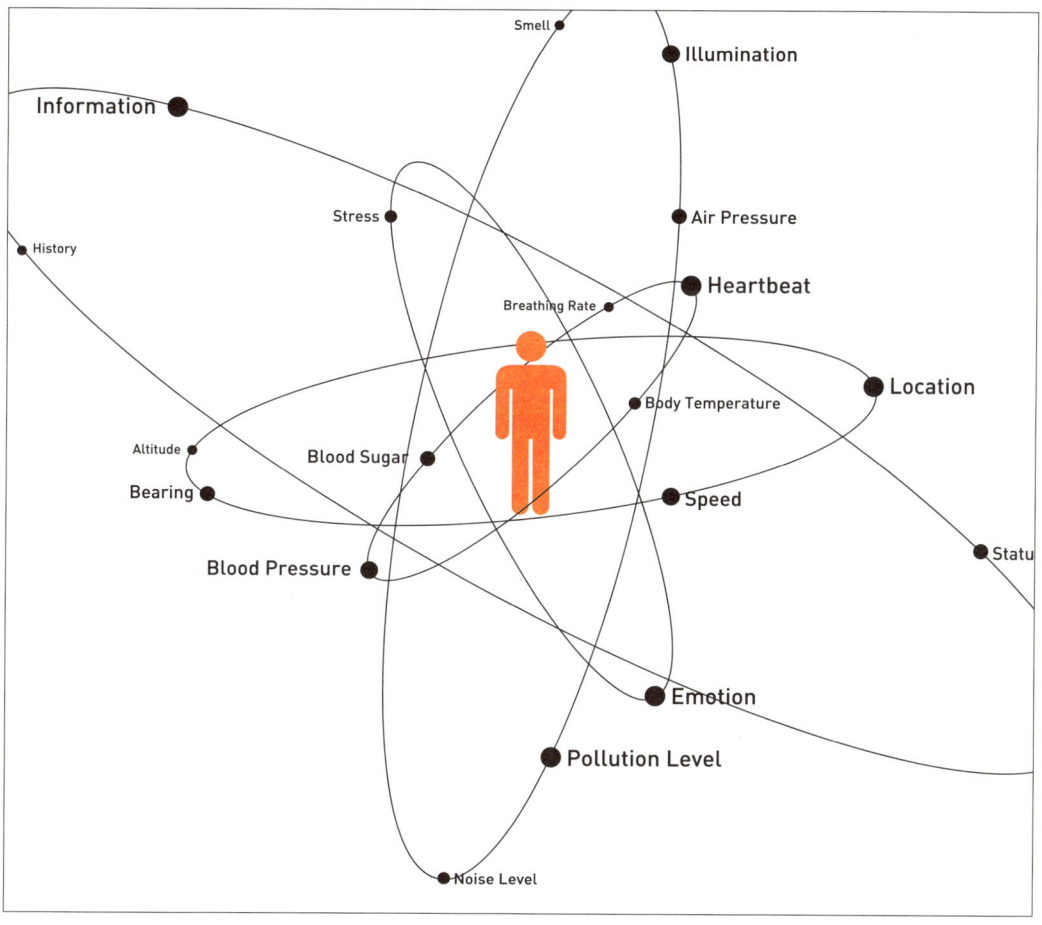

—**METATREND Vol.2** DigiSensus

이전에도 센서를 이용해 인간과 주변 환경에 대한 모니터링 하고 이를 바탕으로 주변 환경을 제어하는 기술은 있었다. 조도 센서를 통한 조명과 디스플레이의 밝기 조절, 온도 센서와 화학 센서를 통한 에어컨이나 보일러, 그리고 공기청정기의 동작, 그리고 습도 센서에 의해 주변의 습도를 인식해 동작하는 가습기 등, 센서는 이미 주변에서 많은 일을 하고 있다. 하지만 센서의 위치는 지금까지 장비 자체에 혹은 벽면에 붙어 있었다. 이러한 센서의 위치가 변경된다. 스마트폰에 장착된 수많은 센서가 바로 그 예다. 조도 센서에서부터 중력 센서, 가속도 센서 그리고 위치 센서 등이 장착된 스마트폰은 사용자의 위치에서 모든 자극을 받아들인다. 또한, 향후에는 리모콘, 시계, 옷 등 인간 신체에 가까이 혹은 붙어 있는 장비들에도 인간의 신체 정보, 그리고 주변 환경 정보를 인식할 수 있는 다양한 센서가 적용된다. 이제 센서들은 더 인간적인 관점에서 그리고 인간의 눈높이에서 사물을 보고, 듣고, 느낀다. 다시 말해 에어컨이나 가습기, 보일러, 혹은 조명 등에 적용된 센서는 장비 자체나 벽에서 떨어져 나와 리모컨이나 스마트폰, 혹은 태블릿 속으로 들어가게 된다는 것을 의미한다. 다시 말해 이것은 센싱의 주체가 제어해야 할 장비나 장비 주변이 아니라 바로 사용자, 혹은 사용자 주변이라는 것이다.

DigiSensus에서 가장 중요하게 생각하는 것은 바로 인간에 대한 이해다. 단순히 인식하는 것으로 그치는 것이 아니라, 인간을 중심으로한 여러 개의 센서를 통해 수집한 정보를 어떻게 활용할 것인가에 초점을 맞출 것이다. 사용자 주변을 맴도는 무수한 센서는 제각각 움직이는 것이 아니라 서로 네트워크를 통해 유기적으로 연결된다. 이미 스마트폰에 적용된 센서들은 이 같은 움직임을 시작하고 있으며, 스포츠 등의 분야에서도 블루투스를 기반으로 한 센서들의 네트워킹이 시도되고 있다. 개개인에게 분산된 센서를 통해 더욱 정밀한 데이터를 습득할 수 있어 더 개인화된 환경과 서비스를 제공할 수 있다.

지금까지 생체 정보를 인식하는 센서는 프로 스포츠 선수의 트레이닝이나 위급한 환자 등 특정 용도에 한정돼 있었다. 또한 센싱하는 정보도 사용자의 맥박이나 체온, 호흡, 혈당 등에 불과했으나 점차 위치 정보나 움직임 등 센싱하는 정보가 늘고 있음은 물론이고, 간단한 조깅이나 사이클링, 등산 등 일반 사용자를 대상으로 확장되고 있다. 이미 선풍적인 인기를 모은 바 있는 애플과 나이키의 합작품, 나이키+는 사용자의 운동 데이터를 음성으로 피드백하

—**Run.GPS,** RunGPS　　　　　　　　　　　　　　　　　　　　—**Wellcore,** Wellcore

고, 온라인을 통해 공유, 비교할 수 있으며, 심지어 다른 사용자와 가상 레이스를 벌일 수도 있다. 아디다스의 마이코치(miCoach) 또한 마찬가지다. 좀 더 다양한 기능을 제공하는 센서도 있다. 스마트폰 사용자를 대상으로 많은 서서히 인기를 모아가고 있는 런(Run).GPS 소프트웨어는 블루투스로 연결되는 GPS, 심박계 등을 통해 사용자의 신체 데이터와 이동 궤적을 추적하며, 운동량과 현재 위치, 그리고 가야 할 방향 등을 실시간으로 가르쳐준다.

DigiSensus의 장점은 측정한 데이터를 온라인을 통해 공유하고 비교하는 기능과 체계적인 운동을 통한 건강 증진 목적 외에도 남들과 비교하고 경쟁하는 재미라는 요소를 같이 제공한다는 것이다. 이를 극대화한 제품 중 하나가 바로 핏빗(Fitbit)이다. 핏빗은 옷이나 벨트에 장착할 수 있는 작은 센서로, 사용자의 3D 모션을 인식해 칼로리 소비, 걸음 수, 이동 거리 등을 측정하며, 심지어 수면 패턴까지 모니터링한다. 헬스케어 분야에서는 일찍이 환자의 호흡이나 맥박 등을 측정하는 센서가 사용돼 왔다. 이 같은 분야에 웨어러블 센서가 도입될 경우, 많은 변화가 예상된다. 특히 노령 인구가 급격히 증가하고 있는 많은 나라들이 공공 의료 측면이나 원격 의료의 한 방안으로 웨어러블 센서를 통한 건강 모니터링에 관심을 기울이고 있다. CES 2010에서 선보인 웰코어(Wellcore)의 경우, 노약자가 쓰러지는 것을 감지해 자동으로 응급구조기관이나 가족, 친지 등에게 연락하는 기능을 갖추고 있다. 이외에도 원격 의료를 위한 혈당 측정기 등은 이미 몇 년 전부터 상용화된 서비스가 등장했다.

별도의 측정 장비를 따로따로 부착하는 것이 아닌, 옷처럼 단순히 입는 것만으로 신체의 상태를 확인하고, 이상이 발생할 경우 병원이나 응급시설에 이를 알리는 기능까지 제공하는 서비스도 시도되고 있다. 헬스웨어(healthwear)라고 불리는 이 프로젝트는 환자의 옷에 설치

—**Haptic Radar,** Ishikawa Komuro Laboratory

된 각종 센서를 통해 혈류, 혈압, 땀, 스트레스, 체온 등을 측정해 이를 이동통신망을 통해 지속적으로 기록, 관리하는 것을 목적으로 한다. 센서는 환자들에게 더 많은 이동성을 제공함으로써 정상적인 사회 생활을 할 수 있도록 돕는다. 이런 센서의 발전 방향은 향후 군사나 스포츠 분야, 혹은 가혹한 환경에서 작업하는 노동자 등을 위한 서비스로 확대될 것이다.

　사용자의 상태나 주변을 인식하는 웨어러블 센서도 등장하고 있다. 주변의 장애물이나 오염도 등 사용자에게 영향을 줄 수 있는 각종 상황을 인식해 사용자에게 직접 알려주거나 네트워크를 통해 각 사용자의 데이터를 취합해 환경을 감시한다. 도쿄대(University of Tokyo)의 이시카와 쿠무로 연구소(Ishikawa Komuro Laboratory)에서 발표한 햅틱 레이더(Haptic Radar)는 헤어밴드 방식으로 착용하고, 광센서를 이용해 주변의 장애물을 인식하고 이를 진동으로 알려준다. 향후 시각 장애인이나 위험한 장소에서 일하는 근무자를 위한 용도로 활용하려는 이 기술은 미래에 피부에 이식하는 형태로까지 발전시켜 나갈 계획이라고 밝히고 있다. 프랑스 파리에서 진행된 그린 와치(Green Watch) 혹은 시티펄스(City Pulse)라고 불리는 프로젝트에서는 사용자에게 손목시계 형태의 환경 감시 센서를 제공하고 이를 통해 수집한 소음, 오존 등의 데이터를 3G 네트워크를 통해 취합해 도시 전체의 오염도를 측정한다.

감정을 인식하고 감성적 교감을 이끌어 낸다

사용자의 행동 패턴이나 상황을 인식해 적절한 제안이나 환경을 변화시켜주는 센서 기술은 DigiSensus의 중요한 특징 중 하나다. 특히 인간의 감정을 인식하거나 혹은 인간에게 감성적인 교감을 이끌어내기 위한 기술이 관심을 모으고 있다.

인간의 감정을 인식하고 이에 대응하는 센서에 대한 연구는 오래 전부터 시작됐으며, 최근에는 가시적인 성과까지 보이고 있다. 이미 뇌파나 눈의 깜박임, 체온, 얼굴 표정 등을 통해 사용자의 감정을 인식하는 기술은 상용화 단계에 이르렀다. 특히 여기서 주목해야 할 점은 사용자의 감정을 인식하는 것을 넘어서 교감을 이루는 것이 갖는 중요성이다. 단순히 사용자의 감정을 인식만 하는 것이 아니라 기계가 사용자의 감정을 인식해 유대 관계를 강화해 나가는 새로운 시도가 계속되고 있다는 것에 관심을 가질 필요가 있다. 기계가 사람의 감정을 알고 그에 맞춰 반응하는 것은 단순한 인식에서 벗어난 기계와 인간 사이의 진정한 교감을 의미한다. 무드 체어는 사람의 감정을 인식해 앉는 사람의 감정을 조명의 색으로 표현하는 컨셉 제품이며, 레이셔널라이저는 손목의 밴드를 통해 인식한 사용자의 심리 상태를 접시 모양의 디스플레이로 표현하는 컨셉 제품이다. 사람의 심리나 건강 상태를 인식해 표현하려는 시도는 이미 오래 전부터 시작되었었다. 이제는 사용자의 감정 상태에 따라 적절한 곡을 선곡해주는 MP3플레이어, 혹은 색과 조명을 맞춰주는 가구와 옷 등 수많은 제품들이 등장하고 있다. 여기에 한 발짝 더 나아가 센서는 이제 인간에게 감성적인 피드백을 주는 방향으로 진화한다. 심리 치료용 로봇 등이 대표적인 예로, 기계적인 반응을 통한 효율성의 향상이 아닌 사람들의 감성을 자극해 교감하는 수준을 목표로 발전해 나간다.

—**Mood Chair,** Aether & Hemera

자신의 심리 상태, 혹은 처해 있는 환경에 적합한 음악을 추천해주는 인터넷 라디오 스테레오무드(www.stereomood.com)에 대해 들어 본 적이 있을 것이다. 만약 이와는 달리 직접 키워드를 입력하지 않고 MP3P나 휴대폰이 직접 내 감정 상태를 인식하고 적합한 음악을 추천하는 서비스가 있다면 돈을 지불하고라도 사용할 사람은 얼마든지 찾을 수 있다. 더불어 상대방의 감정과 반응을 인식하는 섹스돌은 많은 성인들의 관심을 모을 수 있다.

센서는 인간에게 감성적인 피드백을 줄 수 있도록 진화한다. 산업사회를 겪으면서 우리는 시간과 비용의 경제논리에 익숙해왔다. 더 적은 시간과 비용으로 더 많은 이익을 올리는 것이 최선이었다. 그러나 경제적인 만족보다는 심리적인 만족감을 추구하는 가치관의 변화는 삶의 많은 부분을 변화시킨다.

폭스바겐(www.volkswagen.com)은 스톡홀름의 한 지하철역 계단을 피아노 건반 모양으로 만들었다. 이 건반 모양의 계단은 센서가 장착되어 있어 밟을 때마다 음악소리가 난다. 계단의 바로 옆에는 에스컬레이터가 설치되어 있지만 사람들은 계단을 더 많이 오르내린다. 모든 사람들이 빠르고 편리한 것만을 원하는 것은 아니다. 일본 AIST에서 개발한 파로(paro.jp)라는 로봇 물개는 불빛이나 행동 혹은 접촉이나 음성에 소리나 움직임으로 반응한다. 하지만 이 제품은 단순한 장난감이 아니다. 촉각, 음성, 조명, 온도, 자세 등 5가지 센서와 이들의 조합을 통해 주위 환경, 사용자의 감정을 인식하고 학습하는 기능을 갖추고 있으며, 이를 통해 환자들에게 심리적인 안정감을 제공하는 치료용 로봇이다. 시그래프(SIGGRAPH) 2009에서 발표된 퍼 디스플레이(Fur display)는 단순한 모피처럼 보이지만, 촉각 센서를 갖고 있어 실제 동물처럼 쓰다듬는 동작에 반응한다. 사람들은 이처럼 기계적인 반응을 통한 효율성의 향상보다는 감성을 자극해 교감할 수 있는 기술에 점점 더 많은 관심을 보인다.

만들어진 공감각, Mixed Sensor

우리 주위에는 무수히 많은 센서가 존재한다. 또한, 센서의 조합은 새로운 감각을 만들어낸다. 바로 더욱 복합적인 자극을 인식하고, 이에 반응하는 센서가 등장한 것이다. 센서의 조합은 1+1이 산술적인 2가 아닌, 그 이상의 결과를 얻을 수 있다. 휴대 단말의 복합적인 센서 기술이 이를 이끌고, 이같은 센서의 공감각은 유니버설 디자인으로까지 확대된다.

휴대폰에는 카메라와 GPS, 나침반, 그리고 가속도, 중력, 터치, 소음, 조도 등을 파악할 수 있는 센서가 장착되어 있으며, 이외에도 온도나 습도, 기압 등 여러 가지 센서가 계속 추가된다. 여기에 신체 정보를 파악하기 위한 맥박, 혈압 등의 신체 정보, 그리고 주변의 오염도 측정을 위한 센서도 장착될 수 있다. 이런 센서를 하나의 장비에 통합함으로써 기존 감각의 정확도를 높이거나 새로운 감각을 제공한다.

센서의 조합은 인공적인 공감각(Artificial Synesthesia)을 제공하는 방향으로도 발전한다. 시각 정보를 소리로 바꾸는 소니피케이션(Sonification)이나 반대로 소리를 시각화하는 사운드 비주얼라이제이션(Sound Visualization)이 대표적인 예이다. DigiSensus는 이 같은 오래된 센서의 공감각을 새로운 방식으로 바꾼다. 예를 들면 음성을 분석해 이를 수화나 텍스트로 알려주거나, 혹은 텍스트를 점자로 알려줌으로써 사람들 사이의 커뮤니케이션을 돕는다. 공감각은 AR/MR(Augmented Reality/Mixed Reality)이 기존의 센서와 통합됨으로써 더욱 극대화된다. AR/MR은 기본원리부터 기존의 감각과 새로운 감각의 공감각에 초점을 맞춘 기술이다. 만들어진 감각과 기존의 감각의 통합으로 단순한 감각 이상의 정보를 제공할 수 있기 때문이다. 센서를 이용한 감각의 통합, 공감각은 더욱 다양한 방식으로 발전해나갈 것이다. 이처럼 센서의 공감각은 AR/MR과의 통합으로 한 차원 높은 단계로 진화한다. 만들어진 감각과 기존의 감각을 통합함으로써 단순한 감각 이상의 정보를 제공하는 방향으로 발전한다.

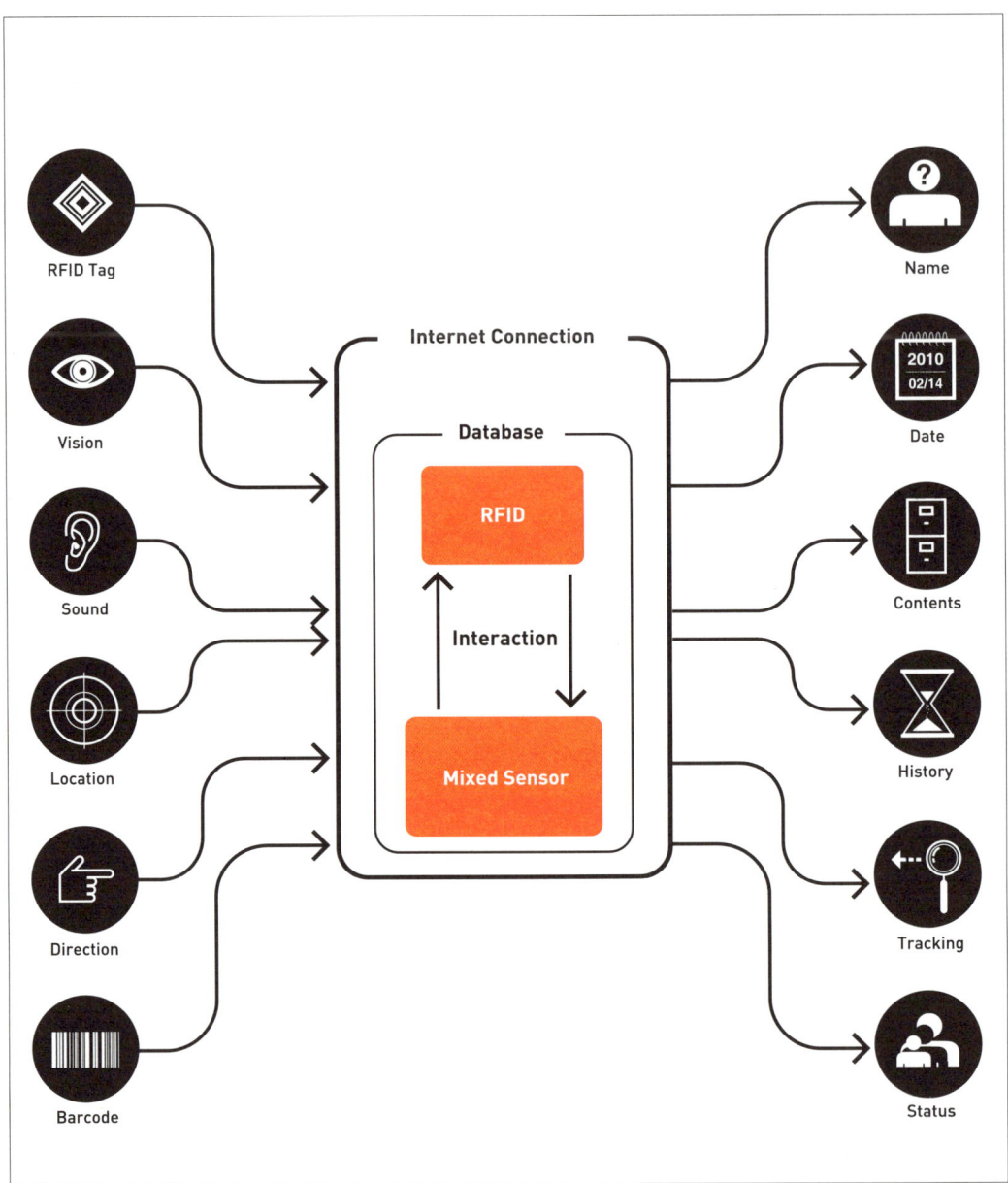

RFID Tag

Vision

Sound

Location

Direction

Barcode

Internet Connection

Database

RFID

Interaction

Mixed Sensor

Name

Date

Contents

History

Tracking

Status

인터랙션을 통한 인간과 기계의 교감

센서가 인터페이스의 혁명을 이끈다. 직관적인 인터페이스는 인간과 기계 사이의 교감을 강화할 뿐 아니라, 기계를 이용한 인간 사이의 교감까지 향상시킨다. 지금까지의 기계와 인간 사이의 인터페이스는 인간으로부터 기계로의 단방향이었다. 하지만 이제는 기계와 인간의 인터랙션이 더욱 중요하다. 인터랙션을 통해 인간과 기계는 서로를 이해할 수 있다.

음성이나 시각, 혹은 믹스드 센서를 통한 직관적인 인터페이스, 그리고 인터페이스에 감각을 부여하는 햅틱과 같은 기술은 무궁무진한 인터페이스의 변화를 가져오면서 DigiSensus를 완성한다. 터치 인터페이스가 사용자 인터페이스에 커다란 변화를 가져오고 있으며, 더욱 직관적이고 감동적인 UI를 구현하는 것은 휴대폰뿐만 아니라 게임기, 자동차에 이르는 모든 기기들로 확산되고 있다. 특히 RFID를 포함한 센서 기술의 발달은 다양한 인터페이스의 출현을 예고한다. 특히, 여러 센서의 조합은 무궁무진한 인터페이스의 변화를 가져온다. 사용자의 움직임과 같은, 더 직관적인 인터페이스를 통해 사용자 경험이 점차 강화된다. 이미 사용자의 동작을 인식하는 인터페이스는 리모컨이나 게임기 등에 적용되기 시작했으며, 이제는 아무런 장비 없이 단지 카메라 앞에서 움직이는 것만으로도 기계와 교감할 수 있는 게임기가 마이크로소프트에 의해 발표되었다. 마이크로소프트의 엑스박스 360 키넥트(XBox 360 Kinect)는 플레이어(사람)가 직접 컨트롤러가 되는, 게임기 인터페이스의 과감한 변화를 예고한다.

정보를 인식하는 새로운 감각, Info-Sensor

인간은 기존의 자극을 인지하고 반응하기 위한 감각에서 벗어나 필요에 의해 새로운 감각을 만들어 내고, 이를 활용하는 수준에 도달했다. 이를 극명하게 보여주는 예가 바로 RFID를 이용한 USN(Ubiquitous Sensor Network), WSN(Wireless Sensor Network) 혹은 센서 네트워크라고 불리는 기술이다. 제품에 붙어있는 태그를 통해 제조자 이름에서부터 생산 연도, 구매 이력뿐 아니라 현재 위치와 상태 등의 정보까지도 알 수 있다. 또한 인간이나 동물에게 태그를 적용해 누구인지 확인하는 것은 물론, 병력이나 투여할 약물을 확인하는 용도로도 사용된다.

이렇게 만들어진 감각(Artificial Sense)은 지금까지의 센서보다 더욱 광범위하고, 다양한 용도로 사용된다. 특히 AR/MR(Augmented Reality/Mixed Reality)에 적용될 경우 지금까지 제공할 수 없었던 영역의 정보까지도 광범위하게 제공할 수 있을뿐더러 이를 더욱 간편하게 실체화할 수 있다는 점에 주목해야 한다. 믹스드 센서(Mixed Sensor) 또한 인포센서로 활용된다. 소리나 시각적인 정보, 그리고 위치 정보 등이 인터넷을 통해 연결되는 방대한 데이터 베이스와 만남으로써 정보를 인식하는 센서로 활용되는 것이다. 구글 가글이나 미도미 등의 서비스가 바로 대표적인 예다.

이제 센서의 네트워크, 그리고 인터넷과의 만남을 통해 이전에는 없었던 새로운 감각을 만들어 내고, 기존의 센서에도 더욱 넓은 활용성을 제공한다. 이런 방식은 검색이나 정보 습득 방식의 직관성을 높임으로써 기계와 인간, 그리고 인간과 인간 사이의 소통을 넘어서 인간과 정보 사이의 교감까지 확장된다. 인간과 기계를 연결하고, 감성을 자극하며, 새로운 영역의 감각까지도 포용하는 기술적인 발전을 통해 인간은 온 · 오프라인을 넘나들면서 기계와 인간 사이, 그리고 인간과 인간 사이의 소통을 더욱 확장해나가는 것이다. 만들어진 감각에 의해 인간의 감각이 정보까지 확장되고, 자극이 정보로 표시되는 새로운 시대를 이끌어 낸다.

사람을 닮아가고, 사람처럼 행동하는 디바이스

디바이스는 더 이상 인간에 의해 주어진 단순하며 반복적인 기능만 하지 않는다. 지능을 갖추고 디바이스 스스로 사람을 대신하는 제2의 사람 역할을 한다. 디바이스가 웹과 연결되어, 사람을 대신하여 자동으로 정보를 등록하며, 여기에 감정적인 요소를 더해 친근감과 재미를 준다. 이렇게 쉬지 않고 실시간으로 만들어진 정보들은 디바이스들의 크라우드소싱까지 이어진다. 또한 디바이스 스스로 평가와 탐색을 거쳐 정보에 대한 평가나 제안까지 가능해진다. 이렇게 디바이스가 사람을 대신하는 것에서 벗어나 인간을 더 적극적으로 흉내내면서 감정적인 교류까지 이어진다.

팀 오라일리(Tim O'Reilly)는 차세대 웹을 웹 스퀘어드(Web Squared)라 지칭하면서 사람과 사물이 통신하는 것을 넘어 사물과 사물이 서로 통신하는 시대(The Internet of Things)가

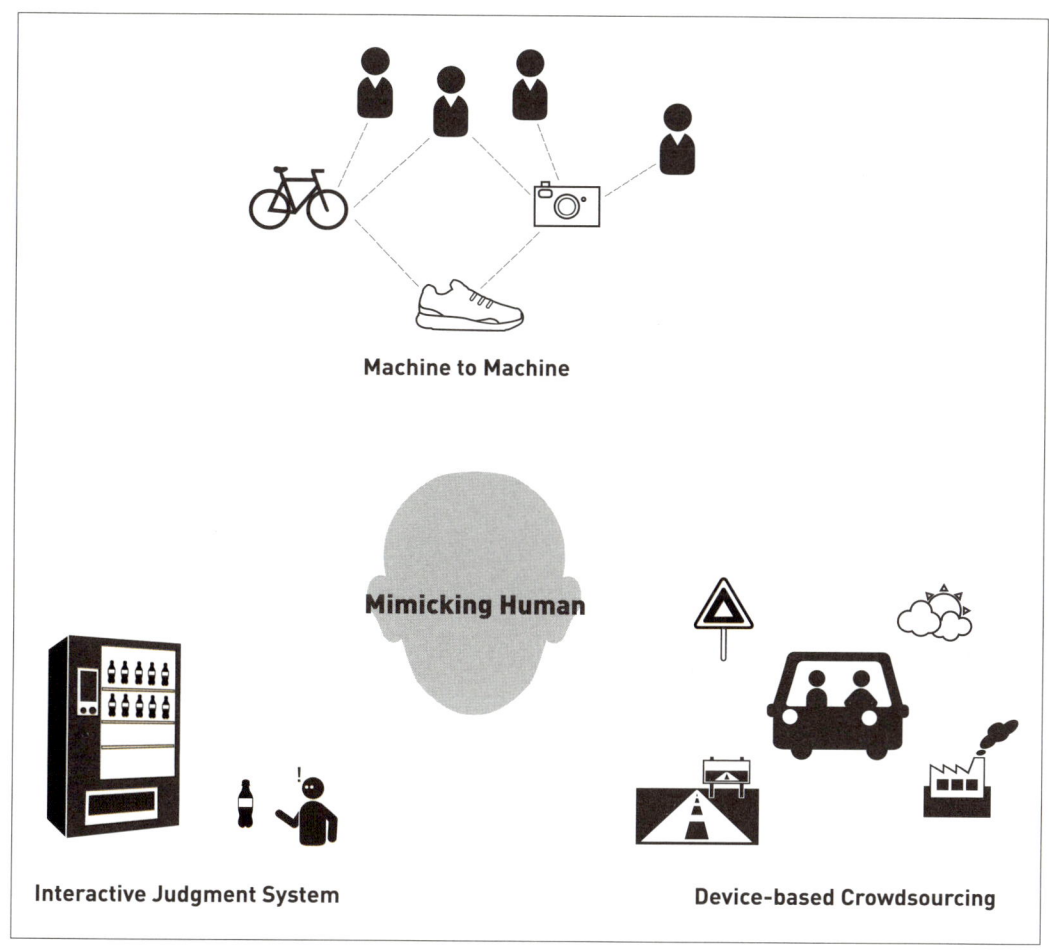

Machine to Machine

Mimicking Human

Interactive Judgment System

Device-based Crowdsourcing

—**METATREND Vol.10** Mimicing Human

온다고 주장한 바 있다. 여기에서 사물이 서로 통신한다는 것은 인간의 손을 거치지 않고 디바이스가 작성한 내용이 바로 웹에 등록되는 것을 의미한다. 이것은 디바이스의 센서들이 웹에 참여하는 현상이다. 웹에서의 정보들은 거의 실시간으로 전달되며 인간의 편집이나 가공을 거치지 않은 '날 것'이다. 인간의 손을 거치지 않고 디바이스가 직접 웹에 연결해서 웹에 참여함으로써 일을 처리하는 프로세서를 간소화한다. 카메라로 사진을 찍어 PC에 전송한 후, 편집하여 웹에 올리는 과정 대신에 와이파이(Wi-Fi)를 탑재한 카메라가 웹에 연결되어 자동으로 사진을 올리는 것이다. 이러한 현상은 자동차나 자전거 등의 디바이스가 소셜 네트워크에 참여하는 사례에서도 확인할 수 있다.

프레셔스(www.yesiamprecious.com)라는 이름의 자전거는 트위터 계정(twitter.com/yesiamprecious)을 가지고 있다. 이 자전거는 온도, 습도, 경사, 속도, 페달 회전 속도, 방향, 위치 등을 감지하는 많은 센서를 갖고 있으며, 정교하게 설계된 컴퓨터를 두뇌로 사용한다. 프레셔스는 센서가 수집한 정보들을 미리 준비된 데이터베이스의 내용과 비교한 후, 그것을 짧은 글로 편집하여 직접 트위터에 등록한다. 자전거가 한 명의 사람처럼 환경을 느끼고 그 경험담을 소셜 네트워크에 전파하는 것이다. 프레셔스가 올리는 글들은 감정이 살아 있으며 여행의 느낌을 간단하게나마 묘사해준다.

자동차나 자전거뿐만 아니라 아직 세상에 나오기 전인 아기도 소셜 네트워크에 접속한다. 코리 멘셰르가 개발한 킥비(kickbee.net)는 뱃속 아기가 발길질할 때마다 트위터(twitter.com/kickbee)에 메시지를 전송한다. 복대와 비슷하게 생긴 모양으로 임신 중인 여성의 배에 둘리면 진동 센서가 뱃속의 아기가 발길질하는 것을 감지하여 트위터에 "내가 몇 시 몇 분에 엄마 배를 찼어요!"라는 메시지를 보낸다. 아기의 움직임이 소셜 네트워크에 연결되면서 떨어져 있는 가족이나 친구들이 함께 공유하는 것이 가능하며 아직 세상에 나오기 전인 아기와의 교감을 이룰 수 있다. 지금은 단순한 발길질을 감지하지만 이 센서가 발달될 경우 아기의 상태를 모니터링하고 구체적인 메시지를 소셜 네트워크에 전달하는 것이 가능해진다. 현재는 신기하고 재미있기 때문에 주목받고 있지만 사물과 사물과의 통신이 더욱 정교하고 인텔리전트해지면서 단순한 재미의 수준을 넘어서게 된다

—**Yes I Am Precious,** Breakfast　　　　　—**Kickbee,** Corey Menscher

크라우드소싱은 더 이상 군중의 힘, 사람의 힘으로만 이루어지는 것이 아니다. MIT 센세서블 시티(Senseable City) 연구실에서 제작한 코펜하겐 휠은 자전거가 이동하면서 도시의 공해 수준이나 도로 상황, 교통 체증에 대한 정보를 측정한다. 이러한 데이터를 크라우드소싱해 실시간으로 도로 상황이나 오염도를 알려주어 도시 환경을 개선할 수 있다. 이 같은 크라우드소싱은 자전거뿐 아니라 자동차나 걸어다니는 사람을 통해서도 가능하다. 이와 같이 도로 위의 디바이스들의 크라우드소싱 정보들이 모여 교통 정보를 공유하며 그 정보의 양이 증가함으로써 영향력 또한 더 커진다. 이러한 디바이스들의 크라우드소싱은 일상생활에 더 좋은 환경을 위한 인프라 구축에 쓰인다.

현대인들은 주변의 지인과 네트워크를 활용하여 추천이나 의견을 자주 구한다. 이제 우리가 주변에서 쓰고 있는 디바이스들이 주변의 지인을 대신하여 평가와 추천해주는 사례가 늘고 있다. 디바이스가 하는 추천이나 평가는 사용자가 도구를 사람처럼, 혹은 친한 친구처럼 느끼게 한다. 디자이너, 앤드류 쿠프레사닌이 제작한 컨셉 카메라, 나디아는 사진의 구도나 색감 등을 판단하여 사진에 대한 평가점수를 백분율로 보여준다. 미적 추론 엔진을 통하여 사진에 대한 평가가 가능하며 촬영하는 사람은 보여주는 숫자가 100%에 가까워지도록 열심히 사진을 촬영하게 된다. 뿐만 아니라 소비자를 파악하여 알맞을 제품을 직접 추천해주는 인터랙티브 자판기도 있다. 에이큐어(aCure)의 자판기는 거대한 터치스크린을 갖고 있으며 상단에 카메라가 달려 있다. 이 카메라를 통해 소비자의 성별, 연령은 물론 주변 환경이나 날씨까지 파악해서 소비자에게 알맞은 제품을 추천한다. 아직은 사용자 개인에 대한 정보의 습득이 어려워 개인화된 서비스까지는 불가능하지만, 사용자의 모바일 디바이스, 즉 스마트폰 등과 통신할 수 있다면, 자판기는 더 개인화된 서비스를 제공 함으로써 사용자에게 특별한

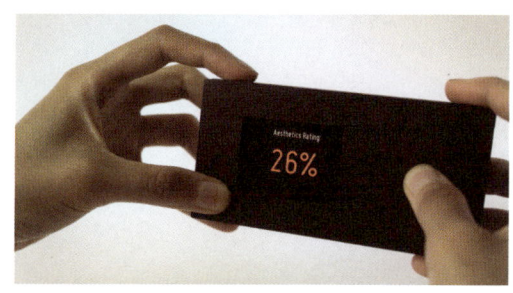

—**Nadia,** Andrew Kupresanin

서비스를 받고 있다는 느낌을 줄 수 있을 것이다.

디바이스가 평가 하고 추천 해주는 것은 지금껏 우리 주변의 사람들에 의해 이루어졌던 것들이다. 디바이스의 스마트한 지능으로 인해 사람을 통해 이루어지는 과정을 디바이스 내에서 해결한다. 디바이스는 더욱 인텔리전트한 지능을 가지며, 웹과의 연결을 통해 소셜 네트워크의 정보를 바탕으로 제안할 수 있는 능력을 갖춘다.

03

그래프의 시대에서 관계의 시대로
INTERACTION MAP

정보를 표현하는 방식에 있어서 그 동안 우위를 차지하던 정량 정보의 영향력은 상대적으로 줄어드는 대신에 실제 세계의 다양한 변수를 포괄하는 정성 정보가 더 중요해진다. 더불어 정보간의 관계성은 더욱 강조된다. 관계를 보여주는 정보는 상호 독립적이고 제한적인 정보만을 제공하는 그래프에 비해 주변 정보를 함께 인식하여 관계를 해석해주므로 복잡하고, 변화무쌍한 미래에 더 큰 영향력을 발휘한다. 예를 들어 WEF(World Economic Forum)에서는 '세계 경제 위험 요소(Risk Interconnection Map) 2010'을 선보였는데, 웹 상에서 모든 위험 요소간의 관계를 보여주며, 노드를 클릭하면 해당 노드를 중심으로 노드들을 재배치하여 또 다른 인포그래픽(Infographic)을 보여준다. 이로써 노드의 색깔, 크기, 그리고 각 노드간의 인접거리 등을 눈으로 확인하고 세계 경제의 위험 요소간에 어떤 관계를 갖는지 파악할 수 있다.

오랫동안 정량 정보는 많은 사람들에게 믿음을 줬다. 수치는 복잡한 사건을 단순화하고, 모호한 것들을 분명하게 만들어 준다. 다만 수치의 단점은 수많은 변수를 무시함으로써 복잡하고 미묘한 상황을 간과하고 잘못된 판단을 유도할 수 있다는 점이다. 때문에 전문가들은 수치로 이루어진 통계나 여론 조사의 결과를 맹신하지 말 것을 주문하곤 한다.

그 동안 정성 정보가 정량 정보에 비해 인정받지 못했던 이유는 정성 정보가 가지는 주관성 때문이었다. 정보를 해석하는 사람에 의해 크게 좌우되므로 정보로써 가치를 인정받지 못하고 정량 정보를 설명하기 위한 보조 자료 정도로 취급되었다. 하지만 어느 것 하나도 예측하기 어려운 불확실성의 시대에는 자료를 종합적으로 판단하는 정성 정보가 더욱 중요하다.

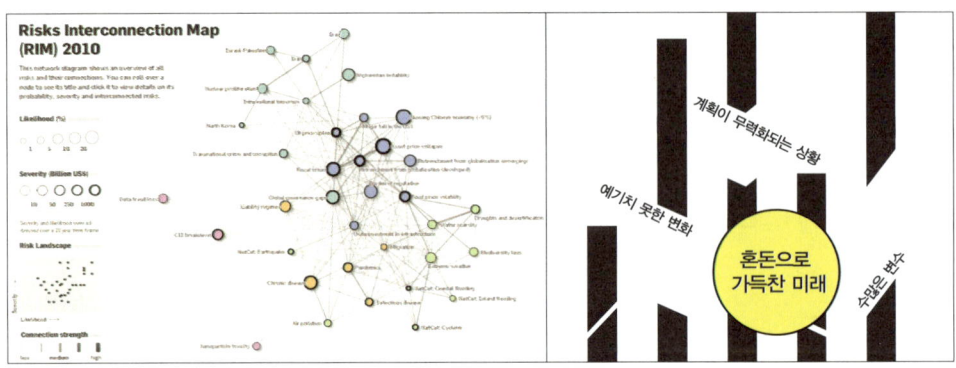

—**Risk Interconnection Map 2010,** WEF　　　　　　　　　—**METATREND Vol.5** Interaction Map

우리가 원하는 것은 내가 원하는 답을 하나로 알려주는 정량 정보가 아니라 사건을 있는 그 대로 바라 보고 여러 가지 상황에 유연하게 대처할 수 있는 정성 정보이다.

미래에는 개별 정보간의 관계에 주목한다. 수집한 정보를 체계적으로 분류하고, 정렬하는 것만큼이나 정보간의 관계가 갖는 의미가 중요하다. 이것이 더욱 발전되면 정성과 정량을 아우르는 통합적인 정보 접근 방식이 요구될 것이다. 이미 비선형적인 정보를 하이퍼링크로 연결하는 인터넷에서부터 익숙해지기 시작한 이러한 스토리텔링은 인터랙티브한 관계에 깊은 관심을 갖는 미래 인터페이스 환경과도 연관이 있다.

어떤 사건이나 단독으로 벌어지지는 않는다. 주변의 다른 사건들과 어떤 식으로든 관계가 있다. 많은 수의 변수를 반영할 수 없는 그래프보다 관계 지향적인 정보 표현방식이 각광받게 되는 이유이다. 전혀 관계 없는 것들이 연결됨으로써 특별한 관계를 형성하는 것은 매우 흥미로우면서도 일상적인 스토리텔링으로 자리 잡을 것이다.

04

사람과 실제 세상에게 다가오는 인터페이스
INTERFACE SQUARED

기술, 제품이 변화하고 사람들의 생각과 행동 방식이 달라지면서 기존의 인터페이스들도 대대적인 교체를 피할 수 없게 됐다. Interface Squared는 기기를 조종하는 사람에게 추가적인 행동이나 적응을 요구하지 않는 것을 목표로 한다. 사람과 기계 사이를 단순히 중개만 하는 것이 아니라 사람을 이끌어가는 것이 Interface Squared이며, 이것은 사용법이 복잡한 기기들의 디자인을 단순화시키고 사용하는 사람의 행동 방식을 더 자연스럽게 바꿔놓는다.

새로운 환경과 새로운 라이프스타일을 서로 연결해주기 위해 새로운 인터페이스가 생겨난다. 21세기의 차세대 인터페이스는 단순히 '인터페이스 2.0'이라고 하기에는 그 종류가 너무도 다양하고 범위 또한 넓다. 모바일 디바이스를 기폭제로 하여 본격적으로 대중화된 센서의 활용, 사용자 경험의 개념을 바꾼 터치스크린 등은 차세대 인터페이스를 인터페이스 그 이상의 것으로 만드는 와일드카드다. 이처럼 다양한 요소들이 더해지면서 인터페이스는 사람들에게 다채로운 경험을 주는 Interface^2(Interface Squared)로 진화한다. 기존의 인터페이스를 평면에 비유하면 Interface Squared는 여러 평면이 모여서 생성되는 '입체'에 가깝다.

사람을 중심으로 하며, 현실 세계와 더욱 가깝다. 이것이 Interface Squared를 설명하는 문장이다. 사람들을 시간, 장소의 제한없이 연결시키는 무선 인터넷과 모바일 디바이스, 기존에는 볼 수 없었던 증강현실 기술이나 3D 매체들, 인터랙티브 콘텐츠, 디지털 맵과 GPS들 모두가 Interface Squared의 탄생 배경이다. 또한 사람들도 모바일 연결을 통해 소셜 네트워크에 참여하고 실시간, 투명성을 중시하며 새로운 경험에 대해 적극적으로 도전한다. - 이들

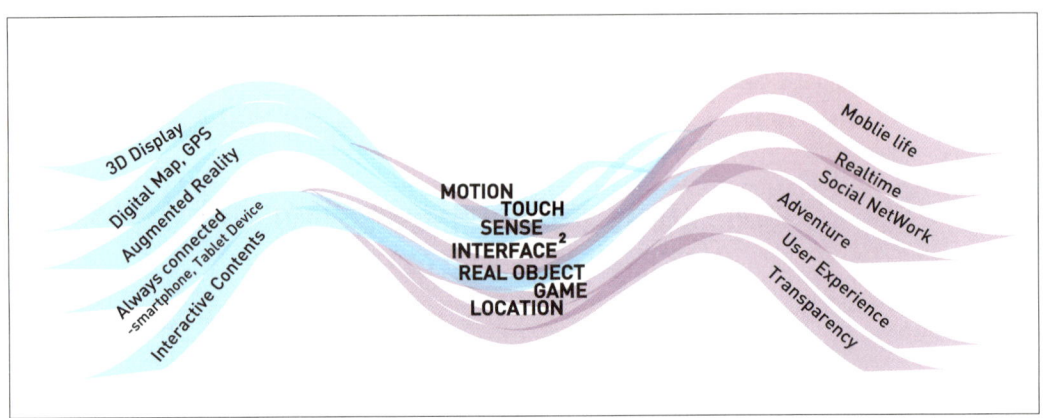

—**METATREND Vol.9** Interface Squared

은 이미 Interface Squared를 생활 속에서 사용하고 있다.—인터페이스가 기본적으로 조종받는 대상과 조종하는 사람의 사이에 있는 것이라면, 조종받는 대상이 변화하는 만큼 인터페이스도 변해야 한다. 이 과정 속에서 Interface Squared는 조종하는 사람에게 추가적인 행동이나 적응을 요구하지 않는 것을 목표로 한다. 사람과 기계 사이를 단순히 중개만 하는 것이 아니라 사람을 자연스럽게, 그러나 강력하게 이끌어가는 것이 Interface Squared다.

Interface Squared는 사용법이 복잡한 기기들의 디자인을 단순화시키며, 사용하는 사람의 행동 방식을 더 자연스러운 것으로 변화시킨다. 이 과정에서 비교적 연령이 높은 사람들은 낯설음을 느낄 수 있는데, 이것은 지금까지 비정상적이거나 불편한 인터페이스에 적응해온 그들이 그럴 필요가 없게 되면서 느끼는 감각이다. 무엇보다 사용 전 학습이 필요치 않으며 인간의 기본적 특성에 맞춰 만들어지는 것이 Interface Squared의 특징이므로 종래에는 모든 사람들이 편하게 쓸 수 있는 인터페이스의 모태가 될 수 있다. 사람과 현실 세계라는 키워드를 중심으로 살펴보면 Interface Squared는 다음과 같이 정리된다.

· 감각(Sense): 센서 장치들은 사람의 감각을 기기에 전달 하며 기기가 주변 환경을 인식하는 것도 가능하다. 외부 자극을 임의적으로 발생시켜 사람에게 제공하는 것도 감각 인터페이스라고 할 수 있다.

· 감정(Emotion): 사람이 기기와 상호작용하고 공감과 애착까지 갖도록 하는 인터페이스로

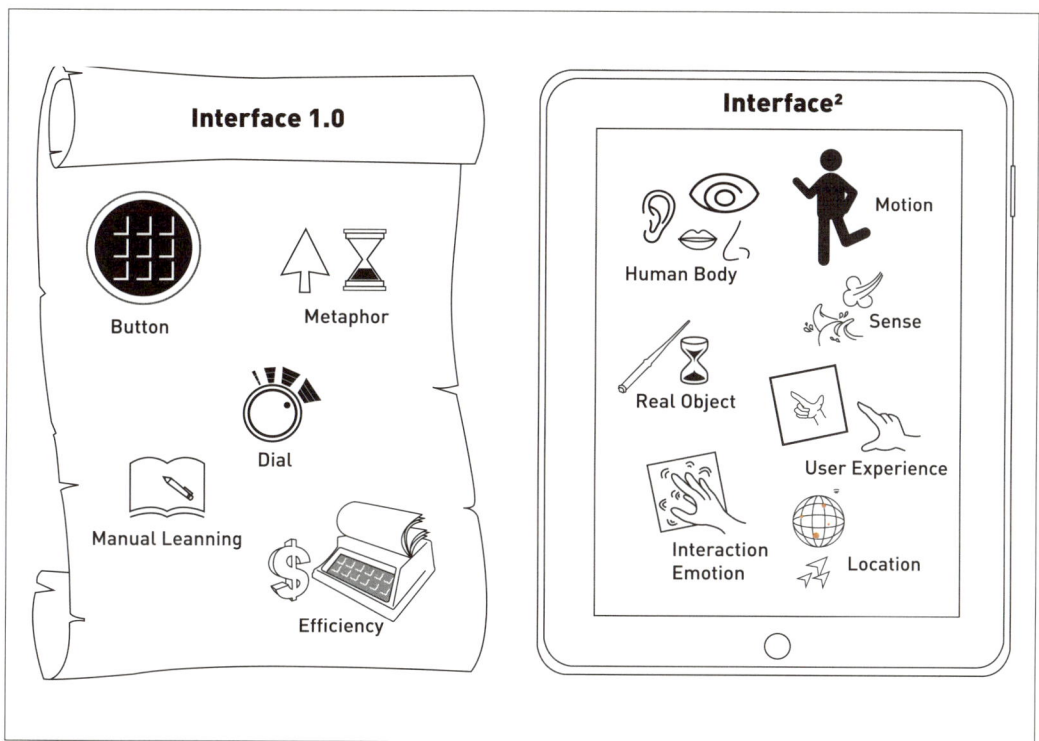

—**METATREND Vol.9** Interface Squared

감정이 사용된다. 인간적 감정을 중시한 인터페이스 디자인을 통해 새로운 사용자 경험을 만들어낸다.

· 움직임(Motion): 사람의 움직임이 인터페이스가 된다. 모션 센싱 기술이 점점 정확하고 세밀해지면서 생활 속에서 일어나는 단순한 움직임만으로도 많은 기기들을 다룰 수 있다. 대부분 맨손으로 사용되는 인터페이스이므로 마치 인터페이스가 없는 것처럼 느껴지기도 한다.

· 실물(Real Object): 가상과 현실의 경계를 무너뜨리는 최종적 매개체로써 실물을 사용한다. 사람과 기기 사이를 실물이 이어주는 셈이다. 기타를 연주하는 비디오 게임을 예로 든다면 기존의 인터페이스는 패드 컨트롤러를 쓰지만 실물 인터페이스는 실제 기타가 컨트롤러다.

· 위치(Location): 위치 정보는 온라인과 오프라인을 병합시키는 역할을 하며 기기와 사람 사이를 돌아다니는 각종 정보들에게 현실성, 투명성을 부여해준다. 소셜 네트워크 속에서 중요하게 사용되는 인터페이스이다.

센서를 통한 사람과 기계 사이의 감각 전달

알게 모르게 우리 생활에서 많이 사용되어오던 센서들이 본격적으로 그 존재를 알리게 된 계기를 생각해보자. 첫째로 꼽을 수 있는 원인이 스마트폰이다. 무선 인터넷의 사용이 자유롭게 되면서 스마트폰은 모바일 웹과 소셜 네트워크의 대표적인 매개체가 되었다. 항상 사람과 가깝게 있어야 하는 모바일 디바이스들은 생활 속의 실제 활용과 새로운 경험들을 위해 센서를 탑재한다. 작은 기기 안에 들어간 중력 센서, 가속도계, 근접 센서, 빛 센서, 마이크, 자이로 등은 모두 사람과 세상 사이를 연결해주는 감각 인터페이스로 사용된다.

구글(www.google.com)이 공개한 보이스 액션(Voice Actions)은 모바일 환경에서의 효과적인 스마트폰 사용을 위해 목소리와 마이크라는 감각 인터페이스를 선택했다. 안드로이드 운영체제를 가진 스마트폰에서 사용할 수 있는 이 기능은 사용자가 하는 말을 정확하게 인식하는데, 목소리로 글을 쓰거나 웹사이트를 보는 것은 물론 내비게이션 맵까지 다룰 수 있다. 사실상 스마트폰의 화면을 터치할 일이 거의 없기 때문에 터치 입력이 미숙한 사람이나 손이 불편한 사람들에게도 유용한 기술이다. 그 밖에 모바일 디바이스뿐만 아니라 센서가 불필요해보이던 다른 제품들에게도 외부 환경을 감지하는 능력이 부여된다. 이처럼 소셜 네트워크의 특성이 인터페이스에 적용되는 것에도 주목해야 한다. 실제로 만나지 않으면서도 서로의 경험을 나누거나 느끼고 싶어하는 사람들의 욕구가 감각 인터페이스의 개발을 부추기고 있는 셈이다. 또한 감각 인터페이스는 사람이 아닌 물건(Stuff)들까지 소셜 네트워크에 참여시킬 수 있다.

사람의 감각을 특정한 명령어로 변환시켜 기기에 전달하는 것이 센서라면 반대로 실제 감각적 요소를 만들어서 사람에게 전달하는 것도 가능하다. 영화의 경우, 일부 극장에서는 장면에 맞추어 관객에게 물을 뿌리거나 바람을 일으키고 몸을 툭툭 건드리는 등의 실제 자극을 제공한다. 이것은 영화 속 경험의 효과적인 전달을 위해 직접적 자극을 인터페이스로 사용한 사례다. 이런 인터페이스가 3D 디스플레이와 조합되면 그 효과는 배가된다. 엔터테인먼트는 간접 자극을 제공하던 많은 제품들을 직접 자극으로 전환하게 만드는 기본 바탕이 된다.

감각 인터페이스의 점진적인 대중화는 그 동안 기술적으로 구현이 어려웠던 후각과 미각 조차도 인터페이스로써 활용할 수 있는 가능성을 제시한다. 맛과 냄새는 시각, 청각, 촉각에 비해 더 원초적이고 강한 자극에 속한다. 시각에는 안경, 청각에는 헤드폰, 촉각은 두터운 장갑—이런 식으로 '필터링'이 가능한 반면, 맛과 냄새는 직접 인간의 뇌를 자극하기 때문이다. 씨그래프(SIGGRAPH) 2010 컨퍼런스에서 도쿄 대학 연구원들이 보여준 미각 시뮬레이션 프로젝트는 냄새를 만들어내는 헬맷으로 후각을 변조하고 마커 트래킹 방식의 증강현실 기술로 시각을 변조하여 결국 사람이 느끼는 맛을 바꾼다. 동일한 맛의 쿠키에 찍힌 마커는 헬맷의 디스플레이에서 초콜릿, 아몬드와 같은 모습으로 비춰지며 헬맷 앞에 달린 튜브들은 특정 냄새를 풍기는 액체를 방사해 후각을 자극한다. 이런 정보들이 혼합된 결과물이 초콜릿이나 아몬드 맛의 쿠키라는 결과로 이어지는 것이다

—**Voice Actions for Android,** Google　—**Simulated Taste,** Tokyo Univ. Takuji Narumi,Takashi Kajinami, Tomohiro Tanikawa, Michitaka Hirose

인간적 감정을 중시한 인터페이스 디자인

감정은 사람과 기기 간에 활발한 인터랙션을 일으키고 공감을 이끌어내며 사람으로 하여금 애착을 갖게 한다. 또한, 감정을 고려한 인터페이스 디자인은 새로운 사용자 경험을 만들어낸다. 감정 인터페이스를 만드는 효과적인 방법으로 아날로그의 요소를 쓸 수 있으나, 아날로그의 형태를 그대로 쓰기보다 디지털 기술의 장점을 잘 섞어주는 쪽이 사용자의 마음을 사로잡는 데 유리하다. 게임의 구조를 인터페이스로 사용하여 감정 몰입을 이끌어내거나 인터페이스를 통해 감정을 시각화하는 것도 기존 커뮤니케이션의 양상을 바꿀 수 있다.

제품의 기능을 쉽게 사용하도록 만드는 기본적 기능을 넘어 사용자의 감정에까지 영향을 주는 인터페이스. 사람과 기기 간에 흐르는 감정을 통해 인터랙션을 일으키고 표정, 목소리, 동작, 스토리텔링 등으로 공감을 이끌어내며 사람으로 하여금 애착을 갖게 한다.–이것이 감정 인터페이스다.

사람들은 오래 사용할수록 물건에 대해 정을 느끼며 마치 가족과도 같은 감정을 갖기도 한다. 예전부터 '감정'이 제품의 기본 기능 외 인터페이스에 가까운 역할을 해왔다는 뜻이다. 이것을 더욱 외면적으로 끌어내고 진화시키면 Interface Squared 중 하나가 된다. 더 나아가, 인터페이스 설계에 대한 감정적 접근은 새로운 사용자 경험을 만들어낸다. 마커스 베델러(Marcus Veldeler)의 올라(Olar)는 겉보기에는 평범한 블럭 모양의 장난감이지만, 모든 블럭 속에 모터와 관절을 갖고 있어 조립이 계속될수록 마치 동물이 바둥거리는 듯한 움직임을 보여준다. 블럭 장난감에 감정 인터페이스를 더하는 순간 생명체를 다루는 듯한 사용자 경험이 탄생된다.

아날로그 속에 디지털 기술의 장점을 잘 녹이는 UI가 각광받는다. 표면적으로 느껴지는 아날로그 요소들이 사용자에게는 일종의 감정으로 받아들여지기 때문이다. 어스토니싱 트라이브(www.tat.se)가 개발 중인 벨벳(Velvet) UI는 태블릿 디바이스의 홈 스크린 메뉴를 마치 커튼처럼 표현한다. 그러나 실제 커튼의 모습을 그대로 사용하지는 않는다. 홈 스크린 메뉴 중 구글 맵의 경우는 디지털 맵의 형태를 그대로 갖고 있으면서 느낌만 커튼의 것으로 만든 것이다. 즉, 현실성과 추상적인 면을 적절히 조율한 형태의 UI 또는 제품 디자인이 사용자의 감정과 편의를 모두 충족시킬 수 있다. 감정적 접근에 집착한 나머지 UI 디자인을 실물과

—**EpicWin,** Supermono Limited

똑같이 만들어버리면 사용이 불편해지면서 거부감까지 생기지만, 디지털 기술의 편리함을 아날로그의 틀에 적당히 담으면 오히려 사람들이 매료될 것이다.

게임은 상당히 감정적인 구조(Mechanism)를 갖고 있다. 평범한 일이라도 게임 요소가 들어가는 시점부터 사람은 개인적인 감정을 갖는다. 어떤 과제(퀘스트)에 도전하여 그 과정을 즐겁게 처리해낸 후, 보상과 성취감을 얻는 롤 플레잉 게임(Role Playing Game)을 생각해 보라. 소셜 네트워크 요소를 적용한 웹사이트에서 각 회원들마다 프로필 아이콘을 제공하고 포인트 제도를 시행하는 이유가 여기에 있다. 아이폰용 애플리케이션, 에픽윈(EpicWin)은 모든 그래픽 인터페이스와 구조가 롤 플레잉 게임과 똑같다. 사실 에픽윈의 기능은 매일 할 일을 적어두는 메모장에 불과하지만 이 앱의 사용자는 더이상 일상 생활에 치여 사는 사람이 아니라 과감히 설거지와 세차를 끝내고 경험치를 받아 캐릭터를 성장시키는 게이머가 된다. 설거지와 세차가 게임 인터페이스를 거치자, 마음 속 뿌듯함과 가상의 보상이 걸린 감정적 이벤트가 된다.

사람의 움직임이 인터페이스가 된다

사람의 움직임을 그대로 인터페이스로 사용한다. 사람이 곧 인터페이스가 되는 것이다. 몸만 움직일 수 있다면 누구든지 기기를 사용할 수 있는 모션 인터페이스는 유니버설 인터페이스에 더욱 근접한다. 그리고 사람의 자연스러운 사용을 위해 모든 기술을 투입하되 그 형태는 단순하다. 모션 인터페이스는 사용자의 편의를 제공하는 동시에 직접적이고 강한 사용자 경험을 만들어낼 수 있다.

사람의 움직임이 인터페이스다. 달리 말하면 사람이 곧 인터페이스가 되는 것이 Interface Squared 중 하나인 모션 인터페이스이다. 닌텐도 위(Wii)가 본격적인 모션 컨트롤러를 선보인 이후, 마이크로소프트(www.microsoft.com)는 자사의 비디오 게임기인 엑스박스(Xbox) 360에 아예 컨트롤러가 없는 키넥트(Kinect) 시스템을 추가했다. 이 기기는 TV 앞에 놓아두기만 하면 게이머의 몸 전체에서 감지되는 대부분의 동작을 인식하여 게임 플레이에 적용시킨다. 댄스 게임을 할 때는 진짜 춤을 추면 되고, 레이싱 게임을 할 때는 양손에 핸들을 든 것처럼 흉내만 내면 된다. 게임을 할 때 별도의 컨트롤러를 손에 들지 않게 되므로 마치 인터페이스가 없는 게임처럼 느껴지는 것이 키넥트 시스템이다.

이러한 모션 인터페이스는 진정한 유니버설 인터페이스(Universal Interface)의 밑그림과도 같다. 모션 인터페이스는 사실 별도의 사용법이 존재하지 않는 것이나 다름없기 때문이다. MIT 미디어랩(MIT Media Lab)의 프라나브 미스트리(Pranav Mistry)가 만든 마우스리스(Mouseless) 프로젝트는 랩탑의 우측에 2개의 적외선 센서를 부착해 별도의 마우스 없이 마우스를 다루는 듯한 손동작만으로 입력할 수 있다. 키넥트 역시 누구나 화면의 게임 캐릭터가 하는 행동을 따라하기만 하면 곧바로 게임을 할 수 있다. 연령에 관계없이 몸만 움직일 수 있다면 누구든지 기기를 사용할 수 있는 모션 인터페이스는 유니버설 인터페이스라고 불리기에 충분한 자격이 있다.

제품, 기술이 가진 모든 능력을 투입해 사람의 자연스러운 사용을 이끌어낸다. 모션 인터페이스의 완성된 형태는 여기에 있다. 기기의 겉모습은 단순해 보이지만 그 속에는 사람의 움직임을 세밀하게 감지하기 위해 수많은 첨단 기술들이 숨겨진다. 아티스트 조 해밀턴(Jo Hamilton)이 사용하는 에어 피아노(Air Piano)는 건반이 없는 키보드의 형태를 갖고 있으나 그 속에는 근접 센서, 모션 센서, 비주얼 피드백을 위한 LED 조명 장비들이 들어있다. 연주자는 자신의 손을 들었다 내렸다 하며 음을 조절하기만 하면 된다. 손을 높이 올리면 음이 올라가고 내리면 낮아지는 직관적인 방식으로 자연스러운 연주를 할 수 있다. 즉, 모션 인터페이스를 만들기 위해 들어간 기술은 복잡할지라도 사용자에게 최종적으로 전달되는 것은 목적에 맞는 자연스러운 사용법이 되어야 한다. 움직임은 새로운 사용자 경험이 될 수 있다. 영국 디자이너, 제레미 인스-홉킨스(Jeremy Innes-Hopkins)는 자신의 학과 졸업 작품으로 독특한

—**Nokia Kinetic Concept,** Jeremy Innes-Hopkins

모바일 디바이스의 모습을 내놓았다. 노키아 키네틱(Nokia Kinetic)이라는 이름의 이 컨셉 제품은 전화가 오면 스스로 자리에서 일어선다. 이것은 스마트폰의 스크린에 손가락 끝을 탭 하는 것보다도 직접적이고 강한 느낌을 준다. 모션 인터페이스는 근본적으로 사용자의 편의 를 위한 것이지만, 어떤 의미의 전달과 새로운 경험 제공을 위해 사용될 수도 있다.

실물 사용으로 가상과 현실의 벽을 허문다

실물을 통해 실제 개체를 조종한다. 기존의 실물 컨트롤러는 화면 속의 '가상 개체'를 조종 하지만 실물 인터페이스는 사람이 실물을 조작하여 '실제 개체'를 조종한다. 이는 사용자의 행동을 그대로 따라하는 실물 아바타로 응용된다. 또한 실물 인터페이스는 가상의 경험과 실 물의 경험을 결합시켜 가상의 자유로움과 실물의 현실적 느낌을 모두 활용한다. 이 특성은 체험이 필요한 각종 제품들과 서비스와 연동 시 더 큰 효과를 볼 수 있다.

사람이 중간의 실물을 조작해 실제 개체를 다룬다. 실물 인터페이스는 비디오 게임에서 사 용되고 있는 것과 유사하지만 중요한 차이점을 갖고 있는데, 기존의 게임들은 실물 컨트롤 러를 조작하여 화면 속의 가상 개체를 조종하지만 실물 인터페이스는 사람이 실물을 조작하 여 실제 개체를 조종하는 방식이다. 제이처리 쉬버스(Zachery Shivers)와 앤 플린치보(Anne Flinchbaugh)가 함께 만든 락엠 삭엠 로봇(Rock 'em Sock 'em Robots)은 두 사람이 양쪽 팔목에 중력 센서가 들어간 시계를 차고 펀치 시늉을 하면 블루투스로 무선 연결된 장난감 로봇이 서로 펀치를 하는 게임이다. 두 사람을 대신하여 실물 로봇이 실제 대결을 펼친다. 이 는 사람의 행동을 그대로 따라하는 실물 아바타의 대표적인 사례로도 볼 수 있다. 실물 아바 타는 실물 인터페이스를 실제 삶에 적용시킬 수 있는 첫 번째 방법이다.

기어박스(Gearbox)가 만들어낸 독특한 공 장난감은 실물 아바타의 첫 활용 방법으로써 간단한 엔터테인먼트를 제시한다. 그들이 만든 검은색 공은 모터와 센서를 내장하고 있으며 사람이 손에 들고 움직이는 스마트폰의 중력 센서와 무선 연결되어 있다. 스마트폰을 기울이는 방향에 따라 공이 굴러가는 것이다. 지금은 단순한 공 장난감의 형태를 갖고 있으나, 기어박스의 CEO 이안 번스타인(Ian Bernstein)은 사무실에서 하는 골프 게임, 컬링(Curling), 고양이의 놀잇감을 비롯해 사용자의 주변을 따라 다니며 소셜 네트워크 서비스의 메시지 도착을 빛으로 알리는 실물 메신저 역할까지 할 수 있을 것이라고 말한다.

실물 인터페이스는 가상의 경험과 실물의 경험을 결합시킬 수 있다. VR/어반 그룹(VR/URBAN)이 생각해낸 실물 인터페이스를 보면 이 뜻을 금새 이해할 수 있을 것이다. 이름은 SMS 슬링샷으로 실제 새총을 개조하여 문자 메시지를 전송하는 휴대폰 기능을 넣고, 사용자가 문자 메시지를 입력한 후 건물 벽에 '쏠 수 있도록' 만들었다. 와이알월(YrWall)도 이와 유사한 개념의 실물 인터페이스다. 이 시스템은 프로젝터를 통해 가상의 그래피티(Graffiti)를 그릴 수 있는데, 사용자는 실제 스프레이캔을 사용한다. 스프레이캔은 페인트 대신 센서를 담고 있어 자동차나 건물 벽을 훼손하지 않고도 얼마든지 그래피티의 즐거운 경험을 얻을 수 있다. 실물 인터페이스는 이처럼 환경적 제약으로 인해 자유롭게 누릴 수 없었던 경험들을 충분하게 제공해준다. 가상 경험이 가진 자유로움에 더하여 실물을 다루며 느낄 수 있는 신선한 자극과 현실감까지 모두 취하는 것이다.

실제 물건으로 실제 경험을 만들 수 있는 인터페이스가 있다면 이것을 체험이 필요한 각종 제품들과 서비스에 활용해보는 것은 어떨까. 소비자들에게 상품을 팔지 않고 상품의 체험과 브랜딩만을 담당하는 샵의 경우 실물 인터페이스가 묘책이 될 수 있다. 증강현실을 통해 미리 조립된 레고의 모습을 화면으로 보여주는 것도 좋지만, 레고를 몇 번이고 마음대로 조립, 분해할 수 있는 실제 레고 컨트롤러가 훨씬 큰 효과를 낸다는 뜻이다. 스푸트니크(www.sputnic.tv)가 디자인한 실물 레이싱 게임, 레이서(Racer)도 좋은 사례다. 레이서의 외관은 비디오 게임룸의 레이싱 게임 설비와 똑같은 모습이지만 이 기기는 실제 RC카를 조종한다. 비디오 카메라가 설치된 RC카는 부실하게나마 실제로 제작된 트랙을 달리고 게이머는 이 장면을 1인칭 시점으로 즐길 수 있다. 이 게임이 화려한 그래픽의 컴퓨터용 레이싱 게임보다도 새

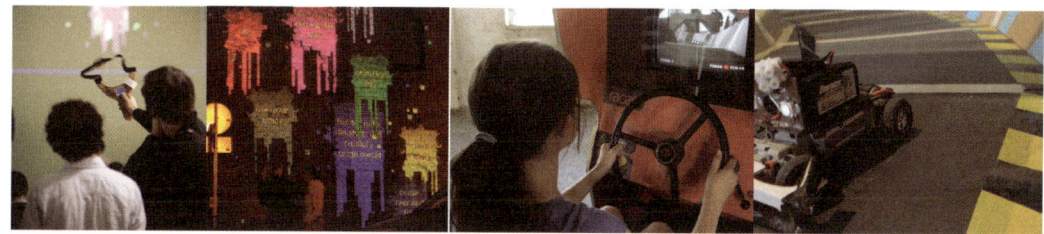

—**SMSlingshot,** VR/URVAN   —**Racer,** Sputnic

롭게 느껴지는 이유는 역시 실물 인터페이스 때문이다.

온라인과 오프라인을 병합하는 위치 정보

각종 커뮤니케이션에서 정확성과 신뢰도를 높일 수 있는 것이 위치 인터페이스다. 위치 인터페이스는 실시간, 실제 사실, 실제 연결 등을 대변하며 사람들로 하여금 현실성과 투명성을 추구하게 만든다. 또한 위치 정보는 온라인 소셜 네트워크와 오프라인 소셜 네트워크를 병합시킨다. 현실 세계의 정보를 주는 위치 인터페이스는 사람들의 모험을 이끌어내어 개인의 활동 영역을 넓히고 실제 장소에서 얻는 경험으로 사람들을 유도한다.

GPS와 디지털 맵의 대중화로 인해 새롭게 추가된 인터페이스가 위치 정보다. 사람들이 서로의 집 주소를 교환하는 것과는 전혀 다른 개념으로, 위치 정보가 인터페이스로 활용된다는 것은 현실 세계와 가상 세계의 구분이 사라지는 결정적 요인이다. 사람과 사람 간의 커뮤니케이션에서 실시간의 위치 정보를 교환하며, 현실 세계에 배치된 기기들이 온라인으로 정보를 보낼 때 정확성과 신뢰도를 높일 수 있는 것도 위치 정보다. 온라인에서만 돌아다니는 정보일지라도 실제 위치 정보가 더해지면 그것은 상당히 신빙성이 있는 '사실'이 된다. 위치 인터페이스는 실시간, 실제 사실, 실제 연결 등으로 이어지며 이는 사람들로 하여금 현실성, 투명성을 추구하게 만든다.

티비오(teevio.com)가 제공 중인 맵 엔벨로프(Map Envelope) 서비스를 살펴 보면 위치 인터페이스가 어떤 양상으로 생활에 적용되는지 알 수 있다. 지금까지 편지 봉투에는 글자로 된 주소를 적었지만 맵 엔벨로프는 봉투 속에 특정 주소가 찍힌 구글 맵이 프린트된다. 두 사람 사이의 커뮤니케이션에 위치 정보가 사용되면서 상대편이 실제로 존재한다는 느낌을 더 강하게 만든다. 또한, 대략적인 주소가 아닌 실제 도시의 어느 블록에 상대편이 있는지까지 알 수 있으므로 장소를 속이는 것도 불가능하다. 위치 인터페이스로 인한 현실성과 투명성의 교류는 이러한 방식으로 이뤄진다.

위치 인터페이스가 더 복합적인 곳에 활용된다면 그것은 센서를 가진 기기들이 될 것이다. 온라인 소셜 네트워크에서 돌아다니는 정보들을 보면 대부분이 오프라인, 즉 현장에서 채집된 것임을 알 수 있다. 어느 장소에서 어떤 사건이 발생했는지 실시간으로 알려지고, 어떤 사람이 어느 장소에 있는지가 거의 실시간으로 공개된다. 사람들의 소셜 커뮤니케이션이 오프라인과 온라인을 병행하게 된 원인이 곧 위치 인터페이스다.

사람들의 실제 모임과 행동이 일어나는 오프라인 소셜 네트워크가 모바일의 온라인을 타고 전파되면서 그 파급력은 더욱 거세어진다. 이스라엘에서 진행된 코카콜라 빌리지(Coca-Cola Village) 캠페인 현장에서는 페이스북의 소셜 추천 시스템인 라이크(Like) 버튼이 실제로 등장했다. 현장 방문객들에게 RFID가 들어있는 팔찌를 제공하고 곳곳에 센서를 내장한 라이크 버튼 모양의 박스를 설치하여 사람들이 직접 추천을 '찍을 수 있게' 한 것이다. 이들이 찍어준 추천은 모두 온라인의 페이스북 페이지에 등록된다. 현장의 생동감과 열기가 위치 인터페이스를 타고 온라인으로 전달되는 셈이다.

위치 정보는 사람들에게 현실 세계의 모습과 구조를 세밀하게 알려주는 인터페이스다. 이것은 사람들로 하여금 실제 세계로 걸어 나오게 하는 동기 부여 효과를 갖고 있다. 폭스바겐 (www.volkswagen.com)의 참신한 브랜드 마케팅 사례인 패스트 레인(Fast Lane)은 제작진이 준비한 재미있는 아이디어 덕분에 사람들은 에스컬레이터 옆에서 빨간 미끄럼틀을 타고, 엘리베이터 속에서는 우주로 발사되는 로켓 소리를 듣게 되며, 스케이트 보드가 부착된 쇼핑 카트를 타고 마트의 내부를 미끄러지듯 달려간다. 이 캠페인에 위치 인터페이스가 더해진다면 어떨까. 위치 정보는 이러한 이벤트의 현장으로 사람들을 데려올 수도 있다. GPS 정보를 통해 곳곳을 여행하는 지오 캐싱(Geocaching)으로도 알 수 있듯이, 위치 인터페이스는 사람들의 모험심을 자극하는 도구다. 개인이 활동하는 영역을 넓히고 실제 장소로 찾아가 새로운 경험을 얻는 것에 있어서 위치 정보는 중요한 인터페이스로 작용한다.

05

사람을 이해하고 배려하는 사물
SMART 2.0

───────

휴대폰은 나의 감정에 반응한다. 내가 슬플 때 디스플레이에 물방울 모양이 그려진다. 나의 감정은 기기에게 전달돼 기기가 반응한다. 나는 기기에게서 위로 받는다. 삼성전자 디자인 멤버십에 속한 학생들의 컨셉 제품인 아쿠아(Aqua)의 별칭은 사람의 감정을 화면으로 보여주는 휴대폰이다. 기기는 나만의 취향과 감정의 공감대를 형성하고, 과정의 복잡함 없이 나와 서로 커뮤니케이션한다. 이것이 바로 스마트 2.0이다.

기기는 첨단 기술들을 발 빠르게 이용해온 결과물이고, 사용자들은 반듯하게 정제된 편리함을 누리는 수혜자의 입장이었기에 둘의 관계는 다소 피상적이었다. 하지만 이제는 상황이 다르다. 기기가 나의 정보를 알고 있고, 적극적인 소통을 원한다. 나는 기기에게서 친근한 감정을 느낀다. 내 생활 반경 가장 가까운 곳에 있는 기기들은 내가 가장 쉽게 다가갈 수 있는 조언자이자, 나의 기분과 취향을 가장 잘 아는 친구다.

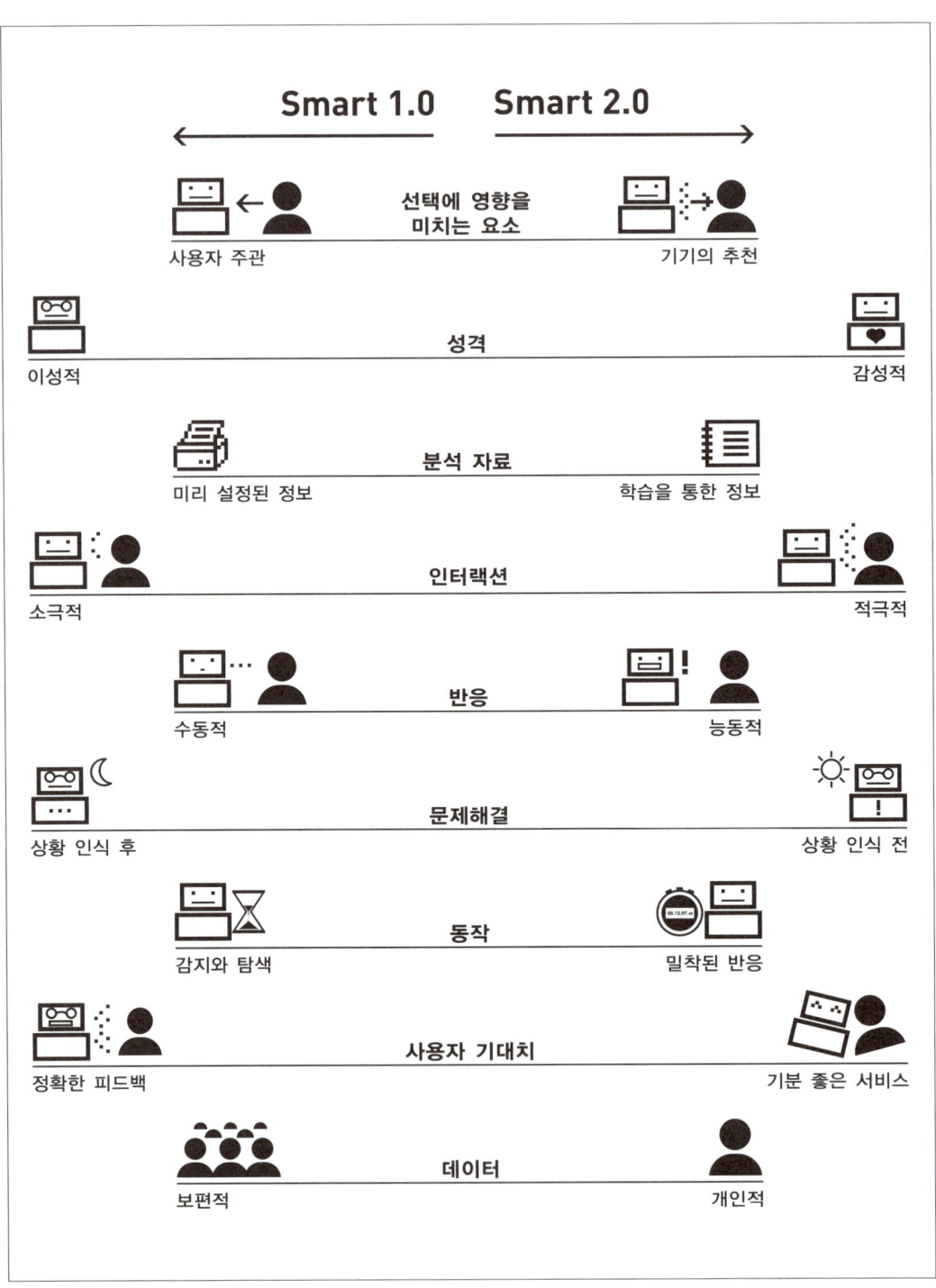

스마트 2.0 세계에서는 기기가 나의 취향을 잘 안다. 나의 일상생활에 동참하여, 항상 나의 정보를 수집하고 분석하기 때문이다. 나는 기기를 의식하지 않고, 자연스럽게 생활한다. 기기가 수집한 나의 작고 세밀한 정보는 취향별 선호도가 되어 궁극적으로는 나에게 가장 적합한 아이템이나 내 취향에 가장 가까운 것이 무엇인지 알려 준다. 가끔은 나도 잘 인식하지 못했던 내 욕구를 발견하기도 한다.

휴대 단말과 같은 모바일 기기는 다양한 환경에 사용자와 함께 노출되거나 처해진 상황에 따라 선호 콘텐츠가 달라질 수 있다는 것을 학습한다. 여기에는 필터링을 통해 사용자가 선호하는 콘텐츠만을 검색한다는 전제가 필요하다. 앞으로는 상황과 같은 변수를 고려해 사용자의 선호 정보를 파악하고, 사용자의 개별적인 취향에 따른 콘텐츠를 추천하는 것이 중요하다. 이제 사용자들은 디지털 기기와 끊임없이 자신의 사고와 생각을 지속적으로 주고받는다.

지능이 높아진 기기는 번거로운 생각의 단계를 줄여준다. 스마트 1.0 시대의 지능형 기기들이 상황을 인지하고 반응했다면 이제는 기기가 먼저 상황을 인지해 해결책을 제시하거나 상황을 정리한다. 능동적이고 적극적이다. 기기는 사용자의 생각과 과정을 최소화해 시간과 수고를 줄여주는 역할을 한다.

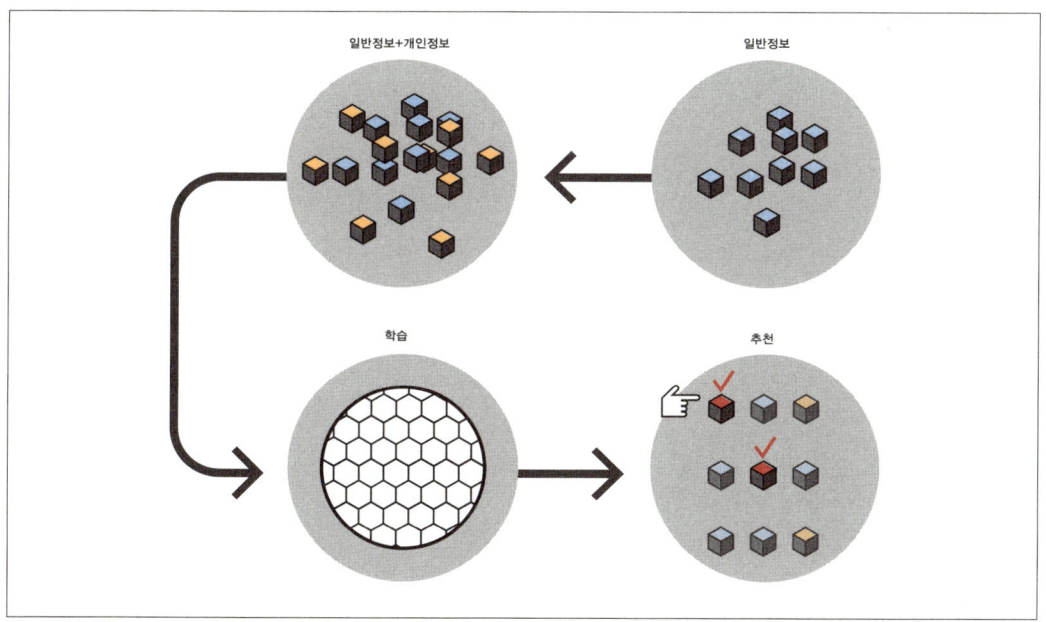

—**METATREND Vol.2** Smart 2.0

—**Polaris,** KDDI & Flower Robotics   —**Aida,** MIT Lab & Volkswagen

KDDI(www.kddi.com)와 플라워로보틱스가 공동 개발한 폴라리스(Polaris)는 오직 나만을 위한 음악 DJ이다. 이 제품은 휴대폰 안의 음악 패턴을 분석하고, 휴대폰과 무선으로 연결되어 있어 정보를 공유한다. 사용자 휴대폰에서 무선으로 다운로드받은 MP3 음악 파일을 통해 선호하는 음악장르를 파악한다. 이같은 정보를 통해 사용자의 취향을 분석한 폴라리스는 TV화면을 통해 "오늘 새롭게 업로드된 MP3 음악이 있습니다. 다운로드하시겠습니까?"라고 다정하게 묻는다. 폴라리스는 나의 취향을 파악하고 있으며, 이를 바탕으로 오직 나에게만 맞춰진 정보를 제공한다. 벌이 안전을 위해 주위에 개인공간을 두고 비행하는 습성에서 착안해 만들어진 닛산(Nissan)의 BR23C 로봇은 차량 주행 시 다른 차량 혹은 장애물을 먼저 인식해 충돌을 미연에 방지하는 기술이 탑재되어 있다. 레이저 거리계(LRF)라고 하는 센서가 벌의 겹눈과 같은 기능을 발휘한다. 일반 주행 상황에서 충돌에 이르기까지의 과정을 기기 스스로가 6단계로 분류해 개별 상황에 맞춘 안전 시스템을 제공함으로써 자동차가 사람을 지킨다. BR23C는 주위 환경에 적응해 반사적으로 움직인다.

사용자와 기기의 교감을 위한 감성적 자극은 친화적인 인터페이스에서부터 시작된다. 이제는 기기가 단순한 여러가지 부품의 조합이 아닌 마치 살아있는 유기체처럼 사용자를 인식하고 이해하는 존재가 된다. 사용자가 기기에게 원하는 것은 편리함이 아닌, 나의 감정을 이해하는 동질감, 나를 알고 있다는 안도감이다. 사람이 기기에서 느끼는 밀접한 친밀감은 극적인 감동이 있다. 파스텔 톤의 색감, 피부를 쓰다듬는 듯한 촉감, 흙 냄새를 담고 있는 캡슐 등 오감을 통한 감성은 오감 트렌드와 맞물려 있다. 이 반응은 기존 기기에서 기대 할 수 없었던 사용자의 감성에 호소한다. 아이다는 운전석 계기판에 달려 목을 끄덕이면서 얼굴에 눈동자 모양을 띄워 감정을 표현한다. 길을 잘 찾아가고 있으면 웃음을 짓고, 잘못하면 슬퍼하거나 놀라는 눈모양을 짓는다. 운전자의 기분도 헤아릴 줄 안다. 이런 기기가 운전에 방해가 될까? 캐나다 윈저대, 크리스 리(Chris Lee) 박사 연구진은 사고 분석과 예방(Accident Analysis and Prevention)에서 자동차 운전 시 동승자가 있을 때 사고 발생률이 줄어든다는 연구 결과를 발표했다. 동승자 역할을 하는 로봇 주행 도우미는 지금까지의 일방적인 방식으로 정보를 제공하던 내비게이션보다 효과적임을 알 수 있다.

표정으로 전하는 메시지는 음성보다 더 친밀하다. 센서리 로직(Sensory Logic)의 연구 결과에 의하면 사람들은 생각하기 전에 느끼며, 얼굴에 나타나는 미세한 표정의 변화로 생각과 감정을 표현한다고 한다. 무미건조한 기기는 사랑스러운 표정을 가진 기기들에게 자리를 내줄 날이 머지 않았다.

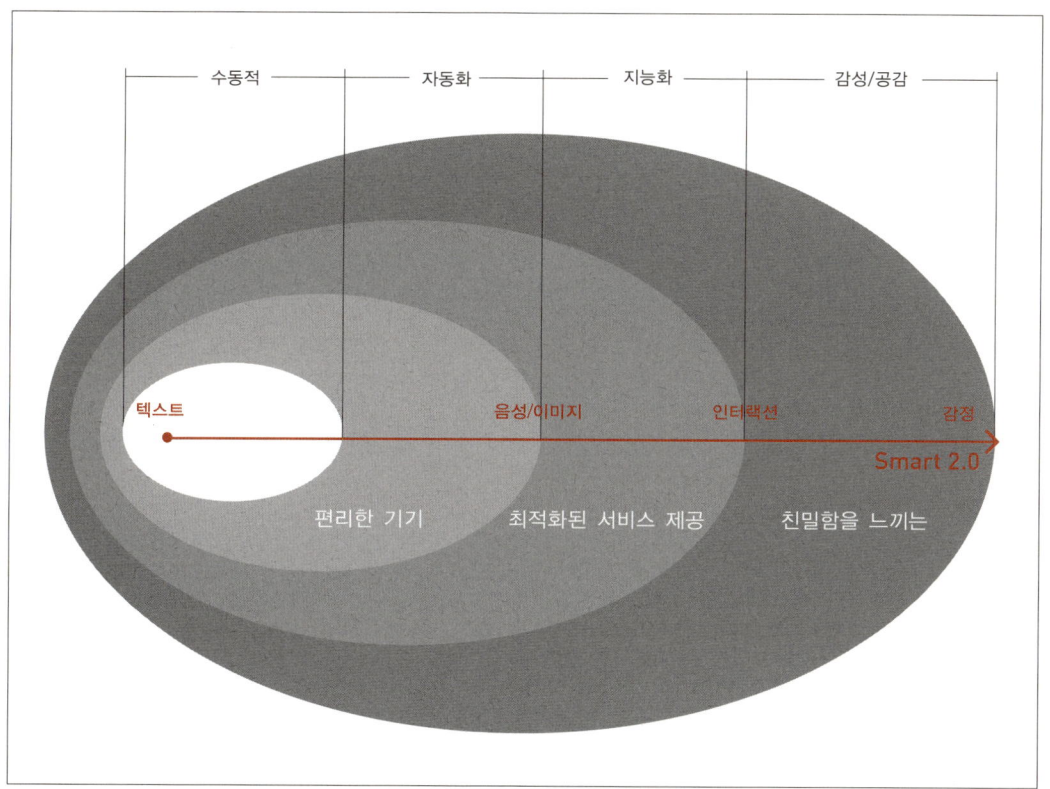

—METATREND Vol.2 Smart 2.0

SEAMLESS
경험의 끊김 없는 지속적 연결

05

Informational Space

Real
Connection

AR Browser   Augmented Reality   3.5D

Collective
Intelligence

Google Maps   Dare to Experience

3.5D Shopping

Location Based Service

3.5D Communication

Social Game in 3.5D   Life Stream

클라우드 컴퓨팅, 그리고 Always Connected 환경으로 얻을 수 있는 가장 큰 이점은 바로 끊김 없는 경험의 유지다. 이미 PCC(Personal Cloud Computing)와 같은 분야에서는 사용자의 각종 정보와 작업 환경은 웹을 이용해 동기화함으로써 사용자들이 언제 어디서나 끊김 없는 경험을 유지하는 것을 목적으로 각종 서비스를 제공하기 시작했다.

 간단하게는 주소록 등의 개인정보에서부터 작업 문서와 같은 각종 파일은 물론, 사용자의 이동 경로나 건강 정보 등이 웹을 통해 저장되고 공유되는 것이다. 이를 잘 보여주는 것이 바로 Mobilitian이다. 모바일 환경에 완벽하게 적응한 첫 번째 인류 Mobilitian은 자신의 모든 데이터를 단순히 자신의 단말에 저장하지 않는다. 언제나 연결되어 있는 Always Connected 환경을 이용해 언제 어떤 단말을 통해서라도 자신의 경험을 유지할 수 있도기 때문이다.

 자신의 삶의 편린까지 모두 기록하고 사용자의 행동과 감정까지 기록하는 라이프로깅은 Life Syncing으로 발전해 사용자 자신과 주변을 분석함으로써 컨텍스트를 구축하고 이를 기반으로 사용자에게 궁극적으로 개인화된 환경을 제공한다. 이를 통해 사용자는 자신에 맞춰진 주변 환경의 장점을 통해 자신이 하고자 하는 일, 자신의 취향, 자신의 개성, 자신의 아이덴티티를 강화한다.

SEAMLESS

모바일로 인해 증강된 라이프스타일
MOBILITIAN

PC와 월드 와이드 웹을 쉽게 다루는 네티즌, 음성 대화와 텍스트 메시지가 생활의 일부로 정착된 모바일족. 이들이 스마트폰을 비롯한 모바일 디바이스들을 사용하면서 새로운 인간형으로 진화하고 있다. 스마트폰의 화면만 보고 있는 겉모습과는 달리 그들은 다른 사람들과 끊임없이 교류하고 있으며, 모바일 웹을 강하게 움직이는 힘을 제공한다. Mobilitian들은 모바일 환경을 자신의 삶을 윤택하게 만드는 도구로 활용한다. 안정되고 변화없는 삶보다는 새로운 경험을 찾는 일에 집중한다. 쉬운 사용법과 다양한 애플리케이션들을 가진 모바일 디바이스를 통해 더 넓은 연령층의 사람들이 Mobilitian으로 진화된다.

PC와 월드 와이드 웹을 능수능란하게 다루어 방대한 정보를 얻고 게시판과 메신저 서비스를 통해 타인과 교류하는 그들을 우리는 네티즌(Netizens)이라 칭한다. 그 후 휴대폰이 대중적으로 보급되면서 음성 대화와 텍스트 메시지를 적극적으로 활용하게 된 것도 네티즌들의 일반적인 모습이다. 이 글에서는 이 모습을 모바일족(Mobile Tribe)라고 부른다. 그리고 이제 이들의 손에 스마트폰(Smartphone)과 같이 웹 연결이 가능한 모바일 디바이스들이 주어지면서 또 다른 부족이 탄생한다.

항상 켜져 있으며, 늘 휴대할 수 있는 초소형 PC와도 같은 이 제품들은 사람들이 항상 웹과 연결되는 Always Connected 환경을 만들어냈다. 이 부족 주민들은 디지털 단절이 우려될 만큼 바로 앞에 사람을 두고도 스마트폰의 화면만 주시하지만 실제로는 더욱 넓은 범위의 교류를 계속한다. 그들은 소셜 네트워크 속의 친근한 사람들과 대화를 나누는 것이다. 그들은 스마트폰과 함께 번져나가고 있는 '모바일 환경'에 대해 다양한 형태로 반응하는데, 그 중 가까운 미래에 가장 큰 비중을 차지하게 될 형태가 바로 'Mobilitian'이다. 소셜 네트워크에 항상 참여하는 모습은 Mobilitian의 특성 중 극히 일부에 불과하다. 모바일을 마치 자신의 일부분처럼 활용하는 그들에게서 우리는 지금까지의 인류와는 다른 요소들을 발견하게 된다.

차원을 넘나드는 차원 여행자

증강현실 기술과 위치 정보 기반 서비스를 더하는 방법으로 Mobilitian들의 무대를 넓힐 수 있다. Mobilitian은 미래적 기술들을 단지 흥미 거리로만 여기지 않고 실제 생활과 연결시켜 활용한다. 실제 위치로 찾아가는 탐험을 즐기며, 동시에 사물들 속에 숨겨진 정보와 이야기까지 찾아낸다. 2~3차원의 세계와 3.5차원의 정보 공간 양쪽을 넘나드는 그들의 모습은 차원 여행자(Dimension Traveler)와도 같다. 140자의 단문이나 짤막한 사진, 영상 등으로 이뤄진 현재의 소셜 네트워크를 실제 위치에 기반한 증강현실 공간으로 확장시켜 보자. 또한 증강현실 정보들을 정리해서 보여주는 AR 브라우저를 특화시켜 Mobilitian들을 자극하는 것은 효과적인 마케팅 방법이 될 수 있다.

3.5D는 증강현실(Augmented Reality) 기술을 통해 3차원과 4차원 사이에 만들어진 새로운 공간을 뜻한다. 현실 세계와 사람 사이에 존재하는 또 다른 디지털 그래픽의 공간이라고 해도 좋다. 과거에는 대중적인 사용이 어려운 기술로 여겨졌으나 첨단 기술의 집합체인 스마트폰이 폭 넓게 보급되면서 상황이 바뀌었다. 현재 주변의 스마트폰 사용자들이 자주 사용하는 것은 '지도' 형태의 증강현실 애플리케이션이다. 현실의 풍경 위로 간단한 아이콘과 텍스트로 만들어진 정보들이 떠다닌다. 주변에 어떤 가게들이 있는지, 어떤 명소가 있는지 알 수 있다. 간혹 스마트폰을 손에 들고 허공에 휘두르는 사람의 모습도 볼 수 있는데, 그는 증강현실 방식의 비행기 격추 게임을 하고 있는 것이다.

Mobilitian들은 모바일 디바이스에 탑재된 디지털 지도와 GPS, 나침반 등을 통해 실제 세계를 직접 탐험하며 가상의 정보 공간에 접속하여 주변 풍경이나 사물 속에 숨겨진 정보와 이야기들까지 찾아낸다. 예를 들면, 일본의 타치카와(Tachikawa) 근방에 세워진 N빌딩(N Building)은 건물 자체에 QR 코드를 넣어 건물에 대한 사람들의 수다와 재미난 캐릭터들을 보여준다. 아이폰을 가진 Mobilitian들은 이 건물과 함께 공개된 전용 애플리케이션을 통해 N

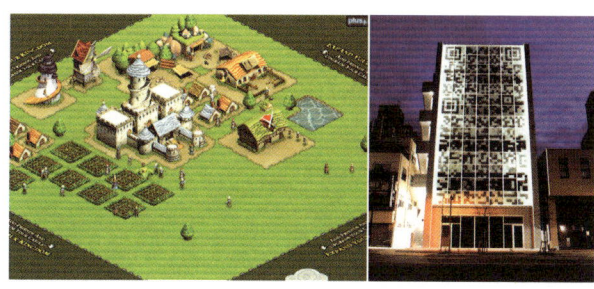

—**WeRule**, Ngmoco　　　　　—**N Building**, Qosmo

빌딩의 QR 코드를 읽어낼 수 있다. 이 애플리케이션은 GPS 정보를 통해 N빌딩 근처에 있는 사람들의 위치를 인식하고 그들의 트위터 메시지를 수집한다. Mobilitian들은 이렇게 가상 세계와 현실 세계 모두를 탐험하며 자신의 영역을 크게 넓힌다. 어디로, 어떻게, 언제 가면 되는지 Mobilitian들은 모두 알 수 있다.

　증강현실로 구현된 소셜 네트워크 공간은 Mobilitian들이 집합하는 대광장이다. 모바일 게임의 중심점을 이루고 있는 소셜 온라인 게임은 '증강현실 소셜 네트워크(AR Social Network)'로 전환시키기에 알맞은 모델이다. 아기자기한 그래픽, 사람들을 자연스럽게 엮어주는 거래 시스템으로 높은 인기를 누리고 있는 위룰(WeRule)을 살펴 보자. 이 게임은 표면적으로는 틈틈히 자신의 왕국을 꾸려가는 시뮬레이션 게임같지만, 내면에는 '내가 만든 왕국을 친구가 와서 구경하고 물건까지 주문해준다'는 재미 요소를 갖고 있다.

　Mobilitian들은 이런 '연결되는 경험'에서 신선한 자극을 받는다. 페이스북(Facebook)과 같은 마이크로 블로그가 증강현실 방식으로 제작된다면, 그들은 수많은 '연결'이 이뤄지는 무대가 2차원에서 3.5차원으로 확장되는 경험을 할 수 있다.

　증강현실 방식으로 현실 세계의 정보를 정리해서 보여주는 AR 브라우저(AR Brower)는 Mobilitian들에게 정보 공간 탐험을 시작하게 해주는 포털(Portal)과도 같다. 현재의 AR 브라우저 제작사들은 DB의 규모와 정확성을 갖추기 위해 노력하고 있는데, 거기에 더하여 Mobilitian들의 다양한 취향에 따라 특화시킨다. AR 브라우저의 주제에 따라 개인이 인식하는 현실 세계의 종류를 결정할 수 있다. 쇼핑몰 테마의 AR 브라우저를 통한다면 현실 세계는 거대한 쇼핑몰일 것이고, 롤 플레잉 게임(RPG) 테마의 AR 브라우저라면 이 세상은 거대한 판타지 세계일 것이다. 일본의 대도심 속에서 진행된 증강현실 방식의 게임 이벤트, 크림슨폭스(CrimsonFox)를 생각해보라. 하나의 주제로 이어지는 수많은 힌트들을 실제 거리에 뿌려놓은 후, 사람들이 직접 돌아다니며 증강현실 앱으로 찾아내는 방식에서 마케팅의 힌트를 얻을 수 있다.

Mobilitian들은 기본적으로 이동이 많다. 그만큼 소비 활동도 잦다. 단지 샵의 위치만을 알려주는 것이 아니라, 샵으로 그들이 올 수 있도록 '경험' 요소를 제공해야 한다. 짧은 기간 동안 불특정한 장소에서 상품을 판매하는 팝업 스토어(Pop-up Store)를 예로 든다면, 실제 샵이 아닌 증강현실 공간에만 존재하는 'AR 팝업 스토어'를 만든다. 주변의 AR 팝업 스토어만을 정확히 찾아내는 AR 브라우저 앱을 배포하고 Mobilitian들이 찾을 수 있도록 배려해주면 준비 완료다. 원하는 팝업 스토어를 찾아낸 사람은 스마트폰 속에서 물건을 고르고 바로 결제할 수 있다. 그러면 다음 날 지정된 주소로 상품이 배달된다.

—**CrimsonFox Project,** Ubiquitous-Entertainment Institute

경험을 이어가고, 강화해 나가는 신 경험주의자

Mobilitian은 항상 새로운 경험을 찾아다니며 그 경험의 산물을 공유하고 퍼뜨린다. 이들의 경험 추구는 모바일 웹을 라이프 스트림으로 가득 채워준다. 많은 종류의 앱이 새 경험을 제공하는 한편, 확장된 경험을 위해 모바일 디바이스들의 화면이 커지고, 계속 이어지는 경험을 위해 콘텐츠가 하드웨어, 플랫폼으로부터 독립한다. 사람들을 실제로 연결시키는 모바일 환경이 소셜 네트워크의 현실성을 높이고 타인과의 만남을 경험하게 한다. 음성 통화나 텍스트 메시지뿐만 아니라 훨씬 더 많은 커뮤니케이션 수단을 갖게 된 Mobilitian들은 정보를 실시간을 찾고 전파하여 모바일 웹에 끊임없는 라이프 스트림(Life Stream)을 추가한다. 더 작게, 더 자주 콘텐츠를 올리며 그것에 대한 빠른 응답에 즐거워 한다. 모바일 디바이스에 설치되는 앱들도 Mobilitian들에게 새 경험을 지속적으로 제공하는 원천이다. 스마트폰에 이어 대화면의 태블릿 디바이스인 아이패드가 등장한 것도 '확대된 경험'을 만들기 위해서다. Mobilitian들은 경험하는 것에 열정적이다. 앱과 제품의 디자인에서 사용자 경험이 중시되고, 콘텐츠가 하드웨어나 플랫폼과 분리되는 현상도 Mobilitian들의 경험 추구에서 그 원인을 찾을 수 있다.

모든 지식은 경험으로부터 나온다는 철학적 단어－경험주의(Empiricism)가 Mobilitian들에 의해 재정의된다. Mobilitian은 정해진 장소에서 긴 분량의 콘텐츠를 만들기보다 짧은 콘텐츠를 장소의 제한없이 원하는 때에 바로 등록하는 것을 선호한다. 수많은 경험을 하는 그들은 더 넓어진 커뮤니케이션 채널들을 통해 그 경험을 곧바로 주변 사람들에게 전달하고 '반응'을 기다린다. 이러한 마이크로 인터랙션(Micro Interaction)이 모여 모바일 웹 전체를 풍요롭게 한다. 다채로운 경험으로 가득 찬 모바일 웹은 '모바일'이라는 그 특성을 그대로 살려 수많은 Mobilitian들에게 그 경험들을 빠르게 전달한다. 즉, Mobilitian은 보통 사람들보다도 훨씬 많은 라이프 스트림(Life Stream)을 만들어낸다. 그리고 이것을 넓게 전파시켜주는 모바일 환경으로 인해 신경험주의(Neo Empiricism)가 탄생한다.

모바일 환경, 특히 소셜 네트워크 속에서는 사람들이 직접 만나지 않고도 실제로 연결된다. 쉽고 빠르게 이어지는 인맥이지만 실제 연결이므로 현실성이 강하다. 느슨하면서도 자연스럽고 편하게 이어진 이 새로운 인맥은 언제든 버릴 수 있다. 그러므로 Mobilitian들은 타인을

'경험'하는 것에 망설임이 없다. 실제로 연결되기 때문에 글을 쓰고 사진을 찍어 올리는 등의 라이프 스트림이 늘어난다. 거의 실시간으로 이뤄지는 응답과 전달은 매우 신선한 경험이다.

　수많은 일반인들의 지식을 모아 거대한 백과사전을 만들어낸 위키피디아(Wikipedia)가 집단지성(Collective Intelligence)의 시작을 열었다면, 신경험주의는 훨씬 더 빠르게 강력한 집단지성을 수집할 수 있는 수단이다. Mobilitian들은 정보, 경험의 소재를 실시간으로 찾아내고 실시간으로 전파한다. 집단지성의 구축 방법을 '경험 제공'으로 한다면 이들의 관심을 모을 수 있다. 폴드잇(Foldit)은 단백질 접힘(Protein Folding)이라는 어려운 학문적 요소를 집단지성에 맡겼다. 단백질 접힘은 컴퓨터들의 연산으로 해결하기에는 너무도 많은 경우의 수를 갖고 있기에 과학자들은 이 문제를 3D 게임의 형식으로 제작한 후 일반인들에게 공개했다. 새로운 경험을 원하는 수많은 사람들이 이 문제들을 풀어보고 있으며 경쟁하여 순위에 오르는 것도 가능하다. 이 게임의 해답들은 모두 의학 연구에 실제로 활용된다. 모바일은 이런 시도가 크게 성공하기에 좋은 환경이다.

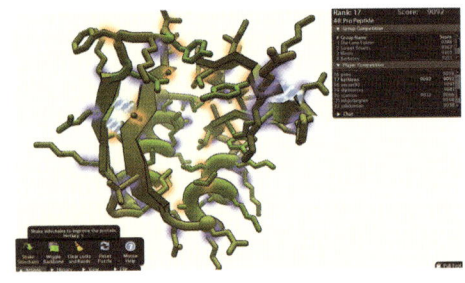

—**Foldit,** fold.it/portal

PC의 운영체제에 설치하는 애플리케이션(Application)과 모바일 디바이스에 담는 앱(Apps)은 분명히 다른 존재다. 전자는 주로 필요에 의해서 제작되며 설치 후에도 사용자의 편의에 맞도록 최적화가 필요하지만, 후자는 필요에 의해서뿐만 아니라 단지 '경험'을 위해서 선택되기도 하며 한번 설치하면 바로 사용할 수 있다. 그리고 앱은 때로는 사람의 삶에서 거의 접할 일이 없는 경험을 제공하기도 한다.

모바일 디바이스의 화면이 커지는 것은 사용자 경험(User Experience) 요소를 더욱 강하게 표현할 수 있다는 뜻이기도 하다. 아이폰에서 보는 잡지 화면과 아이패드에서 직접 페이지를 넘겨서 보는 동화책의 느낌이 크게 다른 이유도 여기에 있다. 실제 사물과 비슷한 크기, 질감, 사용법을 가질수록 사용자 경험이 강화되기 때문이다. Mobilitian들은 콘텐츠에서 정보만 받아내는 것이 아니라, 그 콘텐츠에 들어있는 감성적 자극을 탐색한다.

콘텐츠들이 하드웨어나 플랫폼과 분리되어 여러 가지 모바일 디바이스들에서 볼 수 있게 된 것도 신경험주의가 만들어내는 변화에 속한다. 경험을 중시하는 Mobilitian들에게 콘텐츠는 언제 어디에서나 기기의 종류에 관계없이 항상 제공되어야 한다. 버스 안에서 스마트폰으로 잡지를 보는 경험이 그대로 사무실의 태블릿 디바이스에서도, 거실의 디지털 TV에서도 이어질 수 있어야만 Mobilitian들의 '경험욕'을 충족시킬 수 있다.

앱과 앱으로 이어지는 라이프스타일

앱은 사람들의 마이크로한 욕구를 그대로 상품화시킨다. Mobilitian이 기업, 개발자들과 교류할 수 있는 채널이며 그들의 생활 기준이다. Mobilitian은 필요한 앱들을 찾아낸 후, 그것을 하나씩 연결하여 자신의 생활을 계획하기 때문이다. 전문가들의 경험이 앱으로 구현되어 Mobilitian들에게 전파되고 창작에 사용되는 것도 주목할 만한 흐름이다.

Mobilitian들은 모바일 디바이스 속에 담는 앱으로 자신의 삶을 꾸려간다. 사람들의 자잘한 욕구를 충족시키며 생활에서 필요한 것을 직접 제공해주는 앱들이 Mobilitian의 하루 시간 계획표를 구성한다. 기업에게는 앱이 하나의 상점이 될 수 있다. 광고 자체를 앱으로 제작하여 소비자들에게 인터랙션을 제공하고 다양한 정보를 제공한 뒤 위치 정보를 통해 샵의 문 앞까지 그들을 데려오는 것이다. 또한, 얼마나 유용한 앱을 찾아내고 활용하는가에 대한 여부가 개인의 능력을 판단하는 기준이 된다. 앱스토어는 이러한 검색에 맞는 환경을 제공하며 사람의 아이디어를 상품으로 발전시켜 Mobilitian들에게 제시한다. 아이디어를 발전시키는 앱들로 인해 Mobilitian들의 창작이 늘어난다. 어렵게 느껴졌던 요소들이 쉬운 터치 인터페이스와 휴대성으로 극복되며 창작용 앱 속에 들어있는 다양한 배려가 더 쉬운 창조를 가능케 한다.

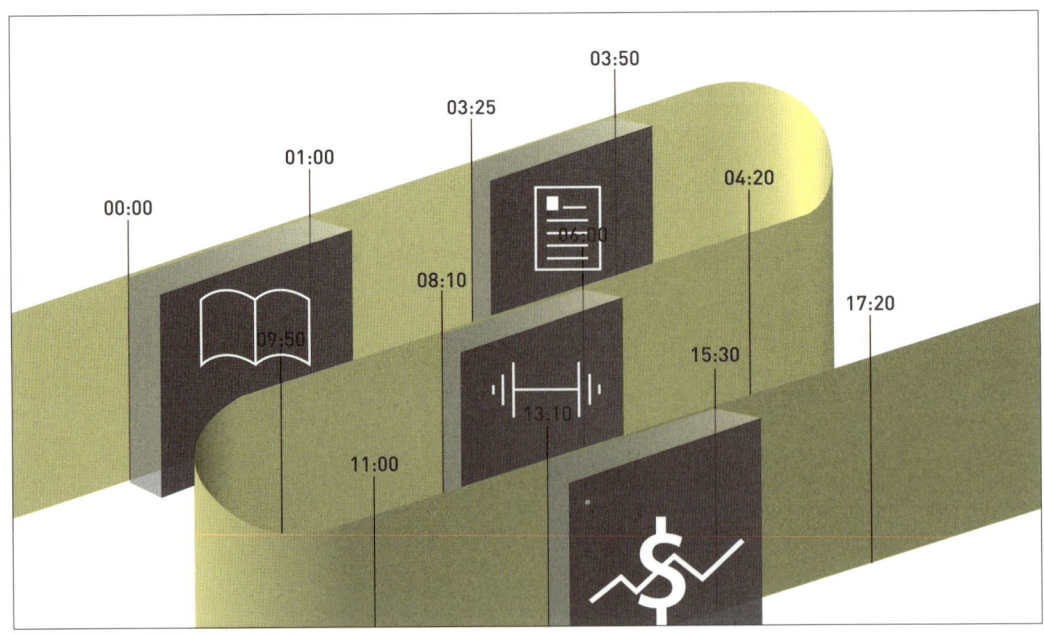

—**METATREND Vol.5** Mobilitian

Mobilitian들의 주무기는 역시 스마트폰이다. 원하는 대로 앱을 설치하면 그만큼 다양한 활용이 가능해지는 만능 도구라고 해도 과언이 아니다. Mobilitian들은 이 도구를 자신의 라이프 퀄리티를 향상시키기 위해 계획적이고도 부지런하게 사용한다. 앱이 가진 높은 활용성 (Utilizability)은 이러한 움직임에 잘 부합된다. 앱의 활용 능력이야말로 Mobilitian의 경쟁력이자 능력을 판가름하는 기준이 되기 때문이다. 요컨대, 스마트폰 속에 얼마나 많은 앱이 들어있느냐가 문제가 아니라, 수가 적더라도 얼마나 유용한 앱을 넣어두었는가, 그리고 얼마나 자주, 잘 활용하느냐에 따라 Mobilitian의 경쟁력이 결정된다.

앱스토어(App Store)는 '사람의 아이디어'를 빠르고 쉽게 거래할 수 있게 만드는 신 유통 채널이다. 앱에 담기는 개발자들의 참신한 아이디어가 Mobilitian의 삶을 더 효율적이고 행복하게 만든다. 사람들의 마이크로한 욕구를 상품화시키는 것이다. 새로운 요리를 만드는 것에서부터 지구 반대편의 사람과 함께 노래를 부르거나, 어렸을 때 잠시 빠져들었던 전자 기판 조립까지, 앱으로 구현되는 아이디어의 종류는 무한대에 가깝다. 앱이 생활 속에 파고드는 이유도 여기에 있다. Mobilitian들은 앱으로 삶을 꾸려나간다. 앱과 앱이 이어지면서 그들의 하루 일과를 만든다. 밤 동안 수면 패턴 기록 앱으로 자신의 건강을 체크하고 신문, 잡지 앱으로 하루의 정보를 얻고 교통 정보 앱으로 출근길 상황을 체크하며 SNS 앱으로 지인들과 커뮤니케이션하는 식으로, Mobilitian은 앱 하나하나를 연결하여 생활을 계획한다. 이토록 생활에 가까운 앱들은 모바일을 통해 신기술, 신문화를 대중 속으로 유입시킬 수 있는 통로이기도 하다.

Mobilitian들은 앱으로 창작한다. 아이패드와 같은 태블릿 형태의 모바일 디바이스들은 콘텐츠의 소비에 최적화되었을 뿐만 아니라 콘텐츠의 제작을 쉽게 할 수 있는 도구이기도 하다. 별도의 입력 장치없이 화면에 직접 손을 대고 사진도 찍고 노래를 부르며 다양한 창작물을 만들어낼 수 있는 것이다. 터치 인터페이스는 정교한 입력이 어렵다는 한계를 갖고 있으나, 창작을 하는 사람들은 완벽한 도구를 찾는 것에 구애받지 않는다. 오히려 증발하기 쉬운 아이디어들을 바로 현실화시킬 수 있는 쪽이 Mobilitian들의 속성에 어울린다. 언제 어디에서나 피아노를 연주하고 사진을 찍고 편집하며 그림을 그리고 음악을 만드는 것이 가능한 모바일 환경이 Mobilitian들의 창작욕을 자극한다. 그리고 창작용 앱들이 전문가들보다도 일반인들을 목표로 만들어지고 있는 현상도 한 몫 하고 있다. DJ들의 믹싱 경험을 전달하는 터치(Touch) DJ 2 앱은 이미 만들어져 있는 몇 가지 믹싱 샘플이나 이펙트 등을 사용하여 보통 사람들도 쉽게 음악을 만들어낼 수 있다. 앱을 통해 전문가들만이 접할 수 있던 경험이 일반인들에게도 보급되는 것이다.

과거를 기억하고, 현재를 기록하는
ACTIVE LIFELOGGING

라이프로깅은 삶의 전부를 기록하는 것이지만 그것만으로는 충분하지 않다. Active Lifelogging은 기록된 것을 재구성하고, 검색하고, 관리하는 것을 더 중요시한다. 그리고 그것은 마케팅, 고객관리, 신상품 개발에 활용될 것이다. 더 나은 미래를 위해 과거를 기억하고 현재를 기록하는 것이다. 이전까지 라이프로깅은 라이프로깅을 할 것인가, 말 것인가에 대한 선택의 문제였다. 하지만 이제부터는 라이프로깅 기능을 기본적으로 장착하고 있는 기기들과 그것에 익숙해진 사람들의 습관에 의해 일상과 기록이 일체화된다.

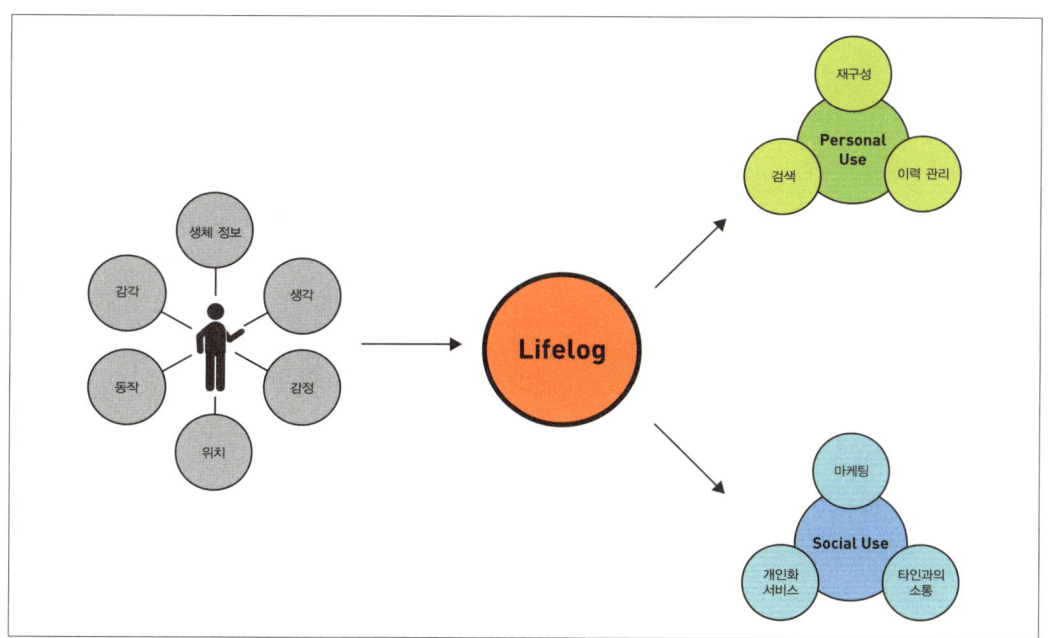

—**METATREND Vol.7** Active Lifelogging

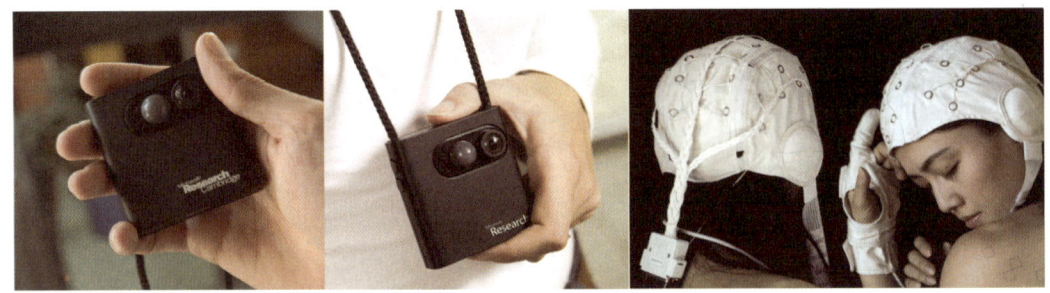

—**Sense,** Microsoft　　　　　　　　　　　　　　　　　　—**Sleep Talker,** Alex Dodge

　마이크로소프트의 선임 연구원인 고든 벨(Gorden Bell)은 2004년부터 마이라이프비츠 (MyLifeBits) 프로젝트를 통해 센스(Sense)와 같은 기기로 자신의 삶을 전부 기록하기 시작했다. 저서, 디지털 혁명의 미래(Total Recall)에서 그는 간편하고도 쉽게 기록할 수 있는 장치와 저렴하게 자료를 저장할 수 있는 환경, 그리고 저장한 자료를 쉽게 검색하고 분석할 수 있는 기술의 발달로 머지 않아 완전한 기억의 시대가 도래할 것이라고 주장한 바 있다. 윌리엄 거윈(William Gerwin)의 코닥 스폰스드 스튜디오(Kodak Sponsored Studio)는 생활하면서 겪는 모든 경험을 기록한다. 무선 헤드폰의 형태로 10.1메가픽셀 디지털캠코더와 디지털 이미지 프로젝터가 장착돼 있으며, 촬영된 디지털 이미지는 컴퓨터에 자동 저장된다. 또한, 그것을 인터넷에 업로드할 수 있다.

　라이프로깅을 위한 기기를 따로 마련하지 않더라도 많은 기기들이 라이프로깅 기능을 기본으로 갖추게 된다. 수집된 자료는 컴퓨터에 저장되고, 친구들과 공유할 수 있다. 무심코 버려진 시간들도 훌륭한 이야깃거리가 된다.

　초기에는 물리적인 형상을 라이프로깅하는 것이 주를 이루지만 시간이 지날수록 정신적인 영역에까지 라이프로깅이 시도된다. 디자이너, 알렉스 도지(Alex Dodge)는 잠을 자는 동안의 무의식을 라이프로깅하는 컨셉을 제시했다. 2010년 6월 11일부터 7월 19일까지 뉴욕에 위치한 클라우스 폰 니히트싸겐트(Klaus von Nichtssagend)에서 제너레이티브(Generative)라는 전시회에서 소개되는 슬립 토커는 두 명 이상의 사람들이 잠을 자는 동안에 무엇을 생각하는지 소셜 네트워크에서 공유할 수 있다. 인간의 필요에 의해 만들어지는 사물도 스스로를 라이프로깅한다.

모든 사물은 인간과 관계를 맺고 있으며, 시간의 흐름에 따라 인간과 함께 변화한다. 홀리요나스 우르보나스(www.julijonasurbonas.it)의 디자인 프로젝트, 오브젝츠 포 아리스모마니악스(Objects for Arithmomaniacs)는 이것을 단적으로 보여준다. 의자, 신발, 권투장갑 등에 부착된 디지털 카운터는 사용자와의 상호 작용한 횟수만큼 숫자가 증가한다. 또한, 미국 시애틀에 사는 고양이, 쿠퍼(Cooper, www.photographercat.com)처럼 의외의 대상을 라이프로깅함으로써 새로운 시각을 얻는다. 이 고양이는 목에 자동으로 셔터가 눌리는 소형 카메라를 달고 다니면서 풍경을 찍는다. 고양이가 찍은 사진들은 웹에 연재되고, 한 번씩 전시회를 열기도 한다.

라이프로깅은 연속적으로 기록함으로써 고부가가치의 서비스를 가능케 한다. 연속적인 기록은 인간 행동의 변화와 흐름을 이해하는 기초자료이며, 이것의 가치는 무궁무진하다. 3년 전에 서비스를 개시한 소니(www.sony.co.jp)의 라이프-X(www.life-x.jp) 서비스를 보면 시간의 흐름에 따라 연속적인 정보가 어떤 가치를 갖는지를 보여 준다. 아이가 자라는 모습, 매일매일 어떤 음식을 섭취하고 있는지, 어디를 방문하는지를 사진과 간단한 메모와 함께 등록할 수 있다. 만약 미용실에서 지속적으로 손님의 헤어스타일을 모니터링한다면 손님의 취향과 어울리는 헤어 스타일을 제안하는데 큰 도움이 될 것이다.

2010년 6월 14일, 구글(earth.google.com)은 다양한 아웃도어 스포츠를 즐기는 사람들을 위한 구글어스 하이커스 에디션(Hiker's Edition)을 선보였다. GPS 디바이스를 추적해 이동 경로를 보여줄 뿐 아니라 지형의 고도에 따른 이동 경로를 항공 촬영한 듯한 비디오 영상으로 제작할 수도 있다. 실제로 영상을 재생해보면 다른 사람의 여행 경로를 따라가는 느낌이 매우 생생하다. 라이프로깅의 가장 큰 문제점 중 하나는 프라이버시이지만 이것을 비켜갈 수 있는 방법이 있다면 더 많은 사람들에게 실질적인 경험과 노하우를 제공하는 훌륭한 수단이다.

라이프로깅은 개인화를 위한 기본적인 플랫폼으로 대접받는다. 소니 CSL과 도쿄대학교가 공동으로 연구한 라이프로깅 글래시스(Lifelogging Glasses)는 아이트래킹을 이용한 라이프로깅을 보여준다. 이를 통해 사용자가 무엇에 관심이 있고, 어디에 시선이 오래 머무르는지 알 수 있다. 또한, 이 기계는 알파벳을 인식하는 기능이 있어 사용자가 본 글자를 그대로 저장한다. 라이프로깅은 인간이 보고 듣고 느끼는 모든 것을 기록하기 때문에 인간의 행동을

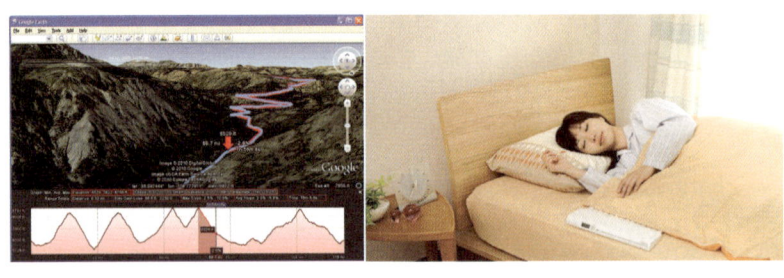

—**Hiker's Edition,** Google   —**Sleep Scan SL-501,** Tanita

이해하기에 좋다.

라이프로깅은 다른 서비스와 결합되어 새로운 서비스를 만들어내고, 적정한 수준에서 다른 사람들의 라이프로깅과 집합되어 유용하게 활용된다. 타니타(www.tanita.co.jp)의 슬립 스캔 SL-501은 자는 동안 진동 마이크로 뒤척임, 심장박동, 호흡 패턴을 체크하는 기기이다. 이 정보는 SD카드에 저장되고 수면패턴 그래프로 보여준다. 건강 관리를 위한 라이프로깅 디바이스의 수요를 가늠할 수 있는 부분이다. 일본 도쿄대학교 아이자와 야마사키(Aizawa Yamasaki) 교수의 연구실에서는 작년에 많은 센서들이 탑재되고 있는 자동차에 라이프로깅 기술을 적용하여 도시 환경에 대한 데이터베이스를 구축하는 작업을 진행했다. 자동차 라이프로그 시스템(Car Life Log System)은 도시계획과 도시개발에 활용될 계획이다. 이처럼 여러 사람의 라이프로깅 자료가 모이면 공공의 이익을 실현하기 위한 좋은 재료가 된다.

03

클라우드를 위한 심리스 컴퓨팅 플랫폼
CLOUD BOOK

───────

　모든 데이터와 자원을 한 곳에 저장해두고 필요할 때마다 웹 연결을 통해 사용하는 클라우드 컴퓨팅 기술은 끊임없이 이동하며 사용하게 되는 모바일 디바이스와 밀접한 관계를 갖는다. 스마트폰과 태블릿 디바이스들 모두가 기본적인 저장 공간은 갖고 있으나, 여러 단말에서 경험을 유지하기 위해 새로운 모바일 앱과 콘텐츠들의 상당수가 클라우드 방식으로 제공되고 있다. 이런 흐름 속에서 모바일 디바이스들은 클라우드 컴퓨팅에 더욱 최적화된 형태로 진화한다.

　스마트폰과 태블릿 디바이스는 다채로운 사용자 경험과 콘텐츠 소비에는 좋지만 비즈니스를 전문적으로 처리하기에는 몇 가지 제한을 갖고 있다. 무엇보다 빠른 작업을 가능하게 해주는 실제 키보드가 없다는 점이 크다. 그러나 키보드를 가진 넷북은 처리 속도의 제한이 있으며 일반적인 노트북은 무게가 무겁고 배터리 사용시간이 짧아 모바일 환경에 어울리지 않는다.

　넷북보다 높은 휴대성, 항시 대기 상태로 언제라도 바로 작업할 수 있도록 짧은 대기시간, 긴 배터리 사용시간과 키보드를 갖춘 클라우드용 디바이스. 이런 기기를 어떻게 만들 것인가에 대한 해답은 생각보다 간단하다. 노트북의 본체에 모바일 디바이스와 동일한 CPU, 운영체제를 넣는 것이다. 엔비디아(www.nvidia.com)의 테그라(Tegra) 또는 ARM의 코텍스(Cortex), 퀄컴(Qualcom)의 스냅드래곤(Snapdragon) 등의 1GHz급 이상의 모바일용 CPU는 크기가 매우 작고 전력 소모 수준이 낮아 얇고 가벼운 기기를 만들 수 있다. 컴팩트한 구조를 가진 모바일 OS는 기기의 체감 속도를 더욱 빠르게 한다. 이런 구성을 한 마디로 요약한다면,

—**AC100,** Toshiba

태블릿 디바이스의 메인 인터페이스를 터치스크린이 아닌 키보드로 바꾼 셈이다.

　도시바(www.toshiba.com)의 AC100은 클라우드북의 성격을 모두 반영한 기기이다. 이 제품은 1GHz의 테그라 칩과 모바일OS인 안드로이드 2.1을 탑재한다. AC100의 겉모습은 얇은 노트북이지만 사실상 스마트폰, 태블릿 디바이스에 가까운 특성을 갖고 있으므로 통신사 계약을 통해 더 낮은 가격으로 판매된다. 또한, 이런 클라우드북에 헤드셋을 연결해 통화를 하는 모습도 충분히 실현 가능하다.

　콘텐츠의 소비나 엔터테인먼트보다는 비즈니스 업무에 중점을 둔 모바일 디바이스로써 클라우드북은 상당히 현실적이며 효과적인 대안이다. 태블릿 디바이스가 가진 터치스크린의 다양한 사용자 경험 대신 단순화된 인터페이스와 일반 모니터, 키보드를 채택하여 업무의 효율을 올리는 것도 중요한 특징이다. 클라우드북은 여러 분야에 폭 넓게 보급되어 실용적으로 사용되기에 어울리는 디바이스다.

　클라우드북은 모바일 디바이스들이 사용하는 것과 동일한 앱을 설치하여 기능을 확장할 수 있다. 그러나 태블릿 디바이스보다는 더 적은 수의 모바일 앱을 쓰게 될 것이다. 숫자는 적지만 더욱 목적에 특화되고 복합적인 기능을 수행할 수 있는 클라우드 기반의 모바일 앱이다. 예를 들어 은행에서 사용되는 클라우드북에는 각종 금융 업무와 관련된 앱이 주로 설치되며, SNS나 멀티미디어 앱이 들어갈 확률은 낮아진다. 센서의 사용 수준 또한 다르다. 몸에 가깝게 휴대하는 기존 모바일 디바이스들은 센서를 많이 탑재할수록 높은 활용도를 갖게 되지만 클라우드북은 비즈니스와 교육 환경에서 주로 사용되는 기기다. 사용의 목적이 정해져 있으므로 굳이 여러 종류의 센서를 탑재하지 않아도 효과적으로 쓸 수 있다. 클라우드북이 사용되는 배경이 대부분 책상 위인 것도 감안해야 할 부분이다. 클라우드북은 업무 처리에 방해

될만한 요소를 최대한 줄이는 형태로 발전해갈 것이다.

　모바일OS 중에서도 클라우드에 더욱 의존적인 운영체제가 점차 모습을 드러내고 있다. 디바이스 내부의 저장장치를 거의 쓰지 않으며, 웹 연결 없이는 존재할 수 없는 운영체제라고 해도 무방하다. 클라우드북은 데이터와 그를 편집하던 작업 환경까지 모두를 웹 서버에 저장해두고 불러와서 사용하는 방식이므로 클라우드 기반의 운영체제를 탑재하는 첫 번째 디바이스가 될 수 있다. 이에 대한 징후로 노키아(www.nokia.com)와 인텔(www.intel.com)이 손잡고 준비 중인 새로운 모바일 운영체제인 미고(MeeGo)를 들 수 있다. 2010년 6월에 프리-알파(Pre-Alpha) 버전이 공개되었는데, 유튜브를 통해 배포된 영상에서는 스마트폰과 태블릿 디바이스를 위한 터치 입력 방식의 UI가 관측됐다. 확연히 빠른 속도와 간결한 인터페이스가 특징인 미고는 구글의 안드로이드와 마찬가지로 스마트폰, 태블릿 디바이스, 클라우드북을 비롯해 웹 TV나 MID 등 다양한 디바이스에서 사용될 예정이다. 구글(www.google.com)이 제시한 클라우드 기반의 모바일 운영체제 크롬(Chrome)O도 클라우드북의 활용성을 뒷받침한다. 아직 실제 형태는 공개되지 않았으나, 크롬OS는 거의 100% 수준의 클라우드 의존도를 가진 것으로 알려져 있다. 모바일 앱뿐만 아니라, '모바일 웹'의 가능성을 크롬OS에서 확인할 수 있을 것이다.

—**MeeGo (Pre-Alpha),** The Linux Foundation

04

삶의 동기화를 통한 아이덴티티의 강화
LIFE-SYNCING

우리 주위의 환경은 점점 더 복잡해지고 있다. 수많은 소셜 네트워크 서비스와 온라인 서비스로 인해 한 사람이 사용하는 수많은 다른 이름들이 생겨난다. 이같은 새로운 이름은 하나하나가 사용자의 개성을 갖춘 사용자의 분신이다. 하지만 사람들은 이렇게 분열된 수없이 많은 이름과 개성들 사이에 서 있으며, 이를 이용하기 위한 환경도 다변화된다. 온라인 세상과의 접점이 PC로 단일화되어 있던 예전과는 달리, 일반 사용자들이 사용하는 PC도 노트북과 PC 등으로 분화되고 있는 것은 물론 휴대폰이나 태블릿과 같은 휴대용 단말의 등장은 더욱 광범위하고 복잡한 사용 환경을 만든다.

사람들은 이제 단순함을 구매하고자 한다. 온라인의 삶이 점점 현실과 가까워지면서 더 빠르고 간단하게 온라인과 현실의 삶을 일치시키기 위한 동기화가 필요하다. 매시업을 통해 서로 다른 소셜 네트워크와 온라인 서비스를 단일 애플리케이션, 단일 단말을 통해 사용할 수 있게 되며, 이들 사이에도 상호간의 동기화가 이뤄진다. 이런 동기화로 사용자는 자신이 사용하는 소셜 네트워크나 온라인 서비스의 종류에 관계없이 사람들 간의 관계, 그리고 콘텐츠라는 본질에 집중할 수 있다.

Life-Syncing은 클라우드 컴퓨팅과 모바일 라이프, 그리고 Always Connected와 같은 환경적인 요인과 DigiSensus, 소셜 네트워크 서비스를 자양분 삼아 등장했다. Life-Syncing으로 인해 사용자들은 심리스한 경험, 컨텍스트에 기반한 추천, 그리고 증강된 아이덴티티와 개성의 강화를 경험한다.

삶은 점차 모바일과 Always Connected의 영향을 통해 온라인으로 동기화된다. 사용자의 모든 경험은 클라우드를 통해 끊김 없이 연결되며, SNS를 통해 내 모든 행동과 생각이 동기화된다. 이제는 환경에 맞춰 생활 패턴을 바꾸거나 개성을 희생할 필요가 없다. 사용자가 있는 곳 어디라도 환경이 사용자를 위한 최적의 상태를 유지해준다. 사용자의 경험은 더 이상 상황에 따라 단락적으로 끊어지지 않고 어떤 환경에서도 이음매 없이 이어진다. 제품과 서비스는 사용자의 데이터뿐 아니라 감성과 취향까지 동기화하면서 사용자의 또다른 분신이 된다. 특히 모바일 단말은 항상 사용자의 곁에 위치하면서 사소한 버릇과 취향까지 기록하고, 분석하는 분신이자 아바타다. 이렇게 모바일 단말에 기록된 사용자의 경험과 취향은 공유를 통해 다른 사람의 경험을 다채롭게 하고 강화하는 도구가 된다. 이처럼 다른 사람과 취향과 경험을 공유하고 동기화함으로써 새로운 경험을 할 수 있으며, 사용자의 경험을 더욱 강화해나갈 수 있다.

사람들은 단순한 정보의 나열보다는 인과관계에 기초한 컨텍스트를 원한다. 콘텐츠가 컨텍스트로 발전하기 위해서는 주변 상황에 대한 고려, 즉 사용자 개인뿐 아니라 사용자와 주변의 인터랙션을 이해해야 한다. 모바일 단말이 할 수 있는 일이 바로 이것이다. 모바일 단말은 사용자가 가는 곳 어디라도 따라다니고, 모든 행동을 기록하면서 개인적인 이력을 만든다. 또한, 이것은 단순한 정보의 나열이 아닌 사용자와 주변과의 인터랙션을 모두 기록함으로써 컨텍스트로 변모한다. 라이프로깅이 중요한 이유는 이같은 주위와의 인터랙션까지 모두 포함한 컨텍스트에 초점을 맞춘 기록이기 때문이다.

	Legacy Synchronization	Life-Syncing
대상	데이터	경험, 취향, 감각
매개체	단말	단말, 서비스
저장 위치	특정 스토리지	클라우드
동기화 시기	연결시	항상
결과	컨텐츠	컨텍스트
연결성	복잡	단순

—**METATREND Vol.11** Life-Syncing

취향과 경험을 공유하기 위한 기반, Synchronized Taste

사용자의 취향과 개성이 서비스와 제품을 통해 온라인 세상에 반영되면서 이것은 주위 사람들이 모두 같이 공유할 수 있는 또 하나의 무엇이 된다. 공유하는 것은 단지 데이터나 정보만이 아니다. 사용자와 동기화된 서비스와 제품을 통해 취향과 경험까지도 공유할 수 있다. 이것은 제품과 서비스를 통해 동기화되어 사용자의 개입을 최소화하면서 자체적인 구성이 이뤄져야 한다. 이렇게 자체 구성된 정보는 사용자의 개성, 취향, 경험의 동기화를 위한 기반이 되며, 이는 궁극적인 개인화를 향해 나가는 발로이다.

모바일 단말에 저장된 사용자의 음악은 장르별로 그리고 작곡가나 연주자별로 모바일 단말 내에서 재구성되며, 사용자가 몇 번이나 같은 곡을 들었는지를 파악해 선호도를 분류한다. 이는 사용자의 취향을 사용자의 개입 없이 파악하는 하나의 예다. 이렇게 분류된 사용자의 취향은 온라인을 통해 다른 사람과 공유되며, 비슷한 취향을 가진 다른 사람의 음악을 추천받는다. 애플의 지니어스, 핑과 같은 서비스는 바로 이런 추천과 공유를 적절히 활용한 서비스다. 이렇게 사용자의 취향과 개성의 분석은 개인화된 서비스, 그리고 추천과 밀접한 관계를 맺고 서로 맞물려 돌아간다. 이는 궁극적으로 사용자의 아이덴티티를 사용자의 개입을 최소화하면서 극대화시킬 수 있는 방법이다. 고스태그(www.ghostag.info)는 개별적인 사용자들이 자신이 체험한 유령 관련 사건을 공유하는 서비스다. 이 서비스는 지도를 통해 유령의 출몰 지역을 표시하고 관련 내용을 트위터나 페이스북을 통해 공유할 수 있도록 되어 있다. 이처럼 한 사람의 개인적인 경험은 이제 다른 사람의 경험을 강화하기 위한 또 하나의 요소이다.

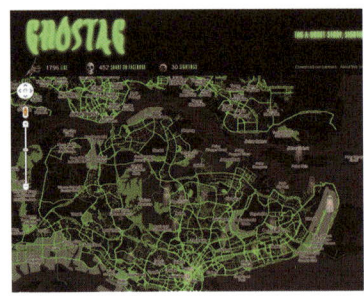

—**Ghostag,** www.ghostag.info

궁극적인 개인화는 사용자에게 언제 어디에서라도 동일한 경험을 제공하는 것에 있다. 사용자가 있는 곳이 어디인지, 혹은 언제인지에 관계 없이 사용자의 데이터에 접속할 수 있는 것은 물론이고, 동일한 콘텐츠를 동일한 방식으로 사용할 수 있어야 한다. 또한, 사용자의 취향을 알고, 사용자가 직접 자신의 취향에 맞는 콘텐츠를 검색하는 것이 아니라 먼저 적절한 콘텐츠를 추천해야 한다. 온라인으로 넓혀지고 있는 삶에서는 수많은 콘텐츠의 홍수에서 사용자가 직접 자신의 취향에 맞는 것을 찾는 것은 불합리한 방식이다.

사용자는 추천에 의해 자신의 취향과 개성에 맞는 콘텐츠, 자신이 찾고자 하는 콘텐츠를 미리 알아서 제시하는 방식을 선호한다. 이를 위해 필요한 것이 사용자의 취향과 관심사, 환경 등을 종합한 맥락 중심의 컴퓨팅이다. 맥락을 통해 사용자가 원하는 콘텐츠와 서비스에 최대한 근접하는 것. 바로 그것을 가능케 하는 것이 동기화다. 제품과 서비스는 더 이상 사용자에게 시시콜콜하게 하나하나 물어보지 않는다. 대부분의 작업은 자동화가 이뤄지며, 꼭 필요한 부분에 대해서만 승낙을 받는다. 이 같은 추천은 사용자의 취향과 개성을 적극적으로 반영해 선택의 폭을 넓히면서도 결정에 걸리는 시간을 최소화한다. 페이스북의 친구 추천이 대표적인 예다. 사용자가 친구를 하나씩 찾아 업데이트하는 것이 아니라, 사용자 자신과 다른 친구들의 정보를 기반으로 친구를 추천해준다. 사람들의 삶이 서로 연결되고 공유되면서 동기화가 이뤄지는 것은 바로 사람들의 취향, 개성 그리고 경험과 삶이 크라우드소싱되고 있다는 것을 의미한다.

사용자의 분신이 되는 모바일 단말, Synchronized Sense

교감은 기계와 사람의 동기화를 위한 밑바탕이다. 사람의 위치와 동기화된 모바일 단말의 위치, 사람이 보는 것과 동기화되는 모바일 단말의 카메라 등 모바일 단말은 사용자와의 동기화를 통해 사용자가 있는 곳뿐 아니라 보는 것, 듣는 것을 함께 한다. 또 사용자가 모바일 단말을 이용해 하는 다양한 행위까지 모두 인식함으로써 사용자와 동기화된다. 이제 사람들은 다른 사람의 위치를 모바일 단말의 위치를 통해 인식하며, 모바일 단말을 통해 올린 글과 사진 등을 통해 커뮤니케이션한다. 모바일 단말은 사용자의 분신이 된다. 트위터의 주변 트윗 검색 기능은 트윗을 날리는 사용자를 온라인이 아닌 오프라인 공간에서의 위치로 표시해준다. 이것은 사용자의 위치와 단말의 위치가 동기화됨에 따라 바로 사용자의 위치가 단말의 위치로 표시되는 것을 보여주는 예다.

모바일 단말은 기존의 사람이 인식할 수 없었던 새로운 감각을 제공한다. 증강현실과 같은 3.5D 기술이 바로 그것이다. 온라인과 오프라인, 그리고 가상과 현실 사이의 영역에서 둘 사이를 이어주는 것은 사용자와 동기화된 모바일 단말의 센서들이다. 카메라에서부터 시작해, GPS, 나침반, 중력 및 가속도 센서, 조도 센서, 자이로 센서, 마이크 등은 점점 기본적인 센서가 되어가고 있으며 이외에도 심박계나 온도 센서 등 사용자에 대한 더욱 자세한 데이터를 수집하기 위한 센서는 물론 사용자 주변 환경을 인식하기 위한 기압계, 오염도 측정 센서 등까지도 탑재되고 있다. 더욱이 최근에는 사물과의 통신을 위한 RFID나 NFC(Near Field Communication)을 위한 센서도 적용되고 있다.

모바일 단말은 온라인 세상과 오프라인 세상의 교차점에서 이 둘을 동기화시키는 매개체다. 이런 매개체 역할을 하기 위해서는 온라인 세상과의 교감, 그리고 사용자와의 교감은 필수적이며, 이를 위해 다양한 센서가 통합되는 것은 당연하다. 이미 이런 기능을 제공하기 위해 다양한 센서가 탑재되고 있으며, 앞으로도 더욱 다양한 센서가 추가될 것이다. 사용자의 위치는 단말을 통해 인식되고, 사용자의 행동이나 감정 상태까지 모바일 단말을 통해 파악할 수 있다.

사람의 행동과 움직임에 동기화되는 모바일 단말은 새로운 인터페이스를 요구한다. 바로 사용자의 움직임이 새로운 인터페이스로 등장하는 것이다. NUI의 중요성은 사용자와 모바일 단말의 동기화에 중요한 요인이다. 사용자가 특별히 인식하지 않고도 기계와 동기화를 유지하기 위한 기반이 되기 때문이다. 이를 위해 사용자의 움직임은 물론 감정 상태까지 인식하고 동기화되는 모바일 단말이 요구된다. 지금까지 손가락 터치와 음성을 통해서만 사용자와 교감하던 모바일 단말은 마우스리스와 같은 손의 직접적이지 않은 움직임이나 눈동자의 움직임, 혹은 나이키+와 같은 발의 움직임, 혹은 마이크로소프트 키넥트와 같은 몸 전체의 움직임을 인식하며, 사용자의 심박수, 혈류 속도, 혈압, 체온 등의 신체 반응을 통해 감성까지도 이해하고 동기화하는 수준으로 발전해나간다.

클라우드를 통한 심리스한 경험의 유지, Seamless Experience

언제 어디서나 연결된 삶을 의미하는 Always Connected는 이 같은 클라우드 컴퓨팅과 만나면서 끊임없이 연결된 삶, 그리고 심리스하게 연결된 경험을 유지할 수 있도록 한다. 기업 환경에서 생산성 향상을 위해 사용되던 기술인 클라우드 컴퓨팅이 개인을 대상으로 적용되기 시작하면서 개인들의 데이터가 온라인으로 이동하고 있다. 그러나 이렇게 이동하는 것은 사용자의 데이터만이 아니다. 온라인에 동기화된 사용자의 데이터는 언제 어디서나 동일한 방식으로 사용할 수 있다는 것은 사용자의 경험을 심리스하게 유지할 수 있다는 것을 의미한다. 다시 말해 클라우드 컴퓨팅을 이용해 온라인에 동기화되는 것은 사용자의 데이터가 아닌 사용자의 경험이다.

회사에서 하던 작업을 그대로 외부에서도 할 수 있으며, 이동 중에 휴대폰으로 작성한 메모는 집에서 노트북으로 동일하게 사용할 수 있다. 웹에서 수정한 사용자의 메일과 연락처 정보는 휴대폰에도 그대로 적용되며, 내가 MP3에서 듣던 음악은 컴퓨터나 TV, 거실의 오디오를 통해서도 들을 수 있다. 마이크로소프트가 최근 발표한 준 패스 서비스는 준 HD플레이어뿐 아니라 PC와 X박스, 그리고 윈도우 폰 7에서 동일한 음악과 동영상을 제공하는 서비스다. 또한 마이크로소프트는 이런 경험을 음악이나 동영상과 같은 콘텐츠 외에도 게임 등에까지도 적용할 예정이며, 이를 심리스하게 연결함으로써 사용자들의 경험을 동기화시키고자 한다. 사용자가 어디에서 어떤 단말을 통해서라도 동일한 경험을 이어갈 수 있게 하는 것. 이것이 바로 클라우드 컴퓨팅 그리고 Life-Syncing이 제공하는 장점이다.

콘텐츠와 애플리케이션은 더 이상 플랫폼이나 특정 서비스에 종속되지 않는다. 사용자가 있는 바로 그곳에서, 사용하고 있는 어떤 제품이나 서비스를 통해서도 동일한 경험을 제공할 수 있어야 한다. 이것은 바로 콘텐츠와 애플리케이션이 플랫폼으로부터 독립해 사용자의 곁으로 다가오는 것을 의미한다. 따라서 사용자들은 어떤 플랫폼을 사용할 것인지에 대해 고려할 필요 없이 주위의 어떤 플랫폼을 사용하더라도 자신이 원하는 콘텐츠와 애플리케이션을 사용할 수 있게 된다.

클라우드 컴퓨팅을 기반으로 한 이어지는 경험의 동기화는 이처럼 사용자의 아이덴티티를 더욱 강화해 증강된 아이덴티티(Augmented Identity)를 만들어 낸다. 사용자는 복잡한 환경을 구성하거나, 특정 플랫폼을 찾아 헤매지 않고 자신이 하고자 하는 작업, 자신의 취향과 개성을 살리는 일에만 신경을 쓰면 된다. 또한 이런 경험의 동기화를 통해 사용자의 사소한 행동 하나하나가 모두 기록되며, 이것이 바로 사용자의 삶을 기록하는 라이프로깅이다. 내가 한 모든 행동을 기록하고, 이를 되돌려 볼 수 있으며, 이는 사용자의 행위에 대한 맥락을 재구성도 Life-Syncing을 통해 이뤄진다.

클라우드 컴퓨팅은 사용자에게 자신만의 환경을 조성해준다. 이 환경은 자신의 개성과 경험을 극대화하도록 구성되어 있으며, 사용자가 가는 곳 어디라도 따라간다. 이런 클라우드 컴퓨팅 환경은 사용자의 모든 개인적인 데이터가 맥락에 따라 정리되어 있으며, 사용자에 대해 사용자보다 더욱 자세히 알고 있다. 사용자의 취향에서부터 현재의 신체와 건강 상태까지 모두 알 수 있도록 항상 동기화 상태를 유지한다. 이것이 바로 Life-Syncing이다. 사용자의 삶과 개성, 취향, 경험이 모두 동기화된 클라우드는 사용자의 또 다른 모습이며, 사용자가 언제, 어디서, 어떤 일을 하더라도 따라다니며, 사용자의 경험을 한결같이 유지시켜 준다.

05

모바일과 클라우드를 통한 콘텐츠와 앱의 독립 선언
CONTENTS INDEPENDENCE

하드웨어의 일차적인 사용 목적은 애플리케이션과 콘텐츠라는 점을 생각했을 때, 콘텐츠가 독립되는 것은 당연한 요구다. 그럼에도 불구하고 지금까지는 각각에 짝지워진 하드웨어의 틀에 갇혀 이뤄지지 않고 있었다. 하지만 이런 상황이 점차 역전되고 있다. 바로 애플리케이션과 콘텐츠가 하드웨어로부터 독립을 선언하고 있는 것이다. 쓰리스크린(3Screen) 그리고 클라우드 컴퓨팅 등의 환경이 조성되면서 콘텐츠와 애플리케이션을 사용자가 원하는 단말에서 사용자 경험을 연장해줄 수 있으며, 애플리케이션이나 콘텐츠 업체들에게는 새로운 성장동력을 제시하고 있다.

다양한 플랫폼에 기반한 단말이 등장하면서 콘텐츠는 자생력을 갖춰야 할 시점에 놓인다. 사람들은 여러 플랫폼 사이에서 사용자 경험을 계속해서 유지하기를 원한다. 또한, 사람들은 게임기, 휴대폰 등 다양한 기기를 자신이 원하는 방식대로 사용하기를 바란다. 통신업체들은 안드로이드와 아이폰, 윈도우 모바일 등 다양한 플랫폼에서 동일한 애플리케이션을 구동시킬 수 있음으로써 콘텐츠의 독립을 부추기고 있다. 지금까지 콘텐츠와 애플리케이션의 독립을 이끌어온 애플이 아이팟을 통해 음악의 독립을, 아이폰과 아이팟터치를 통해 애플리케이션의 독립을, 그리고 아이패드를 통해 다양한 콘텐츠의 완전한 독립을 이끌어 갈 것이다.

사용자들은 다변화되는 플랫폼에서도 동일한 경험을 유지하고자 한다. 새로운 플랫폼에 대한 학습이나 노력없이 지금까지 쌓아온 경험을 그대로 유지하려는 것이다. 하드웨어나 플랫폼과는 별도로 동일한 애플리케이션으로 동일한 콘텐츠를 사용할 수 있다는 것이 주는 매력 은 사용자를 끌어당기기에 충분하다. 이런 요구가 애플리케이션과 콘텐츠를 하드웨어나 플랫폼으로부터 독립시키는 요인이 된다.

사람들이 사용하는 단말은 하나가 아니다. 아이폰으로 촉발된 스마트폰 분야에도 안드로이드폰이나 블랙베리, 심비안, 그리고 윈도우 폰 7 등 다양한 플랫폼이 각축을 벌이고 있으며, 특히 안드로이드는 구글의 적극적인 지원과 개방성을 장점으로 아이폰과의 격차를 점차 줄여가고 있다. 스마트폰뿐 아니라 게임 콘솔이나 PC, 가전제품, 태블릿 등 수많은 종류의 단말들이 증가함에 따라 동일한 애플리케이션, 동일한 콘텐츠를 여러 플랫폼을 지원할 수 있도록 개발하는 경우가 급격히 증가하고 있다. 이미 게임업체들은 하나의 게임에 대한 경험을 다른 플랫폼으로 전이시키려는 노력을 오래 전부터 기울여 왔다. 덕분에 사용자들은 게임 콘솔을 위해 나온 게임을 PC나 스마트폰 등에서도 할 수 있다. 게임 분야에서는 서로 다른 플랫폼용으로 출시된 게임으로 멀티플레이를 할 수 있는 수준에 이르렀다.

멀티 플랫폼 애플리케이션을 통한 애플리케이션의 독립은 사실 굉장히 오래된 아이디어이며, 이미 웹 애플리케이션이라는 성공적인 구현 사례도 주위에서 찾아볼 수 있다. 또한 플래시나 자바 등의 RIA(Rich Internet Application)를 통한 멀티플랫폼 애플리케이션도 또 다른 예가 될 수 있을 것이다. 하드웨어나 플랫폼으로부터 독립함으로써 애플리케이션은 자체적인 생명력을 갖고, 사용자의 경험을 더 넓게 연장시킴으로써 더욱 많은 사용자를 끌어들일 수 있다.

현재 크로스플랫폼을 통한 애플리케이션의 독립을 가장 잘 보여주는 예는 바로 아마존의 킨들이다. 킨들은 자체 전자책 리더뿐 아니라 윈도우, 맥OS, 아이폰, 아이패드, 블랙베리 등 다양한 플랫폼을 위한 애플리케이션을 선보이고 있으며, 아마존의 자체 클라우드와 위스퍼넷을 통해 여러 플랫폼 사이에서 콘텐츠와 북마크 등의 사용자 경험을 동일하게 유지시켜 준다. 게임 콘텐츠가 콘솔 사이를 넘나드는 모습은 이미 오래 전부터 시작된 콘텐츠 독립의 트렌드다. 월드투어(World Tour)와 락밴드2(Rockband 2)라는 게임이 마이크로소프트 엑스박스(Xbox) 360과 소니 PS3 버전을 모두 출시했다. 여기에서 한 발짝 더 나아가 마이크로소프트는 PC와 엑스박스와 윈도우 폰 단말을 모두 지원하는 게임을 선보였을 뿐 아니라 MWC 2010에서 두 개의 기기간에 게임을 연동해서 실행하는 모습을 공개했다. 스마트폰을 통해 진행하던 게임을 PC로 옮겨와 이어서 진행한 이 데모는 앞에서 설명한 아마존과 마찬가지로

클라우드 컴퓨팅이 기반이 됐기에 가능한 것이다.

콘텐츠, 그리고 애플리케이션이 독립하기 위해서는 궁극적으로 클라우드 컴퓨팅이라는 기반이 마련되어야 한다. 이에 따라 구글, 마이크로소프트 등의 업체들은 클라우드 컴퓨팅의 기반을 마련하기 위해 많은 노력을 기울이고 있으며, 애플도 최근 클라우드 컴퓨팅의 기반을 마련하기 위해 대규모의 데이터 센터 건립에 나서고 있는 것이다.

애플은 콘텐츠의 독립에 있어 커다란 발자취를 남겼으며, 이를 통해 시장의 구도를 재정립했다. 아이팟와 아이튠을 통해 음악 콘텐츠의 독립을 본격적으로 이끌었으며, 아이팟 터치와 아이폰은 앱스토어를 통해 애플리케이션의 독립을 이끌었다. 이제 아이패드는 아이튠즈, 아이북 외에도 수많은 써드파티 애플리케이션, 콘텐츠 업체들의 힘을 더해 책과 동영상 등 다양한 콘텐츠의 독립을 본격적으로 이끌어 나갈 것으로 예상된다. 아이패드는 아이폰과 마찬가지로 다양한 콘텐츠를 애플리케이션 형태로 담을 수 있다. 때문에 책, 영화 애플리케이션 사용은 아이패드로 더 활발해진다. 이렇게 아이패드가 조성한 분위기는 안드로이드, 윈도우폰 7, 미고 등의 모바일 후발 주자들뿐 아니라 기존의 IT 업계뿐 아니라 가전업계에서도 콘텐츠의 독립이라는 트렌드를 따라갈 수밖에 없도록 만들 것이다.

FLAT WORLD

국가, 세대의 장벽을 허무는 연결의 힘

06

Storytelling

Wikimedia

Interaction

Community

SNS

Context

Realized Experi

Smart
Learnin

Modular Curriculum

Self-directed Learning

Personalized Learning

디지털 기술은 세상을 평평하게 만든다. 국가와 세대 사이의 커뮤니케이션 장벽을 허물고, 모두가 하나의 공동체를 형성할 수 있게 한다. 디지털 기술은 디지털 네이티브뿐 아니라 디지털 기술에 익숙하지 않은 노년층 혹은 유아까지도 포용하는 폭넓은 수용성을 갖는다.

  디지털에 친숙하지 않은 노년층은 더 직접적인 인터페이스가 필요하며, 신체적인 장애가 있는 사람들도 디지털 기술을 통해 더 친숙하게 커뮤니케이션 할 수 있다. 또한 세대 차이, 생활 습관의 차이로 인해 점점 거리가 멀어지고 있는 가족간의 관계를 디지털 기술을 이용해 좀 더 좁히고자 하는 노력도 시도된다.

  TV는 지금까지 디지털 기술의 영향을 거의 받지 않고 있었지만, 새로운 세대, 디지털 네이티브들은 TV를 대하는 방식이 기존 세대와 차이를 보이고 있다. 이들은 TV를 더 콘텐츠에 집중화된 단말로 인식한다. 간편한 인터랙션 방식의 등장으로 스마트 TV는 더 많은 사용성을 제공할 수 있게 된다.

FLAT WORLD

01

모두를 위한 소통의 창구
UNIVERSAL COMMUNICATION

———————

 디지털 기술은 모두를 위한 커뮤니케이션 기술로 발전한다. 말을 하지 못하는 유아에서부터 디지털 기술과 친숙하지 않은 노년층까지 그리고 일반인과 장애인, 서로 다른 언어의 사용자, 심지어는 거리의 간격을 뛰어 넘어 지구의 반대편까지 소통할 수 있는 방법을 제시한다.

 소셜 네트워크와 모바일 단말들의 더 간편하고 직관적인 인터페이스, 그리고 새로운 디지털 가젯들은 사람들의 커뮤니케이션을 가로막고 있던 각종 장애물을 뛰어넘어 진정으로 평평한 세상을 만들어 간다.

시니어의 적극적인 참여를 유도하는 실버 앱

일찍이 고령화 사회에 들어선 일본은 노인 연구에 있어서도 앞서 있다. 일본의 전후 베이비붐 세대인 단카이 세대가 30대일 때부터 노인 연구에 매달려온 하쿠호도생활종합연구소(Hokuhodo Institute of Life and Living)는 시니어 시장에 접근하려면 크게 네 가지 키워드에 주목해야 한다고 주장한다. 그것은 질(Quality), 역(Past), 단(Simplicity), 건(Health)으로, 양보다는 질을 우선시하고, 과거를 소중히 하며, 단순하면서도 건강을 생각하는 제품들이 각광받는다는 것이다. 이것은 시니어들의 정보화 환경에도 그대로 적용된다.

우리가 시니어에 대해 정말 모르고 있는 한 가지. 노인은 자신이 혈기왕성한 젊은이와 다를 바가 없다고 생각한다. 비록 몸은 예전만 못해도 마음만은 청춘이다. 적어도 시니어 시장을 바라볼 때는 우리 모두가 시니어가 된다는 동정심이나 고지식하고 기력이 약하다는 고정관념을 벗어나는 것이 중요하다. 과거와 달리 컴퓨터에 익숙하고, 자녀보다는 자신의 삶을 중시하는 시니어가 늘어난다. 시간이 지나면 지날수록 시니어의 발언은 커지고, 미디어와 기업은 시니어를 결코 무시할 수 없을 것이다. 시니어는 오래 살았기 때문에 경험이 많다.

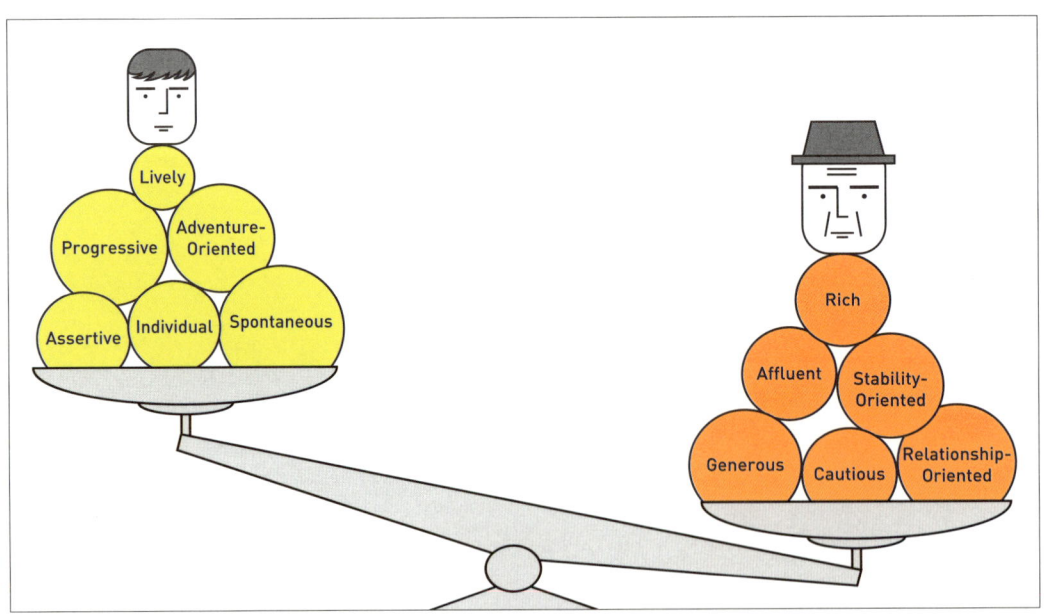

—METATREND Vol.6 App for Senior Citizens

부양해야 하는 짐이 아니라 적극적으로 제 2의 인생을 살아가고자 하는 사람들인 것이다.

우리의 예상과 달리 시니어들이 소통에 더 적극적이다. 그들은 젊은이에 비해 시간이 많고, 자녀들이 독립하고 나서 외로움을 느끼기가 쉽다. 어떤 경우에는 직접 움직이기는 쉽지 않기도 하지만 몸이 불편하다고 해서 마음까지 닫혀 있는 것은 아니다. Moblet Age 시대를 주름잡을 새로운 컴퓨팅 디바이스들은 이러한 시니어들의 욕구에 부응한다. 그것은 목적이 분명하며, 사용하기 쉬워서 멀리 떨어져 있는 자녀들이나 동창간의 물리적인 거리를 더욱 가깝게 해준다. 2010년 4월 7일, 유튜브(www.youtube.com)에는 버지니아의 뉴 아이패드(Virginia's New iPad)라는 동영상이 등록됐다. 화면에는 올해로 100세인 버지니아 할머니가 생애 첫 번째 컴퓨터인 아이패드를 샀다는 자막이 보인다. 옆에서 중년의 여인이 손가락으로 아이패드 화면을 터치하는 장면이 이어지고, 이때까지 할머니는 아무 말 없이 그것을 지켜본다. 그리고 1분 52초의 영상이 끝날 무렵에 할머니는 와인을 마시고 있는 다른 가족들을 상관하지 않고 아이패드 삼매경에 빠져 있다. 이 동영상은 한 달 여 사이에 전세계 53만 명에게 노출됐다. 미국 오레곤주 오스웨고 호숫가에 사는 이 할머니는 녹내장을 앓아 좋아하던 책 읽기를 포기했으나 아이패드의 활자 크기와 디스플레이 밝기 조절 기능을 이용해 다시 책을 읽을 수 있게 된 것에 무척 기뻐했다고 한다.

유니버설 디자인(Universal Design)의 취지는 시니어들의 요구를 그대로 담고 있다. 1990년 로널드 메이스(Ronald L. Mace)는 '모두를 위한 디자인'을 생각해냈고, 그로부터 9년 뒤, 국제고령자단체연맹(IFA)에서는 유니버설 디자인을 주요 의제로 논의하기도 했다. 최근 미국과 일본에서는 시니어의 청각과 시각 기능을 고려한 휴대폰들이 좋은 반응을 얻고 있다. 예를 들면 전화 교환원이 전화 연결을 도와주거나 휴대폰 디자인 시 꼭 필요한 버튼만을 채택하는 것이다.

—**Virginia's New iPad,** Sackr

시니어들을 위한 테크놀로지에 관한 블로그를 운영하고 있는 밥 맥클러스키(Bob McClus-key)는 아이패드를 처음 보았을 때 "저건 시니어들을 위한 훌륭한 도구가 되겠는 걸.(That looks like a great tool for senior citizens.)"이라고 생각했다고 말한다. 손가락이나 몸짓을 이용한 인터페이스 도구가 발전하면서 시니어들은 이전보다 단순화된 컴퓨터에 쉽게 적응한다. 인텔(www.intel.com)에서 작년 말에 내놓은 리더(www.exeperiencereader.com)는 내장된 500만화소 카메라로 책을 스캔해서 음성으로 읽어준다. 책의 이미지를 즉석에서 디지털 포맷으로 변환해주므로 글씨 크기를 자유롭게 설정할 수 있고, 책 이외에 식당의 메뉴판을 스캔할 수도 있다. 원래는 난동즉 환자이거나 시각 장애인을 위한 제품이지만 노안의 시니어에게도 유용한 제품이다

건강은 시니어들의 최대 관심사이다. 건강하지 않으면 다른 어떤 것도 의미가 없다. 마치 의식주가 해결되지 않고, 인간다운 생활이 불가능한 것과 마찬가지이다. 이에 따라 앱을 이용한 자가진단 시스템이나 주치의와 연결된 원격진료 서비스는 큰 인기를 구가하게 된다. 미래에는 이러한 의료 서비스가 신기하고 새로운 것이 아니라 일상적인 것이다.

—**Reader,** Intel

2010년 3월, 미국 시카고에서 열린 2010 에이징 인 아메리카 컨퍼런스(Aging in America conference)에서 소개된 이모타미(EmotaMe)는 혼자 사는 노인들의 건강과 감정상태를 원격으로 체크하는 애플리케이션이다. 텔레헬스(Telehealth) 솔루션을 적용해 가족이나 의사에게 수집한 데이터를 실시간으로 알려준다. 기존의 모바일 헬스케어 제품들이 주로 육체적인 건강에만 신경을 썼다면 노인들의 정신건강에도 신경을 쓴 점이 눈에 띈다. 이 외에도 노인들이 즐길 수 있는 간단한 게임도 함께 수록했다. 미국과학재단(NSF)에서 투자한 신생 기업인 이모타(www.emota.net)에서 제작했다.

죽을 때까지 한 가지에만 몰두하기에는 인간 수명이 너무 길어졌다. 저명한 경영학자인 피터 드러커(Peter F. Drucker)는 프로페셔널의 조건(The Essential Drucker on Individuals)에서 인생의 후반기를 준비할 것을 충고한다. 시니어들은 남은 시간을 좀 더 의미 있게 사용하기를 원한다. 느즈막히 향학열을 불태우거나 자선사업이나 선교에 열을 올리기도 한다. 어떤 시니어들은 세계여행을 계획하고, 새로운 꿈을 향해 창업을 시도하기도 한다. 전부 젊은 시절에는 여러 가지 사정에 의해 하지 못했던 것들이다. 만약 그마저도 용기가 없거나 상황이 여의치 않다면 인터넷은 제 2의 인생을 사는 데 좋은 비상구가 된다.

전세계를 하나의 공통체로 만드는 소셜 네트워크

모바일 디바이스가 국가간 장벽을 깬다. SNS(Social Network Service)는 지구촌을 하나의 문화권으로 묶고, 거리와 언어의 장벽을 넘는다. 소셜 네트워크 상의 번역 기능만으로도 누구나 실시간으로, 편리하게 타국의 언어로 대화할 수가 있다. 인터넷 번역 서비스가 등장하면서 타국어로 된 정보에 쉽게 접근할 수 있게 됐다. 그러나 타인과의 직접적인 의사소통에서 웹을 이용하는 것은 여간 번거롭지 않다. 또한, 번역의 질도 보장되지 않기 때문에 단순히 의미를 전달하는 수준에 불과하다. 특히 모바일을 통한 커뮤니케이션은 사람과 직접 만나지 않고서도 온라인을 통해 쉽게 교류할 수 있는 것이 장점이다. 이곳에서는 물리적인 거리와 국가라는 개념이 공통된 관심사 속에서 쉽게 희석된다.

웹에서는 번역이 요구되지 않는 이미지, 영상 등의 멀티미디어 정보로 교류해왔지만 SNS는 짧은 메시지로 세계인들의 대화에 참여할 수 있다. 사람들은 더 직접적인 교류를 원한다. 나와 관심사, 취미, 취향 등에서 공통점을 갖는 사람들을 연결해준다. 이 때, 국가, 인종, 거리 등은 문제가 되지 않으며, 오직 소통을 위한 언어만이 장벽으로 작동할 뿐이다. 단문 중심의 소셜 네트워크는 SNS 트랜슬레이션(Translation)을 통해 이를 극복해 나간다. 다시 말해 SNS 트랜슬레이션은 진정한 글로벌 커뮤니케이션을 구현해 나가기 위한 기반이다. 이로 인해 그 동안 언어의 장벽때문에 로컬(Local)에 치중하던 커뮤니티나 서비스가 더 글로벌하게 발전하고, 오프라인에서조차 관광이나 쇼핑 등에서 교류가 확대되면서 지구는 하나의 커뮤니티로 합쳐진다.

짧고 핵심적인 메시지는 비교적 빠르고 정확하게 번역해낼 수 있다. 예를 들어 트위터(www.twitter.com)는 140자 안에서 하고 싶은 말을 전부 표현해야 한다. 글자수가 너무 짧다는 느낄 수도 있지만 다른 언어로 번역하기에는 오히려 짧은 것이 유리하다. 전세계인과 소통하는 SNS의 뜨거운 열풍으로 단문 메시지 번역이 중요한 요소로 자리매김한다. 늘 소지하는 휴대용 디바이스 또한 단문 메시지 번역기로 활용된다. 컨버스(www.converselan-guagetools.co.uk)는 한 대의 휴대폰으로 서로 다른 언어를 자동 번역하여 마주 보며 대화할 수 있는 애플리케이션이다. 작은 모바일 디바이스로 다른 언어를 쓰는 사람과도 즐겁게 대화할 수 있다. 여기에 주로 사용되는 메시지가 바로 소셜 네트워크의 메인인 단문의 형태이다.

—**Converse,** Converse Language Tools　　　—**TweetTranslate,** Tweet Translate

—**TweetDeck,** TweetDeck　　　　　　　　　　　—**Looah,** Looah

　아무리 단문 메시지라도 많은 수의 메시지를 받아들이기는 쉽지 않다. 이러한 번역의 번거로움을 없애기 위해 트위터 애플리케이션에 바로 번역 기능이 추가된다. 트윗덱(www.tweetdeck.com)은 다른 언어로 올라오는 타임라인의 글을 번역해서 보여주거나 내가 올리는 트윗을 바로 다른 나라의 언어로 번역해 올려준다. 그리고 트위트트랜스레이트(www.tweettranslate.com)는 메시지를 트위터와 연동해서 40개국 이상의 언어로 번역해준다. 트위터 아이디와 비밀번호를 적고 번역 버튼을 누르면 내 트위터에 자동으로 번역된 메시지가 등록된다.

　번역기가 아니라 소셜 네트워크를 통해 여러 사람이 힘을 합쳐 직접 번역하는 클라우드 소싱 번역 서비스가 등장하고 있다. 루아(www.looah.com)는 크라우드 소싱을 통해 번역하는 소셜 번역 사이트이다. 다국어로 작성된 콘텐츠(블로그, 뉴스기사, 트윗 등)에 대해 번역을 요청하면 여러 사용자가 번역해서 채워 나가는 소셜 번역 플랫폼이다. 테드(www.ted.com)또한 루아와 같은 크라우드 소싱 번역 방식으로 자막을 제공한다. 세계 유명인사들의 강연을 번역하여 자막을 만드는데, 이것은 전부 자원 봉사자에 의해 번역된다. 의미 있고 뜻 깊은 강연들을 번역하여 많은 사람들에게 알릴 수 있고 번역한 사람의 이름이 동영상 옆에 들어가기에 사용자의 참여도를 더욱 높인다. 많은 사람들이 다른 언어를 사용할 때 번역기로 편하게 작업한다. 그러나 이것은 완벽하지도 않을 뿐더러 각 나라의 문화와 감성의 표현이 깃들여 있는 언어를 기계가 완벽하게 표현해주는 것은 무리다. SNS를 통해 집단의 노력으로 이루어지는 번역은 정성이 가득하고, 글쓴이의 의도까지 전달한다.

가족간의 인터랙션과 커뮤니케이션을 유도하는 Interactive Table

　모바일 디바이스들이 스마트함을 내세울때 테이블탑은 인터랙션에 중점을 둔다. 한 공간에 고정되어야 하는 테이블탑은 사람과 디바이스간의 상호작용에 중점을 두는 것에서 벗어나 사람사이, 구체적으로는 가족간의 인터랙션을 주도한다. 상호 소통의 매개체가 되는 테이블탑은 바로 가족 구성원 사이의 인터랙션을 돕는 Interactive Table이다.

　키오스크와 태블릿이 점차 대중화 되고있으며, 터치를 기본 인터페이스로 채택하고 있는 모바일 단말의 활용이 급격히 늘어나고 있다. 이에 따라 손으로 무언가를 건드리고 만지는 것은 단순히 촉감을 느끼려는 감각 지향의 움직임에서 정보와 접촉하는 찰나의 순간으로 변하고 있다. 현재 터치 인터페이스가 적용되고 있는 분야는 모바일 단말, 태블릿, 그리고 모니터나 키오스크 등이 대부분이다. 그러나 손을 들어 디바이스 표면을 건드리고 제스쳐를 통해 정보를 검색하는 행동은 중력에 반하는 것으로 장시간 사용하기에는 부담스럽다.

　인간은 손이나 물건을 어딘가 혹은 무언가 위에 올려놓는다. 이는 인간의 자연스러운 본성이자 습성이다. 마이크로소프트의 서피스를 필두로 새롭게 등장하는 홈 디바이스인 테이블탑은 이러한 인간의 속성을 잘 활용했다. 자연스러운 행동을 염두에 뒀기 때문에 다양한 나이 대에 걸쳐있는 가족 구성원들이 편안하게 즐기며 정보와 교감을 서로 나눈다.

　터치 인터페이스는 접촉면이 크고, 손의 움직임에 따라 정밀도가 결정되기 때문에 섬세함에 있어서는 기존의 인터페이스에 비해 떨어질 수 밖에 없다. 특히 10개 이상의 멀티터치를 감지하는 기술이 등장함에 따라 정밀도는 앞으로도 해결해야 할 문제로 남는다. 앞서 말한 무엇을 올려놓으려는 행동과 섬세한 컨트롤에 대한 갈망은 손이 아닌 물체를 이용한 인터페이스로 해결할 수 있다.

—**Surface,** Microsoft

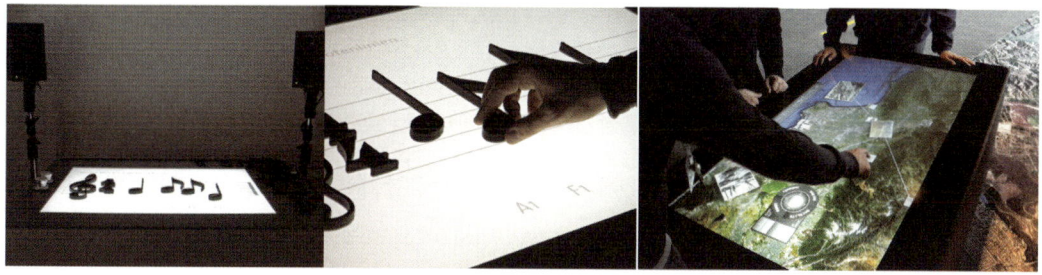

—**Noteput,** Jonas Friedemann Heuer　　　　　　　　　　—**Ideum MT50,** Ideum

　태블릿이나 키오스크와 달리 테이블탑 위에는 어떤 것이든 올려놓을 수 있다. RFID를 이용하여 물체를 통해 정보를 주고 받을 수 있다면 섬세하면서도 직관적인 방식으로 테이블탑을 즐길 수 있을 것이다. RFID를 통해 명함의 정보를 읽어들이거나, 혹은 바로 스캔하거나 카메라로 촬영해 정보를 읽어들이는 기술도 상용화 수준에 이르고 있으며, 테이블탑에 올려놓은 큐브나 실린더를 사용한 인터페이스도 등장하고 있다. 이처럼 물체를 바로 이용해 정보를 주고받는 오브젝트 컨트롤러는 직관적인 사용법을 통해 입체적인 정보의 확장을 불러일으킨다.

　테이블탑, 말 그대로 테이블 모양의 PC이다. 즉 집안에서 놓일 수 있는 곳은 바로 거실이다. 현재의 콘텐츠 소비의 흐름이 개인 중심이라면 테이블탑은 가족과 함께 공유하는 콘텐츠를 활성화시키면서, 개인 콘텐츠 소비에서 공동 콘텐츠 소비로 시장의 변화를 이끈다. 이는 테이블탑의 콘텐츠가 개인이 아닌 여럿이서 같이 즐길 수 있도록 개발되어야 함을 의미한다. 이디엄 MT50(Ideum MT50) 멀티터치 테이블은 4명이 동시에 열손가락을 사용할 수 있도록 40개 터치를 동시에 인식한다. 4명 정도의 가족 구성원들이 모여 쇼핑, 게임, 가족앨범, 스케쥴 관리 등을 다같이 할 수 있다. 단순히 테이블탑 안에서 콘텐츠를 즐기는 것뿐만 아니라 SNS와 연계된다면 잠시 떨어져 있는 가족과 동시에 이야기하면서 사진을 정리하고 쇼핑을 할 수도 있다. 또한 파문도(www.famundo.com)와 같은 온라인 가족 커뮤니티를 거치지 않고 직접 스케쥴을 관리하고 가족만의 포털을 만들 수 있다는 점에서 매력적인 디바이스이다.

가족 해체가 심해지고 있는 요즘, 한 공간 안에 가족 구성원을 모이게 할 수 있는 강력한 디바이스가 바로 테이블탑이다. 멀티터치를 기반으로 공동 콘텐츠를 즐길 수 있는 곳은 다양하다. 이중 가정은 가장 큰 소비 주체 중 하나다. 홈 엔터테인먼트가 TV를 중심으로 발전해 왔지만, 테이블탑이 여기에 도전장을 던진다. 이것은 테이블탑이 갖고 있는 인터랙션이라는 특징 때문이다. 지금까지는 온 가족이 TV 앞에 모여 앉아 TV가 제공하는 콘텐츠를 일방적으로 보는 것에 그쳤지만, 테이블탑은 가족들이 서로를 마주 보면서 인터랙션하도록 만든다. 이는 홈 엔터테인먼트 그 이상의 의미를 갖는다. 단순히 혼자 즐기는 콘텐츠는 SOFA Devices로 충분하다. 하지만 테이블탑은 거실이라는 공간이라는 특징때문에 혼자가 아닌 다른 가족들과 함께 즐기는 콘텐츠에 특화된다. 이같은 테이블탑은 가족 구성원들이 서로를 마주보는 시간을 늘리고, 인터랙션을 이끌며, 이를 통해 가족의 유대를 강화하는 Interactive Table이 된다.

아이들 손에 쥐어진 디지털 가젯

디지털 네이티브인 아이들은 디지털 비트를 느끼고 호흡한다. 생활에 디지털이 자연스럽게 녹아있는 아이들에게 놀이 속의 디지털은 당연한 것이다. 어렸을 때부터 자연스럽게 현실 세계와 온라인 세계 사이에서 살고 있는 디지털 네이티브에게는 놀이조차 이전과는 다르다. 에코미니(www.ekomini.com) 저금통은 안에 동전을 넣는 기존의 행위에서 끝나는 것이 아니라 저금된 동전을 온라인에서 사용하는 방법까지 배운다. 저금통과 컴퓨터를 연결하고, 저금통에 동전을 넣으면 동전을 인식해 에코미니빌(www.ekominiville.com)이라는 소셜 네트워킹 사이트로 연결한다. 사이트 안에서는 목표 설정, 소비, 공유, 투자, 저축 등의 게임을 즐길 수 있다.

아이들의 놀이에 IT 가젯이 깊숙히 파고든다. 아이들이 쓰는 장난감에 디지털 기능이 도입되면서 디지털로 할 수 있는 모든 것들을 아이들이 실제로 놀이로 즐길 수 있게 된다. 레고의 변화는 아이들이 디지털을 레고와 같은 장난감으로 여기기 시작했다는 것을 의미한다. 레고는 디지털 블루(Digiblue.com)와 협력하여 레고 애니메이션 스테이션(Lego Animation Station)을 선보였다. 디지털 카메라, PMP, 워키토키 등으로 구성된 이 제품은 기능이나 성능

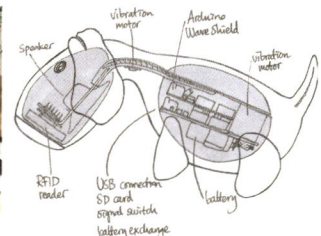

—**Ekomini,** Ekomini　　　　　　　—**Sniff,** Touch Project

측면에서는 일반적인 제품과 차이가 없는 수준이다. 한편 리틀 타익스(www.littletikes.com)
도 장난감에 컴퓨터를 합쳤다. 리틀 타익스가 가지고 있던 기존의 놀이 공간에 컴퓨터를 추
가한 것이다. 160GB 용량의 하드디스크와 1GB의 메모리, 19인치 LCD로 일반적인 PC 수준
의 성능을 제공한다. 이제는 디지털 카메라, PMP, PC 등 이전에는 어른들의 장난감이 아이들
에게도 중요한 놀이의 수단으로 자리잡고 있다.

　터치(Touch, www.nearfield.org)에서 발표한 스니프(Sniff)라는 인형은 진동과 소리를 통
해 아이들과 사물간에 더 많은 교감을 이끌어 낸다. 인형에 RFID 태그 리더가 달려 있어 RFID
태그가 달린 물체를 가져 가면 아이들이 좋아하는 노래가 나온다. 또 올바른 순서대로 배열
하면 음악을 들을 수 있다. 이모션 스티커는 인형이 특정한 감정을 나타내도록 유도한다. 이
처럼 디지털 네이티브는 이전과는 다른 놀이의 수단를 통해 이전과는 다른 놀이의 경험을 쌓
고, 이런 새로운 기술을 자연스럽고 당연하게 받아들인다.

　아이들은 어릴 때부터 직간접적으로 수많은 디지털 제품을 접해온다. 단순히 어른의 가젯
을 흉내내고 기능이나 성능을 축소한 디지털 장난감은 아이들에게 흥미를 잃게 할 뿐이다. 이
제는 아이들도 첨단 기술의 최신 IT 가젯 수준의 장난감을 원한다. 하지만 이들의 취향은 어
른과는 다르기 때문에 그들에게 맞춰진 UI와 애플리케이션, 콘텐츠를 원한다. 다시 말해 성
인을 위한 IT 가젯에 아이들을 위한 콘텐츠를 담는 것이 아이들을 위한 별도의 IT 가젯을 만
드는 것보다 유리할 수 있다.

이미 기업들은 이런 트렌드에 맞춘 제품을 선보이고 있다. 아수스(www.asus.com)와 델 (www.dell.com) 등의 PC 제조사들은 아이들을 위한 넷북을 선보이고 있다. 기능이나 성능은 기존의 넷북과 동일하지만 콘텐츠와 애플리케이션은 아이들을 위해 새롭게 구성한다. 아수스의 디즈니 넷북은 디즈니 캐릭터 디자인과 아이들이 좋아할 만한 소프트웨어 옵션 그리고, 유해 콘텐츠 차단 기능을 제공한다. 또한, 튼튼한 외장으로 아이들이 마구 쓰기에도 좋다. 델의 스폰지밥 넷북 역시 아이들이 좋아하는 스폰지밥 캐릭터를 이용해 디자인되었으며 스폰지밥 캐릭터로 이루어진 소프트웨어를 이용할 수 있다. 전자책 역시 마찬가지이다. 아이들을 위한 콘텐츠를 중심으로 컬러 디스플레이를 활용한 전자책 리더가 나오고 있다. 에 입텍(www.aiptek.com)의 스토리북 인컬러(Story Book inColor)는 TFT LCD 패널을 이용한 컬러 전자책 리더이다. 안에는 20가지의 오디오 북 콘텐츠가 들어 있어 소리와 함께 그림책을 볼 수 있다.

그 밖에 성인용으로 개발된 IT 가젯에 아이들용 애플리케이션과 콘텐츠를 담는 경우도 늘고 있다. 애플리케이션 개발업체인 아토믹 안텔로프(www.atomicantelope.com)는 아이패드의 애플리케이션, 앨리스 인 원더랜드(Alice In Wonderland)를 다이나믹하게 구현함으로써 아이들의 시선을 유혹한다. 퇴근하는 부모보다 부모가 가지고 있는 디지털 제품을 기다리는 아이들이 늘어 나듯이 디지털 제품은 이미 어른뿐 아니라 아이들을 위한 장난감이 된 지 오래다.

디지털은 아이들이 좋아하는 콘텐츠에 적용되면서 콘텐츠를 더 화려하고 자유로운 모습으로 변화시킨다. 화려하고 자유로운 디지털 콘텐츠의 모습은 아이들의 흥미와 욕구를 충족시킨다. 디지털화된 콘텐츠는 이제 아이들을 위한 제품에서 필수적인 요소이다. 집 안에서 묵직한 컴퓨터에 갇혀 있던 아이들이 모바일 단말의 발달로 야외로 나온다. 과거 야외에서 즐기던 아이들의 놀이에 디지털 제품이 조용히 자리잡게 된 것이다. 디지털 기능으로 인해 아이들의 놀이는 한층 더 흥미로워지며 야외에서 실제 세계와 함께 가상 세계에 대한 체험도 같이 한다. 히든 파크(www.thehiddenpark.com)는 현실의 대상에 카메라를 대면 현실의 존재와 함께 가상의 존재까지 함께 보여주며, 이 가상의 존재를 이용해 이 존재들과 함께 게임을 즐긴다. 휴대폰 카메라를 통해 장소에 따라 다른 가상의 존재를 보여주기 때문에 밖으로 가지고 나갈 수 밖에 없다. 가상을 이용한 보물찾기 등의 놀이로 아이들을 컴퓨터에 빠지기 전, 야외에서 즐기던 놀이들로 다시 회귀한다.

—**The Hidden Park,** Bulpadok

02

창의적 학습을 위한
SMART LEARNING

디지털 환경에 태생적으로 적응한 디지털 네이티브들은 일방적으로 교육을 받는 입장에서 벗어나 질문하고, 모색하고, 토론하고, 정보를 공유하며, 서로 배워나간다. 마치 놀이처럼 배우는 문화에 익숙하다. 이들은 모든 것에서 자유를 원하며, 평범한 것에 규정 지어지기를 거부한다. 소위 역사상 가장 똑똑한 세대라 불리는 디지털 네이티브들은 적극적인 창조자의 특성을 갖고 있으며, 이전과는 다른 교육 방식을 요구한다. 이것이 바로 마음껏 상상하고 표현하며, 자신의 재능을 발견하는 학습인 Smart Learning이다.

"지식경제에서 창조경제로 넘어가는 시대에 직면한 지금, 과거의 도구는 더 이상 맞지 않은 만큼 새로운 아이디어를 내고 시도해야 한다"는 게리 하멜(Gary Hamel) 교수의 발언 역시 학습 환경에 대한 새로운 화두를 던진다.

개별적인 지식들이 서로 관계를 맺음에 따라 더욱 큰 시너지 효과를 얻는다. 지식의 흐름은 작은 지류가 모여 하나의 큰 강이 되는 모습과 흡사하다. 지식들은 서로 관계를 맺으며, 유기적으로 합쳐져 하나의 거대한 흐름을 형성한다. 토론과 SNS를 통해 개인들 각각의 지식들이 모여 하나의 유용하고 창의적인 아이디어들이 생겨난다. 콘텐츠는 학습자들 간의 관계 속에서 재생산되기 때문에, 지식의 흐름을 올바른 방향으로 이끌어 나감으로써 집단적인 창의성을 이끌어내기 위한 리더의 역할이 더욱 중요해진다.

학생과 네티즌들이 교과서를 스스로 만들고 자유롭게 내용을 추가할 수 있는 온라인 교과서, 커리키(www.curriki.org)는 온라인 백과사전인 위키피디아(www.wikipedia.org)와 닮아 있다. 이 사이트에서는 개인이 가진 양질의 지식을 서로 공유하고, 의견을 제시한다. 학습

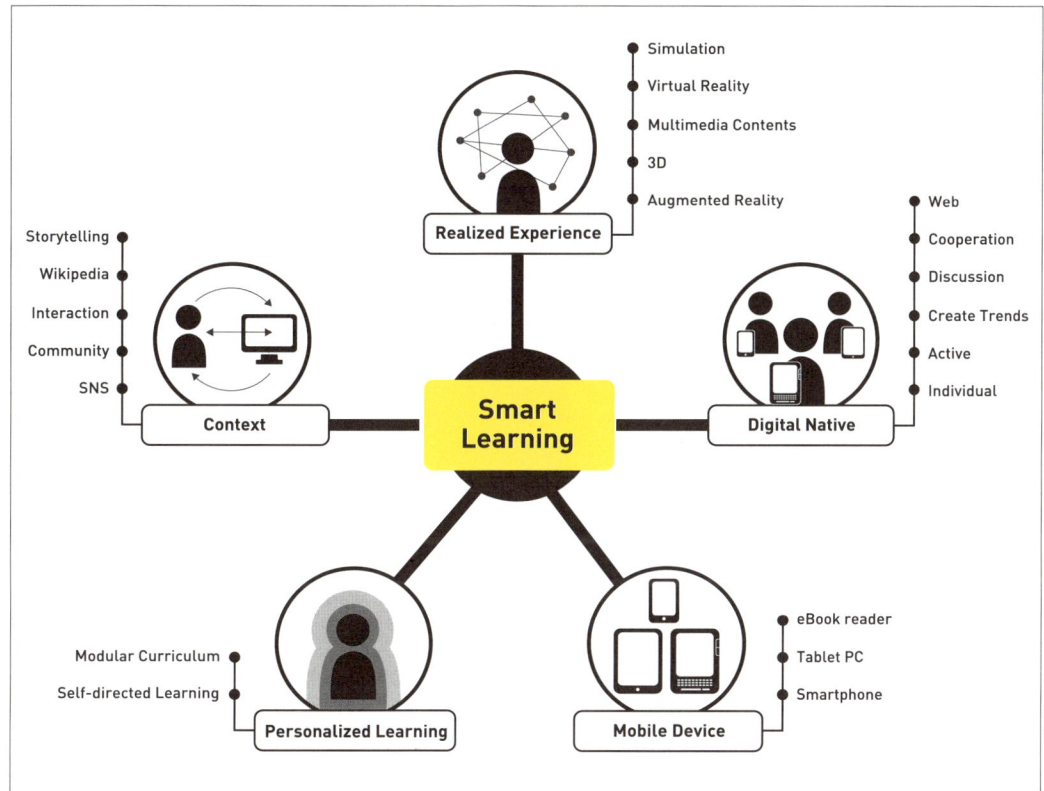

—**METATREND Vol.3** Smart Learning

자들은 자신의 수준에 맞는 내용을 찾아 학습하며, 다른 사람과 함께 콜래버레이션 작업을 진행한다. 커리키에서는 읽기, 쓰기, 수학 등 기초적인 학문부터 목공, 배관, 집 짓기 등 다양한 기술에 관한 내용을 가르친다.

디지털은 이제 인간 생활에 깊숙히 파고 들어가고, 디지털 기기는 지식의 활용을 지원하고 촉진한다. 특히 인간의 주변에 항상 존재하는 모바일 단말은 지식을 더욱 더 빠르고 유연하게 순환시키는 촉매이다. 이제 지식은 인터넷에 항상 연결되어 있는 태블릿PC, 스마트폰, 전자책 단말기 등 다양한 형태의 모바일 단말을 통해 완성된다. 위키노믹스(Wikinomics)의 저자인 돈 탭스콧(Don Tapscott)은 앞으로 상호 소통을 통해 완성되어 가는 지식과 정보인 컨텍스트(Context)를 제공하지 않는 미디어에 미래는 없다고 강조한다.

학습은 본능적 변화인 성숙과 달리 개인의 직간접적 경험이나 생각이라는 과정이 필요하다.

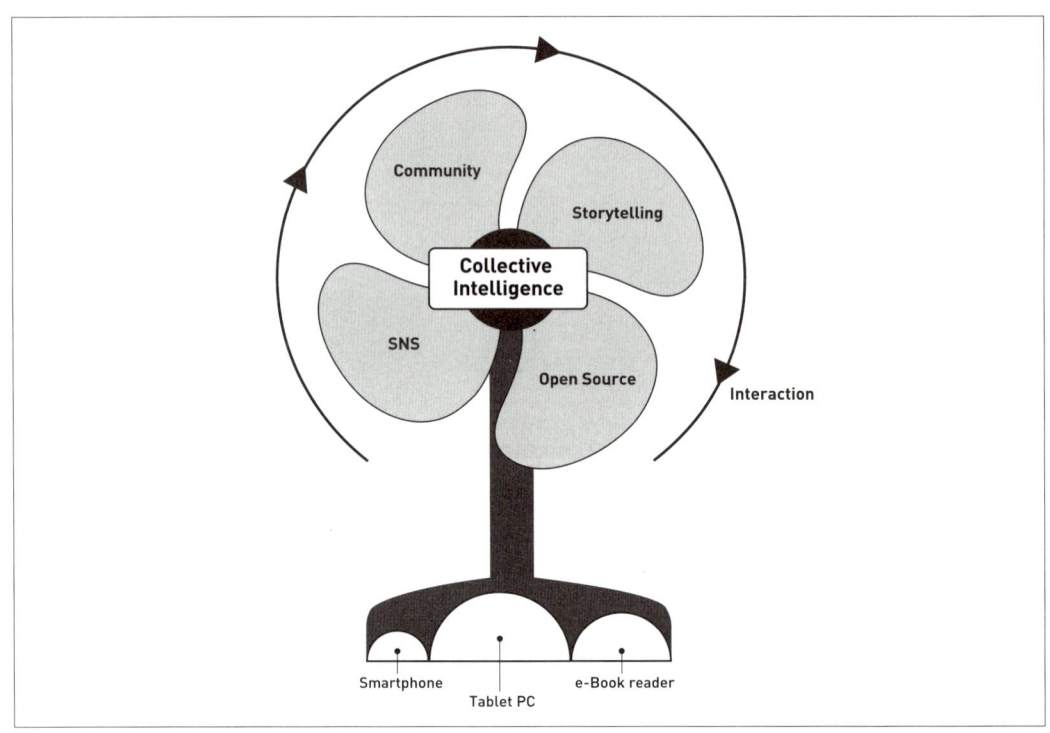

Smart Learning은 학습자에게 시각자료를 바탕으로 사실적이고 입체적인 정보를 제공함으로써 경험과 생각의 기회를 제공한다. 다시 말해 관찰하고 있는 대상이나 장소에 대한 부가적인 정보를 통해 학습자의 몰입도와 이해도를 증가시킨다. 시각의 입체화를 통한 간접 체험은 학습 과정에 재미를 주고, 이런 학습 경험은 오랫동안 머리 속에서 잊혀지지 않는다.

3.5D에서 다뤘던 증강현실은 감각적 몰입과 학생들이 직접 조작하는 경험 학습에 유용하게 활용된다. 뉴질랜드 HIT 랩(www.hitlabnz.org)의 매직북, 자이언트 지미 존(Giant Jimmy Jone)은 증강현실을 이용한 동화책이다. 책을 펼치면 동화책 속 주인공들이 평면인 종이에서 입체적으로 튀어나와 아이들에게 생생한 스토리를 들려 준다. 3D 캐릭터들의 동작과 영상은 스토리를 더 강화하고, 알기 쉬운 인터페이스를 제공함으로써 학습자의 흥미를 유발한다. 입체적으로 향상된 시각화는 경험의 범위를 넓히고, 창의적인 학습을 유도한다.

아이들은 LED 펜으로 자유롭게 그림을 그린다. 작은 LED 플래시라이트(Flashlight)를 통해

—**LED Flashlight,** Digi-Key   —**Quest to Learn**

아이들의 생각은 벽이라는 캔버스 위에 드러난다. 아이들은 빛으로 그림을 그리고 게임을 하고, 자신의 생각을 자유롭게 표현한다. 벽면에 그리는 그림을 통해 아이들은 온몸으로 스케치를 체험한다. 디지키(www.digikey.kr)의 LED 플래시라이트는 평범한 학습의 범주를 벗어나 아이들의 창의성을 자극한다.

　창의적인 생각은 새로운 아이디어를 향한 지름길이다. Smart Learning은 개개인의 창의성을 극대화하기 위한 교육 방식이다. Smart Learning을 통해 얻을 수 있는 가장 큰 장점은 학습자의 학습 속도, 관심의 대상 등의 차이를 고려하여 각자의 흥미나 개인 자질에 따라 개인화된 학습이 가능하다는 것이다. 이것은 정답을 갖지 않는 개개인의 다양한 사고를 인정하는 것에서 출발한다. Smart Learning은 경쟁 사회에서 살아 남기 위한 '전쟁'이 아닌, 자기 정체성과 잘 하는 일이 무엇인지를 찾아가는 '나침반'이다.

　허버트 리드(Herbert Read)는 "현대의 사회적 질병의 근원은 개인이 가지고 있는 자발적 창조력의 억압에 있다"고 생각하고, 모든 아이들이 본래 가지고 있는 창조성을 최대한으로 육성하면 아이들은 균형 있는 인격체로서 자라나고, 나아가 공동체 속에서 인격의 완성을 실현하는 것이 가능하다고 생각했다. 이는 창의성을 기르는 교육을 통해 인간성 회복과 아울러 조화로운 미래 사회를 기대한다는 의미와 일맥상통한다. 2009년 뉴욕에 생긴 디지털 어린이들을 위한 공립초등학교, 퀘스트 투 런(Quest to Learn)은 디지털 네이티브들을 위한 새로운 개념의 학교다. 게임 원리에 기반을 둔 수업 방식을 통해 학생들은 디자이너처럼 생각하고, 과학자처럼 자유롭게 탐구한다. 학습은 게임과 같이 즐기는 놀이로, 시뮬레이션 장비가 활용되며, 디지털 코드와 수수께끼를 통해 수업이 진행된다. 학생의 관심도에 따라 수업을 선택할 수 있고, 교사들과 주기적인 상담을 통해 학생들은 자신의 적성을 찾아간다. 퀘스트 투 런에서는 획일화된 성적보다는 개인의 창의성 개발을 중요시한다.

03

디지털 네이티브 시대의 TV
SMART TV

전세계적으로 TV의 주요 시청자층이 중장년층으로 옮겨가는 동안 인터넷은 TV를 삼켜버렸다. 오늘날 젊은이들은 편성표대로 방송시간을 기다리기보다는 인터넷에서 프로그램을 다운받아서 원하는 시간에 보는 것을 더 좋아한다. 즉 인터넷에서의 콘텐츠 소비 방식을 TV에서도 그대로 이어가고자 하는 것이다. 이러한 디지털 네이티브들은 단순히 TV 채널을 선택하면서 느끼는 안락함보다는 자신이 원하는 콘텐츠를 원하는 시간에 볼 수 없다는 것에 더 답답함을 느낀다. 그들에게 TV는 더 이상 바보상자가 아니며, 인터넷만큼 똑똑해야 할 당위성이 충분한 기기이다.

인터넷에서 익숙한 인터페이스와 사용자 경험을 TV에서도 끊김 없이 이어가고자 한다. 심리스한 디지털 환경은 디스플레이, 조작방법 등 여러 방면에서도 심리스함을 요구한다. 지금까지 TV는 가족과 함께 감상하는 디스플레이에 가까웠지만 점점 더 인터넷처럼 맞춤형 기기로 변화한다. 이를 위해 때로는 다양한 주변 기기를 요구하기도 한다.

미국 ABC 방송에서 내놓은 아이패드 애플리케이션, 마이 제네레이션(My Generation)은 TV에서 흘러나오는 소리로 TV와 앱을 동기화한다. 실시간으로 TV 드라마, 마이 제네레이션(abc.go.com/shows/my-generation)의 캐릭터에 대한 더 자세한 설명을 보거나 방송과 관련된 퀴즈에 참여할 수 있어 우리가 유튜브(www.youtube.com)에서 경험하던 방법 그대로 TV를 시청할 수 있다. 여기에서 더욱 주목할 것은 그 동안 논의됐던 키보드와 같은 복잡한 인터페이스를 사용하지 않고도 소리를 이용해 검색하고 같은 시청자들과 소통할 수 있다는 점이다.

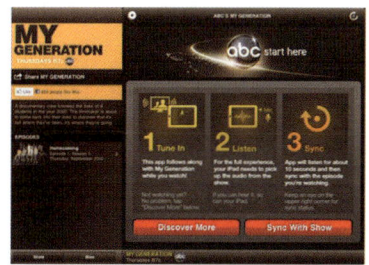

—**My Generation,** ABC

서비스와 결합된 멀티미디어 콘텐츠에 집중한다. 콘텐츠 생산의 칼자루를 쥐고 있던 방송사의 영향력은 감소하고, 양질의 콘텐츠를 생산할 수 있는 독립 제작사와 멀티미디어 콘텐츠 분야에 있어 독자적인 영역을 구축한 전문 채널들이 각광받는다. 인터넷이 대중화됨에 따라 역으로 기업의 존망을 위협 받아온 인쇄업계와 마찬가지로 방송계도 같은 처지에 놓이게 된다. 문제는 콘텐츠다. 보고 싶을 뿐 아니라 참여할 수 있는 공간이 필요하다. TV가 멀티미디어 콘텐츠 허브가 되어야 하는 이유이다.

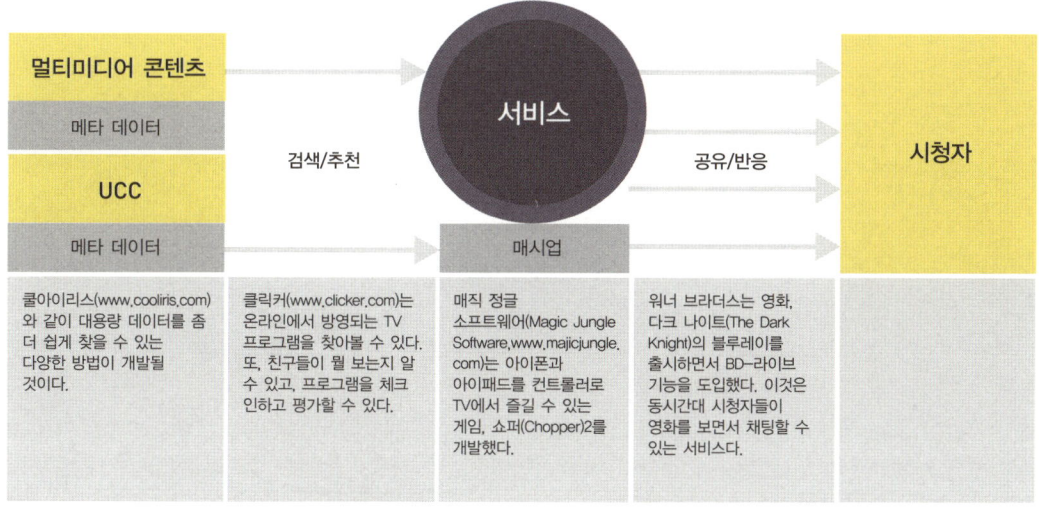

—**METATREND Vol.10** Smart TV for Digital Native

DIMENSION

현실에 정보의 차원을 더한
새로운 차원의 등장

07

현실과 가상의 세계가 서로 교차하고 혼합된다 온라인은 오프라인으로, 오프라인은 온라인으로 서로의 영역을 확장하고 있으며, 이 중간에 우리가 살고 있다. 이미 증강현실은 단순한 엔터테인먼트를 위한 기술에서 벗어나 실제 생활에서 도움이 되는 새로운 인터페이스가 되고 있다. 정보의 신속성과 정확성이 승부를 판가름하고 있는 현대의 비즈니스 체계는 바로 이런 새로운 트렌드를 이끈다. 정보를 확장시키고 안내하며 정확하고 빠르게(또는 실시간으로) 전달하는, 시간의 흐름에 따라 우리의 생활 요소가 될 정도로 중요한 의미를 지닌 트렌드가 바로 이것이다.

 증강현실과 같은 현실에 정보라는 새로운 차원을 더하는 기술은 앞으로 사람들의 생활 속에서 커다란 흐름을 만들어 낸다. 지금까지의 엔터테인먼트 분야는 물론이고 교육과 비즈니스, 여행, 소셜 네트워크 등 현실과 가상의 세계를 연결함으로써 얻을 수 있는 이점에는 한계가 없기 때문이다.

 이러한 새로운 차원을 기반으로 한 비즈니스 모델의 무궁무진한 확장은 반드시 이뤄질 수밖에 없다. 그것도 좁은 범위에서의 기술 발전에 한정된 것이 아닌, 우리가 인식할 수 있는 세계라는 것의 전반적인 범위를 넓힐 수 있기에 이같은 새로운 차원이 제공하는 가치를 발견해갈수록 그 확장 범위는 더욱 배가된다.

DIMENSION

새로운 정보 공간, 새로운 가치의 창조
3.5D

———

　증강현실(Augmented Reality)이 수면 위로 올라온 후 몇 년 동안은 '단순한 흥미거리이거나 아니면 세계를 뒤바꿔놓거나' 정도의 화제에 불과했지만 지금은 상황이 다르다. 일본에서 열린 시그래프(SIGGRAPH) 아시아 2009의 700여 개에 이르는 출품작과 전시 중 증강현실을 소재로 혹은 응용한 제품은 셀 수조차 없을 정도였다. 애플(www.apple.com)의 아이폰(iPhone)을 가진 사람들은 증강현실 애플리케이션을 설치하고 허공에 아이폰을 휘두르며 길을 찾는다. 사람들이 이토록 증강현실에 매력을 느끼는 이유는 무엇인가. 그것은 증강현실 기술이 만들어내는 새로운 정보 공간에 있다. 현실 세계와 사람 사이에서 생성되는 또 다른 디지털 그래픽의 공간-이는 2, 3차원을 넘어서지만 멀고 먼 4차원까지 가지 않는, 우리의 생활과 밀접한 곳이다. 바로 3.5차원의 공간, 3.5D(3.5 Dimension)의 등장이다.

　어떤 화가가 그림을 그린다. 그는 정해진 캔버스의 면적 속에서 구도를 잡고 스케치를 하여 완성될 그림의 틀을 만들어간다. 그런데 그가 붓을 들고 색칠을 시작하는 순간 캔버스가 마구 커지기 시작한다면? 아니 그보다, 캔버스 밖의 허공에도 색칠이 된다면 어떻겠는가. 3.5D가 그렇다. 인간이 그려 넣는 대로 계속 확장되는 광대한 정보 공간이다. 그리고 이 공간이 넓어질수록 우리가 그 속에서 찾아낼 수 있는 새로운 가치들도 늘어난다.

새롭게 등장한 정보 공간, Informational Space

3.5D는 실제 세계에 기록하는 디지털 그래픽들을 통해 새로운 가치를 만들어내는 광대한 정보 공간이다. MIT의 식스센스 프로젝트는 우리 주변 사물 모두에게서 바로 정보를 얻어내는 3.5D의 컨셉을 선보였으며, 일본의 애니메이션 전뇌코일은 아이들이 특별한 안경을 통해 3.5D 세계에서 모험을 즐기는 모습을 상상했다. 이러한 3.5D 공간 속에서 특정 조건이나 특정 인물에게만 선사되는 프리미엄의 공간도 예상된다.

구글은 구글 가글(Google Goggles)이라는 최초의 비주얼 검색 서비스를 통해 PC 앞이 아닌 현장 그 곳에서 실시간으로 사물들의 정보를 얻어내는 일을 가능하게 했다. 비주얼 검색은 곧 3.5D 방식으로 전환되어, 정보를 찾기 위해 사진을 찍거나 영상을 기록하는 과정조차도 생략될 것이다. 이를 위해서 활용될 다양한 센서들도 빼놓을 수 없다. 구글 가글 텍스트나 음성이 아닌 이미지로 정보를 검색한다. 비주얼 검색(Visual Searching)의 시초가 된 이 서비스는 이제 영상을 통한 정보 검색 기능을 다듬고 있다. 이 기술의 다음 단계는 너무도 확실하다. 실제 풍경에서 실시간으로 정보를 얻는 '3.5D로의 전환'만 남은 것이다. 이처럼 증강현실은 현실과 맞닿은 정보 공간과 다양한 검색 기술, 새로운 센서들을 통해 세상의 모든 것들을 인식하고 실시간으로 정보를 얻어내려는 움직임을 가속화할 것이다.

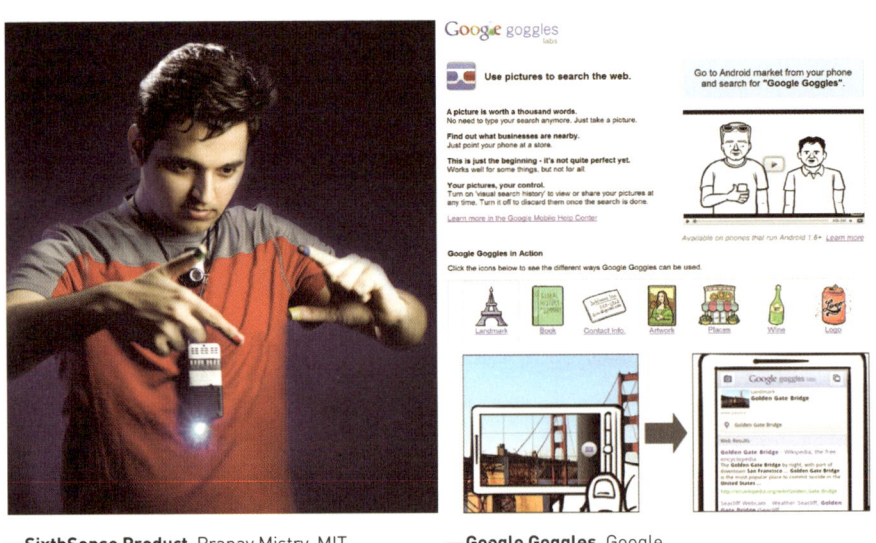

—**SixthSense Product,** Pranav Mistry MIT
(Massachusetts Institute of Technology)

—**Google Goggles,** Google

3.5D에서는 마음에 드는 가전제품을 구입한 후 반드시 맞닥뜨리게 되는 매뉴얼 정독의 지루함을 벗어날 수 있다. 제품 자체에 RFID로 안내 매뉴얼을 심어두고 증강현실 안경으로 따라하기 방식으로 작업 과정이 안내된다. 이 방법은 고급 기술의 교육이나 정확도가 필요한 의술에도 큰 도움이 된다. 환자의 몸에 MRI 영상을 직접 투영하면서 절개 부위와 처치 방법에 대해 교육받는 외과 수련의를 한번 생각해 보라. 해외여행에서 민속 시장을 발견했다. 수많은 상점들이 보이지만 막상 그 상점들이 무엇을 판매하는지, 가격은 저렴한지, 상품들의 질은 어떤지 알 길이 없다. 이 상황에서 3.5D와 RFID를 사용하면 순식간에 고민이 사라진다. 각 상점들의 간판이나 문에 그 상점의 정보가 세밀히 기록된 RFID를 심어둔다. 여행객이 스마트폰이나 다른 모바일 기기를 근접시키면 화면에 상점의 사진이 뜨며 그와 관련된 경험담과 정보들을 볼 수 있다. 이는 또한 성지순례와 같은 여행 프로그램에 적용할 경우 큰 효과를 가져올 수 있다.

모바일 단말은 3.5D 공간의 지도

스마트폰은 항상 웹과 연결되며 가속도계와 GPS, 나침반 등을 탑재한 이 최첨단 기기들은 증강현실을 쉽게 구현할 수 있다. 다양한 증강현실 애플리케이션들이 그 수를 늘려가고 있으며, 이들을 편리하게 사용하기 위한 사용자 인터페이스 디자인과 AR 브라우저 개발이 요구되고 있다. 스마트폰은 정보로 채워지는 3.5D 공간의 '지도' 역할을 하는 것이다.

증강현실 기술의 역사는 1968년까지 거슬러 올라간다. 극히 제한된 분야에서만 사용되던 이 기술이 21세기 초반에 와서야 화두로 떠오르고 있는 이유는 이제야 현실적인 3.5D를 구현할 수 있는 기술적인 발전이 이루어졌기 때문이다. 스마트폰은 그러한 발전의 총집합체다. 휴대할 수 있고 언제 어디에서나 인터넷과 연결되며, 3.5D를 보는 데 필요한 GPS, 나침반, 가속도계, 카메라까지 모두 갖춘 최적의 단말기이므로 한동안은 3.5D를 대중들에게 전파할 중요한 매개체가 될 것임을 짐작할 수 있다.

스마트폰에서 사용할 수 있는 증강현실 애플리케이션의 수가 급증하고 있다. 이들의 대부분은 사용자가 찾고자 하는 대상의 위치를 GPS와 나침반 정보를 통해 알려주는 용도로 쓰이고 있으나 점점 더 많은 데이터와 용도를 갖게 될 것이다.

—**Layar 3.0,** Layar.com

콘텐츠의 대규모 확장을 불러오는 증강현실

3.5D의 사용은 콘텐츠의 대규모 확장을 불러온다. 도서의 경우, 글이나 그림이 아닌 입체 콘텐츠와 영상으로 스토리텔링을 보조할 수 있다. 오프라인 잡지에서 증강현실 콘텐츠를 수록하는 이유도 여기에 있다. 인터랙티브 콘텐츠때문에 웹으로 몰려가던 잡지의 흐름이 3.5D로 인해 오프라인으로도 배분되는 것이다. 콘텐츠 기획 단계에서부터 3.5D를 고려한 새로운 저작 방식이 등장하고 3D 그래픽, 영상을 만드는 이들에 대한 수요도 증가한다.

현재까지 공개된 증강현실 기술의 구현 방식은 대략 네 가지로 요약된다. 카메라로 외부 현실을 인식하고 그것에 3.5D 정보를 입힌 뒤 모니터로 보여주는 방식, 프로젝션을 통해 실물에 3.5D 정보를 입히는 방식, HUD나 투명 스크린을 통해 현실에 3.5D 정보를 투영하는 방식, 그리고 아예 인터랙티브 홀로그램으로 현실 세계 속에 가상의 개체를 띄우는 방식이다. 물론 새로운 방식이 또 등장하지 말라는 법도 없다. 주목해야 할 부분은 이 모든 증강현실 기술들이 수많은 '콘텐츠의 확장'을 불러온다는 것이다.

우리가 접하는 콘텐츠에 3.5D를 추가하는 일은 콘텐츠의 폭을 지면이나 스크린이 아닌 멀티미디어나 입체로까지 확장시키는 것이다. 온라인 잡지에 밀려 계속 비중을 잃고 있는 오프라인 잡지에 영상 콘텐츠가 들어간다. 왠지 읽기가 지루한 이야기책을 증강현실 안경으로 봤더니 입체 캐릭터가 튀어나와 대사를 외친다. 종이로 된 도서에 3.5D가 끼치는 영향은 재미라는 요소가 가장 크게 부각되지만, 실제로 큰 가능성을 가진 쪽은 이야기의 이해를 더욱 쉽게 만들어주는 스토리텔링의 보조 역할이다. 글과 그림으로 상상하도록 만드는 책의 특성에 영상과 입체가 추가되어 독자들의 강한 몰입을 유도할 수 있다.

3.5D는 게임 콘텐츠의 확장에도 큰 영향을 미친다. 증강현실을 통해 게임의 배경을 현실로 만들고 모션 센서(Motion Sensor)를 함께 사용하면 조이스틱은 내던져버리고 직접 사람의 움직임을 통해 게임 속 개체들과 상호작용할 수 있다. 자신의 거실 바닥에 앉아 가상의 애완 동물을 쓰다듬을 수도 있고 당장 길거리로 달려 나가 3.5D 세계의 유령을 찾아나서도 좋다. 우리는 지금 실제 세계가 배경이 되기에 100% 가상현실의 게임보다도 더 높은 현실감을 느낄 수 있는 새로운 게임 장르의 탄생 장면을 지켜보고 있는 것이다.

게임 분야는 기본적인 입체(3D) 그래픽 업계라고 할 수 있으나, 도서 쪽에 3.5D의 영향이 들어가면서 영상과 입체 그래픽 제작자들에 대한 수요가 증가한다. 지금까지 활자와 그림만 다루었던 출판 업계는 새로운 아이템으로서 이들을 포함시킨다. 또한 3.5D를 책의 기획 단계에서부터 추가시키는 새로운 저작 방식의 등장도 예상된다. 기존의 콘텐츠를 3.5D로 변환시키는 것뿐만 아니라, 크게 확장된 범위의 3.5D에 맞추어 새로운 콘텐츠가 생산되는 것이다.

실제 배경을 사용하는 증강현실의 특성은 게임의 좋은 소재가 된다. 가상의 개체들이 현실 속에서 뛰놀고 그들과 사람이 상호작용을 할 수 있기 때문이다. 게이머와 현실 배경의 모습을 인식하는 카메라, 움직임을 포착하는 센서를 활용하여 여러 가지 3.5D 게임이 제작된다. 2009년 12월에 출시된 아이러브펫(Eye♡Pet)이 그렇다.

—**PlayStaion3 Eye♡Pet,** SCEE London

온라인과 오프라인의 결합을 시도하는 증강현실

　트위터 사용자들의 실제 위치를 알게 해주는 AR 애플리케이션, 트위터 360은 단순해 보이지만 중요한 의미를 갖는다. 온라인에서 이뤄지던 소셜 네트워크가 오프라인으로도 확장된 것이다. 더 진행해나가면 모바일 기기들을 통해 3.5D 공간에서만 성립되는 커뮤니케이션이 등장할 수 있다. 이를 위해 각 개인을 식별해주는 위치 기반 서비스의 보조도 필요하다.

　스마트폰을 통한 '3.5D 커뮤니케이션'은 트위터(www.twitter.com)와 같은 소셜 네트워크를 온라인에서 3.5D 공간으로 확장시킨 것이다. 다시 말해 140자의 글로 다양한 이야기들을 나누는 간편함에 그치지 않고 트윗(Tweet)을 올린 사람들의 프로필과 위치를 실제 세계의 배경 속에서 바로 알려주는 것이다. 아직은 위치 정보만 알려주는 수준이지만 이것이 갖는 의미는 크다. 온라인 소셜 네트워크가 오프라인으로 연결되었을 뿐만 아니라, 3.5D 공간에서만 이루어지는 커뮤니케이션의 가능성을 열었기 때문이다. 내 앞에 있는 사람과 아무 말도 하지 않고 있지만 서로의 스마트폰 화면에서는 타이핑한 대화들이 화면 속 인물의 머리 위에 말 풍선으로 떠오른다. 음성과 글자를 통한 대화가 이제는 현실과 가상의 세계 사이에 양다리를 걸친 것이다. 이런 3.5D 정보들은 보통 입체 맵 형식의 바탕에 말 풍선 모양의 콘텐츠를 띄워놓는 구조를 갖고 있다. 마치 정보들을 사방으로 흩뿌려놓은 듯한 느낌을 주는데, 3.5D 세계의 정보를 정리하고 더 빠르게 사용할 수 있도록 하는 UI(User Interface) 디자인의 활성화가 예상된다. AR 브라우저(Browser)라고 불리는 이것은 3.5D에 있어서 PC의 운영체제 설계만큼이나 중요한 비중을 차지하게 된다.

—**Twitter 360,** Presselite

02

스크린의 안과 밖을 넘나드는 입체 공간
DIGITAL CUBISM

피카소(Pablo Picasso)의 아비뇽의 처녀들(The Young Ladies of Avignon)로 시작된 큐비즘은 20세기 미술사의 서막을 올렸다. 기존의 고정관념을 완벽하게 무시한 이 새로운 조류는 미술뿐만 아니라 사회 전반에 큰 영향을 미치는, 마치 혁명과도 같은 미학적 운동이었다. 그로부터 한 세기가 흘러 21세기에 접어든 지금, 큐비즘의 정신을 계승한 새로운 큐비즘이 또 한 번의 혁명을 예고하고 있다.

디지털 큐비스트라 불리는 이탈리아의 천재 예술가, 쥬세페 라가지니(Giuseppe Raga-zzini)의 대표작, 더 키스(The Kiss)는 각각의 정지된 그림들을 오버랩시켜 물 흐르듯 변화하는 한 편의 영상 예술로, 큐비즘의 현대적인 재해석이라고 평가 받는다. 또한, 세계적인 록 그룹 U2의 입체영상 콘서트는 실제보다 더 실감나는 현장감을 선사함으로써 공연 문화의 새 지평을 예고한다. 이처럼 새로운 큐비즘은 이전과 같으면서도 사뭇 다르다. 즉, 20세기의 큐비즘이 캔버스에 면을 분할함으로써 입체감을 표현했다면 21세기의 큐비즘은 디스플레이의 안과 밖을 넘나드는 디지털 신호에 의해 새로운 입체 공간을 창조한다. 이것이 바로 Digital Cubism이다.

Digital Cubism은 한 마디로 현실 위에 가상을 입히는 교묘한 눈속임이다. 하지만 사람들은 이 눈속임으로 진짜보다 더 진짜처럼 느끼는 착각에 빠져든다. 3D 입체 영화와 3D TV, 그리고 증강현실 등 더욱 정교해지는 Digital Cubism은 가상과 현실이 혼재되는 세상 그 자체를 대변한다.

디지털 큐비즘의 가장 큰 특징은 새로운 공간을 창조한다는 점이다. 미국의 케이블 채널 HBO가 선보인 HBO 이매진(www.hboimagine.com)은 기존의 영화나 드라마가 하나의 시점으로 보여주는 것과 달리 여러 개의 시점으로 분할된 영상들이 거미줄처럼 엮여져 거대한 스토리 지도로 눈앞에 펼쳐진다. 조각난 여러 개의 장면들이 한데 모여 진정한 공간으로서의 의미를 지니게 되는 것이다. 사물과 사물, 시간과 시간의 간극을 포착해 공간의 미학을 보여주는 것. 이것이 바로 디지털 큐비즘이다. 후지필름(Fujifilm)의 3D 디지털카메라, 3D W1은 3D 입체영상을 영화관이나 놀이동산, 또는 집에서만 볼 수 있다는 생각을 단번에 뒤집는다. 사람처럼 두 개의 눈을 가진 이 카메라는 보이는 모든 것을 입체 영상으로 촬영할 수 있다. 후면에 장착된 디스플레이로는 촬영한 영상을 별도의 안경 없이 3D로 감상할 수 있다.

2010년에는 노트북, 휴대폰, 태블릿 등 다양한 제품들이 3D 영역으로 진입할 예정으로, 유비쿼터스 3D 세상은 생각보다 빨리 다가오고 있다. 2009년 6월, 삼성전자(www.sec.co.kr)의 JET(S8000) 런칭 행사가 열린 런던에서는 연신 감탄사가 흘러나왔다. 여느 행사장과는 달리 사회자 앞에 나타난 것은 초대형 스크린도 모형도 아닌 3D 홀로그램이었기 때문이다. 게다가 사회자의 손짓에 따라 자유자재로 움직이는 영상들은 현실과 가상의 차원을 뛰어 넘는 새로운 세상 속으로 관람객들을 인도한다.

스포츠는 상당한 몰입을 유발한다. 3D TV의 미래를 열어갈 핵심 3D 콘텐츠로 스포츠 중계를 주목하는 이유이다. 집에서 입체안경을 착용하고 3D 중계방송을 보는 것이 경기장의 생동감과 박진감을 재현한다면? 혹은 그것을 능가한다면? 더 이상 만들어진, 허구의 경험이 아니라 실제적인 경험의 경지라고 할 수 있을 것이다.

—**HBO Imagine,** HBO　　　　　　　　　　　—**JET,** Samsung Electronics

3D 영화는 시각의 깊이감으로 마치 만져질 것 같은 공감각을 체험할 수 있다. 2009년 여름에 개봉한 마이 블러디 밸런타인(My Bloody Valentine)을 본 관객들은 살인마가 잔인하게 살해하는 장면을 볼 때마다 피가 정말로 튀는 것 같은 느낌을 받았다고 말했다. 생생한 영상은 시각적인 자극에 이어 온몸의 감각을 곧추 세운다. 제임스 카메론(James Cameron) 감독의 아바타(Avatar)가 개봉 전부터 주목받았던 이유도 여기에 있다. 3m가 넘는 신장의 외계생명체 나비족과 인간과의 전쟁을 사람들은 직접 체험하고 싶은 것이다. 2010년 1월 중순 일본 도쿄, 메종 에르메스(Maison Hermes) 매장의 쇼윈도 디스플레이는 입으로 바람을 부는 여자의 흑백 영상과 그에 맞추어 펄럭이는 스카프가 차지하고 있었다. 디스플레이와 영상, 그리고 디스플레이 밖의 물체가 만나 하나의 색다른 입체공간, 디스플레이 안과 밖의 모든 콘텐츠가 결합되어 진짜와 가짜를 구분할 수 없는 현실을 만들어낸다.

—**Maison Hermes Window Display 2009,** Tokujin Yoshioka

Digital Cubism은 UI(User Interface)의 변화를 수반한다. 최근 휴대용 단말의 새로운 기능으로 떠오르고 있는 3D UI는 작은 디스플레이의 안쪽 세상과 바깥 세상의 벽을 허물어 사용자에게 더욱 실감나는 경험을 안겨준다. 이것은 휴대폰뿐만 아니라 내비게이션과 노트북, 키오스크 등 3D UI는 폭넓게 적용되고 있다.

디지털 큐비즘 시대의 또 다른 화두는 입체 콘텐츠다. 3D TV, 3D 휴대폰, 3D 카메라. 입체 영상을 즐길 수 있는 기기들은 많다. 결국, 3D 시장의 성공여부는 콘텐츠에 달려 있다. 3D 영화와 애니메이션이 본격적인 공세로 영화산업의 판도를 바꿔 놓을 태세를 갖추고 있으며, 각국 방송사들은 3D 스포츠 중계를 시작으로 3D TV 시장 개척에 열을 올리고 있다.

본격적인 입체영상 시대에 들어서면서 그에 걸맞은 입체 조작에 대한 관심도 높다. 아우디(www.audi.com)가 IAA2009에서 선보인 A4 컨피규레이터(Configurator)는 멀티 터치가 가능한 디스플레이와 투명한 볼을 결합해 효과적으로 조작할 수 있는 3D 시뮬레이션 시스템이다. 이머전의 큐브타일(www.cubtile.com)은 디스플레이와 분리된 3D 멀티터치 컨트롤러다. 큐브 형태의 이 기기는 5개의 면을 통해 디스플레이로 보여지는 입체 영상을 자유자재로 조작할 수 있다. 이같은 사례들은 입체적인 시각 효과를 더욱 직접적이고 현실적인 감각으로 실현시키려는 Digital Cubism의 궁극적인 방향성을 보여준다. 진짜보다 더 진짜 같은 가상의 트릭과 현실의 모호한 경계 속에서 슈퍼 리얼리즘은 빛을 발한다.

—Cubtile, Immersion

03

현실과 가상이 교차하고 공존하는 새로운 영역
NEALITY

Neality는 현실과 가상이 교차하는 하는 영역이다. 오브젝트 컨트롤러나 태그를 사용하는 것은 현실에서는 얻을 수 없는 숨겨진 재미와 정보 때문이다. 이는 사용자들에게 현실을 기반으로 가상으로 확장된 공간으로 지금 여기에서만 즐길 수 있는 새로운 개념이다.

스마트폰의 카메라로 길거리를 비추면 근처의 커피샵을 팝업 창으로 알려주고, 전광판에 있는 QR코드를 비추면 제품 이미지와 정보를 스마트폰을 통해 바로 받아본다. 이처럼 모바일 단말, 특히 스마트폰은 가상과 현실을 이어주는 매개체다. 이 매개체를 통한 가상과 현실이 만나는 접점이 늘고 있다. 그로 인해 두 공간의 경계는 점차 오버랩되면서 하나로 뭉쳐진 새로운 공간이 생겨난다. 현실과 맞닿아 있지만, 기존의 현실과는 다르며, 가상과 맞닿아 있지만, 가상과도 다른 공간, 우리가 살고 있는 이 공간이 바로 Neality다. Neality는 웹과 오프라인의 경계를 뛰어넘으며 사람의 체험과 움직임을 더해 실물 컨트롤로 구현하는 가상과 현실의 중간 지점이다.

Neality에서 가장 쉽게 가상과 현실을 오갈 수 있는 방법은 바로 태그를 이용하는 것이다. 명함에 담긴 QR코드로 상대방에 관한 정보를 스마트폰으로 바로 받아 저장하거나 제품 뒷면에 있는 QR코드를 이용해 실시간 가격정보를 비교한다. 태그는 가상과 현실을 이어주는 하이퍼링크와 같은 역할을 한다. 향후 이같은 QR코드 형태의 태그는 RFID 태그로 점차 이동할 것이며, 이외에 태그를 뛰어 넘어 영상 인식과 같은 새로운 기술들이 현실과 가상을 바로 이어주는 형태로 등장할 것이다. 가상의 메모장을 통해 실시간으로 정보를 받고 이미지나 영상을 웹 상의 정보와 오버랩핑 시켜 원하는 콘텐츠를 검색한다.

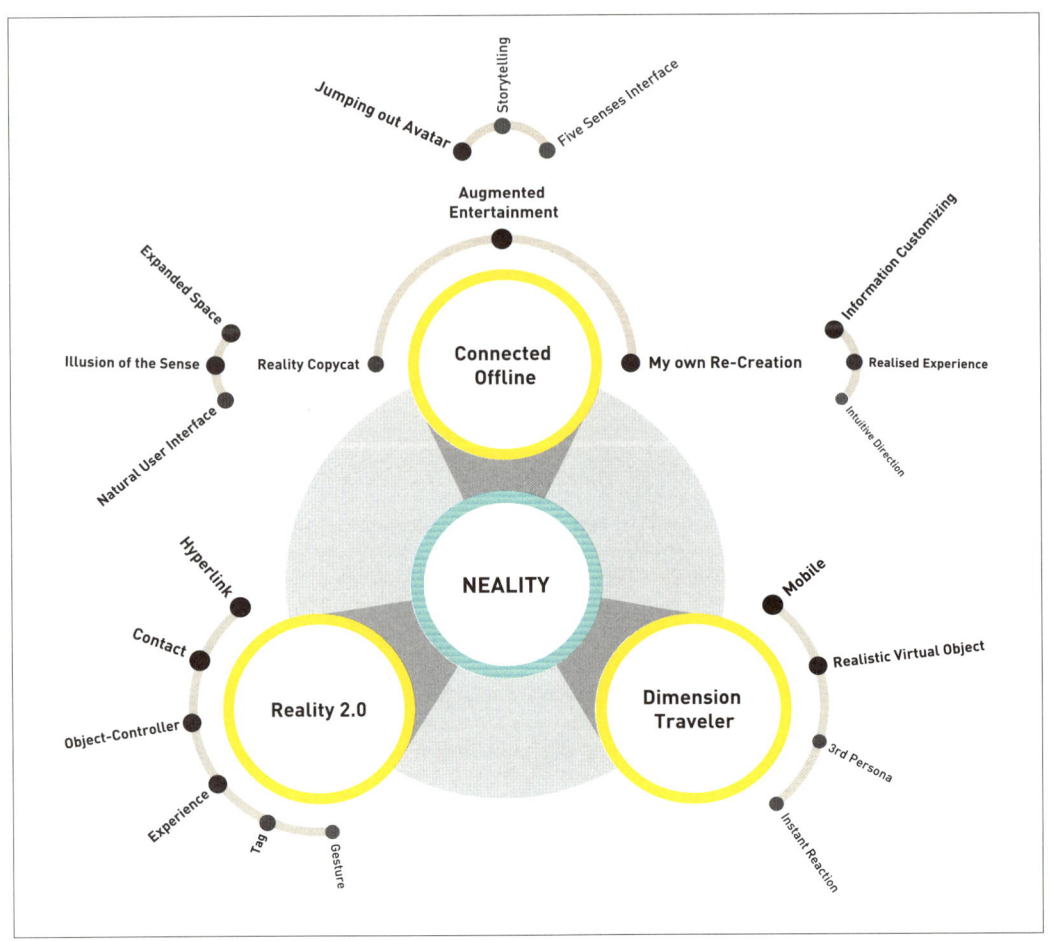

　Neality는 다른 두 개의 차원이 만나 두 차원의 정보가 새로운 정보를 만들어 낸다. 웹을 통해 간접적으로만 접할 수 있던 정보가 틈새 공간인 Neality에서는 직접 대면한다. 여기에 오프라인으로 튀어나오고 있는 가상 캐릭터를 더하면 Neality는 오감 인터페이스를 통해 현실과 가상을 직접 만나는 공간이라고 할 수 있다. Neality는 가상의 한 흐름이 아니라 현실과 가상의 정보를 기반으로 양쪽 모두를 향해 소통하고 뻗어나가는 공간이다. 그렇기에 인간의 제스쳐를 모방하는 인터페이스를 구현하는 것은 당연하다. 촉각, 시각, 제스쳐, 터치 컨트롤 모두 사람의 움직임과 감각에 가깝게 만들어졌다. 이러한 컨트롤을 바탕으로 구축된 Neality의 디자인 제품은 가상을 더욱 현실화한다.

반다이의 츠츠키 바코(www.tuttukibako.com)는 실제 손가락이 가상화 되는 과정을 여과 없이 보여준다. 손가락을 제품의 삽입구에 넣으면 LCD 창에 사용자의 손가락이 픽셀 형태로 구현된다. 삽입구 안에서는 실제 손가락을 움직이고 가상의 캐릭터를 만지거나 간지럼을 태우면서 논다. 동경대학 사토 타카오 교수(Sato Tacao)에 의하면, 인간은 오감 중 하나가 부족하면 다른 감각이 이를 보충한다고 한다. Neality에서는 가상의 물체를 만지는 듯한 가상 촉각, 미각, 후각을 활용한다. 촉각 이외의 감각인 시각, 청각 등 디지털로 구현할 수 있는 감각들은 나머지를 보충하며 사용자들은 감각의 착각을 느낀다.

가상에서만 사용되었던 아이템이나 아바타는 현실로 빠져 나와 내가 직접 기타나 드럼을 연주하고, 상대방과 주먹을 주고받으며 싸우는 듯한 착각을 불러 일으킨다. 이러한 가상 오브젝트들은 실감나는 가상 체험을 위해 실제 사물을 사용하는 특징을 지녔다. 일상에서 너무나 평범한 사물들이 Neality에서는 가상의 세계와 연결되는 교차점 역할을 하며 쉽게 얻을 수 없는 재미를 제공한다. 기존의 게임기들이 조이스틱이나 버튼을 이용하여 가상의 드럼을 연주하는 방식을 제시했지만, 오메가(Omega)GM-1은 가상의 드럼을 현실로 가지고 나와 실제 드럼을 통해 가상의 드럼을 연주한다. 이는 현실에서 직접 연주하는 드럼으로 얻을 수 없는 재미가 있기 때문이다. 지루한 교육과정을 거치지 않고 유명한 드러머의 연주곡을 따라하는 것이 실물 컨트롤러가 주는 대리체험의 쾌감이다. 도라 링크스(www.doralinks.com)는 Neality를 그대로 반영한 게임이다. 이 인형은 PC와 연결하여 게임을 즐길 수 있다. 현실 속 도라의 머리가 짧아지면 가상 도라의 머리도 짧아진다. 인형에는 경고 장치가 달려 있어 도라를 PC에 연결하지 않고 가지고 놀기만 해도 가상세계에서 일어나는 새로운 일들을 알 수 있다. 가상과 현실의 도라가 교차하며 Neality를 만들어내고, 가상의 아바타가 밖으로 나와 스스로 직접 스토리텔링을 한다. 그러한 스토리를 통해 사물과 사용자간의 직접적인 교감이 가능하

—**Tuttuki bako,** Bandai

—**Dora Links,** Mattel

—**Daichi's Artworking,** Ritsumeikan Univ.

며 가상에서만 느낄 수 있었던 환상세계를 현실로 가져온다.

사람과 친숙한 오브젝트와 물리적 인터페이스를 제공하는 Neality에서는 단편적인 정보가 입체적으로 구현된다. 이로 인해 사물은 자신이 지닌 이야기를 할 수 있고 사용자는 사물의 숨겨진 정보를 발견하고 이를 커스터마이징할 수 있다. 공룡게임, 엑스트랙토어스(www.xtractaurs.com)는 공룡의 가짜 DNA를 사용한 게임이다. DNA 추출 총으로 공룡인형에서 DNA를 추출한 뒤 웹을 통해 정보를 업로드한다. 그러면 가상의 공룡은 생명을 얻어 다른 공룡과 싸울 수 있다. 단순히 읽고 이해하는 공부가 아닌 만지고 실제로 경험해보는 공부, Neality에서는 가능한 일이다.

Neality에서는 누구나 쉽게 그림을 그리고 가구를 만들 수 있다. 다이치의 아트워킹(Dai-chi's Artworking)은 즐거운 페인팅과 핸드크레프팅이라는 테마 아래 새로운 툴 디바이스를 만들었다. 붓과 망치, 그리고 집게와 같이 우리 주변에서 쉽게 볼 수 있는 형태의 디바이스들은 사용자들에게 정확하고 직관적인 사용법을 알려준다. 크기와 형태에 따라 다르게 사용되는 붓은 현실에서 사용하는 방법-압력, 붓질 상태 등-그대로다. 현실의 사물에 가상으로 색을 입히거나 가상의 물건을 만들고 거기에 색을 입히는 등사용자의 기술적 한계를 뛰어넘는다.

애니메이션 감독, 오시이 마모루(Mamoru Oshii)는 "현실과 가상은 구별할 수 없으며 동등하다"라고 했다. 우리는 이제까지 가상현실, 증강현실 그리고 가상이 현실화되는 현상을 서로 구분해서 생각했다. 모바일 단말기를 통해 쉽게 가상과 현실을 넘나들며 제2,제 3의 페르소나가 만들어지고 가상 오브젝트가 현실화되는 현상을 볼 때 이러한 구분은 더 이상 의미가 없다. 서로 다른 차원이 하나로 모이는 Neality는 우리 주위 가까이에 오래 전부터 조금씩 움트기 시작했던 새로운 차원이었지만, 서서히 그리고 다양한 모습을 보이며 등장함에 따라 아직 눈치채지 못하고 있던 영역이다. 가상, 증강현실과 가상 오브젝트의 실체화가 어떻게 만나고 융화되는지에 따라 역동적인 차원 넘나들기가 시작된다.

04

증강된 현실 속, 증강된 사용자 경험
AUGMENTED EXPERIENCE

증강현실은 디스플레이 속의 가상을 경험할 수 있는 도구다. 디스플레이를 통해 보여지지만 카드나 물체를 사용자가 조작할 수 있기 때문에 내가 체험하는 모습을 시각적으로 경험할 수 있다. 사용자와 연결된 가상의 비주얼. 그것은 생산자가 사용자에게 디스플레이를 통해 제공하는 체험형 상품이다.

증강현실은 온라인 쇼핑에 혁명을 불러온다. 증강현실은 대상을 웹캠으로 촬영하면서 가상의 이미지와 매칭하는 시스템이기 때문에 온라인에서도 원하는 상품과 자신을 매칭해볼 수 있다. 인터넷 쇼핑은 상품을 직접 체험할 수 없기 때문에 구매를 실패할 확률이 있었다. 그래서 오프라인을 선호하는 소비자가 항상 상당수 있어 왔다. 특히 패션 액세서리나 가구는 다른 제품과의 조화가 중요하기 때문에 온라인 쇼핑의 약점으로 지적되어 왔다. 하지만 증강현실 기술은 온라인 쇼핑에 현실성을 부여함으로써 이런 문제점을 해결한다.

사람은 자신과 관계된 것에 더 주목한다. 때문에 증강현실로 구현된 나와 매칭된 제품 이미지는 모델이 착용한 이미지나 제품을 잘 찍어놓은 사진보다 홍보효과가 크다. 티쏘(www.tissot.ch)는 지난 5월 영국 런던의 셀프릿지스(Selfridges) 백화점에 증강현실 윈도우를 설치했다. 티-터치(T-Touch) 시계 콜렉션을 경험할 수 있는 이 행사에서 사람들은 시계 모양의 종이 손목밴드를 착용하고 손목을 윈도우에 비추어 실제 시계를 차고 있는 모습을 볼 수 있다. 밴드를 찬 채로 28가지 디자인의 손목시계를 모두 차볼 수 있어 구매욕구를 불러일으킨다. 이케아(www.ikea.com)는 2009년 증강현실을 이용한 카탈로그를 선보였다. 증강현실 카탈로그에는 증강현실을 구현하기위한 마커 인쇄물이 함께 들어 있다. 이것이 인쇄된 인쇄물 을 원하는 자리에 두고 스마트폰의 이케아 증강현실 애플리케이션으로 촬영하면 그 마커에 해당하는 가구가 나타난다. 이미지만 볼 수 있던 카탈로그에 매칭 기능까지 더해진 것이다. 방에 '어울릴 것 같다'는 추측이 아니라 직접 매칭한 모습을 볼 수 있어 소비자는 합리적인 소비를 할 수 있고, 제조사 역시 고객에게 소비에 대한 확신을 줄 수 있다.

현실과 바로 매칭되는 증강현실은 택배에도 유용하다. 인터넷으로 택배 서비스를 요청하는 경우가 많다. 택배에서 현실과 가상의 매칭이 필요한 경우는 바로 상자다. 상자는 물건의 크기에 따라 달라지고, 상자의 가격은 운임에 영향을 주기 때문에 상자와 발송할 물건을 매칭해보는 것은 의미가 있다. 미국의 우편 배송을 담당하는 USPS(www.usps.com)는 웹캠으로 발송할 물건을 촬영해 가상 박스에 넣어보는 가상 박스 시뮬레이터(Virtual Box Simulator) 서비스를 제공한다. 증강현실 마커를 출력해 웹캠에 비추면 상자가 나타난다. 상자의 투명도를 조절할 수 있어 물건과 상자를 겹쳐 볼 수 있다.

지금까지의 광고는 미리 설정된 이야기에 따라 처음부터 끝까지 완성된 형태로만 제공되었다. 하지만 증강현실을 이용한 광고는 사용자와 같은 공간에 있는 실체를 영상으로 끌어와 더 동적이고 능동적이다. 영상의 일부분을 사용자가 제어할 수도 있다. 기존 매체가 '광고-소비자'의 일방적인 관계였다면, 증강현실은 카드와 같은 실체 매개체 역할을 하면서, '사용자-실체-광고 그리고 사용자'로 이어지는 인터랙션의 고리를 형성한다. 이로써, 사용자는 카드를 움직이고 이에 따라 광고 영상이 움직이는 것을 보면서 광고를 체험할 수 있다.

—**The Promotion of T-Touch at Selfridges,** Tissot

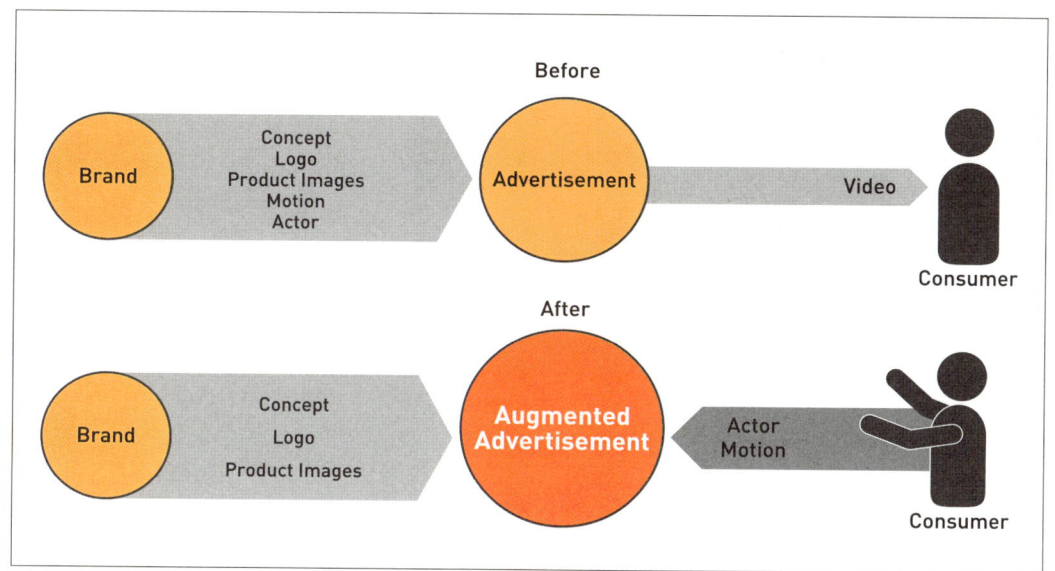

—**METATREND Vol.8** Augmented Experience

  프랑스의 껌 제조사, 리글리(www.wrigley.com)는 5 라인을 출시하면서 증강현실을 이용했다. 5가지 맛을 나타내는 각각의 증강현실 마커를 통해 클럽음악을 믹싱할 수 있다. 각각의 마커는 특정 트랙의 음악을 나타내며 마스터 마커로 지정된 한 마커는 다른 마커들이 들려주는 소리를 전체적으로 조절한다. 마커의 거리에 따라 볼륨이 달라지며, 각도에 따라 음색이 달라진다. 여기에 믹싱한 곡을 녹음할 수도 있다. 각 마커에 나타나는 소리와 비주얼은 5라인의 아이덴티티를 증강현실로 나타내면서 소비자 스스로 5 라인의 아이덴티티와 상호작용할 수 있다. 이런 독특한 경험은 소비자의 기억 속에 각인되어 오랫동안 브랜드를 기억하게 된다. 네덜란드 아인트호벤에서는 디자인 스튜디오 Edhv의 23명의 디자이너가 아인트호벤의 역사적인 아이콘을 증강현실로 만들어냈다. 사람들은 여행지에 방문한 것을 기억하고 기념하기 위해 기념품을 찾는다. 아인트호벤의 유명한 역사적 아이콘 23가지는 증강현실 3D 형상의 증강현실로 구현되면서 관광객들의 기억을 더 생생하게 한다.

아디다스(www.adidas.com)는 아이콘으로 굳어버린 수퍼스타(Superstar), 스탄 스미스 (Stan Smith), 포럼(Forum), 니자 앤 삼바(Nizza and Samba) 등의 아디다스 오리지널 스니커즈를 증강현실 게임 팩으로 이용했다. 스니커즈를 웹캠 앞에 비추면 증강현실 기술을 이용해 그 상품의 특별한 코드를 읽어내 3D 아디다스 오리지널 네이버후드(3D Adidas Originals Neighborhood) 게임이 나타난다. 이 증강현실 게임은 2010 S/S 제품에 대한 문화적 요소를 반영한 것이다. 아디다스 스니커즈를 신고 다니는 원래 용도가 아닌 가상과의 매개체로 사용해 현실의 체험뿐 아니라 가상의 브랜드 감성을 전하는 도구로 사용했다는 점에서 주목할 만 하다.

실제로 함께 있을 수 없는 것들에 대한 가상에서 함께 하는 경험은 더욱 각별하다. 현실의 공간이 아닌 다른 공간에 있는 듯한 느낌을 주기 때문이다. 이와 같은 경험은 같은 경험일지라도 보고, 듣고, 느끼는 모든 것을 모두 새롭게 느끼도록 한다. 이를 느끼기 위해 합성, 화상통화 등으로 경험을 확장하고 있으나, 합성은 시각적인 경험만, 화상통화는 인터랙션하는 경험만을 제공했다. 증강현실을 이용해 사람들은 시각적으로 함께하면서 인터랙션을 즐길 수 있다. 트랜스포머 : 패자의 역습(Transformers : Revenge of the Fallen)은 개봉할 때 사용자가 직접 영화 주인공인 범블비가 되는 증강현실 이벤트를 벌였다. 위 아 오토봇츠(www.weareautobots.com) 웹 사이트에 들어가 프로그램을 실행시키고 웹캠 앞에 앉으면 얼굴 인식기술로 사용자의 얼굴을 인식하고 여기에 3D CGI를 겹친다. 사용자가 고개를 돌리면 범블비의 얼굴도 함께 돌아간다. 이와 함께 범블비는 입을 움직여 전하고자 하는 메시지를 전한다. 내 얼굴과 함께 하는 범블비의 메시지에 사용자는 귀를 기울일 수 밖에 없다. 호주의 사이키델릭 밴드, 로스트 발렌티노(Lost Valentino)는 최초로 증강현실을 이용한 뮤직비디오를 선보였다. 밴드의 멤버를 나타내는 5가지 증강현실 마커를 인쇄해 웹캠 앞에 두면 밴드의 멤버가 나타난다. 사용자는 이 마커를 움직여 밴드를 배치하고, 자신만의 스테이지를 꾸밀 수 있다. 사용자는 자신의 어깨, 책상 위에서 밴드가 음악을 연주하는 모습을 시각적으로 경험한다. 나와 함께 찍은 공연 장면을 촬영해 올릴 수도 있다. 이 같은 경험은 웹캠 앞에 나와 밴드가 만나는 전혀 다른 차원의 세계가 펼쳐진 듯한 느낌을 준다.

MASHABLE
매시업이 제시하는
미래의 패러다임

08

Social Relationshop
New M
Personal Expression
ate New Function
Assistant for Communication
Natura
New Paradigm
Man-Machine Mash-up
Mash-up
New Extension of Hu
Catalyst of Digital Age
Mash-up
Convenience
Mash-up Techno
Integration
Mash-up Trend
Add Function
Mixe
Mashable World
Entertai
Mashup Design
Mash-up LifeStyle
Mixed-up Situation
Room Furniture
Mash-up Me
Multi-tasking Relaxation
Urban Playgroud
Entertainment
Malling   Mixed-up Time
Retro Homage
Micro-Urbanism   Mixed-up Symbol
Mash-up Production Cycle
Contents
Space Functionality
Digital Imitation
Eco Convergence
Digital Homage
History Marketing
Mobile Energy Catcher
Vegetable
Analoging Digital
Mixed Brand
Icon of Ages
Eco-Friendly
Mixed Field
Retro Style
Energy Harvesting
Sensibility of Analog
Analog User Interface
Mobile Devices

중세시대의 연금술사들은 납을 금으로 바꾸기 위해 다시 말해 원소를 다른 원소로 바꾸기 위해 무수한 실험과 이론을 만들어 냈다. 그로 인해 실제로 납을 금으로 만들어 내지는 못했지만, 현대 화학의 기초를 닦는 위업을 이뤘다.

이런 중세 연금술사의 꿈은 20세기에 들어서면서 실현되기 시작했다. 물론 납을 금으로 만드는 것도 아니고, 선배들이 꿈에도 그리던 현자의 돌을 만들어낸 것도 아니다. 다만 두 개의 수소 분자를 하나의 헬륨 분자로 만드는 핵융합에 성공했으며, 핵융합이 주목을 받는 이유도 핵융합을 통한 산출물인 헬륨이 아니라 핵융합 과정에서 발생하는 막대한 에너지에 있다는 점에서도 중세의 연금술과는 다르다.

21세기에 들어서면서 또 다른 연금술이 시작되고 있다. 21세기의 연금술은 화학이나 물리같은 전통적인 기술 과학 분야가 아닌 디지털 분야에서 이뤄지고 있으며, 21세기 연금술의 현자의 돌은 바로 '창의력'이라는 무형의 것이라는 점에서 이전과 다른 모습을 보여준다. 디지털에 기반한 21세기의 연금술은 바로 매시업(Mash-up)이다. 그러나 매시업은 단순히 디지털 분야에만 적용되고 있는 것은 아니다. 오히려 이미 사회 전반에서 이뤄지고 있는 수많은 조짐들이 디지털 분야에 이르러 매시업이라는 하나의 트렌드로 부각되고 있는 것 뿐이다.

MASHABLE

21세기의 연금술
MASH-UP

웹 서비스들 사이의 결합을 통해 만들어진 새로운 웹 서비스라는 뜻을 가진 Mash-up은 현재 이뤄지고 있는 다양한 분야에서의 결합 혹은 통합이라는 트렌드를 가장 잘 표현할 수 있는 용어다. 단순히 어떤 서비스가 추가되거나 결합된 것과는 다른 차원의, 다시 말해 서비스가 하나의 유기적인 서비스로 융합함으로써, 기존의 개별적인 특징을 갖는 것이 아닌 완전히 새로운 서비스가 된다는 것이 바로 Mash-up이다.

Mash-up은 무수히 많은 여러 가지 요소들이 하나로 결합되면서 완전히 새로운 개념을 만들어 내는 것을 의미한다. 이 같은 Mash-up은 이미 웹 서비스 분야뿐 아니라 기술이나 디자인, 문화, 라이프스타일 등 사람들의 삶이 연결되어 있는 수많은 분야에서 이뤄지고 있으며, 모바일과 소셜 네트워크 등의 디지털 이슈와 만나며 꽃을 피우고 있다.

하나에 다른 하나를 추가함으로써 새로운 무엇인가를 만들어 내려는 시도는 유사 이래 계속되어온 일이며, 그다지 새로울 것이 없는 트렌드다. 하지만 매시업은 하나의 기능에 새로운 기능을 추가하고 통합하는 인티그레이션(Integration), 추가가 아닌 결합을 의미하는 컨버전스와는 분명히 드러나는 차이점을 갖고 있다. 인티그레이션이 '1+1=2'라는 산술적인 계산으로 가능한 결과를 낳았다면, 컨버전스는 '1+1=2+a'라는 둘 간의 결합으로 새로운 시너지를 얻는 것으로 표현될 수 있다. 하지만 매시업은 '1+1'은 무엇이든 될 수 있기에 기존의 개념으로는 설명할 수 없는 새로운 차원의 가능성을 제시한다.

휴대폰을 예로 들면, 휴대폰와 카메라의 만남이 인티그레이션에서는 두 가지 기능을 각각 사용할 수 있었던 것이었다면 컨버전스에서는 두 기능을 이용해 사진을 찍은 후, 이를 전화를 통해 보낼 수 있는 기능이 추가된다고 생각하면 된다. 그리고 매시업되면서 화상 통화와 같은 완전히 패러다임이 바뀌는 모습을 보여주는 것이다. 이런 매시업 중 많은 부분이 우리 주위에 성큼 다가와 있으며, 이를 통해 이전에는 생각하지도 못했던 새로운 가능성을 제시하고 있다. 다시 말해, 매시업은 휴대폰과 카메라가 합쳐지면서 기존의 개성이 사라지고 새로운 기능성을 부여하는 것이다. 단순히 휴대폰에 카메라 기능이 추가되거나 둘 사이를 이어줄 수 있는 새로운 기능이 추가되는 수준을 넘어 휴대폰과 카메라는 서로가 반드시 필요한, 서로를 완벽하게 보완하는 기능으로 합쳐지면서 영상통화와 같은 새로운 서비스를 만들어내는 것이다. 이처럼 매시업은 단순한 기능의 결합이나 통합이 아닌 패러다임이 서로 만나 새로운 패러다임을 이끄는 것을 말한다. 이것은 마치 핵융합 반응과 같다. 서로 다른 원소가 만나 새로운 원소가 되는 핵융합과 같이 서로 다른 무엇이 만나, 완전히 새로운 것을 만들어내는 매시업은 디지털 연금술이라고 해도 과언이 아니다.

매시업은 소셜 네트워크나 웹 서비스와 같은 디지털 분야에서만 사용되던 용어이지만, 디자인이나 라이프스타일에 이르는 광범위한 분야에서도 징후를 보이고 있으며, 다양한 분야 사이를 넘나들면서 이뤄지고 있다는 점에서 더욱 주목해야 한다. 디지털과 라이프스타일, 디자인과 라이프스타일, 디지털과 디자인 등 다양한 방식의 매시업이 이뤄지고 있는 가장 큰 증거는 이제 특정 분야에 한정되지 않는 새로운 미디어와 콘텐츠, 그리고 생활 방식이 등장하고 있다는 것에서 찾을 수 있다.

구분 \ 단계	Integration	Convergence	Mash-up
형태	기능의 추가	기능의 결합	새로운 기능의 탄생
이점	편의성	시너지	새로운 패러다임
적용 분야	제품	기술, 라이프스타일	분야에 구분이 없음
적용 영역	같은 분야 내로 제한	근접한 영역으로 제한	분야에 제한 없음

한 가지 명심해야 할 사실은 21세기의 연금술인 매시업에 있어 현자의 돌, 촉매는 바로 무형의 자원인 창의력이라는 사실이다. 서로 다른 요소 사이의 관계를 이해하고 이들을 결합, 융합시킴으로써 새로운 무엇인가를 만들어 내는 것은 창의력 없이는 불가능한 일이다. 매시업을 통한 결과물이나 여파에 대한 예측은 쉽지 않으며, 하나의 분야에 매진하기보다는 다방면에 걸친 깊은 성찰과 사색이 필요하다. 애플의 CEO인 스티브 잡스가 올해 초 아이패드를 발표할 때 "애플은 지금까지 기술과 인문학을 결합하기 위해 노력해왔다"고 말했듯이 이제는 깊이 보는 것보다는 넓게 보는 것이, 그리고 서로 다른 영역 사이의 연결과 결합을 더 관대하고 긍정적으로 볼 수 있는 마음가짐이 필요한 시점이다.

파괴적 혁신을 이끄는 기술의 매시업

매시업의 영향을 가장 크게 받고 있는 분야는 바로 커뮤니케이션 분야다. 수많은 커뮤니케이션 수단이 매시업을 통해 결합하면서 새로운 하나의 커뮤니케이션 수단을 만들어내고, 커뮤니케이션 수단과 다른 기술의 융합으로 새로운 패러다임을 이끌어낸다. 구글 버즈(www.google.com/buzz)는 지메일과 결합된 SNS 서비스로 이전의 구글 토크, 피카사 등의 다른 구글의 커뮤니케이션 툴을 하나로 모았다. 여기에 플리커나 트위터 등 다른 업체의 SNS 서비스까지 하나의 플랫폼에 매시업함으로써 새로운 커뮤니케이션 수단을 만들어내고 있다.

매시업의 위력은 트위터 등의 SNS에 모바일, LBS 등이 결합되면 보여주는 결과로 쉽게 알 수 있다. 매시업을 통해 SNS는 단순한 마이크로 블로그 서비스에서 마케팅 채널, 긴급 구호 통신 수단, 혹은 실시간 미디어로 변용되고 있다. 더구나 이같은 분야의 매시업은 이제서야 시작이라는 점이 흥미롭다. 이에 따라 향후 더욱 발전될 경우 어떤 새로운 패러다임이 등장할 것인지 속단하기는 아직 이르다.

인간과 기기의 융합은 사람과 사람간의 소통을 돕는다. 현대 사회에서는 사람을 사귀고 인맥을 넓히는 것이 무엇보다 중요하기 때문에 대부분의 사람들은 타인과의 소통을 확장하기 위해 노력한다. 하지만 온라인 소셜 네트워크에 대한 지나친 의존은 사람들의 현실 감각을 무디게 하고, 대인 관계를 더욱 어렵게 한다. 특히 학교나 직장에서 자주 마주치는 동료들과 친밀한 관계를 형성하기가 쉽지 않은 사람들은 누군가의 도움을 간절히 바랄 것이다.

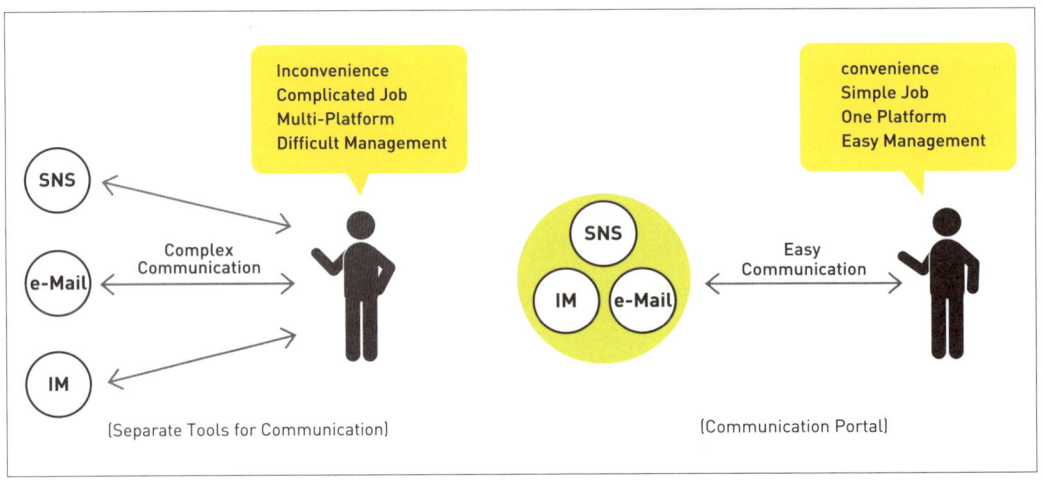

  자신을 표현하고, 커뮤니케이션을 위한 방안으로 인간과 기계, 혹은 기술의 융합이 이뤄진다. AR로 보는 타투를 통해 자신을 표현하고, 원거리 사용자들과의 거리를 뛰어넘어 소통할 수 있는 등 다양한 방식의 융합이 이뤄진다. 향후 이같은 인간과 기계의 직접적인 융합은 매 사업의 중요한 요소 중 하나가 된다.

  싱크 언 앱(www.thinkanapp.com)에서 개발한 증강현실 타투는 사람들에게 더 많은 정보를 제공한다. 평소에는 일반 타투와 다르지 않지만 휴대폰으로 비춰보면 애니메이션이 재생된다. 증강현실 타투를 통해 트위터나 페이스북 등의 프로필 정보를 바로 확인할 수 있다면 어떨까? 사람들은 서로의 이름, 취미, 생년월일 등 간단한 정보를 미리 공유함으로써 친밀한 관계를 형성하는 데 도움을 받을 수 있다. 다시 말해 타투와 증강현실이 만나 커뮤니케이션 어시스턴트라는 새로운 패러다임을 이끌 수 있는 것이다.

  문화 평론가, 마샬 맥루한(Herbert Marshall Mcluhan)은 인간의 감각을 확장하는 도구나 기술을 미디어로 정의했다. 그에 따르면 신문, TV, 컴퓨터, 자동차 등은 모두 미디어에 해당되고, 인간은 미디어를 통해 새로운 감각을 얻고, 기능을 습득하며, 능력을 확장한다.

  인간의 능력은 수많은 미디어의 발달을 통해 무한히 확장될 것으로 보였으나 한계점에 이르러 한동안 정체 상태를 벗어나지 못했다. 하지만 디지털 기술의 발달로 인해 이제는 인간과 기계가 융합하면서 감각의 지평을 다시 넓혀가고 있다. 특히 센서를 통해 인간과 기기가 서로 융합을 시도한다. 사람의 명령을 기기에 전달하려면 키보드나 마우스와 같은 입력장치가 필요하지만, NUI(Natural User Interface)는 인간의 자연스러운 몸짓이나 생체 신호만으로 기기를 조작한다. 즉 인간의 센서의 매시업을 통해 새로운 인터페이스가 등장하고 있으며, 이 같은 인터페이스는 인간의 감각을 한차원 높이고 있다.

마이크로소프트(www.microsoft.com)는 근육의 움직임만으로 기기를 조작하는 내추럴 유저 인터페이스를 개발했다. 이 기술을 적용하면 컴퓨터 게임 속 기타리스트를 컨트롤하기 위해 마우스나 키보드를 사용하지 않아도 된다. 특수 장치를 팔에 부착하고 직접 기타를 치는 동작을 하면 게임 캐릭터도 똑같이 기타를 치기 때문이다.

카네기 멜론 대학(Carnegie Mellon University)의 크리스 해리슨(Chris Harrison) 연구원은 마이크로소프트 리서치(Microsoft Research) 연구원들과 함께 스킨풋(Skinput)이라는 내추럴 유저 인터페이스를 개발했다. 스킨풋은 파동을 감지하는 특수 장치와 피코 프로젝터를 통해 팔등이나 손바닥 등 인체의 피부를 하나의 완벽한 인터페이스로 바꿔준다. 손바닥 위에 영사된 전화 버튼을 누르면 실제로 전화가 걸리는 형식이다. 이처럼 인간과 기계의 구분이 모호한 수준으로 매시업되면서 새로운 기능성을 부여한다.

—**Muscle-computer Interface,** Microsoft

매시업을 통해 사라지는 생산자와 소비자의 구분

콘텐츠의 생산자와 소비자가 통합되는 미디어 분야도 매시업의 중요한 사례 중 하나다. 미디어는 서로 결합되면서 새로운 미디어를 창조해가며, 콘텐츠의 생산자와 소비자 사이의 인터랙션을 통해 콘텐츠 생산자가 바로 소비자가 되고, 기존의 콘텐츠 소비자가 생산자가 되는 매시업 트렌드를 보여준다. 패션 정보지인 엘르의 크로스 미디어 플랫폼, 엘르 엣진(www.atzine.com)은 텍스트와 이미지라는 기존 매거진 콘텐츠의 구성에서 벗어나 3D와 동영상으로 사용자들에게 새로운 경험을 제공한다. 또한 디지털화된 미디어는 소비자와 생산자의 인터랙션을 통해 기존의 일방적인 정보제공이라는 미디어의 형태를 바꾸고 있다. 이미 전자책, 블로그, UCC 등 다양한 형태로 콘텐츠 소비자와 생산자가 매시업되는 모습을 보여주고 있다. 더구나 이제는 트위터와 같은 소셜 네트워크에 기반한 마이크로 블로그가 미디어의 역할까지도 하고 있다는 것을 고려하면 미디어의 매시업은 생각보다도 훨씬 가까이 다가와 있다는 것을 알 수 있다. 이처럼 정보의 디지털화는 콘텐츠의 생산자와 소비자 사이의 벽을 허물어 생산자와 소비자 사이의 구분을 사라지게 만든다.

생산과 소비의 매시업은 친환경 분야에도 그대로 적용된다. 자신이 사용할 에너지 즉 전기를 스스로 생산하는 태양광 패널과 같은 기술이 대중화면서 지금까지의 에너지 소비자와 생산자의 구분이 사라진다. 이 같은 에너지의 생산, 소비 주체의 매시업은 아직 경제적인 이유보다는 개인의 만족감과 가치관의 표출을 위한 방법으로 활용되며, 친환경 바람을 타고 더욱 활성화될 트렌드다.

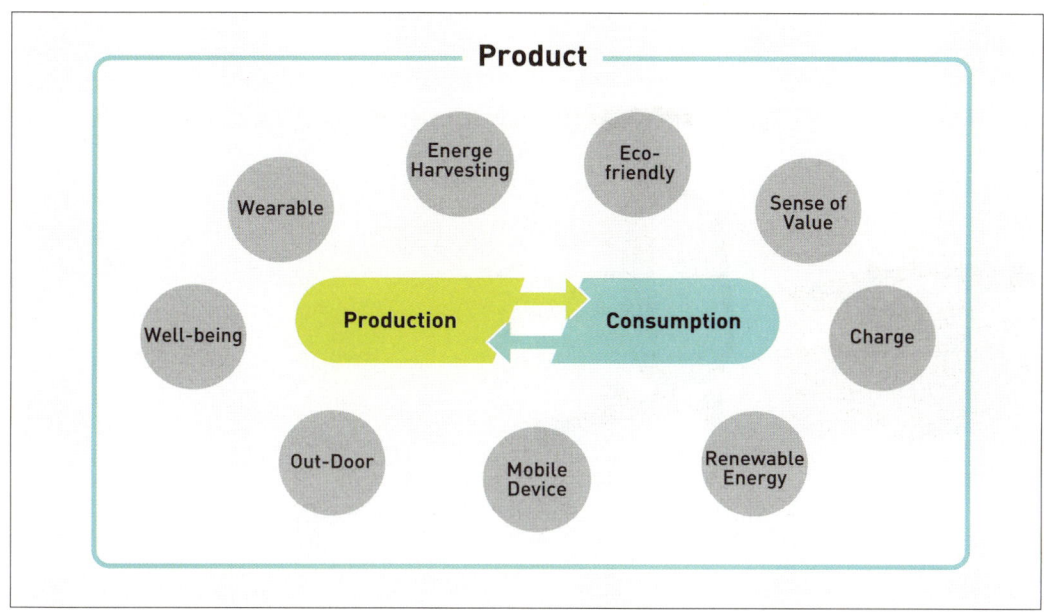

—**METATREND Vol.4** Mashable World

시간과, 공간, 디자인까지 확장되는 매시업 트렌드

디자인 분야에서 매시업은 더욱 다양한 방식으로 표출된다. 공간의 매시업은 이미 MIT미디어랩의 윌리엄 미첼(William Mitchell) 교수가 "20세기의 건축이 사무실, 카페 등 특정 용도를 구분하는 데 중점을 두고 있었다면, 향후 건축은 공간의 다기능화 중심으로 진화할 것"이라고 예견한 바 있다. 서로 다른 기능성을 갖는 공간을 하나의 공간에 통합함으로써 사용자의 행동이나 동선을 유도하는 매시업이 이뤄지고 있으며, 이 같은 트렌드의 대표적인 예가 바로 몰링(Malling)이다.

한 시대에 흔해서 평범했던 제품은 그 시대의 아이콘으로 많은 사람들의 기억 속에 남는다. 화려했던 시절의 모습을 기억하는 사람들은 현대의 디자인에 적용된 과거의 제품의 디자인을 보고 과거의 제품에 대한 오마주를 느낀다. 이처럼 사람들의 기억 속에 남아있는 오래된 디자인들이 시대를 뛰어넘고 새로운 기술이 접목되면서 완전히 새로운 모습으로 다가온다. 이런 과거의 디자인과 현재의 기술이 매시업되는 모습은 여러 가지 형태로 모습을 드러낸다.

—**PEN EE2,** Olympus

—**Trolley Scooter,** Micro Mobility & Samsonite

　과거의 시간과 현재의 시간을 매시업하는 레트로 디자인, 그리고 디지털화되는 아날로그 디자인, 반대로 아날로그화되는 디지털 기기 등 다양한 방식으로 시간의 매시업이 이뤄지고 있다. 아날로그적인 사용 방식을 통해 디지털 제품을 더 친근하고 직관적으로 사용할 수 있으며, 최근에는 디지털 기술에 과거의 아이콘을 통합함으로써 이력을 강조한다. 애플의 아이패드가 제공하는 전자책 기능은 LCD 디스플레이의 자유로운 색감을 활용해 전자잉크로 구현할 수 없는 아날로그적인 인터페이스를 구현했다. 실제 책장처럼 책장이 넘어가는 이러한 인터페이스는 다이어리, 지도 등 다른 기능에서도 구현된다. 또한, 올림푸스의 디지털 카메라, E-P1 시리즈는 1959년 생산되었던 올림푸스 펜(Pen) 시리즈의 오마주를 담은 제품이다. 사용자들은 올림푸스 E-P1을 통해 과거의 스타일과 현재의 기술의 매시업이라는 새로운 경험을 할 수 있다. 또한, 콜래버레이션과 같은 서로 다른 영역의 디자인이 매시업함으로써 새로운 이미지를 만들어 내려는 시도가 줄을 잇고 있다. 가구와 인테리어 디자인을 주로 하던 카림 라시드가 아수스와 만나 선보인 아수스 Eee pc 카림라시드 콜렉션 시쉘(Asus Eee PC Karim Rashid Seashell)은 넷북의 기능과 함께 특유의 컬러감과 패턴을 살려냈다. 또한, 가방 브랜드 쌤소나이트와 킥보드 브랜드 마이크로 모빌리티의 콜래보레이션으로 탄생한 트롤리 스쿠터(Trolley Scooter)는 여행가방에 킥보드를 결합해 더 빨리 움직일 수 있는 여행가방이 되었다.

02

예술과 기술의 교차점
DIGI-STAGE

───────

연극은 영화와 같은 영상매체와 결합하고, 대사 없는 뮤지컬은 비언어극이라는 장르에 도전장을 내민다. 무대극은 '복합미디어극'이라는 새로운 도전을 통해 고정된 공간 속 예술이라는 장르의 껍질을 깬다. 창의적인 아이디어와 다양한 디지털 기술을 바탕으로 디자인된 Digi-Stage는 시공의 제약을 두지 않는 경계 없는 무대임과 동시에 서로 다른 공간을 이어주는 연결고리이다.

평면의 스크린에 3D 영상기술을 덧씌워 우리를 신세계로 인도한 영화, 아바타(www.ava-tarmovie.com)를 시작으로 최근 엔터테인먼트 산업계는 대중을 유혹하기 위한 새로운 제품과 다양한 서비스 개발에 발 빠르게 나서고 있다. 이에 뒤질세라 무대를 중심으로 퍼포먼스를 펼치는 공연예술계 역시 변화의 시기에 적응해 나가고 있다.

Digi-Stage는 가상의 입체 캐릭터와 실제 캐릭터가 만나 인터랙티브 아트 퍼포먼스(Inter-active Art Performance)를 펼칠 수 있는 색다른 시도의 장이다. 무대와 디지털 기술의 결합은 공연예술이 갖는 특징인 '현장감'에 더해 의외성이 주는 신선한 재미와 감동을 준다. 입체영상과 중첩된 무대는 관객을 이야기에 몰입시키고, '나'는 그 '극' 속의 일부가 되어 함께 극을 이끌어가는 감각적 체험을 할 수 있다.

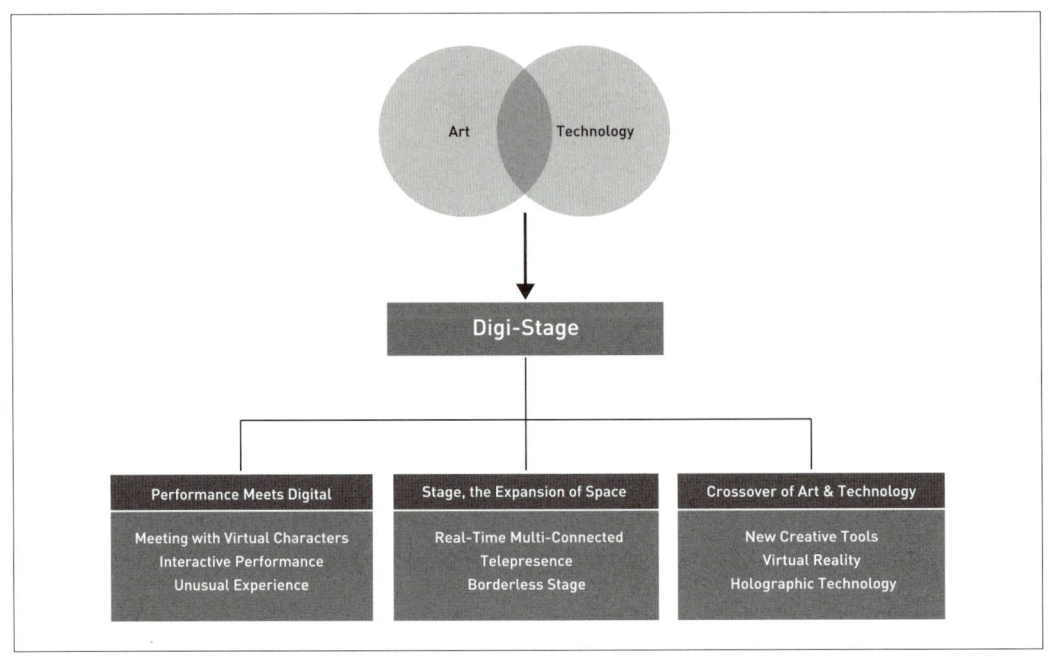

—**METATREND Vol.3** Digi-Stage

　영국의 일간지, 가디언(www.guardian.co.uk)의 음악 비평가, 알렉시스 페트리디스(Alexis Petridis)는 스웨덴의 유명그룹, 아바를 위해 2010년 1월 27일 '아바월드(Abbaworld)'라는 특별한 헌정공연을 진행했다. 아바월드는 알렉시스 본인이 홀로그램 디지털 기술을 접목시킨 무대에 직접 올라 공연을 펼쳤다. 그는 카툰 홀로그램 캐릭터로 재탄생한 아바의 멤버들과 함께 슈퍼 트루퍼(Super Trouper) 등 아바의 명곡들을 열창하며 한 차원 업그레이드된 퍼포먼스를 선보였다.

　무대 공간의 확장은 시공을 초월한다. 디지털 영상과 결합할 수 있는 장소라면 어디서든 공연은 시작될 수 있다. 같은 장소에 있지 않아도 실시간 멀티커넥티드 환경 속에서라면 릴레이처럼 서로의 공연을 이어갈 수 있다. 2009년 12월 3일 밤 9시, 한국의 서울예술대학은 예술공학센터(ATEC)와 미국 뉴욕 라마마 극장을 네트워크로 연결하여 실시간 라이브로, 인터랙티브 퍼포먼스 워크숍, 통화중 대기(Call Waiting) 공연을 펼쳤다. 이 공연은 영상과 음향을

—**Interactive Performance Workshop 'Call waiting'**, Seoul Institute of the Arts

통해 한국과 뉴욕이라는 장소의 한계를 극복한 신개념 퍼포먼스이다. 통신회선으로 컴퓨터를 원격지와 연결, 실시간 멀티 커넥티드 환경을 통해 가상현실 공간을 무대 속으로 끌어들인다. 인터랙션을 이용해 신체적으로 가 있지 않은 다른 장소에 존재할 수 있는 원격 현존감(Telepresence; 공간적으로 떨어져 있는 장소 또는 가상의 장소를 신체적으로 경험하는 것)을 이용한 원격 가상 스튜디오 시스템 기술이 뒷받침된 결과이다.

건축물도 디지털 기술을 통해 옷을 갈아입 듯 수 백 가지의 모습으로 변모한다. 디지털 기술은 건축물 자체의 외형을 다양하게 변화시키며, 무대를 실외로 확장해 나간다. 더 다크룸 모션 그래픽 스튜디오(www.thedarkroom.tv)가 2009년 11월, 오클랜드 페리 빌딩(Auckland Ferry Building)에서 선보인 맵핑 프로젝션(Mapping Projections)은 오래된 건물에 비디오 영상을 투사하여 눈발이 날리는 얼음궁전부터 팝아트 컬러 혹은 모던 스타일의 다양한 이미지를 덧씌우는 비디오 퍼포먼스를 선보였다. 이처럼 디지털은 한 번 지어지면 모습을 바꾸기 어려운 건축 디자인도 변신시킨다. 변신에 변신을 거듭하는 건물들은 스스로 캔버스가 되어 입체 퍼포먼스를 펼치며 공연예술의 새로운 주인공으로 자리매김한다.

공연예술 형식의 변화는 엔터테인먼트 시장 형성의 또 다른 기회로 다가온다. 원래 공연예술이란 그 순간에만 즐길 수 있는 일회성을 갖는 시간의 미학이다. 무대라는 제약된 공간 안에서 그 하나를 구축하기 위해 각종 세트와 장비, 조명 등의 설비와 그에 따른 전문인력이 필요하다. 하지만 Digi-Stage에서는 하나의 장비로 수 백 가지 이상의 디지털 무대를 연출할 수 있기 때문에 표현의 다양성 외에도 비용과 시간 측면에서도 큰 장점을 갖는다. 공연의 성격과 주제에 맞게 무대를 수 백 가지 모습으로 변모시킬 수 있기 때문이다.

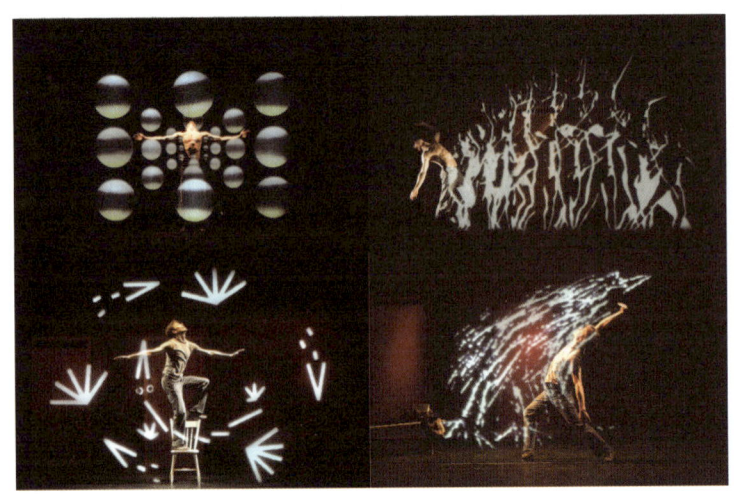

—**NORMAN,** Lemieux.Pilon 4D art

엔터테인먼트 쇼에 필요한 것은 '신선한 자극'이다. 디지털 기술과 공연 문화가 크로스오버 되면서 무대는 화려한 영상미로 관객의 시선을 사로 잡는다. 기본적인 무대 배경만 구축되어 있어도 디지털 이미지만으로 충분히 배경을 덧칠할 수 있다. 홀로그래피 기술을 이용한 3차원 홀로그램(Hologram) 영상으로 더욱 화려하고 역동적인 무대가 탄생한다.

Digi-Stage는 공연예술의 새로운 창작의 툴이다. 르미유.필론 4D 아트(www.4dart.com)는 노만(NORMAN)을 통해 현실과 가상, 공연 예술과 새로운 미디어가 결합된 실험정신이 돋보이는 최첨단 무대예술을 선보였다. 캐나다 애니메이션계 거장, 노만 맥라렌(Norman McLaren)을 위한 헌정 공연답게, 입체영상으로 표현된 그의 작품들에 배우들의 연기가 함께 어우러져 가상과 현실을 넘나드는 차원 높은 공연을 펼쳤다.

Digi-Stage는 다양한 공연예술의 기회를 열어간다. 이미 가상의 캐릭터들은 실제 공연자와 함께 무대 위를 누비며 극을 더욱 흥미롭고 풍성하게 만들고 있다. 앞으로 공연예술을 위한 무대는 스토리텔링(Storytelling)을 위해 새로운 디지털 기술을 받아들이며 발전하고, 이를 통해 무대 위 풍경은 더욱 다채로워진다. 무대 예술에서도 이제 디지털 기술로 상상을 현실화할 수 있게 됨에 따라, 창의성과 꿈의 무대는 더욱 빛을 발하게 될 것이다.

03

파괴적 혁신의 원동력
DECATEGORIZATION

창의성과 혁신은 꼭 합리성과 함께하는 것이 아니다. 오히려 불안정함, 기존 체계의 해체와 파괴에서 도출되는 것이다. 이미 세상은 변화하고 있다. 기존의 체계화, 그룹화, 카테고리화와 같은 기존의 가치가 해체되고 무의미해지면서 혁신과 창의성, 다양성, 그리고 통찰로 가치의 중심이 옮겨지는 현상이 바로 카테고리의 해체, Decategorization이다. 이미 우리 주위 많은 부분에서 카테고리의 해체가 진행되고 있다. 아니, 이미 오래 전부터 진행되어 왔지만, 최근의 급격한 기술과 문화의 변화에 힘입어 점점 가속화되고 있는 것이다.

Decategorization는 크게 두가지 경우로 생각해볼 수 있다. 하나는 내적인 요인에 의해 자체적으로 카테고리가 해체되는 것이고, 다른 하나는 특별한 목적을 갖고 외부에서 카테고리의 해체를 시도하는 것이다. 사람들은 내적인 요인에 의한 카테고리의 해체를 '다양화'라고 하며, 외부에서의 카테고리 해체를 시도하는 것은 '혁신'이라고 한다.

기존의 카테고리 구분이 무의미해지고, 해체되는 Decategorization는 내적인 요인에 의해 진행된다. 사람들의 라이프스타일이 점차 다양해지고, 기술과 문화, 예술에 대한 요구가 변화하면서 카테고리의 해체가 점차 가속화된다.

기존의 카테고리화된 분류에는 이미 수많은 경쟁자들이 모여든다. 이런 경쟁을 피해 블루오션을 찾고자 한다면 카테고리의 해체 과정을 통해 파괴적 혁신(Disruptive Innovation)을 이뤄야 한다. Decategorization는 기존 질서의 해체를 통해 새로운 패러다임을 만들어 내는 과정이며, 이것은 새로운 혁신을 이끌어내기 위한 기반이다.

지난 수년간 애플은 혁신의 대명사이자, 가장 창의적인 제품과 서비스를 제공하는 기업으로 잘 알려져 있다. 애플은 기존 MP3P의 개념을 송두리째 뒤흔드는 아이팟을 선보였으며, 뒤이어 아이폰이라는 스마트폰과 아이패드라는 타블렛을 선보였다. 이같은 애플이 선보인 제품의 가장 큰 특징은 기존의 제품들과 완전히 다른, 새로운 개념의 제품들이라는 점이다. 이같은 제품들은 기존의 제품 단품만 파는 하드웨어 중심의 판매 방식에서 제품과 서비스가 결합된 비즈니스 생태계 중심으로의 이동을 보여준 좋은 예이다. 애플 외에도 구글이나 아마존과 같은 많은 업체들이 기존의 틀을 깨고 혁신을 이룬 사례에 대해 수없이 많은 자료가 증명하고 있다. 이처럼 Decategorization이 창의성을 위한 밑바탕이 된다는 것에 대해서는 부연 설명할 필요가 없을 것이다.

매시업은 기술과 문화, 라이프스타일 등 우리 삶의 여러 부분에 영향을 주는 대표적인 트렌드이다. 이종간의 결합으로 새로운 것을 만들어내는 매시업은 기존의 카테고리의 의미를 퇴색시키는 Decategorization의 중요한 요인 중 하나다.

문화와 문화가 만나 새로운 문화를 만들고, 예술과 기술이, 기술과 또 다른 기술이 만나, 기존 카테고리에 해당하지 않는 새로운 것이 창조된다. 이전과는 다른 것, 기존에는 없었던 것을 만들기 위한 방법으로 등장한 것이 기존의 것을 결합시키는 것이다. 매시업은 이질적인 요소들의 결합을 통해 새로운 창조를 하는 과정이다. 디자인적인 측면 외에도 기술과 라이프스타일 측면에서도 이같은 매시업의 과정은 수없이 시도되고 있다. 매시업이 중요한 이유 중 하나는 성공적인 매시업의 경우, 다른 분야에까지도 커다란 영향을 줄 수 있기 때문이다. 컴퓨터와 휴대폰의 매시업이라고 할 수 있는 스마트폰은 기술적인 매시업이 라이프스타일에까지 영향을 줄 수 있다는 좋은 예다.

AR(Augmented Reality)와 SNS, LBS(Location Based Service), 모바일 인터넷 기술이 복잡하게 얽힌 매시업은 현재 IT 분야에서 시작해 라이프스타일에 이르기까지 많은 변화를 이끌고 있다. 이미 금융이나 쇼핑과 같은 분야는 온라인과 오프라인의 구분이 사라지고 있으며, 온라인에서의 행동이 오프라인과 직접적인 관계를 이어간다. 특히 포스퀘어나 고왈라 같은 LBS와 융합된 SNS 서비스, 그리고 구글맵, 빙맵과 같은 온라인 지도 서비스는 온라인과 오프라인이 융합된 새로운 서비스를 만들어내고 있다. 또한, 후즈히어나 구글 버즈와 구글

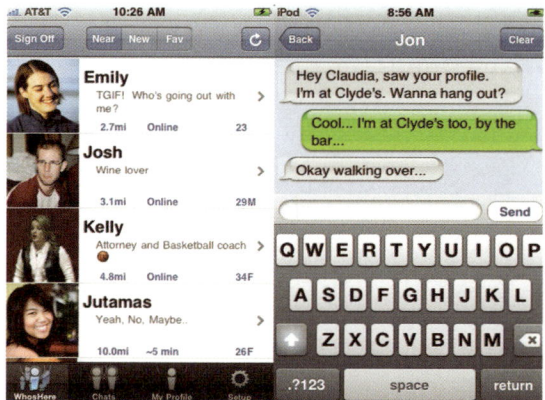

—**WhosHeare,** MyRete

버즈와 같은 SNS 서비스는 온라인의 인맥을 오프라인의 경험으로 이어줌으로써 단순히 온라인이라거나 오프라인이라는 잣대로는 한정지을 수 없는 Decategorization의 예를 보여준다.

증강현실도 마찬가지로 가상과 현실을 경험을 동시에 제공함으로써 현실도 가상도 아닌 Neality를 만들어가는 과정을 보여준다. QR코드, RFID 태그, 혹은 현실의 오브젝트를 인식해 현실과 가상의 접점을 제공하는 Neality가 바로 Decategorization를 구체화하는 공간이다.

기술과 인문학, 예술과 기술, 기술과 기술, 문화와 예술 등 서로 다른 분야 사이에서 서로가 서로에게 영향을 받고, 자유롭게 분리, 결합하는 통섭은 Decategorization를 이끌고 이를 통해 새로운 패러다임을 만들어 간다. 통섭은 자연과학과 인문학만을 연결하는 고리가 아니다. 1998년 통섭 : 지식의 대통합(Consilience : The Unity of Knowledge)을 저술한 에드워드 윌슨(Edward O. Wilson)은 자연과학, 사회과학, 예술, 윤리, 종교 등 지금까지 인간이 이룩한 모든 학문적 성과에 대하여 통섭을 주장한다. 과학이 발달하면서 인간세계를 구성하는 모든 것을 나누어 분석하려던 것이 인간애와 만나면서 통합적인 지식으로 발전한다. 한 마디로 기술은 예술을 더욱 가깝게 하는 통로이며, 디지털은 더 이상 현실과 가상을 구분짓지 않는다. 그들은 자유롭게 소통하며, 서로에게 영향력을 행사한다.

Decategorization는 이미 오래 전부터 진행되어 온 트렌드이며, 앞으로도 영원히 계속될 트렌드다. 기존의 가치를 부수고 새로운 가치를 만들어내는 과정에 바로 Decategorization가 위치하기 때문이다. 따라서 새로운 카테고리를 정립하는 '카테고리의 재구성'의 한 과정이 아니라 영원히 지속돼 나가야 하는 혁신의 연속선상에 있으며, 영원히 계속되는 숙제다. 이 시대의 환경이 대립적인 요소, 그리고 이전에는 아무런 관계가 없던 요소들이 한 곳에서 교류할 수 있는 트레이딩 존(Trading Zone)의 역할을 하고 있다. 이제 우리가 할 일은 기존의 카테고리라는 굴레에서 벗어나 자유롭게 카테고리를 해체함으로써 혁신과 창의성을 기반으로 새로운 가치를 창조해내는 것이다.

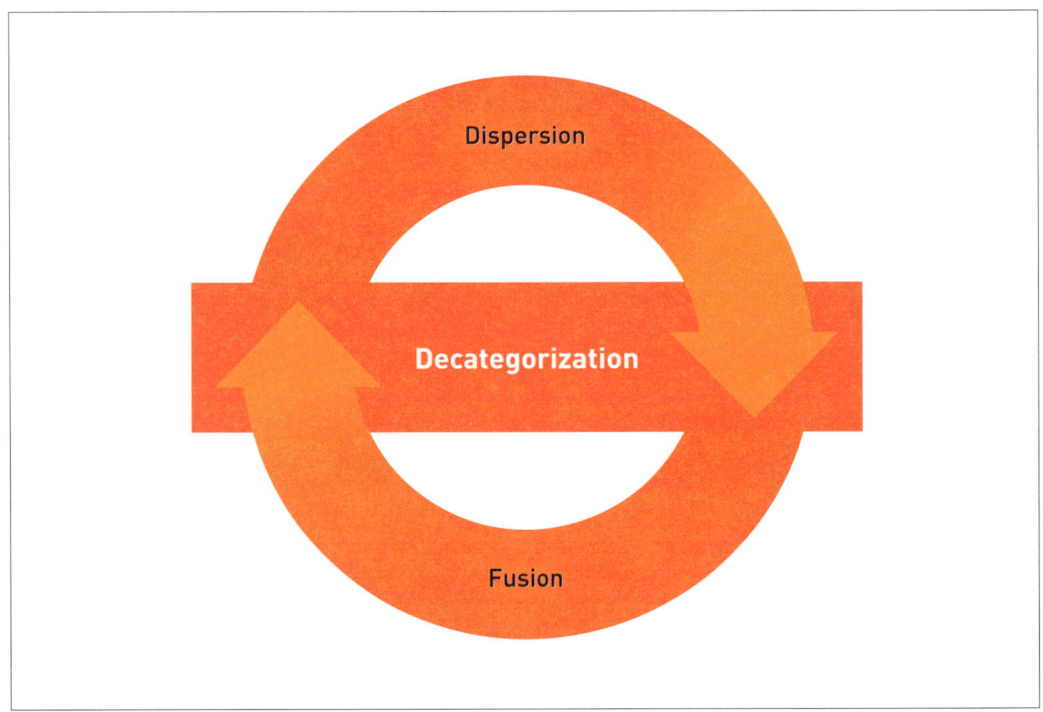

—METATREND Vol.8 Decategorization

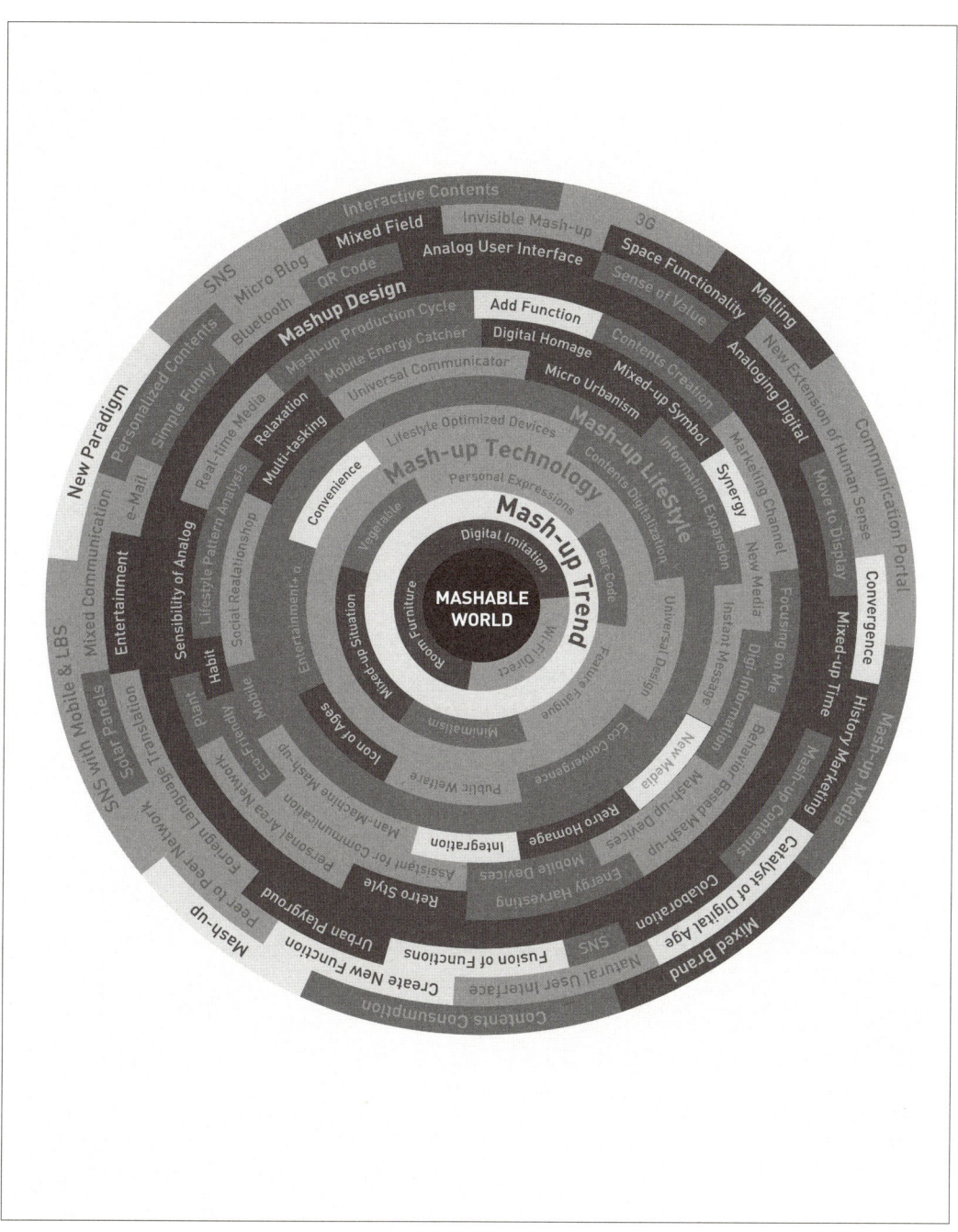

RELATION
관계를 통해 만들어지고
연결되는 새로운 가치

09

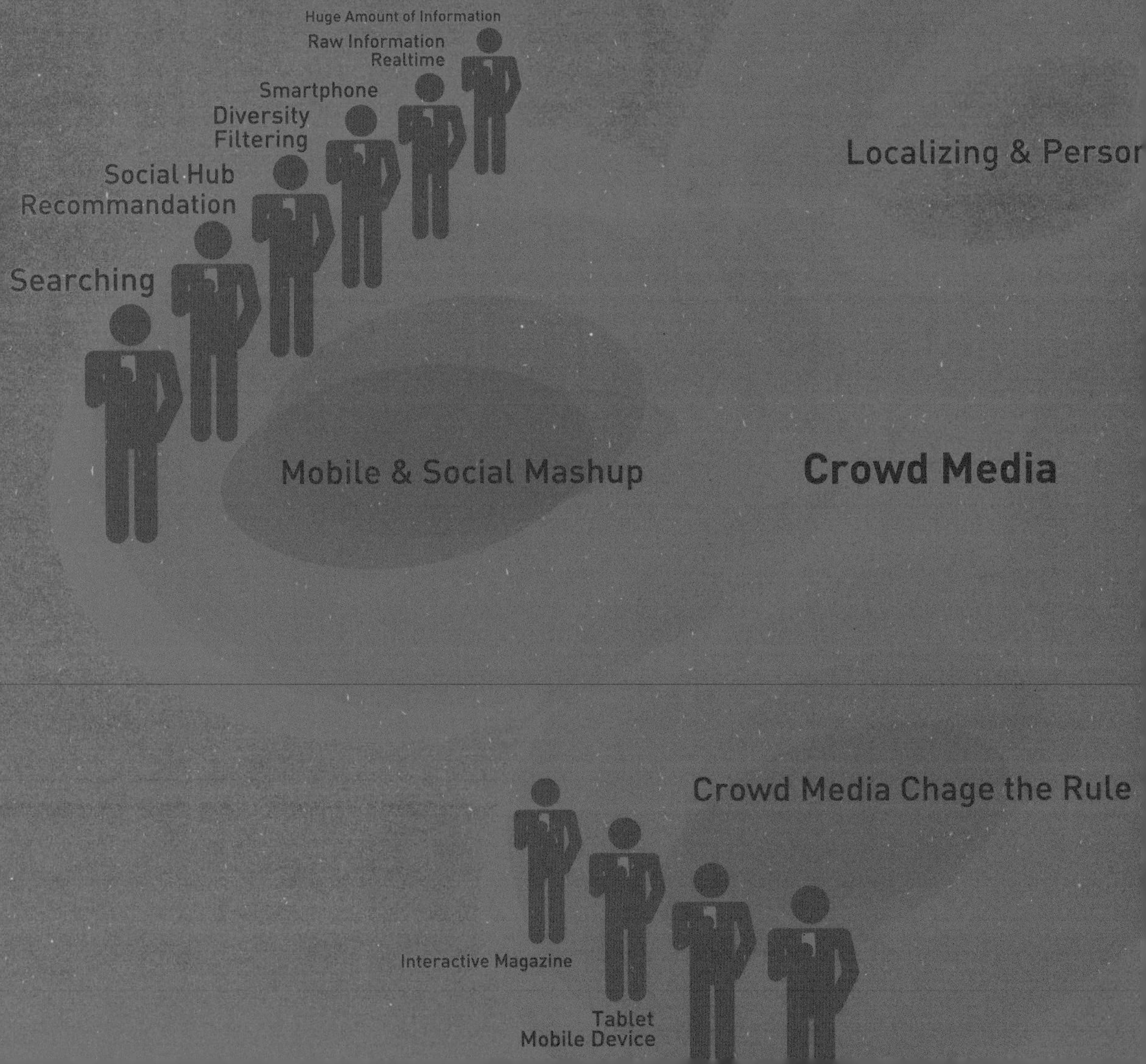

Huge Amount of Information

Raw Information
Realtime

Smartphone

Diversity
Filtering

Social Hub
Recommandation

Localizing & Person

Searching

Mobile & Social Mashup

Crowd Media

Crowd Media Chage the Rule

Interactive Magazine

Tablet
Mobile Device

사회적 동물인 사람은 항상 누군가와의 관계 속에서 살아간다. 지금까지의 사람들간의 관계는 물리적으로 가까운 곳에 있는 사람들을 중심으로 이뤄졌다면 이제는 커뮤니케이션 수단의 발전, 특히 모바일 환경의 급격한 발전에 힘입어 나와 비슷한 취미와 성향을 갖고 있는 사람 혹은 나와 동일한 관심사를 갖고 있는 사람과의 관계가 더 중요해진다.

물리적인 거리나 나이, 인종, 국가 혹은 언어의 장벽조차 이런 관계를 구축하는데 장애가 되지 않는다. 소셜 네트워크로 인해 촉발된 이같은 관계는 온라인에서 시작됐지만, 모바일 환경을 통해 실제 생활에까지 영향을 미칠 정도로 큰 파급효과를 보이고 있다. 또한 이런 광범위한 관계의 확장은 빠른 전파력을 갖고 있으며, 결코 지워지지 않는 흔적을 남기기 때문에 투명성이라는 새로운 가치가 떠오른다.

관계는 이제 사람과 사람 사이에서만 이뤄지는 것이 아니다. 사람과 사물 혹은 사물과 사물 사이의 관계도 더욱 중요하다. 생활 속의 제품들이 소셜 네트워크에 참여하고 이를 통해 사람들에게 새로운 경험을 제공하게 되며, 사물과 사람의 관계는 오프라인의 경험을 온라인과 동기화하는 방향으로 발전해 나간다.

RELATION

01

관계가 만들어가는 새로운 가치와 경험
SOCIAL NETWORK

———————

　사람들은 수많은 관계 속에서 태어나고 생활하며, 죽어간다. 사람들을 시간과 공간에서 벗어나 관계 중심의 네트워크로 더욱 긴밀하게 연결할 수 있게 된 것은 모바일 기반의 소셜 네트워크의 힘이다. 이러한 소셜 네트워크는 단순히 온라인에 한정된 관계가 아닌 실제 생활과 직접 연결되는 관계로 발전하고 있다. 상품이나 장소, 서비스에 간단한 플러그인 형태로 소셜 네트워크가 적용되고 있으며, 이는 소셜 네트워크가 가진 시공을 초월한 파급 효과를 실제 생활에서도 얻고자 하는 노력의 일환이다. 관계는 일방적인 것이 아닌 주고 받는 것이다. 이런 인터랙션은 얘기하는 사람과 듣는 사람의 관계에 있던 마케팅 환경을 마이크로 인터랙션을 통해 대화하는 관계로 만든다. 이것은 소셜 네트워크에서 기업과 개인이 평등하게 하나의 채널이 되기 때문에 가능한 것이다.

　소셜 네트워크의 또 하나의 특징은 투명성이다. 사람들의 눈과 귀를 막고 일방적인 메시지를 전달하는 것이 아닌, 수많은 사람과 기업들이 뒤섞여 서로 인터랙션하는 관계에서 거짓은 금새 들통 나고 평판은 여지없이 추락한다. 소셜 네트워크에서의 평판은 기업과 개인이 조금씩 쌓아 나가고 항상 투명성을 염두에 두고 만들어 가야 할 가치이다.

보편적인 플러그인으로 발전하는 소셜 네트워크, Universal Plug-in

사람과 사람이 연결되는 것으로 인해 사회가 '작동'해왔다. 인간의 사회성은 기본적 욕구이며 특징인 동시에, 모든 이의 삶 속에서 많은 기회를 만들어내는 원동력이기도 하다. 인터넷과 월드 와이드 웹으로 사람들이 연결되기 시작하자 곧 소셜 네트워크 서비스가 거대한 규모를 이루게 된 것도 이 때문이다. 소셜 네트워크는 특정한 서비스나 상품이 아니라, 사람들에게 있어 기본적으로 필요한 유틸리티(Utility)였던 것이다. 이런 흐름에 맞추어 소셜 네트워크가 넓은 분야에 걸쳐 보편적으로 삽입된다. 소셜 네트워크가 상품, 서비스, 장소 할 것 없이 어디에나 간편하게 추가되는, 플러그인(Plug-in)의 형태로 변화한다.

웹 서비스에 소셜 네트워크가 플러그인의 형태로 더해지면서 웹이 개인화된다. 관계와 연결을 즐기는 사람이라면 한 번의 소셜 네트워크 로그 인만으로 넓은 범위의 웹 서비스들을 자신의 취향대로 접할 수 있는 셈이다. 2010년 4월 21일 공개된 페이스북(www.facebook.com)의 오픈 그래프(Open Graph) 전략이 직접적인 예이다. 주로 듣는 음악 장르, 좋아하는 음식, 즐겨입는 옷 등 사람들은 모두 제 각각의 취향 그래프를 갖고 있다. 페이스북은 이런 그래프들을 기업이 쉽게 수집할 수 있도록 8가지의 소셜 플러그인(Social Plugin)을 제공한다.

기업들이 자사의 상품에 이 플러그인을 붙이면 소비자들은 페이스북에 로그인한 상태에서는 언제든지 그 상품을 추천할 수 있다. 이러한 추천들이 모두 기록으로 남아 그래프가 되며, 오픈 그래프 전략으로 이 그래프들을 분야가 다른 기업들이 서로 공유하여 그 소비자의 취향에 맞는 상품을 권유할 수 있다. 페이스북의 소셜 플러그인을 지원하는 모든 웹사이트들은 페이스북 회원을 맞춤화된 정보로 맞이한다. 그 정보는 기계가 찾는 것이 아니라 많은

—f8 2010 & Social Plugins, Facebook

사람들이 직접 추천하는 소셜 랭킹(Social Ranking) 정보다. 소셜 네트워크 서비스를 사용하는 사람이라면 누구나 대중의 힘을 빌리는 크라우드 소싱(Crowd Sourcing) 방식으로 웹을 개인화할 수 있다.

　플러그인 형태의 소셜 네트워크는 각종 미디어 속에서도 발견된다. BBC, 타임(Time)과 같은 신문들은 매일 등록되는 인터넷판 기사 속에 소셜 네트워크 기능을 사용할 수 있는 버튼을 마련해두고 있다. 기사를 읽은 독자들이 자신의 친구에게 기사의 링크를 알리거나 추천할 수 있도록 하기 위함이다. 이것은 미디어에게 있어 꼭 필요한 '생기'를 불어넣어준다. 매일 일방적으로 방송 콘텐츠를 전송하고 있는 TV에게도 소셜 네트워크는 방송사와 시청자 모두를 활성화시키는 대안이다.

　방송 콘텐츠를 보는 즐거움 중에서도 큰 비중을 차지하는 것은 다른 사람들과 함께 보면서 나누는 대화다. 아는 사람, 가까운 사람을 기반으로 하는 소셜 네트워크는 이런 대화를 크게 증폭시킨다. 즉, 미디어의 플러그인으로 사용되는 소셜 네트워크는 미디어를 위한 촉매제 역할을 수행한다.

　현실 세계에 소셜 네트워크가 더해지고 있는 현상에도 주목해보자. 소셜 네트워크를 실제 생활 속에서 사용하는 일이 상업 분야에서 먼저 시작되고 있다. 의류 기업, 디젤(www.diesel.com)은 2010년 3월, 자사의 샵에 디젤 캠(Diesel Cam)이라는 특이한 피팅 룸들을 설치했다. 새로운 옷을 입은 뒤, 그것의 사진으로 찍어서 페이스북에 올리는 것이다. 고객은 옷을 구입할 때 중요한 변수로 작용하는 친구들의 의견을 소셜 네트워크를 통해 피팅의 현장에서 즉시 획득할 수 있다. 학교, 상점, 병원 등 다양한 장소들을 소셜 네트워크 속에서 찜하는 포스퀘어(Foursqure) 역시 현실 세계에 소셜 네트워크가 플러그인으로 추가되는 사례다.

—**Diesel Cam,** Diesel

참여를 유도하는 새로운 광고 모델, Interactive SNS AD

1990년 대부터 서서히 등장하기 시작한 인터랙티브 광고가 SNS와 만나면서 소비자와 소통하는 광고 시장으로 확대된다. 그 동안 광고는 소비자에게 일방적으로 전달하는 독백과 같았다. Interactive SNS AD는 소비자와의 다양한 소통을 시도하고 그에 대한 반응(Reaction)을 광고의 수단으로 사용한다. 소비자가 바로 광고의 주인공이 되는 것이다. 이것은 광고가 아니라 유희다. 광고처럼 지루하지 않으며, 심지어는 구매할 의지가 전혀 없을 때에도 사람들의 경험을 나누는 것만으로도 즐겁다. 인터랙티브한 요소에 사람들의 참여라는 인간적인 요소가 추가됨으로써 광고에 대한 집중도가 높아지고, 긍정적인 입소문이 이루어진다.

더욱 똑똑해진 소비자들은 더 많은 것을 주입하려는 광고보다는 나의 목소리에 귀를 기울이는 광고를 선호한다. 그들은 이미 관계 맺기에 익숙하기 때문에 지금까지 일방적 매체로 여겨졌던 광고조차도 나와 동등하게 생각한다.

나이키(www.nike.com)는 지난 2010년 남아프리카공화국에서 개최된 월드컵에서 드록바, 칸나바로, 루니, 호나우딩요, 호날두를 메인 모델로 한 광고 프로모션을 전개했다. 하지만 전통적인 스타 마케팅은 이들 스타들의 부진으로 빛이 바랜 반면에 SNS를 활용한 광고 캠페인은 요하네스버그 밤하늘을 밝게 빛냈다. 요하네스버그의 가장 큰 빌딩에 대형 LED 스크린을 설치하고 전세계 네티즌들이 축구 스타들에게 보내는 메시지를 노출했다. 이들 메시지는 페이스북과 트위터 등 남아공과 중국의 SNS 서비스를 통해 수집된 것들이다. 유니클로가 UT 티셔츠 홍보를 위해 트위터를 활용한 것도 이와 비슷한 사례이다. 사이트(www.uniqlo.com/

—**UTweet,** Uniclo

utweet)에 방문한 이용자들은 검색어 창에 자신의 트위터 아이디를 입력함으로써 자신만의 트윗쇼를 만들 수 있다. 또, 그것을 퍼가서 소셜 네트워크 속의 친구들과 함께 즐길 수 있다. 나의 메시지를 보여주는 전광판과 나만의 트윗쇼. 광고의 주인공은 바로 나다.

경험을 바탕으로 한 입소문은 꾸며낸 이야기보다 감동적이어서 전파력이 강하다. 광고에 참여하는 경험은 아직 일반적이지 않다. 그래서 특별한 사람으로 대접받는 것과 같은 만족감을 준다. 비록 직접 참여하지 못하더라도 나와 비슷한 사람들이 광고 속에 등장하는 것을 보는 것만으로도 대리만족한다.

—**Play Live with Iggy Pop,** Orcon Broadband

오르콘 브로드밴드(Orcon Broadband)는 뉴질랜드의 초고속 인터넷 서비스 회사이다. 이 회사는 빠른 인터넷 서비스가 가능하다는 것을 보여주기 위해 유명 가수인 이기 팝(Iggy Pop)과 손을 잡았다. 페이스북(www.facebook.com/orcon)에 직접 연주하는 동영상을 올리면 이기 팝이 스카이프 인터넷 전화로 코치해준다. 그리고 최종 선발된 9명은 이기 팝과 함께 연주할 수 있는 행운이 주어진다. 이기 팝의 연주 코치를 받는 일은 웬만한 실력으로는 힘들다. 하지만 이 광고 프로모션에 참여하면 그러한 경험을 할 수 있다. 이 온라인 오디션은 직접 참여하는 사람은 물론, 영상 아래 댓글로 자신의 의견을 밝히는 사람들까지 광고로 느껴지지 않을 만큼 흥미진진한 이야깃거리를 제공한다. 유튜브에서 오르콘 오디션으로 검색하면 200개 이상의 영상이 검색된다.

투명성과 진정성으로 만들어가는 소셜 네트워크에서의 평판

관계 속에서의 위치, 즉 평판을 통해 개인이나 기업이 평가받는 소셜 네트워크에서 평판 관리는 반드시 필요한 부분 중 하나다. 소셜 네트워크의 빠르고 광범위한, 그리고 제어할 수 없는 확장력 앞에서 기존의 마케팅이나 홍보, 위기 관리 시스템은 더 이상 힘을 발휘하지 못한다. 소셜 네트워크에서 평판을 높일 수 있는 가장 기본적인 방법은 바로 투명성과 진정성이다. 소비자들을 더 이상 한 무리의 집단으로 생각하면 안된다. 소셜 네트워크에서는 기업과 개개의 소비자가 동등한 위치에서 대화하는 것이 기본이다.

소셜 네트워크를 통한 브랜딩에서 중요한 것은 진정성과 투명성이다. 거짓은 소셜 네트워크에서 언젠가 드러난다. 수많은 사람들의 관계를 통해 형성되는 소셜 네트워크는 클라우드 소싱, 바로 집단지성을 통해 거짓을 간파하고 이를 알린다. 소셜 네트워크에서의 평판 관리는 기업이나 개인 모두에게 중요하다. 1인의 블로거부터 전세계적 규모를 가진 기업에 이르기까지, 소셜 네트워크를 통해 퍼져나가는 각종 의견들을 더 긍정적인 쪽으로 이끌어가기 위해 노력해야 한다. 이는 다른 사람의 눈을 통해 자신의 모습을 찾는 행위이며, 동시에 브랜드를 만들고 유지해나가는 방법이다. 소셜 네트워크는 사람들의 즉각적인 반응이 드러나는 곳이다. 이 곳에서 개인과 기업들의 상품, 서비스에 대한 평가는 짧고 주관적일 뿐 아니라 감정 상태까지 여과없이 드러난다. 평가의 시작은 미약하지만 그 파급 속도와 규모가 매우 크기 때문에 결코 무시할 수 없다. 더구나 한 번 시작된 이같은 평가는 누구도 막을 수 없으며, 심지어 평가자 자신이 평가를 받는 상황까지 발생한다. 다시 말해 소셜 네트워크에서는 모든 것이 평가의 대상이며, 여기에는 평가자 자신조차 포함된다.

현실 속에서 개인의 사회적 위치와 평판만큼이나 소셜 네트워크의 관계 속에서의 평판이 차지하는 비중도 높다. 개인들은 인터넷에 뿔뿔이 흩어져 있는 단편적인 정보를 수집하고 재배열 또는 재배치해서 자신과 주변 사람의 관계와 정체성을 확인한다. 현실 속에서와 마찬가지로 소셜 네트워크 속에서의 관계를 통해 자신의 위치와 평판을 만들어가고 또 재확인한다.

MIT 미디어랩의 아론 진만(Aaron Zinman) 박사가 2009년에 발표한 페르소나(persona.media.mit.edu)는 사람의 이름을 통해 인터넷 상에 퍼져 있는 그 사람의 정보를 범주화하고 시각적으로 일목요연하게 보여줌으로써 특정 키워드를 통해 개인의 성향과 개성을 파악한다.

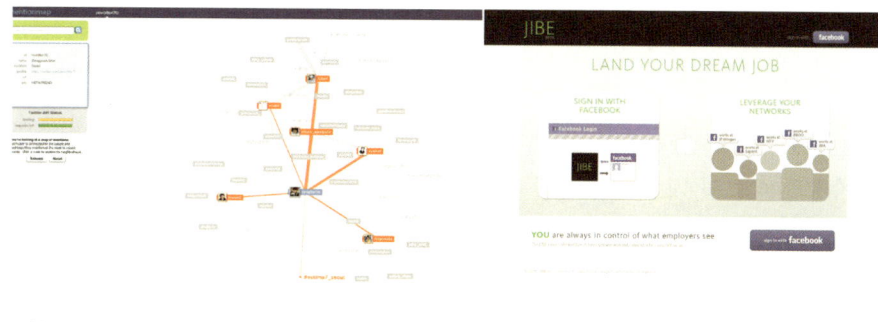

—**Mentionmap,** apps.asterisq.com/mentionmap   —**JIBE,** www.jibe.com

자신의 트위터 아이디를 입력하면 자신과 관계를 맺고 있는 팔로워(Follower)들과의 관계를 그물망을 통해 보여주는 멘션맵(apps.asterisq.com/mentionmap)은 자신과 직접적인 관계를 맺고 있는 사람들 사이의 관계를 복합적으로 보여줌으로써 전체적인 관점에서의 관계맵을 볼 수 있으며, 이를 통해 자신의 정체성을 확인할 수 있다.

소셜 네트워크는 관계를 통해 연결된다는 점을 통해 구직, 구인 활동을 위한 장이 되기도 한다. 자이브는 소셜 네트워크 서비스를 이용한 구인, 구직 서비스다. 이 서비스를 이용하기 위해서는 페이스북과 연동을 신청해야 하며, 직장, 학력사항 등을 페이스북 프로필에 올려놓아야 한다. 이 서비스가 주목 받는 이유는 직업을 소셜 네트워크를 통해 직접 추천받거나 구직 상담을 할 수 있으며, 심지어 페이스북만이 아니라 트위터, 링크드인 등의 다른 소셜 네트워크 서비스와 연계함으로써 입체적인 구직 활동을 할 수 있다는 것이다.

구인, 구직 활동에서 소셜 네트워크에서의 관계가 차지하는 비중은 상당히 크다. 지금까지 구직자의 블로그를 살피던 인사 담당자는 이제는 페이스북의 소셜 그래프, 그리고 트위터의 멘션맵, 구직자가 올린 각종 글과 이에 대한 다른 사람들의 평가까지 함께 확인할 수 있다. 이것은 반대로 구직자도 취업을 하고자 하는 기업의 평판이나 현황 등에 대해 소셜 네트워크를 통해 확인할 수 있다는 것을 의미한다. 기업들에게 얼마나 많은 구직자들이 연결되어 있고 얼마나 지원했는지 바로 알 수 있으며, 이는 소셜 네트워크가 바로 기업에 대한 평가 기준이 된다.

소셜 네트워크로 인해 점점 모든 것이 낱낱이 까발려지고 있다. 기업들이 한 좋은 일, 나쁜 일, 그들의 신제품에 대한 소식에서부터 비밀리에 개발하고 있는 제품들까지 순식간에 퍼져

나간다. 이런 소셜 네트워크 환경에서는 광고로 알리는 행동과 현재 하고 있는 행동을 일치시킬 필요성이 있다. 수많은 사람들이 모여서 구성된 소셜 네트워크는 강력한 감시 시스템으로, 기업이 홍보하는 것과 실행하는 것의 차이를 쉽게 드러낸다.

기업들은 소셜 네트워크나 블로그에 등록된 자사 제품에 대한 평가를 제어하려 하지만, 이는 오히려 역효과를 낳을 가능성이 더욱 크다. 개인으로서 소비자의 힘은 그리 크지 않을지 몰라도, 소셜 네트워크라는 관계 속에 있는 소비자의 힘은 기업이나 혹은 제품의 성패를 좌우할 수 있는 수준의 영향력을 갖추게 된다. 오히려 과정에 이르는 모든 부분을 밝히고 이를 통해 소비자의 심판을 직접적으로 받겠다는 자세가 소비자의 호응을 얻을 수 있다. 최소한 이 기업은 정직하고 소비자의 말에 귀를 기울이는 기업이라는 평판을 얻을 수 있기 때문이다.

앞에서 언급한 투명성과 진정성이 바로 기업이 향후 소셜 네트워크 환경에서 살아남을 수 있는 유일한 길이다. 환경단체 그린피스(www.greenpeace.org)는 2006년부터 친환경적인 기업을 조사하여 순위를 매기고 있다. 친환경적인 가전기업 가이드(Guide to Greener Electronics)에 나타난 기업의 순위에 따른 평판은 친환경이 중요한 트렌드로 대두되면서 소비자들에게 더욱 큰 가치가 되었다. 더구나 그린피스는 이 리포트 작성에 필요한 자료를 공개하지 않는 닌텐도 같은 기업을 제일 밑에 위치시킴으로써 투명성의 중요성을 더욱 크게 강조한다.

개별적인 소비자와 기업이 일대일의 관계를 형성해 나가는 것이 바로 소셜 네트워크다. 여기에서 '의견을 듣는다'는 기업의 행위 자체가 소비자들에게 친밀하고 긍정적인 이미지를 준다. 많은 기업의 CEO들이 트위터 등의 소셜 네트워크를 통해 고객들과 직접적인 교감을 나누고 있다. 예로 들어 일본 소프트뱅크의 손정의 회장은 트위터를 통해 불만을 토로하는 고객의 불만 사항에 대해 바로 사과하고 시정 조치를 내리는 등 소셜 네트워크를 적극적으로 활용하고 있는 것으로 알려져 있다.

지금까지 기업의 평판 관리는 지금까지 기업에서 마케팅이나 PR의 한 요소로 생각해 왔다. 그러나 소셜 네트워크를 통한 기업의 활동은 마케팅이나 PR 측면이 아닌 위기 관리의 측면이 아닌 위기 관리의 측면에서도 검토가 필요하다. 기업의 모든 활동에 소비자가 관심을 보이고, 이를 지켜보고 있다고 생각해야 한다. 이런 면에서 소셜 네트워크를 통한 평판 관리는 마케팅이나 PR 부서에서 다룰 수 있는 수준을 넘어서고 있으며, 최소한 임원급에서 기업 전반에 걸친 평판 관리를 책임져야 한다는 말이 된다. 다시 말해 CRO(Chief Reputation manage-ment Officer)와 같은 임원급 직원이 전반적인 권한을 갖고 기업 브랜드의 핵심이 되는 평판을 관리하게 될 것이다.

02

군중들의 관계가 만드는 더욱 큰 가치
CROWDSOURCING

개인이 모여 집단을 이뤘을 때의 가치는 개인 각자의 가치의 합보다 크다. 맷칼프의 법칙은 Crowd Sourcing에서 극명하게 드러난다. '바로 네트워크의 가치는 노드 수의 제곱에 비례한다'는 것처럼 군중의 힘은 개인의 능력의 합을 훨씬 상회하는 가치를 갖는 것이다.

소셜 네트워크가 미디어의 역할을 하고 있는 것도 바로 이런 Crowd Sourcing의 힘이다. 개인들의 신변잡기, 주위에서 일어난 일, 간단한 생각을 정리한 글이 모여 하나의 커다란 미디어 풀을 형성하고, 이 중에서 내가 관심을 갖고 있는 것, 혹은 내 주위 사람들이 관심을 갖고 있는 부분이 자연스럽게 내게 전달됨으로써 개인화된 미디어가 되는 것이다.

Crowd Sourcing을 통한 미디어는 누구의 통제도 받지 않는 투명하고 정제되지 않는 생생한 소식을 알려주는 투명한 미디어일 뿐 아니라, 지금 지구 반대편에서 일어나고 있는 일까지도 실시간으로 알려주는 실시간 미디어의 역할을 한다.

Crowd Sourcing은 군중을 모으기가 편리한 온라인에서 시작됐지만, 오프라인의 생활 속으로 들어오면서 더욱 강력한 힘을 발휘한다. 특히 모바일 환경을 통해 온라인과 오프라인이 서로 연결됨에 따라 이런 오프라인 크라우드소싱의 힘은 더욱 극대화된다. 지금 살고 있는 지역이나 관광지에서의 세세한 정보는 물론이고 모바일 단말에 적용된 센서를 통해 교통상황이나 공해 감시와 같은 공공적인 목적으로까지 발전해 나간 것이다.

군중들의 마이크로 인터랙션으로 완성되는 미디어, Crowd Media

Crowd Media는 어느 개인이나 단체가 단독으로 만드는 것이 아닌, 수많은 사용자들의 참여를 통해 만들어지는 미디어다. 따라서 기존 미디어와는 많은 점에서 차이가 있다. 다양한 시점에서 정보를 파악할 수 있게 함은 물론, 실시간으로 가공되지 않은 무궁 무진한 정보를 얻을 수 있다. 반면 대량의 정보가 무수히 오가는 SNS를 기반으로 하고 있기 때문에 기존과는 다른 방식의 소비 패턴이 필요하다. 바로 사용자가 원하는 정보만 선택적으로 받아들이기 위한 검색과 추천이 바로 그것이다. 모바일과 소셜 네트워크의 매시업에 의해 파생된 Crowd Media는 미디어 콘텐츠의 생성에서부터 유통과 소비에 이르는 많은 과정에서 변화를 가져 올 수밖에 없는 이유가 바로 이것 때문이다. 다음 세대의 미디어로 자리잡고 있는 Crowd Media는 새로운 미디어의 등장과 기존 미디어의 변화를 함께 가져오면서 우리 삶 속으로 파고 든다.

지금까지 미디어는 수많은 정보 중에서 대중들이 알고자 하는 것을 선별하고 정리, 가공해서 보여주는 역할을 해왔다. 하지만 이제는 SNS를 기반으로 수많은 사용자들이 각각 채널의 역할을 하기 때문에 선별되거나 가공되지 않은 정보가 대량으로 유통된다. 또한, 웹이나 검색까지도 미디어의 역할을 하게 됨에 따라 기존의 미디어라는 정보 채널은 무한히 넓어진다. 따라서 기존의 미디어와는 완전히 다른 접근 방식을 사용해야 한다. 휴대폰은 더 이상 음성 커뮤니케이션을 위한 수단이 아니다.

모바일 환경과 SNS의 매시업은 SNS를 미디어화하는 데 크게 일조한다. 수많은 사람들에 의해 생성되고 전달되는 SNS의 특성에 현장에서 즉시라는 새로운 가치가 더해지면서 기존 미디어를 위협하는 새로운 미디어로 부상한다. 새로운 미디어의 특징은 바로 Crowd Media라는 점이다. Crowd Media는 어느 한 기업이나 단체, 혹은 한 사람의 힘에 의해 좌우되지 않고, 전체 대중이 추구하는 방향으로 나가는 것이 특징이다. 수많은 소수의 다양한 목소리가 모여, 서로를 견제, 검증해가며 방향을 설정해나가는 것. 그것이 바로 Crowd Media이다. 수많은 목소리가 합쳐져 만들어지는 Crowd Media의 가장 큰 특징은 다양성이다. 무수히 많은 정보 중에서 내가 원하는 정보만을 찾는 것이 또 다른 문제로 등장함에 따라 검색과 추천이 새로운 미디어 활용의 키 포인트가 된다. 나의 취향, 위치, 관심사에 초점을 맞춰 정보를 검색,

또는 추천에 의해 개인화함으로써 Crowd Media는 새로운 미디어의 시대를 연다.

이미 많은 뉴스 서비스들이 자신이 사는 지역을 지정하거나, 혹은 모바일 단말의 GPS를 통해 사용자의 위치를 파악해 사용자가 바로 접하게 될 문제에 대한 정보를 우선적으로 제공하는 서비스를 제공하고 있다. 지역 기반의 뉴스 서비스인 유어타운(yourtown.pressdemo-crat.com)은 미국과 캐나다의 80개 도시에 대한 뉴스를 제공하며 자동화된 알고리즘을 사용하여 지역이나 사건과 관련있는 다른 콘텐츠, 블로그 등을 알려준다. 이런 지역 관련 뉴스는 특히 날씨나 재해, 그리고 실제 생활에 직접적인 영향을 주는 사건, 사고 등의 내용을 주로 담게 된다. 혹은 트렌드맵(trendsmap.com)과 같이 특정 지역에서 어떤 내용이 화제로 떠오르고 있는지 직관적으로 알 수 있는 서비스도 있다. 반면, 취향 기반의 뉴스 서비스는 개인적인 관심사, 직접적인 일과 관련이 있는 내용 등이 메인이 된다. 토픽파이어(www.topicfire.com)는 사용자들의 관심사를 몇 개의 카테고리로 나눠, SNS에 자주 언급되는 내용을 제공하는 뉴스 서비스다. 이를 통해 특정 카테고리에서 사람들에게 가장 많은 관심을 갖는 내용이 어떤 것인지 쉽게 파악할 수 있다. 이는 향후, 사용자가 주로 찾는 검색어, SNS에 올리는 글 등을 통해 사용자의 취향을 분석해 추천할 수 있는 서비스로 발전해나갈 것이다. 이미 트위터나 페이스북, 링크드인과 같은 소셜 네트워크 서비스업체들은 사용자와 관계를 맺고 있는 사람들을 통해 새로운 인맥을 추천하는 서비스를 제공한다. 이것은 사용자의 주변에서부터 검색을 시작하는 Surround Finding과 일맥 상통한다.

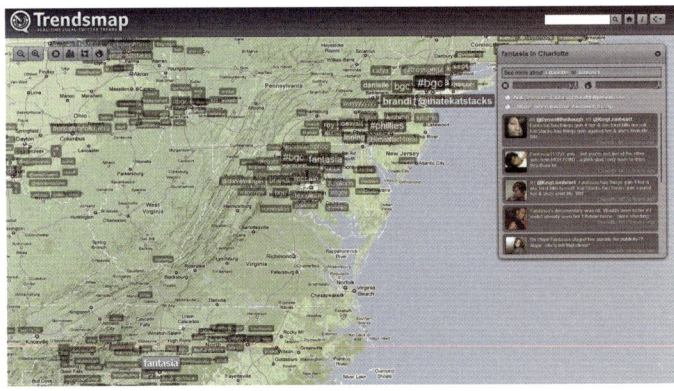

—**Trendsmap,** Stateless Systems

웹이 처음 등장했던 시기의 파급력만큼이나 강력하게 사회에 침투해 커뮤니케이션 수단으로 그리고 미디어로 발전해나가고 있는 SNS는 사용자의 개인적인 취향과 선호도가 직접적으로 드러남으로써, 개인화된 미디어 채널의 역할을 한다. 특히 항상 사용자의 곁을 지키고 있는 모바일 단말과 SNS가 만남으로써 더 개인화된 서비스가 가능해진다. 모바일 단말, 그리고 SNS는 사용자의 관심사, 취향 등이 직접적으로 반영됨에 따라, 이를 분석함으로써 사용자의 취향과 원하는 정보를 인식하고, 개인화된 정보를 추천한다. 더구나 소셜 네트워크는 기존의 미디어가 할 수 없었던 실시간 뉴스 제공이 가능하다.

SNS가 모바일 단말로 들어감으로써, SNS는 소셜 매거진으로 재탄생하고 있으며, 사용자와 가장 가까운 미디어로 자리잡는다. 플립보드(www.flipboard.com)와 같은 새로운 형태의 미디어 제공 방식은 SNS를 통한 미디어 콘텐츠를 보는 방식을 바꾼다. 기존과 동일한 SNS 콘텐츠이지만, 이를 잡지와 같은 형식으로 보여줌으로써, 나만의 개인화된 소셜 매거진이 되는 것이다.

미디어는 변화의 기로에 서 있다. 신문과 잡지, 방송과 같은 기존 미디어의 영향력이 약해지고, 웹과 검색, SNS와 같은 새로운 미디어가 등장하면서 이같은 미디어를 대하는 사용자의 태도, 그리고 활용하는 방식에도 변화가 생기고 있다. 우선 가장 큰 변화는 수많은 미디어 채널을 개개인이 원하는 범위 내로 한정하는 것. 그리고 꼭 필요한 정보는 사용자에게 바로 추천해줄 수 있는 지능이 필요해지고 있는 것이다. 모바일 단말이 새로운 미디어 채널을 위한 단말로 떠오르고 있는 것은 바로 이런 점 때문이다. 예를 들면 구글 TV는 TV를 보는 새로운 방식을 제안한다. 미리 구성된 채널을 이리저리 옮기는 방식이 아니라 검색을 통해 원하는 정보와 콘텐츠를 찾고, 즐긴다. 또한 유튜브와 같은 SNS 서비스가 새로운 방송국의 역할을 하면서 무수히 많은 사용자가 각각의 채널이 된다.

이같은 수많은 채널은 국지적인 재해, 재난 사고 상황에 커다란 파급 효과를 갖고 온다. 재해나 재난 상황을 여과없이, 그리고 즉시 보여줄 뿐 아니라 수많은 사람들의 참여를 통해 기존 미디어들이 보여주지 못하던 다양한 측면에서 이를 확인할 수 있다. 지난 아이티 지진 사태와 같은 경우에도 일반 개인들이 SNS를 통해 제공한 수많은 현장 사진과 상황 보고 내용들이 사람들에게 직접적으로 알려져 화제가 된 바 있었던 것도 Crowd Media의 파급력을 보여주는 좋은 예다. 트위터를 통해 샌프란시스코 인근의 지진 소식을 전해주는 SFUSGS(@sfusgs)도 지진 발생을 실시간으로 위치 정보와 함께 알려주는 미디어의 역할을 한다.

Crowd Media는 필연적으로 미디어의 변화를 가져온다. 미디어를 보는 방식, 구성하는 방식의 선택권이 자연스럽게 사용자에게로 넘어가는 것이다. 사용자가 바로 편집권을 갖게 됨에 따라 기존 미디어가 보여주고가 하는 방식으로 보는 것이 아니라 사용자가 보고자 하는 방식으로 콘텐츠를 즐길 수 있다.

모바일과 매시업을 통해 오프라인으로 확장되는 크라우드소싱

크라우드소싱은 더 이상 온라인 상에서만 이루어지지 않는다. 온라인 상에서의 크라우드소싱의 파급효과는 너무나도 커졌고 이제는 그 영향력이 오프라인까지 미친다. 스마트폰의 높은 보급율과 그에 따라 언제든지 웹에 접속하고 GPS를 통해 위치정보를 확인할 수 있는 Always Connected 환경이 갖추어졌기 때문이다.

주차할 곳을 찾을 때 크라우드소싱을 통해 주차장의 빈 곳을 찾아냄으로써 시간과 돈을 절약한다. 구글(www.google.com)의 안드로이드폰용 앱인 파인드 엠티 파킹 스팟(Find Empty Parking Spot)은 크라우드 소싱을 통해 반경 0.9마일 이내의 주차장에 빈 자리를 표시해주는 기능을 가지고 있다. 주차장에 빈 자리가 생기면 5분 이내면 빨간색으로, 10~20분이 지나면 노란색으로 표시된다. 이 애플리케이션을 통해 주차할 공간을 직접 하나씩 이동하며 확인하지 않아도 되기 때문에 번잡한 시내에서라면 시간과 비용을 크게 절감할 수 있다.

빈 공간을 찾아주는 크라우드소싱 서비스는 오프라인의 많은 장소에서 응용될 수 있다. 주차장 같은 장소는 물론, 넓고 사람이 붐비는 놀이동산이나 건물 맨 위층에 있는 커피숍, 점심시간에 레스토랑 찾기 등 다양한 분야에 적용할 수 있다. 이 서비스가 발전되면 주차장 입구에서 자동으로 주차 공간의 수를 체크하여 전송하거나 주차를 하고 다시 빠져나가는 행위를 통해 자동차가 직접 정보를 전달하는 방식으로 발전할 수 있으며, 이를 통해 크라우드소싱 서비스는 더 정교하고 간단하게 우리 생활 깊숙히 파고든다. 자연에서 야생 식물과 맞닥뜨렸을 때에도 크라우드소싱이 유용하게 사용된다. 안드로이드 버전으로 테스트 중인 보스코이

(Boskoi) 애플리케이션은 GPS와 지도를 활용하여 야생 식물 중 먹을 수 있는 식물과 위치를 알려준다. 먹음직스러운 과일을 발견했다고 해도 이것이 과연 먹어도 괜찮은 것인지 모를 때는 보스코이의 크라우드소싱을 통해 정보를 얻고 또 내가 발견한 것을 추가해 놓을 수도 있다. 크라우드소싱과 같은 첨단 기술과는 동떨어져 보이는 야생의 환경에서도 크라우드소싱의 힘을 빌린다. GPS와 맵, 그리고 크라우드소싱이 연결됨으로써 오프라인에서도 유용한 정보를 공유할 수 있다.

크라우드소싱으로 인하여 오프라인의 각종 정보를 얻을 뿐 아니라 자동차와 같은 디바이스에서도 직접적으로 메시지를 얻는 것이 가능하다. 포드자동차(www.fordvehicles.com)에서 소개한 2011년형 피에스타(Fiesta) AJ는 스스로 트위터에 메시지를 전송한다. 아직은 차의 위치, 속도, 교통상황, 안전에 관한 정보 등 단순한 메시지를 보내는 수준에 불과하지만 앞으로 수많은 자동차들이 이러한 기능을 갖게 된다면 수많은 자동차들이 전송하는 메시지를 크라우드소싱해 도로의 정체, 사고, 공사 등의 정보까지도 파악할 수 있게 된다. 이제는 자동차들이 전송하는 메시지가 모여 도로의 상황, 혹은 환경 모니터링을 위한 도로 위를 움직이는 센서로 활용할 수 있다.

—**Find Empty Parking Spot,** Google

—**Boskoi,** FoAM

제품과 환경, 사람 사이의 관계로 만들어지는
METASOCIALIZING

———————

제품과 서비스에 소셜 네트워크 속성(Social Network Attribute)이 들어간다. 이로 인해 제품들은 더 이상 감정없는 무생물이 아니라, 사람과 대화를 나누는 일종의 친구가 된다. 제품들이 자신의 연결망을 통해 사람들에게 새로운 경험과 편의를 제공하고, 여러 서비스들 또한 소셜 네트워크의 특성인 '참여 구조'의 적용으로 인해 더 적극적이고 활발한 모습으로 변화한다.

Metasocializing은 제품, 서비스에 소셜 네트워크 속성을 더하는 것이다. 어떤 제품이 Metasocializing되면 그 제품은 새로운 연결성(Connectivity)과 생동감(Liveliness)을 갖는다. Metasocializing된 서비스는 사람들의 더욱 적극적인 참여(Participation)를 유도한다. 그리고 사람들을 내면적으로 연결하던 소셜 네트워크가 제품, 서비스에까지 확장되면서 방대한 적용성(Applicability)을 낳는다. Metasocializing은 사람과 제품의 관계를 새롭게 정의한다. 제품들이 서로 네트워킹되며 마치 살아있는 것처럼 사람들과 인터랙션하는 세상. 생활에서 흔히 사용되는 물건들이 마치 사람처럼 수다를 떤다고 생각해보라. 어쩌면 소음으로 느껴질지도 모르지만, 잠시만 귀를 기울여보면 그 수다들 속에서 감성적 경험과 편의 향상을 발견할 수 있다.

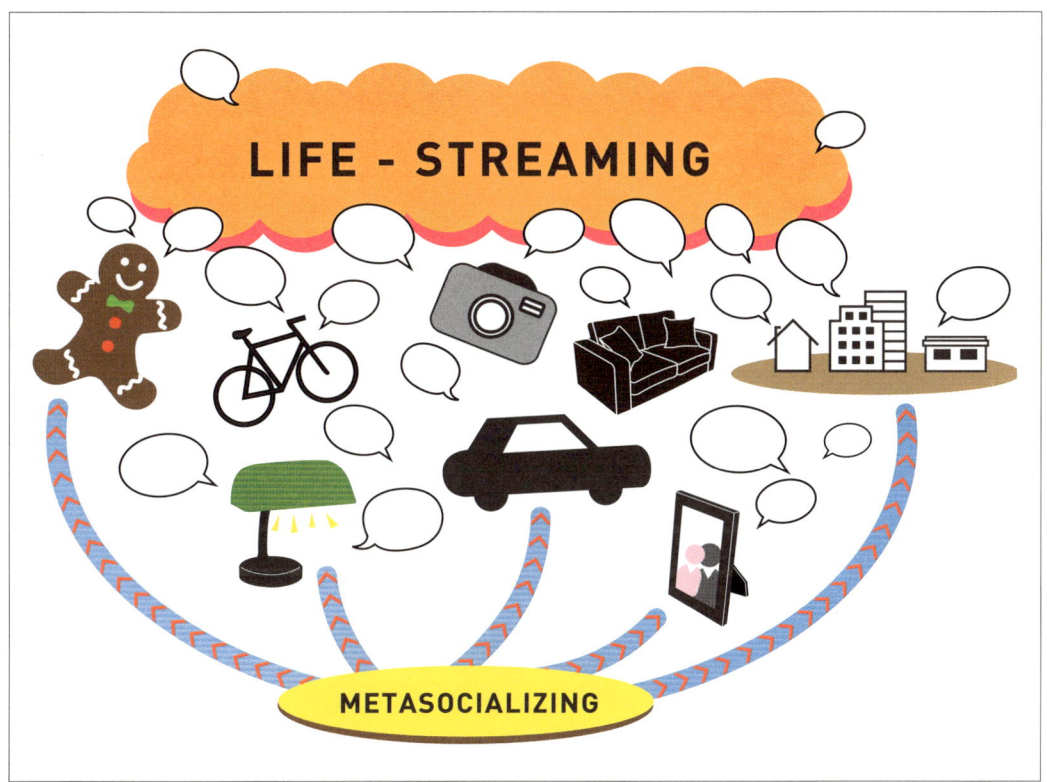

—**METATREND Vol.11** Metasocializing

생활 속의 제품들이 만드는 소셜 네트워크

연결성을 얻은 제품들은 자신이 가진 데이터를 서로 교환한다. 이는 거의 실시간으로 이뤄지며 무선 인터넷뿐만 아니라 근접 통신 방식으로도 가능하다. 주변에 같은 종류의 제품이 있으면 즉시 연결을 시도하는 것으로, 사용자가 허락만 해놓으면 별도의 과정 없이 제품 간의 교류가 시작된다. 닌텐도(www.nintendo.com)의 차세대 게임기인 3DS는 제품이 슬립(Sleep) 모드에 있는 동안에도 끊임없이 연결을 시도한다. 집 안에서는 스스로 인터넷에 접속해 새로운 업데이트를 다운로드하며, 사용자가 외출해서 기기를 가방에 담고 다니는 상황에서도 주변의 다른 3DS를 인식하고 정보를 나눈다. 센서를 가진 제품들도 연결성을 갖는다. 주변 정보를 수집할 수 있는 기기들이 서로 연결되는 것인데, 달리 표현하면 사람이 아니라 제품들이 참여하는 크라우드소싱(Crowdsourcing)이라고 할 수 있다. 예를 들어 NTT 도코모(www.nttdocomo.com)가 공개한 가든 센서는 화분이나 정원에 꽂아두면 식물에게 필요한 수분의 양이나 햇빛의 강도 등을 측정한 후, NTT 도코모의 데이터베이스에 등록한다. 이데이터를 가드닝 전문가가 본 후, 화분 주인에게 여러 가지 지침을 보내준다.

아무 제품이나 Metasocializing되는 것은 아니다. 사람과 교류할 필요가 있는 제품들, 특히 사람들의 라이프-스트리밍(Life-Streaming)과 연관된 제품들이 우선시된다. 이미 인터넷 접속 기능이 추가되고 있는 디지털카메라부터 자동차, 가구 등을 들 수 있다. 사람으로 하여금 감성적 반응을 조금이라도 일으키게 하는 제품이라면 Metasocializing의 타겟이 된다. 소셜 네트워크 속의 수많은 글, 사진, 영상들이 대부분 주변 사물에 대한 감상을 다루고 있음을 기억하라.

장소 또한 일종의 제품이다. 사람들 사이에서 강한 연결 고리로 자리잡은 위치 기반 서비스들이 그 근거다. 그렇다면 특정 장소에 연결성을 부여해 소셜 네트워크에 참여시키는 것도 가능하다. 장소(또는 위치 정보)를 소셜 네트워크의 구성원으로 만들고 사람들과 교류하도록 만드는 것이다. 이를테면 트위터 아이디를 가진 어떤 공원이 "날이 갈수록 아이들이 많이 찾아오고 있어요. 빨리 잔디밭 보수가 끝났으면 좋겠군요."라고 트윗을 올린다. 이것은 공원 운영자나 봇(Bot)이 입력한 글이지만 공원을 팔로우하는 사람들은 그 공원 자체와 교류하는 듯한 느낌을 받는다.

사람들간의 감성적 교류를 목적으로 하는 제품들도 Metasocializing된다. 모바일 디바이스가 아니라 주변의 친숙한 물건들을 통해 다른 사람과 교류하는 셈이다. 조명이나 장난감, 액자같은 생활 물품으로 소셜 네트워킹할 수 있다. 조명은 빛의 깜빡임으로, 장난감 인형은 음성이나 움직임으로 소셜 네트워크 속 메시지를 전달한다. 액자에서는 끊임없이 이웃들이 올린 사진과 메시지가 떠오른다.

—**Garden Sensors,** NTT Docomo

—**Autonomous Car,** Autonomos-labs Freie Univ.

차량들이 Metasocializing을 거치면서 소셜 비히클(Social Vehicle)로 변화한다. 자동차, 자전거, 오토바이 등 지금 이 순간에도 사람들을 실어 나르고 있는 차량에게 연결성이 부여된다. 무엇보다 차량들의 동력원이 전기로 전환됨에 따라 교통 수단이 소셜 네트워크에 포함되기가 더욱 쉬워진다. 대용량의 배터리를 지닌 전기 차량은 사람들의 모바일 라이프에 있어 움직이는 단말기이며 종합적인 엔터테인먼트 머신이기도 하다. 연결성을 확보한 소셜 비히클은 사람과 함께 세상의 곳곳을 돌아다니며 체크인(Check-in)하는 '대형 모바일 디바이스'가 된다. 또한 위치 기반 서비스와의 긴밀한 관계를 통해 넓은 범위의 서비스 디자인이 가능하다. BMW(www.bmw.com)의 미니 스쿠터 'E'는 전기 스쿠터와 스마트폰의 결합을 통해 만들어진 Social Vehicle의 예다. 이 스쿠터는 계기판 중앙에 자리잡은 아이폰을 통해 시동을 걸고 속도를 보며 음악을 듣거나 맵 내비게이션을 쓸 수 있는데, 소셜 비히클은 이보다 더 나아가 차량간의 소셜 네트워크를 통해 교류한다. 주변 상황을 판단해서 어느 길이 막히는지 다른 차량에게 알려주거나 차량 주인들이 쉽게 모여서 그룹 주행을 할 수 있도록 안내원 역할을 해도 좋을 것이다. 또는 근방의 인기도가 상승 중인 음식점을 찾아내서 직접 길을 안내해줄 수도 있다.

교통 수단의 정보를 공유하는 ITS(Information Transport System) 역시 소셜 비히클의 중요 요소다. 독일의 프리 대학(Freie University)이 공개한 무인 택시 시스템은 아이패드 앱으로 택시를 부르고 택시가 얼마나 왔는지 실시간으로 보여준다. 모바일 디바이스와 차량의 연결로 인해 새로운 서비스가 만들어진 셈이다. 차량, 운전자, 다른 기기에까지 뻗어나가는 연결이 소셜 비히클의 방대한 응용 가능성을 만든다.

사람과 친구 관계를 맺는 제품

Metasocializing된 제품은 생명체와도 같은 생동감을 갖는다. 사람과 교류할 수 있는 능력은 무생물에게 생기를 불어넣는 강력한 힘이다. Metasocializing의 범위가 확대될수록 사람이 반응을 주면 '응답'하는 제품들의 수도 증가한다. 제품의 응답은 사람들이 쓰는 텍스트나 이미지뿐만 아니라 감각으로도 이뤄진다. 소리, 빛, 감촉, 움직임 등으로 자신의 의사를 표현하는 것이다. 스스로 말하고 움직이며 사람과 교류할 수 있는 물건은 더 이상 무생물이라고 볼 수 없다. 이로 인해 제품과 사람의 관계가 새롭게 정의된다.

EOS 매거진(www.eosmagazine.eu)은 나무에 생동감을 불어넣는 방법으로 소셜 네트워크를 선택했다. 그들은 브뤼셀(Brussels)의 길거리에 서있는 100살짜리 가로수 한 그루에 공기 오염도 측정 장비와 웹캠, 마이크, 기상 관측 장치 등을 붙여서 나무가 느끼는 여러 요소들을 트위터, 페이스북, 플릭커 등의 SNS에 등록할 수 있게 했다. 말하는 나무의 웹사이트(talking-tree.com)에서는 지금도 나무가 직접 기록한 사진, 영상, 소리들이 업데이트되고 있다. 이것은 환경 보호의 메시지 못지 않게 깊은 감정 이입을 불러일으킨다.

생활 속 제품을 친구로 만들고자 하는 사람들의 욕구가 점차 드러난다. 사람의 감정을 제품에 이입시키는 방법으로 Metasocializing을 사용한다. 간단한 예로 누구나 어릴 때 접하게 되는 곰 인형을 생각해보자. 많은 이들이 솜털뭉치에 불과한 물건과 체온을 나누고 대화를 해보았을 것이다. 후지쯔(www.fujitsu.com)가 공개한 곰 인형 로봇은 각종 센서를 통해 사람의 손길을 느끼고 코 부분에 들어 있는 카메라로 상대방의 얼굴을 본다. 이 곰 인형은 사람이 미소를 지으면 웃으면서 손을 흔들며 답해주고 몸을 쓰다듬으면 기쁜 듯이 소리를 낸다. 이것에 소셜 네트워크 속성이 추가된다면 사람과의 내면적인 교류까지 가능해진다. 제품에게 인격을 부여하는 셈이다.

—**Talking Tree,** EOS Magazine

교류의 깊이는 사람마다, 제품마다 달라진다. 사람이 제품을 절대 없어서는 안 되는 가족처럼 여길 수도 있지만, 지금의 소셜 네트워크 서비스에서처럼 단순한 팔로워(Follower) 관계가 될 수도 있다. 조금 더 느슨하고 자유로운 연결이다. 보룬 양이 만든 전기 자동차의 컨셉 디자인 미오(Meo)를 보면 반려동물이 떠오른다. 미오는 사람 1명과 짐을 실을 수 있는 크기이며 주인을 공원까지 태워준 후 주인이 내려서 조깅을 시작하면 그 뒤를 졸졸 따라온다. 주인이 쇼핑할 때 짐을 들어주는 파트너이며 주인이 원할 때는 노래를 불러준다. LED로 눈 모양을 표시해서 자신의 감정을 표현할 때도 있다. 생각해보면 사람이 다른 사람과 친분을 맺는 것보다도 제품과 친구 관계를 맺는 쪽이 더 쉽지 않은가. 미오와 같은 컨셉의 제품들은 사람과 늘 함께 있으며 친구를 억누르거나 따돌리는 일이 없기 때문이다.

—**Meo Auto Pet,** Bolun Yang

서비스 디자인의 개념을 바꾸는 소셜 네트워크

서비스에 대한 Metasocializing이 참여형 서비스의 확장을 불러온다. 엄밀히 말하면 기존의 참여형 서비스에 소셜 네트워크의 중요 속성인 실시간 교류, 명예욕, 성취감, 강한 전파력, 다양한 아이디어들이 적용되어 더 높은 수준의 서비스가 탄생하는 것이다. 소셜 네트워크는 이제 서비스 디자인에 있어서 1순위로 다루어야 할 요소가 된다.

Metasocializing된 서비스의 사례로 뉴욕 맨해튼의 패스트 푸드점인 4푸드(4food.com)를 살펴 보자. 이 곳에서 판매되는 햄버거는 소비자들의 참여로 인해 매우 특별한 상품으로 진화한다. 일단 이 곳에서는 모든 주문이 아이패드로 이뤄진다. 4푸드는 햄버거의 구성 재료 선택을 모두 소비자에게 맡기며, 소비자가 직접 햄버거 메뉴를 고안하고 이름을 붙여 SNS에 올릴 수 있다. 이런 스페셜 메뉴가 인기를 얻으면 실제 매장 판매가 시작되고 그 메뉴를 만든 소비자에게 판매금의 25%가 돌아간다. 4푸드는 소비자에게 햄버거의 메뉴 선택권에 더하여 개발 권한까지 넘겨준다. 또한, 소비자가 설계한 제품을 소셜 네트워크를 통해 알리고 인정받을 수 있는 환경을 마련한다. 유니클로(www.uniqlo.com)는 참여 그 자체를 서비스로 만든다. 유니클로 대만 지점이 오픈할 당시 진행된 럭키 라인(Lucky Line) 이벤트가 그것이다. 유명한 상점이 처음 오픈할 때 사람들이 길게 줄을 서서 기다리는 경우가 많은데, 유니클로는 이것을 웹에 옮겨 왔다. 사람들이 트위터나 페이스북 계정으로 로그인하고 메시지를 입력하면 웹 사이트 오른쪽으로 작은 아바타 캐릭터가 줄을 서는 것이다. 유니클로 브랜드와 이벤트 경품에 관심을 가진 사람들이 이 줄에 참여하기 시작했고 그 후 럭키 라인 이벤트는 약 65만명 이상의 사람들을 끌어모았다. 이는 소셜 네트워크를 활용한 참여형 서비스와 이벤트 요소를 조합한 결과다.

참여형 서비스를 큰 규모로, 대중적으로 구현할 수 있는 플랫폼이 스마트 TV다. 스마트 TV는 PC나 모바일 디바이스보다 넓은 연령층이 사용하는 가전 제품이며 연결성을 갖고 있다. 즉, 스마트 TV에 대한 Metasocializing은 새로운 소셜 채널(Social Channel)을 확보하는 것과도 같다. 방송 콘텐츠를 전달하는 쪽과 받아들이는 쪽의 양방향 교류를 통해 사람들의 참여가 이뤄진다.

시청자들은 이미 방송 콘텐츠를 중심으로 소셜 네트워크를 구축하고 있다. 방송 콘텐츠 속에서 발견된 소재에 대해 서로 정보를 나누거나 뒷 이야기를 하는 것이다. 단, 이것이 TV가 아니라 별도의 랩탑이나 모바일 디바이스를 통해 이뤄지고 있다. Metasocializing된 스마트 TV는 실로 다양한 혼합이 가능하다. 예를 들어 방송에 등장하는 장소들의 위치 정보를 실시간으로 알려주면 그 곳으로 사람들을 불러모을 수 있다. 방송 출연자들의 위치 정보를 시청자들이 추적하는 쇼 프로그램은 어떤가. 방송 콘텐츠와 게임 역학을 더하는 것도 효과적인 서비스가 될 수 있다. 재미있는 활동을 즐기고 그 후 심적, 물적 보상을 얻을 수 있는 게임은 사람들을 스스로 방송 프로그램에 참여하도록 만들 것이다.

메타트렌드의 앱프레소 컨셉 디자인은 기존의 커피 머신을 Metasocializing한 것이다. 기기가 개인의 커피 취향을 기억하고 그에 맞는 음악을 틀어주는 것은 물론, 소셜 네트워크를 통해 다른 사람들의 커피 취향을 서로 교환하고 평가받을 수 있다. 정기적으로 유지 보수 사항을 체크해야 하는 제품들에게도 Metasocializing이 효과적이다. 자동차가 운전자에게 오일을 교체해달라며 주인에게 트위터 멘션(Mention)을 보낸다고 생각해보라. 이렇듯 Metasocial-izing은 광범위한 적용성을 갖고 있으며 제품의 기능이나 실용성에도 변화를 준다.

—**METATREND,** Appresso

오프라인 경험의 온라인 동기화, Connected Sports

오프라인에서 벌어지는 스포츠 활동의 각종 기록들이 디지털의 정보로 기록되고, 온라인과 동기화된다. GPS가 주는 위치 정보, RFID와 같은 센서들, 스마트폰 등으로 스포츠를 즐기는 사람들이 서로 연결되는 것이다. 이러한 Connected Sports가 퍼져나갈수록 스포츠는 더 이상 단순한 신체활동으로 그치지 않고, '새로운 경험'이 된다. 자신의 스포츠 활동에 대한 기록이 다른 사람들과 공유, 비교되므로 사람들은 남들보다 더 나은 기록을 내기 위해 더욱 노력하며, 여기에 더해지는 온라인 게임 요소들 또한 강력한 의욕 촉진제 역할을 한다.

오프라인의 경험들을 그대로 캡쳐한다. 혼자서 하는 스포츠든 단체 종목이든 상관 없이 디지털 데이터로 전송, 저장된다. Connected Sports를 즐기는 사람들은 센서가 기록해놓은 데이터를 통해 자신의 운동량과 기술 수준을 자세히 알 수 있으며, 그것을 온라인으로 공유하여 친구들에게 알리고 평가도 받는다. 미국 콜로라도의 베일 리조트(Vail Resorts)가 시행 중인 서비스, 에픽믹스(www.snow.com/EpicMix/Home.aspx)는 사용자가 슬로프에 오르는 순간부터 어떠한 코스를 이용했는지 자동으로 저장되며 코스를 타고 내려오면서 에픽믹스의 핀을 모아 포인트를 쌓을 수 있다. 자신이 모은 포인트나 활동량은 에픽믹스 애플리케이션을 통해 스마트폰이나 PC로 확인할 수 있으며, 가족과 친구들과 비교해볼 수 있다. 또, 에픽믹스 애플리케이션은 페이스북 계정과 연결되어 있어서 친구들과 쉽게 정보를 공유할 수 있다. 오프라인에서 행해진 스포츠 활동을 디지털 데이터로 남기고 그것을 소셜 네트워크로 공유하는 행위는 기존의 활동에 새로운 사용자 경험을 추가한다.

—**ExicMix,** Vail Resorts

Connected Sports는 스포츠에 있어서 무척 중요한 의욕 관리 시스템이다. 먼저 자신의 운동 데이터가 웹에 올려져 공유 된다는 사실이 상대방과 자신을 비교하는 경쟁 심리를 일으키며, 소셜 네트워크 속의 친구나 스포츠 클럽 동료들로부터 계속 등록되는 운동 기록을 보면서 마치 프로 스포츠팀에서 느끼는 듯한 의욕을 느낀다. 스포츠 트래커인 엔도몬도(www.endomondo.com) 애플리케이션도 이러한 경쟁 심리를 적극적으로 자극한다. 엔도몬도는 스마트폰을 통해 자신의 러닝, 사이클링 등의 운동을 트래킹하여 맵에 표시하고 결과를 분석해준다. 강화된 소셜 기능으로 다른 동료와 함께 팀을 구성할 수 있으며 친구와 랭킹 경쟁할 수 있다. 또한, 라이브 맵 기능을 통해 실시간으로 친구들이 어느 위치에서 달리고 있는지도 확인할 수 있다.

다른 사람과 경쟁 하고 그것이 랭킹으로 표시된다는 것은 강한 경쟁 심리를 불러일으키며 힘든 운동을 계속하게 만드는 의욕 촉진제이다. 이것은 마치 오프라인에서 실시간으로 벌어지는 온라인 게임과 같은 느낌을 준다. 포스퀘어(foursquare.com)의 사용자들이 실제 가치가 없는 체크인 뱃지를 얻기 위해 열심히 거리를 돌아다니는 것처럼 에픽믹스나 엔도몬도의 회원들 역시 '감성적 보상'을 받기 위해 스포츠 활동을 계속 한다. 이는 온라인 게임이 갖고 있는 경쟁과 보상, 레벨업 등의 요소들이 스포츠에 적용된 결과다. 목표치를 정하고 그것을 이루기 위해 부단히 노력하는 과정 속에서 재미를 느끼도록 하는 게임 매커니즘이 Connected Sports의 특징이다.

모바일과 LBS가 제시하는 소비자 중심의 쇼핑 경험, Location Based Shopping

스마트폰이 사용자가 현재 있는 곳, 바로 사용자의 위치에 초점을 맞춘 LBS(Location Based Service)를 다양한 방면에 적용할 수 있는 기반을 마련한다. 이같은 LBS와 쇼핑이 만나, 소비자의 위치를 파악함으로써 더 적극적인 접근을 시도한다. 소비자에게 가장 가까운 매장을 추천하거나 가격을 할인해주고, 혹은 현재 사용자가 있는 위치로 바로 배달을 해주는 등의 서비스가 가능하다.

일본의 도미노피자는 GPS로 소비자를 찾아가는 서비스를 시행하고 있다. 도미노 아이폰

—**Dominos's Application,** Domino's Pizzang

(iPhone) 애플리케이션을 통해 고객이 피자를 주문하면, 배달 장소에 주소를 입력하지 않아도, 심지어 야외나 공터라고 하더라도 가장 가까운 매장에서 직접 고객을 찾아 배달하는 서비스다. 물론 고객이 주문할 때 아이폰이 GPS의 위치 데이터를 함께 알려주기 때문에 가능한 서비스다.

지금까지 모바일 애플리케이션의 마케팅은 주로 GPS를 통해 소비자에게 가장 가까운 매장을 알려주는 소극적인 위치 정보 서비스에서 GPS로 소비자가 위치한 곳을 찾아가는 방식으로 변모한다. GPS를 통한 배달 서비스는 거래성사 시간을 단축시키며 고객이 직접 위치를 알려주는 귀찮은 과정을 생략한다. 또한 별도의 주소가 없는 야외에서도 주문할 수 있다는 것이 장점이다. 이제 배달 서비스 업체들에게 고객의 위치를 파악해 서비스를 제공하는 위치기반 쇼핑은 필수적인 요소가 될 것이다.

그루폰(Groupon, www.groupon.com)은 소비자의 지역을 기반으로 하는 소셜 쇼핑 서비스이다. 그루폰은 단체를 의미하는 그룹(Group)과 쿠폰(Coupon)을 합친 합성어로써 소셜 네트워크를 통해 참여자들이 모여 온라인 공동구매를 하는 방식이다. 소비자의 지역정보를 기반으로 소비자에게 가까운 매장의 상품이나 서비스를 50% 이상 할인된 가격에 판매하는 이 서비스는 지정된 공동구매 인원이 넘지 않으면 거래가 성립되지 않는다. 그렇기에 소비자들은 거래의 성립을 위해 SNS를 통해 구매를 권유하게 된다.

오로지 SNS를 통해서 소비자와의 만남을 가지는 마케팅 사례가 있다. 코기 비비큐(www.k

ogibbq.com)는 미국 로스앤젤레스(Los Angeles)에서 운영되고 있는 이동식 트럭 음식점이다. 주 메뉴는 한국의 김치와 불고기를 접목시킨 멕시코 음식인 타코이다. 트럭으로 움직이는 이동식 음식점이라는 특징을 가지고 있는 코기 비비큐는 트위터를 사용해 현재 위치한 장소를 지속적으로 고객들에게 알려준다. 고객들은 코기 비비큐를 먹기 위해 트위터에서 코기 비비큐(@kogibbq)를 팔로우해야 하며 아이폰이나 모바일 단말로 트럭의 이동 위치를 파악해야 한다. 현재 코기 비비큐의 팔로워는 7만 명이 넘어 섰으며, 트럭이 오기 전에 이미 많은 사람들이 트럭을 기다리고 있을 정도로 큰 호응을 얻고 있다.

SNS를 통해 고객과의 만남의 장소를 정한다는 것은 소비자들에게는 재미와 흥미를 준다. 항상 같은 장소에서 손님을 맞이하는 매장과는 달리 자신이 직접 정보를 찾지 않으면 만날 수 없기에 희소성과 함께 재미를 제공하는 코기 비비큐는 SNS 통해 아주 저렴한 비용으로 커다란 마케팅 효과를 얻는다.

03

커넥티드 스트레스에 대한 해결책
DISCONNECT

    연결을 당연시 하는 사회에서 지나친 연결을 피곤해 하고, 이를 거부하는 현상이 나타난다. 2008년 12월 MSNBC는 휴대폰과 함께 묻히길 원하는 사람들에 대한 이야기를 기사화했다. 우리는 항상 휴대폰을 소지하고, 인터넷으로 세상과 소통한다. 모바일 시대에 연결을 거부하는 것은 쉽지 않은 일이다. 하지만 반대로 그것이 우리를 옭아매고, 불편하게 하는 것도 부인할 수 없는 사실이다. 이것이 바로 커넥티드 스트레스(Connected Stress)다. Disconnect는 연결에 대한 강박관념에서 벗어나 자연스러운 삶을 추구하는 것을 말한다.

    항상 연결돼 있는 삶을 살아가는 Mobilitian들은 그 반대급부로 완전한 자유와 선(Line)으로부터의 독립을 꿈꾼다. 인터넷 상에서 이뤄지는 많은 만남은 약한 연결고리(Weak Ties)를 가지고 있다. 1 대 다의 관계는 생활에서 쓸모가 있지만 깊이 있는 인간관계에서 느낄 수 있는 자존감을 안겨주지는 못한다. 그래서 정작 결정적인 순간에는 외로움을 느낀다. 멕시코에 위치한 리조트 에코 툴룸(Eco Tulum)은 항상 연결된 현대문명의 스트레스를 내려두고 떠나기 위한 장소다. 전기와 휴대전화 없이 오직 새소리와 바다의 물결소리로 휴식을 취하고 싶은 사람들을 위한 서비스를 제공한다. 유무선의 네트워크로부터 벗어나 인간의 체취를 느끼고, 자연 속에서 체험하는 것이 가치 있게 평가된다. 특히, 여행과 교육, 엔터테인먼트 분야에서 Disconnect는 떠오르는 키워드이다.

    연결되어 있기 때문에 낭비되는 시간을 버림으로써 정말 필요한 것에 집중할 수 있는 시간을 얻는다. 더 이상 시간의 노예가 되지 않아도 되며 남은 시간은 온전히 내 것이 된다. 일본의 스님, 코이케 류노스케(Koike Ryunosuke)는 생각하지 않는 연습(Kangaenairenshu)이라는 책을 통해 생각하지 않고 오감으로 느끼면 복잡한 마음이 사라진다고 말한다. 또 니콜라스 카(Nicholas Carr)는 생각하지 않는 사람들(The Sallows)이라는 책에서 인터넷이 우리 두뇌에 어떤 영향을 미치는가를 분석하고 인터넷이 우리를 바보로 만든다고 언급했다.

끊임 없이 이어지는 얇은 지식은 두뇌의 사고 기능을 마비시킨다. 마이크로스프트가 전개한 윈도우 폰 7의 TV 광고는 그것의 폐해를 적나라하게 보여준다. 주변에 아무리 아름다운 것이 있어도 느끼지 못하고 심지어 엄마는 스마트폰을 보느라 아이를 돌보지 않는다. 연결의 즐거움 속에 파묻혀 있는 동안 정작 중요한 것들은 무시된다. 네트워크 위를 떠돌아다니는 잃어버린 시간을 되찾아 몰입할 수 있는 시간이 필요하다. 그래서 무엇인가에 몰입할 수 있도록 지원하는 서비스와 상품이 등장한다.

소셜 네트워크의 관계로부터 탈출, Out of Relation

소셜 네트워크가 대중화되면서 새로운 사람을 사귀기가 쉬워지고 너무 많은 인맥을 형성하다 보니 자신의 인간관계를 정리하고 관리해줄 서비스가 필요해진다. 소극적으로는 온라인에서 보기 싫은 사람을 오프라인에서도 마주치지 않게 회피할 수 있는 서비스가 등장하기도 하며, 개인 사생활 침해 문제를 해결하기 위해 SNS에 올린 자신의 사진과 글을 말끔히 지워주는 서비스가 등장했다. 또한 잠시 동안이라도 소셜 네트워크로부터 완전히 단절되고자 하는 사람을 위한 네트워크 차단 기능까지 등장하고 있다. 지금까지 SNS를 어떻게 하면 더 잘 사용하고, 더 효과적으로 사용할 수 있을까 그리고 SNS에 더욱 친밀하게 다가서고, 이를 즐길 수 있게 하는 서비스와 기술, 제품이 등장했었다. 하지만 앞으로는 이와는 반대로 SNS로부터 멀어지고, 이를 차단하는 기능과 서비스도 함께 증가한다.

스마트폰을 통해 언제 어디서든 SNS에 접속하며 생활 속으로 깊숙히 파고드는 서비스가 증가한다. 하지만 이와 반대로 네트워크 연결을 끊어주는 기능을 요구하는 사람들도 있다. 포드자동차(www.fordvehicles.com)는 2011년형 포드 차량에 휴대전화 수신을 막는 기능을 추가할 계획이다. 두 낫 디스터브(Do Not Disturb) 버튼을 누르면 차 안에서는 문자 메시지나 전화 수신이 되지 않는다. 운전하는 중에는 문자 메시지를 보내거나 전화를 하는 것을

—**Do Not Disturb,** Ford　　　　　　　　　　—**Avoidr,** Jesper Andersen

많은 나라에서 금지하는 법과 일맥상통하기도 하다. 휴대전화를 통해 끊임없이 소통하고 싶은 사람도 있지만 차 안에 있을 때 만큼은 다른 일로 방해받고 싶지 않은 사람도 분명히 존재한다. 따라서 SNS에 강하게 열광하는 만큼이나 SNS에서 벗어나게 해주는 서비스도 필요하다.

소셜 네트워크로부터 완전히 벗어날 수 있게 도와주는 서비스도 존재한다. 웹 2.0 수사이드 머신(www.suicidemachine.org)라는 사이트는 트위터, 페이스북, 마이스페이스 등 SNS 서비스에 등록된 자신의 글과 사진을 말끔히 지워주는 서비스다. 이 사이트는 SNS로부터 과감히 탈출해 가상의 친구 대신 진짜 친구를 만나라고 권유하고 있다. 소셜 네트워크로 인해 사생활 침해를 당했거나 SNS에 중독되어 헤어나지 못하는 경우에도 도움을 줄 수 있다.

SNS를 통하여 좋아하는 사람과 더 자주 대화하고 그 사람의 현재 위치 정보를 알게 되므로 더 많은 소통의 기회를 갖게 된다. 하지만 이를 역이용하면, 마주치고 싶지 않은 사람을 회피함으로써 관계를 단절하는 것도 가능하다. 제스퍼 앤더슨(Jesper Andersen)이 만든 어보이더(www.avoidr.org)는 포스퀘어(www.foursquare.com)를 통해 마주치고 싶지 않은 사람의 위치를 파악하고 오프라인에서 피해 다닐 수 있는 서비스다.

기존의 포스퀘어 계정으로 접속하면 포스퀘어 친구 목록이 뜨고 마주치고 싶지 않은 상대를 언프렌드로 지정하면 된다. 이렇게 하면 언프렌드들이 방문했던 장소 목록이 만들어지면서 보기 싫은 사람들과의 우연한 만남을 피할 수 있다. 지금까지 이 서비스를 사용한 사람은 2만 명에 달하는데, 친한 사람과는 더욱 자주 만남을 갖고 싶어하는 사람들이 많은 만큼, 마주치고 싶지 않은 사람과는 아예 보지 않는 것을 원하는 사람도 많다는 것을 알 수 있다.

TIME & HISTORY
히스토리 속에 피어나는
아날로그와 디지털의 변주곡

10

비교적 최근에 급격한 발전을 이룬 디지털 기술이 아날로그에 비해 갖지 못한 부분이 바로 영속성, 히스토리다. 더구나 디지털 상품은 빠른 발전을 거듭하고 있기 때문에 생명력이 짧아 이런 히스토리를 만들어 가기가 더욱 힘들다. 이외에도 디지털의 정확하고 신속하다는 장점은 차갑고 이성적인 느낌을 준다.

사람은 차가운 머리와 따뜻한 가슴을 동시에 원한다. 따라서 디지털 제품에서도 감성을 원하는 것은 당연한 일이다. 감성적인 면과는 거리가 있어 보이는 디지털 기술에 과거의 추억과 시간, 아날로그적인 감성을 접목시키려는 시도는 애플리케이션의 인터페이스와 같은 내부적인 요소보다는 눈으로 직접 보고, 손을 직접 만질 수 있는 실물의 느낌으로 다가올 때 더욱 큰 가치와 경험을 제공한다.

세월이 지나도 변치 않는 가치를 제공해야 하는 명품 혹은 클래식은 몇 년 만에 아무런 가치를 제공하지 못하게 되는 디지털 제품과는 어울리지 않는 요소라고 생각하기 쉽다. 이를 극복하기 위한 방법으로 디지털 제품에 정밀한 기계적인 부분을 추가하는 것이다. 이런 시도를 통해 디지털 제품은 장식적인 측면과 영속성, 그리고 히스토리라는 새로운 가치를 얻는다.

TIME & HISTORY

01

감성적이고 따뜻한 정보 전달의 방식
EMOTIONAL & OMITTED

———

첨단 기술, 어려운 지식, 새로 발생한 키워드 등을 설명하기 위해 불필요한 것들을 생략하고 감성적으로 꾸민다. 핵심 주제에 다가서기 위한 많은 요소들의 생략, 거부감과 부담을 제거하기 위한 감성적 효과는 어려운 전문적 정보조차도 누구나 이해할 수 있다. 때로는 낡고 거칠게, 때로는 유머러스하게 비춰지는 기술, 지식이 다양한 계층의 대중에게 전달된다.

신기술과 문명에 대한 사람들의 적응 문제는 오래 전부터 있어온 과제다. 현재는 스마트폰과 무선 인터넷의 대중화가 진행되면서 새로운 기술이나 지식에 대한 학습이 더욱 강하게 요구되고 있다. 모바일 디바이스들이 누구나 쓰기에 편한 유니버설 디자인을 채용하기 시작하면서 더 넓은 연령층의 사람들이 첨단 기술과 온갖 새로운 키워드에 노출되고 있는 셈이다. 디지털 문화에 익숙한 10~30대는 이러한 흐름에 어느 정도 맞춰갈 수 있으나 40대 이상의 사람들에게는 뭔가 다른 시도가 필요한 상황이다. 기술, 지식 모두를 그 상태 그대로 전달하기보다 쉽고 빠르게 익힐 수 있도록 배려하는 것이 Learn Smarter이다. 스마트한 것은 스마트하게 교육해야 한다는 것이 이 키워드의 핵심이며 이를 위해서는 가장 단순하고 쉬운 구조의 설명이 활용된다.

리 레퍼버(Lee LeFever), 사치 레퍼버(Sachi LeFever) 부부가 운영하는 커먼크래프트 (www.commoncraft.com)는 스마트한 키워드 설명이 무엇인지 잘 보여준다. 이들은 트렌디하지만 이해하기 어려운 키워드들을 선택하여 손으로 그린 간단한 그림과 애니메이션으로 풀어낸다. 단, 2~3분 길이의 영상 속에서 키워드의 핵심만을 이야기함에도 불구하고 쉽게 이해가 되는 이유는 그 키워드가 만들어내는 장면들을 직접 보여주기 때문이다. 또한, 장면들

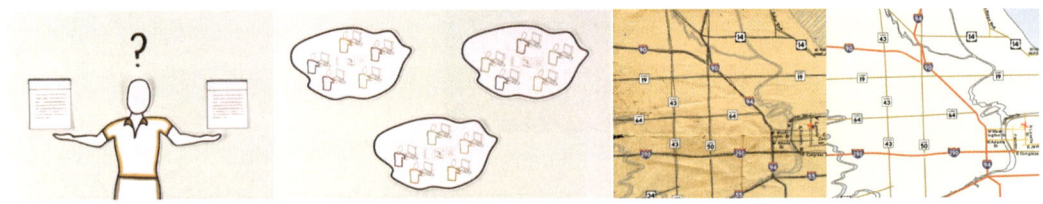

—**SharePoint in Plain English,** Commoncraft   —**Destination Maps,** Microsoft Research

을 누구나 그릴 수 있을 듯한 낙서 수준의 그림으로 표현한다. 예를 들어 증강현실이라는 매우 기술적이고 어려워 보이는 키워드를 설명할 때, 커먼크래프트는 증강현실이 누구에 의해 제시되었고, 어떤 방식으로 구현되는지에 대해 말하는 것이 아니라 도시의 그림과 웹사이트의 그림을 배치한 뒤, 웹사이트 속의 글자들과 도시의 풍경이 함께 스마트폰 속으로 들어가는 모습을 연출해준다. 현실의 모습에 디지털 그래픽을 덧씌우는 증강현실의 구조를 한 번에 보여주는 것이다. 이런 설명법은 아이 어른 할 것 없이 누구나 쉽게 이해할 수 있으므로 증강현실이라는 키워드를 더 넓게 전파되도록 만든다.

넘치는 정보 속에서 자신이 원하는 정보에 바로 도달하기 위해 필요한 것이 '생략'이다. 주제와 연관성이 있다는 이유로 모든 정보를 받아들이기보다는 과감하게 핵심적인 정보만 남기고 나머지를 생략한다. 정보를 간결하게 다듬어주는 정도가 아니라, 특정 목적을 위해 정보의 핵심만을 남기고 나머지를 모두 생략해버리는 극한의 다이어트라고 해도 좋겠다. 마이크로소프트(www.microsoft.com)는 자사의 검색 엔진, 빙(Bing)의 디지털 맵 시스템에 독특한 애플리케이션을 추가했다. 목적지 지도(Destination Map)라는 것으로, 간단히 말하면 거대한 지도 속에서 개인이 필요한 부분만 오려내어 별도로 저장해둘 수 있는 애플리케이션이다. 또한 오려낸 목적지 지도를 스케치 스타일, 유로피언 스타일, 아메리칸 스타일, 보물 지도 스타일로 만들 수 있다. 이 스타일들은 모두 지도 속의 지형을 생략하고 지정한 목적지까지 도달하는 '길'만 표시한다. 고도의 기술과 노력으로 만들어진 디지털 맵이 마치 아는 사람이 직접 손으로 그려준 듯한 약도로 변해버린 것이다. 특히 보물 지도 스타일은 낡고 누렇게 변색된 종이의 느낌이 그대로 살아 있어 보는 이의 감성까지 자극한다.

전자 제품들의 디자인에서 점차 강하고 매끈한 느낌의 소재가 많이 사용되고 있는 가운데,

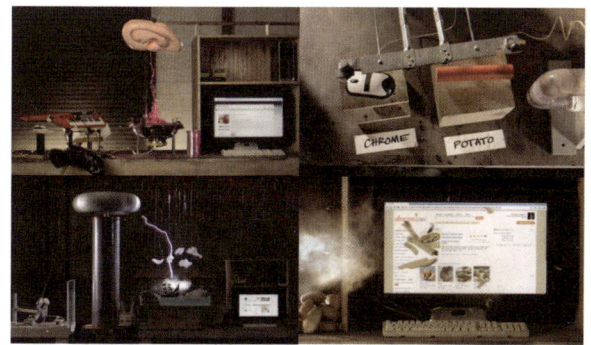

—**Google Chrome Speed Tests,** Google

반대로 낡고 친근하게 느껴지는 요소들의 활용은 사람들에게 더 쉽게 받아들여질 수 있다. 오래된 카세트 플레이어의 묵직한 버튼을 누를 때의 감각, 낡은 가죽 시트의 거친 표면을 쓰다듬을 때의 감촉처럼, 어려운 것을 친근하게 꾸며 사람들의 접근을 유도한다. 구글(www.google.com)이 이와 유사한 방식으로 자사의 크롬(Chrome) 브라우저가 가진 장점들을 사람들에게 알리고 있다. 5월에 공개된 구글 크롬 스피드 테스트 영상은 웹 브라우저의 빠른 속도를 구현하기 위해 투입된 프로그래머들의 노력을 강조하는 대신에 황당할 정도로 거칠고 낡은 그리고 우스꽝스러운 형태의 기술을 보여준다. 이 영상 속에서 크롬이 속도 승부를 펼치는 상대는 먹는 감자와 페인트, 번개다. 가정의 차고 안에서 못질로 뚝딱 만들어낸 듯한 허술한 세트를 배경으로, 화약 폭발로 날아가는 감자의 속도와 크롬의 페이지 갱신 속도가 경쟁을 벌인다. 고무막의 진동으로 인해 튀어오르는 페인트, 임시 발전기에서 불꽃을 튀기는 번개도 크롬의 속도와 비슷비슷한 결과를 보여준다. 그들은 누구나 보기만 해도 그 속도를 느낄 수 있도록 생활용품들을 사용하여 재미있는 장면들을 만들어낸 것이다. 세계적 기업의 홍보 영상이라고 느낄 수 없을 정도로 소박한 소품들, 장난스러운 세트가 주는 감성적 효과가 돋보인다.

다양한 Emotional & Omitted 방식으로 기술, 지식을 전파할 수 있지만 만약 이해시켜야 할 내용이 복잡하고 양이 많다면 어떻게 할 것인가? 거기에 설명해야 하는 주제가 가진 의도와 철학적 내용까지 전해야 한다면 남은 방법은 스토리텔링이 될 것이다.

유머와 스토리텔링은 매우 오래 전부터 사용되어온 지식 전달법인데, 첨단 기술과 고급 지식이 대중화되는 현재와 가까운 미래 속에서 더욱 단순하면서도 인터랙티브한 형태로 변화한다. 또한, 간단한 그림, 나레이션과 함께 보는 이를 웃음짓게 만드는 유머가 구석구석에서 발휘된다.

애니 레오나드(Annie Leonard)의 책, 물질에 얽힌 이야기(The Story Of Stuff)은 물질주의에 빠진 사회와 현대인들에게 전하는 메시지를 쉽고 재미있게 풀어낸다. 그러나 이보다 더 사람들에게 많이 알려진 쪽은 물질에 얽힌 이야기를 플래시 애니메이션으로 풀어낸 웹사이트(www.storyofstuff.com)다. 화장품, 생수병, 탄소 배출권 거래등 중요한 환경 문제들을 다루는 이 곳은 10여 분간 흑백의 선으로 그려진 애니메이션과 애니 레오나드 본인이 진행하는 스토리텔링으로 사람들에게 메시지를 전한다. 무겁고 이해하기 어려운 주제들이지만 애니메이션 곳곳에 숨어 있는 재미 요소와 단순하면서도 설득력있는 스토리텔링이 끝까지 감상을 이어지게 한다. 2시간 짜리 전문 강연으로 기획해도 내용 전달이 어려울 듯한 주제를 애니 레오나드는 작은 교실에서 아이들을 모아놓고 나누는 이야기처럼 구성한 것이다.

영원불멸한 클래식에 대한 경외
CLASSIC HOMAGE

아무리 세상이 디지털화되어도 클래식에 대한 경외감은 사라지지 않는다. 그래서 세월의 흐름을 잊은 채 오랜 동안 사랑받는 제품들의 클래식한 요소들이 현대적인 제품에 적용되고, 다시금 영원한 클래식의 매력을 깨닫게 된다. 러브마크 이펙트(The Lovemarks Effect)를 저술한 케빈 로버츠(Kevin Roberts)는 소비자들이 브랜드에 충성하는 것을 넘어서 브랜드를 사랑하게 되는 것을 러브마크로 정의했다. 이것에 의하면 Classic Homage는 사랑을 담은 경의를 뜻한다.

오마주란 '존경'이라는 뜻의 프랑스말로, 특히 영상예술에서 특정한 장면이나 대사를 통해 존경하는 선배의 업적을 기리면서 널리 알려졌다. Classic Homage는 제품을 사랑하는 것을 넘어서 전통적인 디자인에 대하여 존경심을 갖는 것을 말한다. 클래식은 변하지 않는 감성을 대표하는 단어로써 사람들의 보편적인 감성을 자극하기 때문에 영원히 사랑 받는다.

친숙하고, 신뢰감을 주는 전통적인 형태를 선호한다. 신제품이 출시될 때마다 제품의 형태는 조금씩 달라진다. 아니, 달라보이려고 노력한다. 그런데 클래식한 제품들의 형태는 계속 다시 오마주된다. 시대에 따라 소재는 달라져도 형태만은 과거의 것을 지키려고 한다. 그것은 형태가 시각과 촉감이라는 두 가지 감각을 자극하기 때문이다. 이러한 감각은 쉽게 잊혀지지 않으며, 오히려 시간이 흐를수록 견고해진다. 엄마의 그림자만 봐도 마음을 놓는 갓난아이와 같은 심리이다.

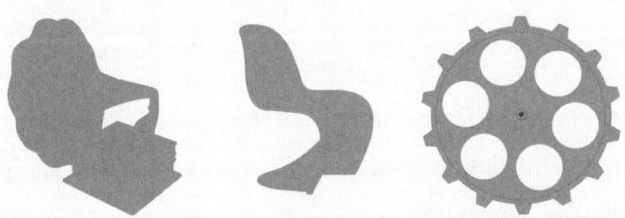

—**Phonofone III,** Science & Sons   —**Panton Chair,** Jump Studios   —**LeDIX,** Celsius X VI II

PH III을 보고 있으면 예전의 측음기하고 똑같지는 않지만 여전히 감미로운 음악이 나올 것만 같다. 세라믹으로 만들어진 이 제품은 아이폰의 소리를 약 60 데시벨 정도로 증폭해주는 앰프이다. 축음기 형태이기 때문에 제품에 대한 설명 없이도 제품의 용도를 알 수 있다.

형태는 전통의 것 그대로이되 현대적인 감각에 맞도록 내용은 완전히 바꾸어 새롭게 오마주한다. 수 백 개의 의자가 놓여 있어도 형태만 보면 판톤의자를 구별해낼 수 있다. 2010년, 베르너 판톤(Verner Panton)이 디자인한 판톤 의자의 50주년을 기념해 영국 판톤의자 공모전(British Panton Chair Competition)이 열렸다. 31개의 판톤 의자는 의자를 만드는 소재나 색상은 원래의 제품과는 전부 달라졌지만 모두 판톤 의자임이 분명하다. 왜냐하면 판톤의자의 미려한 곡선만은 변함없이 유지하고 있기 때문이다. 우리는 눈을 감고도 주름진 코카 콜라의 병을 알아낼 수 있다. Classic Homage에서 형태는 과거와 현재를 관통하는 변하지 않는 가치를 상징한다. 100년 후에도 계속 만들어질 판톤 의자처럼.

어떤 상품 카테고리에서만 볼 수 있는 기능은 그 독특성으로 말미암아 다른 분야에서 오마주된다. 예를 들어 자전거에는 다른 교통수단에는 찾아 볼 수 없는 페달이 있다. 그래서 우리는 페달만 보고도 그것이 오토바이가 아닌 자전거임을 알아차린다. 사진기에 사용되는 게이지는 오늘날 최신식 디지털카메라에서도 종종 적용되곤 한다. 게이지보다는 디스플레이가 더 간편하지만 시각적인 즐거움은 물론이거니와 기계의 작동 모습을 물리적으로 볼 수 있기 때문에 선호하는 것이다. 또, 시계에는 태엽이라는 독특한 구조물이 있는데, 그 독특한 모양과 기능때문에 전혀 예상치 못한 휴대폰에서 적용되는 모습을 찾아볼 수 있다. 스위스 바젤월드(Baselworld) 2010에서 선보인 레딕스는 기계식 시계에 사용하는 부품들로 만들어진 휴대폰이다. 특히, Inner Design을 적용해 전면의 시계를 작동시키는 뚜르비용 무브먼트(Tourbillon Movement)를 드러냄으로써 명품 휴대폰에 대한 강한 자신감과 자부심을 드러낸다.

장인 정신이 깃든 디지털 럭셔리
MECHANICAL LUXURY

디지털 기기에 있어 럭셔리라는 단어는 잘 어울리지 않는다. 간혹 럭셔리라는 단어가 붙는 디지털 기기들이 언론을 통해 소개되기도 하지만 대개는 단어만 빌려왔을 뿐 진정한 럭셔리와는 거리가 먼 경우가 많다. 차라리 디지털 기기에 있어서는 럭셔리라는 말보다는 하이엔드가 더 어울리는데, 그것은 디지털 기기의 가치가 고급스러움보다는 최신 기술에 의존한 바가 크기 때문이다. 예를 들어 베르투(Vertu)의 휴대폰은 분명히 럭셔리하기는 하지만 단순히 외장을 다이아몬드나 금으로 장식했다고 해서 럭셔리하다고 말하기에는 부족함이 있다. 왜냐하면 겉 모습 외에 내부는 일반 휴대폰과 다를 바가 없기 때문이다.

스위스의 명품 시계 제조회사인 율리스 나르당(www.uncells.com)에서 만든 휴대폰, 체어맨(Chairman)은 누가 봐도 럭셔리하다. 겉으로 드러나는 색상이나 표면적인 디자인도 럭셔리하지만 기계식 손목시계의 매커니즘을 휴대폰에 접목한 기술과 디자인이 럭셔리의 진정한 힘이다. 시계는 기계 공학의 결정체라고 할 수 있을 정도로 정교한 메카닉의 표본이다. 스위스나 일본의 장인들은 선조로부터 전수해온 수십 수백 년의 경험과 기술력을 바탕으로 일일이 손으로 제품을 완성해낸다. 럭셔리라는 단어를 사용하려면 공장에서 대량으로 생산되는 공산품과는 격을 달리 하는 장인정신이 제품 속에 담겨 있어야 하는데, 그것은 디지털 가젯일지라도 예외가 없다.

체어맨은 안드로이드 기반의 3.2인치 정전식 디스플레이어에 고급 시계 컨셉의 UI 디자인까지 기계적인 면은 물론이고 내용적인 면까지 럭셔리하다. 심지어 화면에 사용된 아이콘까지도 평면적인 그래픽임에도 불구하고 잘 세공된 금속같은 느낌으로 디자인했다. 체어맨은 분명 휴대폰이지만 시계처럼 시간을 알려 주고, 오토매틱 태엽으로 배터리를 충전한다. 시간을 맞추는 다이얼은 전력 충전을 위한 태엽으로 그대로 살아 남았고, 태엽의 위아래에 있는 볼륨 버튼 역시 다이얼의 디테일을 살렸다. 뒷면에는 운동 에너지를 전력으로 바꿔주는 회전자가 움직이는 모습을 그대로 볼 수가 있다.

세월이 흘러도 변하지 않는 가치를 증명하는 디지털 가젯들은 분명 럭셔리하다. 럭셔리라는 단어를 가장 많이 사용하는 타 산업군을 살펴 보면 럭셔리한 제품들은 오히려 시간이 지날수록 그 가치가 상승한다. 심지어 중고 제품이 새 제품에 버금가는 대접을 받기도 한다는 점에서 단순히 희소성 때문이라고 단정지을 수도 없다. 이처럼 럭셔리한 제품은 시간이 변해도 한결같이 그 가치를 인정받는다. 오토매틱 무브먼트가 사용된 시계 중에서 시계의 메카니컬한 부분과 디지털 요소가 접합된 사례들은 진정한 의미에서 디지털 럭셔리라 할 만하다. 아날로그의 회귀로만 볼 것이 아니라 시대를 초월하는 아날로그의 생명력을 부여받는다고 볼 수 있다. 디지털 제품은 아날로그적인 감수성을 적용하여 진정한 럭셔리를 실현함으로써 최신 기술의 등장에도 바래지 않는 영속성을 갖는다. 이러한 사례를 휴대폰에서 자주 찾아볼 수 있는 것이 무척 흥미롭다. 예나 지금이나 남성들이 내세울 수 있는 몇 안 되는 액세서리로 시계는 거의 독점적인 위치를 구가하고 있다. 그것이 근래에는 휴대폰에게 그 자리를 넘겨주는 모양새이다. 이미 시간을 보는 기능적인 용도는 거의 폐기 처분됐으며, 패션 아이템으로써만 의미를 갖는다. 그리고 그 자리를 휴대폰이 대신 차지할 것이다. 현대의 휴대폰은 언제 어디서든 나와 밀착된 관계를 유지하며 남에게도 자주 드러나는 분신과도 같다. 스스로 봐도 뿌듯하고 남들 보기에도 럭셔리한 아이템으로 휴대폰의 자리는 당분간 절대적이다.

—**Chairman,** Ulysse Nardin

04

레트로의 감성을 자극하는 액세서리
RETRO TUNE ACCESSORY

―――――

아이패드나 아이폰과 같은 최신 모바일 단말들이 생활 속 깊숙이 자리잡기 시작했다. 이런 제품들은 공장에서 일률적으로 찍어내는 대량 생산 제품이기 때문에 개인의 감성을 나타내기 힘들다. 이미 모바일 단말을 위한 수많은 액세서리가 등장하고 있지만, 이 또한 사용자의 다양한 감성을 모두 만족시킬 수는 없다. 최근 DIY 혹은 제품화까지 이뤄지고 있는 Retro-tune Accessory는 첨단 모바일 단말에서 과거의 향수와 감성을 찾고자 하는 바람과 맞닿아 있다. 성능이 더욱 업그레이드되는 것도 아니고 부피는 오히려 더 커짐에도 불구하고 Retro-tune Accessory는 모바일 단말을 더 익숙하고 감성적으로 대할 수 있는 점에서 주목해야 한다.

잭 자일킨(Jack Zylkin)은 자신의 아이패드와 타자기(Type writer)를 결합했다. 인테리어 소품으로나 쓰일 법한 타자기를 USB로 연결해 직접 아이패드 화면에 문자입력이 가능하다. 아이패드는 종이의 역할을 하며 타자기는 아이패드의 화상 키보드를 대체한다. 줄바꿈을 할 때는 귀찮음을 무릅쓰고 타자기를 옆으로 밀어줌으로 줄바꿈해야 한다. 타자기의 타이핑 소리와 묵직한 키의 감촉, 제품 자체에서 풍겨져 나오는 클래식함이 있게 된다. 남들과 똑같이 화상 키보드를 통해 문자를 입력하는 것이 아닌, 나의 오래된 타자기를 재사용하면서 아이패드가 나만의 것으로 맞춰진 듯한 기쁨을 얻는다. 파이프를 입에 물고 바다를 내다보며 노인과 바다를 쓰고 있는 헤밍웨이의 감성을 태블릿 디바이스를 통해 느낄 수 있게 해주는 것이 바로 Retro-tune Accessory이다.

—**USB Typewriter,** Jack Zylkin　　　—**Desk Phone Dock,** Kee Utillity

　블로거, 하이락(Hirac)은 매킨토시 클래식(Macintosh Classic) PC에 아이패드를 더했다. 지극히 간단한 방법으로, 비어 있는 매킨토시 클래식 PC의 본체 중 모니터 위치에 아이패드를 넣은 것이다. 이는 과거의 PC 케이스에 미래의 태블릿 디바이스를 담은 것만으로 그치는 행위가 아니다. 온갖 새로운 것들을 보여주는 창문의 형태를 레트로 아이템으로 변경한 것에 가깝다. 벽돌같이 생긴 구시대의 컴퓨터 화면에서 풀 컬러의 비디오와 사진을 볼 수 있고 온갖 앱들이 실행되어 즐거운 경험을 준다.

　전화하는데 큰 불편이 없는 아이폰을 일반 전화기와 결합시키는 사례도 적지 않다. 키 유틸리티(www.keeutility.com)가 선보인 데스크폰독은 아이폰을 일반전화기처럼 사용할 수 있는 도킹 시스템이다. 아이폰을 도킹 시스템에 연결하면 일반전화처럼 수화기로 통해 통화할 수 있으며 스피커 폰으로 사용할 수도 있다. 하지만 수화기의 부피가 아이폰보다 더욱 커지면 선이 연결되어 있어 자유롭지 못하다. 그렇다면 이 도킹 시스템의 장점은 무엇일까. 그것은 우리가 오랫동안 써온 전화기의 익숙함이다. 기존의 전화기처럼 분리된 형태의 수화기를 통해 지금까지 사용해온 전화의 사용 행태를 바꾸지 않고 첨단 모바일 단말을 이용할 수 있다. 바로 과거와 미래의 만남이 Retro-tune Accessory를 통해 이뤄지는 모습을 보여준다.

　모바일 단말과 Retro-tune Accessory의 결합은 재미만을 위한 DIY의 대상이나 스처지나가는 유행이 아니다. 항상 새로운 경험을 찾아나서는 현대인들의 욕구가 클래식한 형태로 나타나고 있다는 것을 보여주는 예이다. 단, 앱이나 콘텐츠와 같은 가상의 존재가 아닌 직접 손으로 만질 수 있고, 과거의 흔적을 더 직접적으로 제공하는 물리적인 형태를 갖는다는 것에 주목하자. 여기에서 앱과 콘텐츠는 물리적인 형태를 더욱 돋보이게 만드는 역할에 불과하다.

타자기나 매킨토시 클래식 모두 앱의 형태로 만들어질 수 있겠지만, 직접 만지고 반응하는 물리적인 형태가 제공하는 경험은 앱이나 콘텐츠가 제공하는 것과는 또 다른 지향점을 갖는다. 사람들은 저마다 자신만의 '클래식한 것'을 마음에 품고 있다. 어릴 때 가지고 놀던 로봇 장난감, 학창 시절의 벗이었던 값비싼 워크맨, 아버지의 서재에서 듣던 LP 턴테이블 오디오 등 첨단 기술이 속속 등장하는 현대에도 변하지 않는 가치인 추억이 깃들어 있는 것들이다. 모바일 단말은 단순한 형태, 쉬운 사용법을 갖고 있으면서도 내부에는 각종 센서와 터치 스크린 등의 '미래'를 품는다. 이제 태블릿 디바이스를 손에 넣은 사람들이 자신만의 클래식한 감성을 현실로 이끌어 내고 있다. 과거와 미래가 공존하는 곳, 그것이 바로 Retro-tune Accessory가 지향하는 곳이다.

디지털 시대의 아날로그 생존법
ANALOG WAY

———

　디지털 시대의 아날로그는 사라지지 않고 더욱 진화한다. 기술의 발달에 따른 편의성의 상징인 디지털은 사람의 생활을 바꾸어 놓았지만 디지털보다 불편함에도 불구하고 여전히 아날로그 제품을 찾는 사람이 존재하는 이유는 아날로그가 인간과 닮았기 때문이다.

　대표적인 아날로그 서비스인 라디오가 디지털 매체와 결합해 오늘날까지 성공적으로 살아남은 것은 독자적인 정보를 제공하거나 영상을 제공했기 때문이 아니다. 오히려 소리로만 듣는 아날로그적인 요소를 끝까지 지켜내었기 때문이다. 과거의 각종 제약과 불편함을 의미했던 단어, 아날로그는 더 이상 과거를 의미하지 않는다. 아날로그 제품은 아날로그적인 요소가 더해질수록 더 매력적이다. 아날로그 제품은 디지털 제품에 비해 신제품에 있어 변화의 폭이 적다. 이 점은 아날로그 제품 특유의 매력이 되기도 하지만, 자주 바뀌는 디지털 제품에 비해 신선함이 떨어지는 약점도 있다. 이것을 보완하는 방법으로 아날로그 제품은 더욱 아날로그적인 감성을 담는다. 스위스 시계 회사인 브레게(www.breguet.com)의 7800BA/11/9YV는 바로 그러한 제품이다. 이 제품은 정밀한 기계식 손목시계에 기계식 뮤직박스 기능을 넣었다. 복제가 불가능한 초정밀 기계식 손목시계는 그 자체로 아날로그식 기계기술의 결정체지만, 더욱 아날로그적으로 음악이라는 감성을 담았다. 디지털 시대의 아날로그 제품은 휴머니즘이 결핍된 사회에서 감성을 결합한다.

　디지털이 아날로그를 닮는다. 매일 새로운 제품이 등장하는 디지털 제품은 새로운 사용자 경험을 제공하지만, 동일한 기능을 위해 제작된 디지털 제품이라도 제조사와 제품 특징에 따라 사용 방법이 천차만별이다.

사용자는 제품을 학습해야 하고, 제품마다 다른 이용 방식에 스트레스를 받는다. 최근 디지털 제품이 사용자에게 부가되는 스트레스를 줄이기 위해 과거로 돌아가기보다 아날로그의 외관을 빌려 친숙한 경험을 부여한다.

후지필름(www.fujifilm.com)의 X100은 전형적인 하이엔드(High-end) 디지털 카메라이지만 최첨단 디지털 카메라의 모습을 닮기보단 필름 카메라의 모습을 닮았다. 필름 덮개 대신 LCD 디스플레이가 차지하고 있는 점을 제외하면 영락없는 필름 카메라처럼 보인다. 이러한 디자인이 과거의 향수를 불러일으키기도 하지만 더욱 중요한 포인트는 아날로그식 카메라의 촬영 포즈를 그대로 가져온 것이다. 중장년층이 디지털 카메라를 사용한 시간과 비교할수 없이 긴 시간을 아날로그식 필름 카메라를 이용해온 점을 고려하면 이들에게 가장 익숙한촬영 포즈는 디지털 카메라의 것이 아닌 양손으로 카메라를 잡고 왼쪽 귀퉁이의 뷰 파인더에 눈을 대고 촬영하는 전형적인 아날로그식 필름카메라 촬영 포즈인 것이다. 프리랜드 스튜디오(www.freelandstudios.com)에서 제작한 아이레트로폰(iRetrofone)도 비슷한 사례이다. 1930년대 출시된 전화기에 아이폰(iPhone)을 연결시켰는데, 아이폰을 연결한 외관이 오리지널 제품과 많이 다르지 않다. 아이폰을 연결하면 책상 전화기와 동일하게 사용할 수 있는 이 제품은 수화기를 이용한 익숙한 사용 경험을 준다. 아날로그가 주는 익숙한 외관과 경험은 두꺼운 매뉴얼을 따로 학습해야 하는 디지털 제품이 줄 수 없는 것이다.

—**X100,** Fujifilm

—**iRetrofone,** Freelandstudios   —**7800BA/11/9YV,** Breguet

06

장소에 기록하는 스토리와 히스토리
LAYERING THE PLACE

———————

한 장소에는 많은 이야기가 숨어 있다. 시간의 흐름을 보여주기도 하고, 같은 장소에 대한 다른 시각이 나타나기도 한다. 작가의 상상력이 반영되는 공간임과 동시에 근래에는 증강현실을 통해 존재하지 않는 공간을 새롭게 만들어내기도 한다. 현재의 장소를 기록하는 사진은 여러 가지 관점을 하나의 사진으로 표현해준다. 이제까지 관념적이었던 것들이 구체화된다.

장소만 같고 그 외에는 모든 것이 겹쳐서 보여진다. 이렇게 겹쳐짐으로써 장소에 숨어 있던 이야기가 드러나고, 그 장소는 더욱 의미 있는 곳으로 변모한다. 겹쳐서 보기는 시간의 흐름을 보여주고 저마다 다른 각도에서 바라보는 장소에 대한 이야기를 공론화한다. 또한, 지도 위에 겹쳐서 나열된 사진이라는 형태로 다른 장소에서 동시에 벌어지는 사건들을 눈 앞에 펼치기도 한다. 그리고 사람들은 점점 더 이러한 Layring The Place에 익숙해진다.

사람은 변하지만 장소는 그대로이다. 겉 모습은 변해도 본질은 변하지 않는다. 때문에 장소를 공유하는 두 세대간에는 기묘한 동질감이 형성된다. 할머니가 손주에게 동화책을 읽어주다 말고 낡은 사진 앨범을 꺼낸다. 그 속에는 할머니의 어린 시절과 젊은 시절의 모습이 고스란히 들어 있다. 손주에게는 할머니의 이야기를 머나먼 옛날 얘기처럼 들린다. 그것은 낡은 사진 앨범 속의 이야기일 뿐이다. 사실, 역사적인 사건은 '현재'라는 시점에서는 현실에 존재하지 않는다. 단지 사람들의 생각 속에서 역사의 한 페이지에 한정될 뿐이다. 그래서 과거의 사건은 과거라는 절대적인 시간에 묶여 세월의 길이만큼 현실과 일정한 거리를 둔다. 그러나 현재와 과거의 사진을 겹쳐서 보여줌으로써 이러한 간격이 줄어든다.

산업혁명을 이끈 런던은 기나긴 역사를 간직한 도시다. 그렇기 때문에 도시 전체가 하나의 유물처럼 많은 이야기를 담고 있다. 런던 박물관(www.museumoflondon.org.uk)은 박물관의 유물로만 존재하던 역사적 기록을 가상의 모습으로 바꾸어 현재의 거리 곳곳에 배치했다. 바로 스마트폰 애플리케이션, 뮤지엄 오브 런던(Museum of London)이다. 이것은 증강현실 기술을 이용하는데, 런던의 거리를 웹캠으로 비추면 과거 그 거리의 사진이 나타난다. 화상이 길과 함께 절묘하게 맞아 떨어지면서 과거의 사람들이 걸었던 길을 나도 걷는 듯한 착각이 든다. 마치 웹캠을 통해 비춰지는 친구처럼 웹캠에 나타난 과거 사람들과 말없이 소통할 수 있다.

현재와 매치된 역사는 소셜 네트워크를 만나 더 풍요로워진다. 소셜 네트워크는 많은 사람들의 업로드를 통해 하나의 주제를 다양한 방향으로 팽창시킬 수 있다. 히스토리핀(www.historypin.com)은 지도에 사진을 남길 수 있는 소셜 네트워크 서비스다. 히스토리핀이 특별한 이유는 사진에 시간까지 함께 부여할 수 있기 때문이다. 위치별로 군집되어있는 사진은 가장 최근의 사진과 함께 시간 순서대로 모여 있다. 사진에는 사진을 찍은 사람의 의도나 상황이 추상적으로 나타나 있기 마련이다. 과거에 찍은 사람, 찍힌 사람이 시간과 관계의 간격을 줄이고 소셜 네트워크에 모여 소통하는 모습이다. 과거와 현재의 이야기 흐름이 바로 맵으로 실현되어 히스토리핀 하나만으로 훌륭한 이야깃 거리가 된다.

—**History Pin,** We Are What We Do　　　　—**Museum of London Application,** Museum of London

특정 지점에서 서있는 우리가 느끼는 그 시간의 소리, 사람들, 건물, 하늘은 머리 속에서 언제나 멈춰 있다. 그런데 증강현실 기술이 등장하면서 그 벽은 깨진다. 증강현실을 즐기는 사람들은 여러 지점의 다양한 상황을 경험할 수 있다. 이런 의미에서 증강현실 기술은 장소 기반의 미디어라고도 볼 수 있다. 마이크로소프트는 빙 맵스(Bing Maps) 서비스를 위한 애플리케이션들을 개발 중이다. 그 중 하나가 바로 스트리트사이드 포토(Streetside Photos)이다. 블레이즈 아구에라 이 아르카스(Blaise Aguera y Arcas)와 그의 팀은 건물들을 겹쳐 놓은 3차원 지도 공간을 증강현실로 구현했다. 사람들이 직접 찍은 거리 풍경 사진들을 사진 공유 웹서비스인 플릭커(Flickr)를 통해 수집하고 현재의 풍경에 겹쳐서 보여준다.

일반적인 스트리트뷰 지도 위로 사람들이 촬영한 사진이 나열된다. 지오태그가 달린 사진을 가져와 지도 속의 정확한 자리에 사진을 넣은 것이다. 증강현실로 구현되기 때문에 사용자는 자신이 있는 장소와 상황에 과거의 상황을 담은 동영상과 사진을 겹칠 수 있다. 스트리트사이드 포토는 다양한 사람들이 촬영한 이미지를 겹치기 때문에 크라우드소싱 기반이며, 크라우드소싱을 이용해 사건의 흐름을 보여준다.

—**Streetside Photo,** Microsoft

METATREND VOL.1 - VOL.12
INDEX KEYWORDS

TREND
트렌드 싱킹
SYNCING
새로운 미래와 교감하다

1판 1쇄 인쇄 | 2011년 2월 25일
1판 1쇄 발행 | 2011년 3월 10일

지은이 (주) 메타트렌드미디어그룹
펴낸이 김기옥

프로젝트 디렉터 기획1팀 모민원, 장기영, 권오준, 김현미
커뮤니케이션 플래너 박진모
경영지원 고광현, 이봉주, 김형식, 임민진

디자인 (주) 메타트렌드미디어그룹
인쇄 상지사P&B | **제본** 상지사P&B

펴낸곳 한스미디어(한즈미디어(주))
주소 121-839 서울시 마포구 서교동 392-34 강원빌딩 5층
전화 02-707-0337 | **팩스** 02-707-0198 | **홈페이지** www.hansmedia.com
출판신고번호 제 313-2003-227호 | **신고일자** 2003년 6월 25일

경영지원 : 978-89-5975-320-8 13320